**Kohlhammer
Urban**Taschenbücher

Band 649

Hans-Georg Aschoff

Die Welfen

Von der Reformation bis 1918

Verlag W. Kohlhammer

Umschlag: Schloss Marienburg um 1900.
(Vorlage MatrixMedia Verlag Göttingen)

Alle Rechte vorbehalten
© 2010 W. Kohlhammer GmbH Stuttgart
Genealogien und Karte Peter Palm, Berlin
Gesamtherstellung:
W. Kohlhammer Druckerei GmbH + Co. KG, Stuttgart
Printed in Germany

ISBN 978-3-17-020426-3

Inhalt

Reformation und Konfessionalisierung 9

Die welfischen Territorien im späten Mittelalter 9
Die Reformation 13
Das Fürstentum Lüneburg 15
   Herzog Heinrich der Mittlere 15
   Die Hildesheimer Stiftsfehde (1519–1523) 17
   Herzog Ernst der Bekenner 19
   Herzog Wilhelm der Jüngere 24
Das Fürstentum Calenberg-Göttingen 27
   Herzog Erich I. 27
   Herzogin Elisabeth 29
   Herzog Erich II. 32
Das Fürstentum Grubenhagen 40
Das Fürstentum Braunschweig-Wolfenbüttel 42
   Herzog Heinrich der Ältere 42
   Herzog Heinrich der Jüngere 45
   Herzog Julius 52
   Herzog Heinrich Julius 59

Das Zeitalter des Absolutismus 65

Der Dreißigjährige Krieg 65
   Die Haltung der welfischen Herzöge im Dreißigjährigen Krieg . 65
   Die Auswirkungen des Dreißigjährigen Krieges 72
Das Fürstentum Wolfenbüttel 75
   Herzog August d. J. 75
   Herzog Rudolf August 80

Herzog Anton Ulrich 81
Herzog August Wilhelm und Herzog Ludwig Rudolf 93
Herzog Ferdinand Albrecht II. 96
Herzog Karl I. 98
Herzog Karl Wilhelm Ferdinand 109
Das Fürstentum Lüneburg 118
Herzog Christian Ludwig 118
Herzog Georg Wilhelm 119
Das Fürstentum Calenberg-Göttingen und das Kurfürstentum
Hannover 132
Herzog Johann Friedrich 132
Kurfürst Ernst August 142
Kurfürst Georg Ludwig 166
Könige von Großbritannien 174
Die politische und wirtschaftliche Situation in Großbritannien .. 174
König Georg I. 180
König Georg II. 185
König Georg III. 192
König Georg IV. 201
König Wilhelm IV. 204
Das Kurfürstentum Hannover während der Personalunion ... 207
Regierung und Verwaltung 210
*Innen- und außenpolitische Probleme unter Georg I. und
Georg II.* 213
Hannover unter Georg III. 217
Hannover als Teil des Königreiches Westfalen 222

Das »lange« 19. Jahrhundert 227

Das Königreich Hannover 227
*Politische, wirtschaftliche und gesellschaftliche Entwicklungen im
Königreich Hannover* 227
König Ernst August 233
König Georg V. 251
Herzog Ernst August von Cumberland 263
Das Herzogtum Braunschweig 266

Anmerkungen 289

Literaturverzeichnis 295

Karte von Niedersachsen 64

Stammtafel 1 311

Stammtafel 2 312

Stammtafel 3 316

Stammtafel 4 318

Stammtafel 5 319

Personenregister 320

Reformation und Konfessionalisierung

Die welfischen Territorien im späten Mittelalter

Der Sturz des Welfen Heinrichs des Löwen 1180 führte zur Zerschlagung und territorialen Zersplitterung des sächsischen Herzogtums. Gegen Ende des Mittelalters gab es auf altsächsischem Gebiet nicht weniger als 75 Landesherren, davon ca. 40 im Bereich des heutigen Niedersachsens.[1] Diese territoriale Zersplitterung versetzte Nordwestdeutschland für lange Zeit in eine Randlage innerhalb des Reiches. Die deutschen Könige und Kaiser widmeten diesem Gebiet nur geringes Interesse, so dass man von der »Reichsferne Norddeutschlands« sprechen kann. Keines der sich bildenden Territorien errang ausreichend Einfluss, um entscheidende Geltung in der Reichspolitik zu gewinnen. Zur stärksten politischen Kraft im norddeutschen Raum entwickelten sich die Nachfahren Heinrichs des Löwen. Die Welfen blieben jedoch lediglich ein »Machtfaktor von regionaler Bedeutung«[2], nachdem Heinrichs Sohn, Otto IV., zwar die Königs- und Kaiserwürde erlangt hatte, infolge seiner Niederlage in der Schlacht bei Bouvines (1214) und des Aufstiegs seines Gegenspielers, des Staufers Friedrich II., ins politische Abseits geraten war. Dies bedeutete den »Rückzug der Welfen aus der Weltgeschichte«[3]; auch auf der politischen Bühne des Reiches spielten sie fortan nur eine untergeordnete Rolle, was im Ausschluss vom Kurfürstenkolleg während des Mittelalters deutlichen Ausdruck fand.

Die Welfen konnten bis zum Ende des Mittelalters zwischen Elbe und Weser ein beachtliches Territorium aufbauen. Ausgangspunkt war der ausgedehnte Besitz an Erb- und Eigengut, der sich um die Städte Braunschweig und Lüneburg konzentrierte und der Dynastie nach der Entmachtung Heinrichs des Löwen verblieben war. Nachdem diese welfischen Eigengüter dem Reich übertragen worden waren, erhob Kaiser Friedrich II. sie am 21. August 1235 auf dem Reichstag zu Mainz als Reichslehen des Gesamthauses Braunschweig-Lüneburg zum Herzogtum, das er dem einzigen noch lebenden Enkel Heinrichs des Löwen, Otto dem Kind, übergab. Diese Belehnung bedeutete die Aufnahme Ottos und seiner Nachfahren in den Reichsfürstenstand.

Von ihrem Kerngebiet um Braunschweig und Lüneburg aus gelang es den Welfen, ihren Herrschaftsbereich auszuweiten. Dieser Landerwerb erfolgte überwiegend durch eine kluge Heiratspolitik oder den Abschluss von Erb- und Kaufverträgen, wodurch kleinere Herrschaftsgebilde aufgesogen oder andere außerhalb der ursprünglichen Grenzen gewonnen wurden; die Welfen verfolgten eine »zielgerichtete Politik der Territorialabrundung«.[4] Noch im 13. Jahrhundert konnten sie ihren Herrschaftsbereich auf den Raum um Hannover sowie den Unterlauf der Leine und das Bergland zwischen Leine und Weser ausdehnen. Hinzu kamen das Harzvorland um Wolfenbüttel und der Landstrich zwischen Göttingen und Münden, von wo aus sie an die obere und mittlere Weser vorstießen, die allerdings nur an wenigen Stellen überschritten wurde und bis ins 16. Jahrhundert die westliche Begrenzung des welfischen Machtbereiches blieb. Zu Beginn des 14. Jahrhunderts erhielten sie Zugriff auf die Grafschaften Dannenberg und Lüchow im Nordosten sowie auf die Grafschaft Wölpe nordwestlich von Hannover. Im 15. Jahrhundert erwarben die Welfen die Territorien der Grafen von Roden-Wunstorf, von Hallermund, von Everstein und der Herren von Homburg (1408/09); diese Besitznahme schloss die Phase der mittelalterlichen Erwerbspolitik ab. Die Welfen verfügten damit über ein fast geschlossenes Herrschaftsgebiet, das von der Elbe bis an den Oberlauf der Weser reichte. Es wurde allerdings durch das Hochstift Hildesheim in einen größeren nördlichen und einen kleineren südlichen Teil getrennt. Dies führte dazu, dass die Welfen ständig bemüht waren, ihren Einfluss auf das Fürstbistum auszuweiten, bis hin zu einer Angliederung an ihren Machtbereich.

Ein Grund für die geringe reichspolitische Bedeutung der Welfen, die in einem Gegensatz zu ihren territorialen Erfolgen stand, waren die häufigen Teilungen ihrer Ländermasse unter verschiedene Linien. Zeitweise war der welfische Territorialkomplex in vier oder fünf Linien aufgeteilt. Dabei blieb das Herzogtum rechtlich eine Einheit; als Reichslehen gab es nur ein Herzogtum Braunschweig-Lüneburg, dessen Teile bis ins 17. Jahrhundert als »Fürstentümer« zu bezeichnen waren. Die Einheit des welfischen Hauses fand in der Titulatur ihren Ausdruck; unabhängig von dem Landesteil, über den sie regierten, nannten sich alle Fürsten »Herzöge von Braunschweig und Lüneburg«; sie betonten damit auch die Verpflichtung gegenüber der Dynastie. Im gemeinsamen Besitz aller Linien befanden sich die Städte Lüneburg (bis 1512) und Braunschweig (bis 1671).

Zahlreiche verlustreiche Fehden steigerten die Finanznot und Schuldenlast der welfischen Fürsten. Die Begrenztheit ihrer Einnahmen aus Zöllen, Geleitgeldern und grundherrlichen Abgaben sowie die steigenden Ausgaben für die Hofhaltung und Verwaltung führten zu einer finanziellen Abhängigkeit von den Landständen, die die Genehmigung von Steuern, wie die Bede, mit der Gewährleistung ihrer Privilegien verbanden. Unter den Ständen ragten aufgrund ihrer wirtschaftlichen Stärke die Städte hervor. Von diesen kam Braunschweig und Lüneburg größere Bedeutung zu. Braunschweig war am Ende des Mittelalters mit ca. 20 000 Einwohnern die volkreichste und »einzige Großstadt im niedersächsischen Raum«.[5] Wachstum und Aufstieg verdankte sie nicht zuletzt der planmäßigen Förderung durch die Welfen als Stadtherren und einer frühen Blüte von Handel und Gewerbe. Der wirtschaftliche Aufschwung und die politische Bedeutung Lüneburgs beruhten vornehmlich auf den Erträgen der Saline. Der Salzexport, der zeitweise einem Monopol gleichkam, erstreckte sich über den gesamten nordeuropäischen Raum. Beinahe im Zentrum der welfischen Territorien lag Hannover;

seine wirtschaftliche Basis bildeten aufgrund seiner günstigen verkehrstechnischen Situation der Handel, der bis nach Flandern, Norwegen und Russland ging, sowie im Spätmittelalter zunehmend das Braugewerbe. In den südlichen Teilen der welfischen Lande dominierten die Städte Einbeck und Göttingen. Ihre wirtschaftliche Grundlage waren ebenfalls die Herstellung und der Vertrieb von Bier bzw. von Tuchen. Die meisten größeren Städte errangen im Laufe des 14. Jahrhunderts eine faktische, wenn auch nicht rechtliche Unabhängigkeit von der Landesherrschaft, wenn ihnen auch der angestrebte Status einer Reichsstadt verwehrt blieb. Ihre weitgehende Unabhängigkeit fand u. a. darin ihren Ausdruck, dass sie eine Residenzbildung in ihren Mauern unterbanden. 1371 wurde die welfische Burganlage auf dem Lüneburger Kalkberg geschleift, so dass der Landesherr seine Residenz nach Celle verlegen musste. Ebenso brachen Hannover und Göttingen die herzoglichen Stadtburgen ab. Dieser Umstand und die vielfachen Herrschaftsteilungen führten dazu, dass sich gegen Ende des Mittelalters eine Reihe von Herrschaftsmittelpunkten und Residenzen bildeten. Neben Celle zählten dazu u. a. Wolfenbüttel, Münden, Neustadt, Calenberg, Salzderhelden und Osterode.

Am Vorabend der Reformation kennzeichnete die welfischen Territorien trotz mancher Verfallserscheinungen beim höheren und niederen Klerus ein lebendiges religiös-kirchliches Leben. Es fand seinen markanten Ausdruck in einer Vielzahl von Stiftungen, Wallfahrten und Prozessionen und einer weiten Verbreitung von Bruderschaften. Zwar war die Dichte der Klöster, die vornehmlich im 12. und 13. Jahrhundert gegründet worden waren, nicht so hoch wie in Süd- und Westdeutschland, auch konnte sich keines mit den dortigen wohlhabenden und politisch einflussreichen Reichsabteien messen. Mehrere litten außerdem unter dem Verfall des religiösen und geistigen Lebens und der Disziplin, was häufig von wirtschaftlicher Schwäche begleitet wurde. Jedoch verhinderte nicht zuletzt der Erfolg kirchlicher Erneuerungsbewegungen, wie die vom südniedersächsischen Kloster Bursfelde ausgehende Reform oder die Bemühungen Johannes Buschs im Zeichen der Windesheimer Kongregation, einen allgemeinen Niedergang des Klosterwesens. Diese Reformbestrebungen fanden vielfach die »massive Mithilfe«[6] der Landesherren; denn erfolgreiche Klosterreformen bedeuteten immer auch eine Stärkung ihres Einflusses. »Jeder reformatorische Zugriff des Landesherrn auf ein Kloster vermehrte dessen Kompetenzen.«[7] Ansonsten war das landesherrliche Kirchenregiment in den welfischen Territorien rechtlich eher schwach ausgeprägt. Dem widersprach nicht eine zeitweise zielgerichtete Politik zur Besetzung der benachbarten Bischofsstühle von Bremen, Minden, Verden, Halberstadt, Paderborn, Osnabrück und Hildesheim mit Familienangehörigen.

Am Ende des 15. Jahrhunderts hatten sich nach wiederholten Landesteilungen vier Territorien und dynastische Linien des Hauses Braunschweig-Lüneburg herausgebildet: Dies waren die Fürstentümer Lüneburg, Calenberg-Göttingen, Grubenhagen und Braunschweig-Wolfenbüttel. Sie standen »erst am Beginn frühmoderner Staatlichkeit«[8]; die Instrumente bürokratischer Verwaltung waren nur im Ansatz vorhanden. Jedoch trat die Tendenz der staatlichen Durchdringung und Organisierung der Territorien besonders in den häufigen Versuchen der Fürsten, die großen Städte, vor allem Lüneburg und Braunschweig, ihrer Landesherrschaft vollständig zu unterwerfen, deutlich hervor. Die Reformation schien den Landesherren Ansatzpunkte und Mittel zur Erreichung dieses Zieles zu bieten.

Die Reformation

Die reformatorische Bewegung setzte sich zuerst, weitgehend eigenständig und unabhängig von der landesherrlichen Gewalt, in den größeren Städten durch und ging oft mit politischen und sozialen Forderungen einher. Luthers theologische Vorstellung von der »Freiheit eines Christenmenschen« begünstigte diese Entwicklung. Der städtische Rat, der sich anfangs der evangelischen Bewegung gegenüber ablehnend verhielt, machte erst auf diesen »Druck von Unten« hin in der religiösen Frage Zugeständnisse. In den kleineren Städten und auf dem Land war dagegen für den Erfolg der Reformation die Haltung des Fürsten entscheidend, der sich häufig in seinem Reformwerk auf die Landstände stützen konnte. Größere Resonanz fanden reformatorische Forderungen beim niederen Klerus, vor allem bei den »von den Pfründeninhabern angestellten ›Mietpfaffen‹«[9], während die Mehrheit der Bevölkerung die neue Lehre, »ihrer bedächtigen Art entsprechend, ohne stürmischen Überschwang, aber auch ohne Widerstreben«[10] aufnahm. Zum ruhigen Verlauf, den die Reformation in den welfischen Territorien nahm, trug der Fortbestand altkirchlicher Elemente wie Ohrenbeichte, Heiligenverehrung, Messgewänder und Wallfahrten bei. Demgegenüber scheinen die eigentlichen theologischen Kontroversen für die breiten Bevölkerungsschichten von untergeordneter Bedeutung gewesen zu sein.

Herzog Ernst von Lüneburg und Herzog Philipp I. von Grubenhagen gehörten zu den ersten Landesherren, die sich für die Reformation entschieden, während diese in Calenberg-Göttingen erst nach dem Tod Herzog Erichs I. unter seiner Gemahlin Elisabeth an Boden gewann. In Braunschweig-Wolfenbüttel gelangte der neue Glaube sogar erst nach dem Tod Herzog Heinrichs d. J. 1568 vollständig zum Durchbruch. Im letzten Drittel des 16. Jahrhunderts hatte sich jedoch der Protestantismus in den welfischen Territorien weitgehend durchgesetzt.

Die Einrichtung und Konsolidierung des evangelischen Kirchenwesens war in den größeren Städten das Werk der Magistrate, in den Territorien das der Landesherren, die wegen des Fehlens einer Universität und der Schwäche der bischöflichen Gewalt beim Ausbau ihrer Kirchengewalt kaum Beschränkungen fanden. Somit waren in Niedersachsen »obrigkeitliche Strukturen der Kirchenleitung von Beginn an bestimmend«.[11] Während sich das vorreformatorische landesherrliche und stadtherrliche Kirchenregiment weitgehend auf den Bereich des kirchlichen Pfründewesens, der Gerichtsbarkeit, der Disziplin und Organisation beschränkte, trat im Zuge der Reformation die Befugnis der Entscheidung in Glaubenssachen hinzu, was zu einer gewaltigen Steigerung landesherrlicher Macht und weitgehender Unterordnung der Kirche unter die Landesherrschaft führte.

Das Fürstentum Lüneburg

Herzog Heinrich der Mittlere

Das Fürstentum Lüneburg erwuchs aus der ersten Teilung des Herzogtums Braunschweig-Lüneburg von 1267/69. Bis zur Mitte des 14. Jahrhunderts bildete es sich nach dem Erwerb zahlreicher Grafschaften und Gerechtigkeiten als geschlossenes Herrschaftsgebiet zwischen Elbe, Weser, der Altmark und den Hochstiften Hildesheim und Verden. Besondere Bedeutung kam dabei den Erwerbungen der Burg Hallermunt (1282), der Grafschaften Wölpe (1302), Dannenberg (1303) und Lüchow (1320) sowie der halben Grafschaft Hallermunt (1366) zu. Bis zur Mitte des 15. Jahrhunderts war die Territorialbildung nach dem Verlust des Landes Calenberg (1432) und eines Teils der Grafschaften Everstein und Homburg als Pfand an das Hochstift Hildesheim (1443), dem der Erwerb von Hitzacker gegenüberstand (1442), im Wesentlichen abgeschlossen. Der Umfang des Fürstentums, der in etwa 11 000 km² betrug, blieb mit Ausnahme einiger kleinerer Grenzkorrekturen erhalten und war im 20. Jahrhundert weitgehend mit dem Regierungsbezirk Lüneburg identisch. Im Gegensatz zu den Braunschweiger Fürsten gelang es den Lüneburgern, »die territoriale Geschlossenheit ihres Landes nicht durch erneute Erbteilungen zu gefährden.«[12] Zwar spalteten sich im 16. Jahrhundert die Nebenlinien Harburg (1527–1642), Gifhorn (1539–1549) und Dannenberg (1569–1671) ab; die Territorien fielen jedoch nach dem Verlöschen der Nebenlinien an Lüneburg zurück. Durch das Aussterben der Grafen von Hoya (1582) und Diepholz (1585) kam es aufgrund älterer Verträge zum Anfall großer Teile der jeweiligen Grafschaften[13], wodurch sich die Herrschaft des Lüneburger Herzogs auch westlich der Weser ausbreitete. Die angeschlossenen Territorien behielten allerdings ebenso wie das 1617 nach heftigen Erbauseinandersetzungen erworbene Fürstentum Grubenhagen ihren Rechtscharakter und gingen nicht im Fürstentum Lüneburg auf.

Seit 1486 wurde das Fürstentum Lüneburg von Heinrich dem Mittleren (★ 1468) regiert. Er wird als »typischer Vertreter der hochadeligen Klasse seiner Zeit« bezeichnet, der »auf seine fürstliche Ehre [...] in einer schon seine Zeitgenossen anachronistisch anmutenden Weise« bedacht war.[14] Sein ausgeprägtes Selbstgefühl verband sich mit einem starken Bemühen um Machterweiterung; kriegerische Unternehmungen und hoher Repräsentationsaufwand machten ihn zum Typus des fürstlichen Verschwenders, des herrischen und für die finanziellen Folgen seines Tuns unsensiblen Hocharistokraten.

Da Expansionsbestrebungen der welfischen Herzöge nach Norden, Osten und Süden durch die Existenz überlegener Mächte, wie Dänemark, Brandenburg und Hessen, beschränkt waren, war ihnen nur das Vordringen nach Westen in den von kleineren Reichsständen ausgefüllten westfälischen Reichskreis möglich. Neben den Hochstiften Minden und Osnabrück richtete sich ihr Interesse vor allem auf die benachbarten Grafschaften Diepholz und Hoya. Während die formale Oberhoheit über Hoya gesichert und dessen Anfall nach dem Aussterben des Grafenhauses vorbereitet werden konnte, blieben Heinrichs d. M. Vorstöße an die Nordseeküste und der Erwerb von Teilen Ostfrieslands erfolglos. Die Expansionspolitik brachte ihn nach 1516 in einen Gegensatz zu den Habsburgern; dieser verschärfte sich nach Maximilians I. Tod, so dass man von einer »Wendung« in seiner Politik gesprochen hat.[15] Die Gründe für Heinrichs antihabsburgische Haltung sind nicht klar erkennbar. Als 1519 die Kaiserwahl anstand, agitierte er gegen Maximilians Enkel, Karl von Spanien, und setzte sich vehement für Franz I. ein, so dass er als »politischer

Agent des französischen Königs im Reich«[16] bezeichnet wurde. Dabei rechtfertigte er seine Kampagne gegen Karl mit dem Argument, dass das Haus Habsburg aufgrund seiner Machtfülle die Freiheit der Reichsstände einschränke. Zu einem offenen Konflikt mit den braunschweigischen Herzögen und Kaiser Karl V. kam es im Zusammenhang mit der Hildesheimer Stiftsfehde.

Die Hildesheimer Stiftsfehde (1519–1523)

Diese Fehde begann als eine interne Auseinandersetzung zwischen dem Hildesheimer Stiftsadel und Bischof Johann IV. von Sachsen-Lauenburg (reg. 1504–1527), der sich im Zeichen einer rigorosen Sparpolitik um die Einlösung der den Stiftsvasallen verpfändeten Burgen und Güter bemühte; sie weitete sich durch den Beitritt einer Reihe norddeutscher Fürsten und deren unterschiedlichen territorialen Zielsetzungen zu einer Angelegenheit aus, in die auch die Reichsgewalt in der Person des Kaisers hineingezogen wurde. Es bildete sich folgende Mächtekoalition: Auf die Seite der Stiftsjunker trat neben Erich von Calenberg und Heinrich d. J. von Wolfenbüttel dessen jüngerer Bruder Bischof Franz von Minden. Mit Bischof Johannes und Heinrich von Lüneburg verbündeten sich vornehmlich aus Gegnerschaft zum Mindener Bischof die Grafen von Hoya, Schaumburg, Lippe und der Edelherr von Diepholz; außerdem gewährte ihnen Herzog Karl von Geldern, der Schwiegersohn Heinrichs d. M., Unterstützung.

Militärhistorisch gilt die Hildesheimer Stiftsfehde nicht zuletzt wegen ihrer Verbindung von militärischen Aktionen und Plünderungszügen als »letzte große Fehde des Mittelalters«[17], die ganze Landstriche in den welfischen und stifthildesheimischen Gebieten verwüstete. Sie begann mit dem Einfall Heinrichs von Lüneburg in das Stift Minden, wo ihm die Stadt Minden und Schloss Petershagen zufielen. Die Braunschweiger Herzöge drangen daraufhin in das Fürstbistum Hildesheim ein. In der Schlacht bei Soltau errangen die Hildesheimer und Lüneburger am 28. Juni 1519, dem Tag der

Wahl Karls von Spanien zum Kaiser, innerhalb von drei Stunden einen glänzenden Sieg, an dem die Reiter Karls von Geldern entscheidenden Anteil hatten. Während sich Heinrich d. J. und sein Bruder Franz von Minden durch die Flucht retten konnten, gerieten Erich von Calenberg und Herzog Wilhelm, ein Bruder Heinrichs d. J., zusammen mit 120 bis 130 Adligen in Gefangenschaft.

Dennoch konnten die welfischen Herzöge die Folgen ihrer Niederlage in Grenzen halten, letztlich sogar als Sieger aus der militärischen Auseinandersetzung hervorgehen. Denn Heinrich d. J. gelang es, Karl V. davon zu überzeugen, dass seine Gegner Frankreich zuneigten. Dies traf allein auf Heinrich von Lüneburg zu, der finanzielle Unterstützungen von Frankreich erhielt. Für Karl V. bot die Hildesheimer Stiftsfehde die Möglichkeit, die kaiserliche Macht in Norddeutschland zur Geltung zu bringen und an seinen Gegnern ein Exempel zu statuieren. Als Bischof Johann der Aufforderung eines kaiserlichen Schiedsgerichts zur Rückerstattung der eroberten Orte und zur Entlassung der Gefangenen ohne Gegenleistungen nicht nachkam, wurde am 24. Juli 1521 über ihn und seine Verbündeten die Acht verhängt; sie wurden ihrer Regalien und Lehen für verlustig erklärt. Zu Vollstreckern der Acht ernannte Karl V. Erich von Calenberg und Heinrich d. J. sowie deren Verbündete, König Christian II. von Dänemark und Landgraf Philipp von Hessen.

Die Kampfhandlungen zogen sich bis 1523 hin. In ihrem Verlauf gelang es den Braunschweiger Herzögen, den größten Teil des Stiftes Hildesheim zu besetzen. Zuletzt widerstanden lediglich die Stadt Hildesheim und die Feste Peine. Johann verlor bis auf die Stadt Hildesheim alle Verbündeten und erklärte sich zu Friedensverhandlungen bereit. Diese fanden im Frühjahr 1523 unter Leitung Kurfürst Albrechts von Brandenburg und Herzog Georgs von Sachsen sowie der Städte Magdeburg, Goslar und Einbeck in Quedlinburg statt und endeten mit dem Rezess vom 13. Mai 1523 zwischen den Herzögen von Braunschweig, dem Hildesheimer Domkapitel und der Stadt Hildesheim. Herzog Wilhelm und alle anderen

Gefangenen wurden ohne Lösegeld freigelassen und das ganze von den Herzögen eroberte Stiftsgebiet diesen zugesprochen. Während der größere Teil des Fürstbistums (»Großes Stift«) unter Heinrich d. J. und Erich von Calenberg aufgeteilt wurde, verblieb dem Bischof von Hildesheim nur das »Kleine Stift« mit der Stadt Hildesheim, den Ämtern Marienburg, Steuerwald und Peine sowie der Dompropstei mit ca. 90 Ortschaften. Der Hildesheimer Bischof wurde damit machtpolitisch bedeutungslos. Der Quedlinburger Rezess erhielt am 20. Oktober 1523 die kaiserliche Bestätigung. Um einen festen Rückhalt gegen den Protestantismus in Norddeutschland zu erhalten, belehnte Karl V. die beiden katholischen welfischen Herzöge am 28. September 1530 auf dem Augsburger Reichstag förmlich mit dem »Großen Stift«.

Als sich die Gefahr der Ächtung abzeichnete, floh Heinrich d. M. an den französischen Hof, nachdem er am 9. Mai 1520 seine beiden älteren Söhne, Otto und Ernst, in die Regentschaft aufgenommen und damit die Einziehung des Fürstentums durch den Kaiser zu verhindern gesucht hatte. Nach Verhängung der Reichsacht verzichtete Heinrich zugunsten seiner drei Söhne am 22. Juli 1522 ganz auf die Regierung. Bis 1527 hielt er sich in Frankreich auf. Er hinterließ im Fürstentum eine Schuldenlast in Höhe von 204 000 Gulden, die das Ergebnis aufwendiger militärischer Aktionen, von Luxus und ausschweifendem Lebenswandel war. Hinzu kamen Verpfändungen landesherrlicher Häuser und Güter sowie die Verwüstung ganzer Landstriche infolge der Stiftsfehde.

Herzog Ernst der Bekenner

Herzog Heinrich hatte aus seiner Ehe mit Margarethe von Sachsen drei Söhne: Otto (1495–1549), Ernst (26. Juni 1497– 1546) und Franz (1508–1549). Otto und Ernst begaben sich 1512 zum Studium nach Wittenberg und lebten am Hofe ihres Onkels, Kurfürst Friedrichs von Sachsen, der maßgeblichen Einfluss auf ihre Erziehung ausübte. Während dieser Zeit wurden die Prinzen von Georg Spalatin, dem Geheimsekretär des Kurfürsten und engen Freund Luthers, betreut. Zwar sind engere Beziehungen Ernsts zu Luther nicht nachweisbar, jedoch ist zu vermuten, dass der Wittenberger Aufenthalt und die engen Beziehungen zu Kursachsen die Sympathien des Herzogs für das evangelische Bekenntnis stärkten. Als Regent schloss sich Ernst eng an seine sächsischen Verwandten an, die nicht ohne Einfluss auf sein politisches Handeln, insbesondere hinsichtlich der Reichspolitik, waren.

In der gemeinsamen Regierung, die Otto und Ernst 1522 von ihrem Vater übernommen hatten, war der jüngere von Beginn an die stärkere politische Kraft. Nachdem Otto 1527 das vom Fürstentum Lüneburg abgetrennte Territorium Harburg übernommen hatte, das ihm eine standesgemäße Versorgung garantierte, und damit zum Begründer der bis 1642 bestehenden Harburger Linie der Lüneburger Herzöge wurde, war Ernst auch formal Alleinregent. Für kurze Zeit, von 1536 bis 1539, hatte auch sein jüngerer Bruder Franz Anteil an der Regierung in Lüneburg, der dann mit dem Gebiet um Gifhorn und Isenhagen abgefunden wurde

Herzog Ernst war die entscheidende Kraft bei der Durchsetzung der Reformation im Fürstentum Lüneburg. Er gilt als eine »reformationszeitliche Gründergestalt«, als einer jener Fürsten, »ohne die aus Luthers Gedanken die Reformation nie hätte werden können«.[18] 1526 vollzog Ernst den offenen Übertritt zum Protestantismus, als er sich als einer der ersten Landesherren Niedersachsens dem evangelischen Fürstenbund von Torgau anschloss. 1529 gehörte er auf dem Reichstag zu Speyer zu den »protestierenden« Reichsständen. Auf dem Reichstag zu Augsburg unterzeichnete er im folgenden Jahr das Bekenntnis, was ihm im 18. Jahrhundert den Beinamen »der Bekenner« verlieh. Seine Entscheidung für die Reformation bezog ihn in die Reichspolitik ein und erweiterte seinen Aktionsradius. Er gehörte zu den Gründungsmitgliedern des Schmalkaldischen Bundes, wenn er auch nicht dessen Führung inne hatte.

Ernst fühlte sich nicht zuletzt durch die Beschlüsse der Reichstage von Nürnberg (1524) und Speyer (1526) zur

Reformation in seinem Territorium berechtigt. Eine persönliche Begegnung mit Luther bestärkte ihn in seiner Haltung. Neben echter Reformgesinnung waren für Ernsts reformatorisches Engagement wirtschaftliche und politische Überlegungen bestimmend. Die Aufhebung von Klöstern und die Überführung von Klostergut in Staatseigentum sollten die chronische Verschuldung des Fürstentums mildern. Die Ausschaltung der auswärtigen bischöflichen Gewalt und die Schaffung einer dem Fürsten unterstehenden Landeskirche stärkten die landesherrliche Stellung.

Die Stände, vornehmlich der Adel, nahmen in der Religionsfrage eine eher indifferente Haltung ein, solange ihre Rechte, vor allem das Patronatsrecht, berücksichtigt wurden und die Klöster als Versorgungseinrichtungen ihrer Nachkommen erhalten blieben. Dadurch waren Ernsts Versuchen, durch die Einführung der Reformation und den Zugriff auf die Klostergüter auch den ständischen Einfluss zurückzudrängen, Grenzen gesetzt. Dennoch gelang ihm eine Stärkung der landesherrlichen Gewalt gegenüber den Ständen. Die Übernahme der Verwaltung der Klostergüter führte zur faktischen Auflösung des Prälatenstandes; nach 1530 erschienen die Äbte und Pröpste nicht mehr auf den Landtagen. 1536 erreichte es Ernst, dass die Stände ihre Versammlung zuvor dem Landesherrn anzuzeigen und die Beratungsgegenstände anzugeben hatten, deren Überprüfung auf ihre Legitimation hin sich der Herzog vorbehielt.

Auf die Empfehlung Luthers hatte Ernst den Braunschweiger Prediger Gottschalk Kruse als herzoglichen Kaplan in seine Dienste genommen und zum Prediger an der Celler Stadtkirche ernannt. Celle wurde nicht nur einer der Ausgangspunkte der Reformation im Fürstentum, sondern auch eine der ersten lutherischen Städte Deutschlands. Um Kruse sammelten sich weitere lutherische Prediger. Auf ihre Veranlassung verhängte Herzog Ernst ein Predigtverbot für die Franziskaner und untersagte die Feier der Messe. Als die Franziskaner sich weigerten, dem herzoglichen Verbot nachzukommen, wurde ihr Kloster im August 1528 aufgehoben. Ihr Wegzug wurde von Missfallensbekundungen seitens der städtischen Bevölkerung begleitet. »Mit der Ausweisung der Mönche und der Einsetzung neuer Prediger war der ernsthafte Widerstand der ›alten Lehre‹ jedoch gebrochen.«[19] Unter Kruses Leitung verfassten die Celler Prediger die erste Kirchenordnung für das Fürstentum Lüneburg, »das Artikelbuch«, und überreichten sie am 3. Juli 1527 dem Herzog, der vermutlich selbst Anteil an ihrer Abfassung hatte. Die 21 Artikel forderten die Einhaltung der Residenzpflicht für die Ortsgeistlichen und die schriftgemäße Predigt, die Aufhebung des Zölibats, der feierlichen Gelübde und des Fastengebotes und ein Verbot von Wallfahrten, Privat- und Stillen Messen, Seelenmessen und Bruderschaften; sie übten Kritik an der Heiligenverehrung, ließen jedoch einen moderaten Marienkult zu und verlangten die Einführung der deutschsprachigen Taufe und Liturgie. Zwar erhielt das Artikelbuch nicht die offizielle Anerkennung als Kirchenordnung; denn es enthielt nicht Gegenstände, wie Gemeiner Kasten, Agende und Abendmahlsdefinition, die in den Kirchenordnungen anderer Territorien und Städte geregelt waren. Dennoch nahm es faktisch diesen Charakter an und war Richtschnur und Grundlage für Ernsts Reformationswerk.

Für den Erfolg der Reformation im Fürstentum Lüneburg war der Landtag vom August 1527 von Bedeutung. Die Landstände erklärten sich mit der vom Herzog angekündigten Absicht einverstanden, in Pfarreien, die ihm, aber auch *ausländischen herren* unterstanden, nach eigenem Ermessen Zeremonien und Predigten einzurichten. Damit eignete sich der Herzog praktisch das Patronatsrecht der zuständigen Bischöfe von Verden, Minden und Hildesheim an. Während in Hildesheim der Bischofsstuhl nach der Abdankung Johanns IV. vakant war, setzte sich Ernst über den Einspruch des Verdener Bischofs, Christoph von Braunschweig-Lüneburg, und über kaiserliche Mandate in den folgenden Jahren hinweg. Zwar blieben seine Einwirkungsmöglichkeiten hinsichtlich der adligen Patronatsstellen eingeschränkt; aber auch diese Pfarrstellen wurden der Reformation geöffnet. Denn die Landstände fassten generell den Beschluss, in allen Stiften, Klöstern und Pfarreien des Fürstentums »das Evangelium lauter und rein und ohne menschlichen zusatz verkündigen«[20] zu lassen. Mit diesem Beschluss rechtfertigte der Herzog seinen Eingriff in das gottesdienstliche Leben und in die Ordnung der Klöster. Ein Mandat von 1529 verpflichtete alle Pfarrer des Fürstentums auf die darin vorgeschriebene Form und den Inhalt der evangelischen Predigt.

Ohne erheblichen Widerstand konnte die Reformation unter der Mitwirkung des Urbanus Rhegius, der 1531 das Amt des Superintendenten übernahm, in den Landpfarreien eingeführt werden. Die meisten Pfarrer traten zum Luthertum über und hielten sich an die Vorschriften des Artikelbuches. Widerstrebende Geistliche, vor allem in den dem Herzog unterstehenden Pfarreien, wurden von Ernst durch lutherische ersetzt. Die unter der Leitung des Superintendenten Martin Ondermark 1543 durchgeführte Visitation ergab, dass sich das Luthertum im Land durchgesetzt hatte.

Widerstand gegen die kirchlichen Neuerungen leisteten die Frauenklöster des Fürstentums. Trotz der Einführung evangelischer Prediger und der Aneignung der Propstei durch den Herzog hielten die Ordensfrauen ihren katholischen Kaplänen die Treue, boykottierten die evangelischen Predigten und praktizierten bewusst altkirchliche Zeremonien. Der »Ratschlag zur Notdurft der Klöster«, die erste Lüneburger Klosterordnung, die Ernst wahrscheinlich von den Celler Pastoren um Gottschalk Kruse 1530 ausarbeiten und allen Frauenklöstern zur Beobachtung zukommen ließ, forderte die Aufgabe von Gebräuchen und Gewohnheiten aus der katholischen Zeit. Als die Frauenkonvente nicht einlenkten, wandte der Herzog drastischere Maßnahmen an; diese reichten von Teilzerstörungen der Klosteranlagen über die Beschlagnahme von Klosterbesitz und die Sperrung der Lebensmittelzufuhr bis zur Vernichtung von Altären und Reliquien. Hinzu kamen die Vertreibung der katholischen Kapläne, so dass die Ordensfrauen keine regulären Gottesdienste mehr feiern und die Sakramente nicht mehr empfangen konnten, und der Zwang, die Predigten evangelischer Geistlicher anzuhören. Dennoch hielten sich in einigen Frauenklöstern katholische Traditionen bis weit über die Jahrhundertmitte hinaus. Die fehlende Unterstützung durch einflussreiche Bischöfe, die Erfolglosigkeit kaiserlicher Schutzbriefe und die Konsolidierung der Reformation im Fürstentum und in den benachbarten Territorien begünstigten den allmählichen Glaubenswechsel. Die Lüneburger Klosterordnungen von 1555 und 1574 regelten den lutherischen Gottesdienst, führten die verbotenen katholischen Riten auf und enthielten Vorschriften hinsichtlich der Klosterdisziplin. Als Institutionen eigenen Rechts blieben neben St. Michael in Lüneburg und den Stiften in Bardowick und Ramesloh auch die Lüneburger Frauenklöster bestehen. Sie mussten einen Teil ihres Vermögens an den Landesherrn abgeben. Nicht zuletzt mit Rücksicht auf die Interessen des Lüneburger Adels entgingen sie einer völligen Aufhebung. Als evangelische Damenstifte erfüllten sie eine wichtige Funktion bei der Versorgung von Töchtern aus adeligen Familien.

Ernst starb am 11. Januar 1546 in Celle. Er galt als »friedliebender Fürst«, der als »erster der Celler Herzöge den Typus des protestantischen Hausvaters«[21] verkörperte. Bei seinem Tod war zwar die »evangelische Kirche im Lüneburger Land fest verankert«[22]; allerdings hatte er es nicht erreicht, die zweite große Frage seiner Regierungszeit zu lösen: die Schuldenlast des Fürstentums war trotz aller Steuerbewilligungen nicht entscheidend verringert worden, so dass auf seine Nachfolger eine schwerwiegende Hypothek zukam.

Herzog Wilhelm der Jüngere

Ernst hinterließ acht unmündige Kinder. Nach einer Regentschaft durch die »Statthalter und Räte« und dem Tod der älteren Brüder fiel die Herrschaft an die beiden jüngsten Söhne, Heinrich (* 4. Juni 1533) und Wilhelm (* 4. Juli 1535). Zu den wichtigsten Ereignissen der gemeinsamen Regierung, in der Wilhelm die dominierende Kraft war, gehörte der Ausgleich mit der Stadt Lüneburg. Die Hansestadt hatte sich lange Zeit den Territorialisierungsbestrebungen der welfischen Herzöge entziehen und weitgehende Autonomie bewahren können. Vor allem war es ihr gelungen, die seit Ende des 15. Jahrhunderts wachsenden finanziellen Forderungen der Landesherren zurückzuweisen. Während der Reformation hatte sich die Stadt faktisch unabhängig vom landesherrlichen *ius reformandi* gezeigt. Der Bedeutungsverlust der Hanse im Laufe des 16. Jahrhunderts wirkte sich auch auf Lüneburg aus. Unter Vermittlung des Abtes von St. Michael und des Bischofs von Lübeck, Eberhard von Holle, kam zwischen den welfischen Herzögen und der Stadt am 19. März 1562 ein Vertrag zustande, in dem sie auf Schuldforderungen gegen die Landesherren verzichtete und einen Teil der fürstlichen Schulden sowie einen Beitrag zu den Reichssteuern und zur fürstlichen Hofhaltung übernahm. Wenn auch die Herzöge eine Reihe städtischer Privilegien anerkannten, so dämmte der Vertrag »die Selbstständigkeitsbestrebungen der Stadt dauerhaft«[23] ein.

Weitere wichtige Gesetzeswerke, die die landesherrliche Position stärkten, waren die Kirchenordnung von 1564, die ein Landeskonsistorium schuf und dem Landesherrn die Bestallung des Generalsuperintendenten einräumte, während die übrige Geistlichkeit durch die Patronatsherren ernannt wurde, die Hofgerichtsordnung, die das Hofgericht von Uelzen nach Celle verlegte, sowie die Polizeiordnung mit detaillierten Bestimmungen über die Aufforstung, den Deichbau und die Agrarverfassung.

Zu einem Zerwürfnis beider Herzöge kam es, als Heinrich gegen frühere Absprachen Heiratsabsichten verwirklichte. Dabei forderte er die Aufteilung des Territoriums, was auf die entschiedene Ablehnung Wilhelms und der Stände stieß. Im Vergleich vom 13. September 1569 wurde Heinrich neben jährlichen finanziellen Zuwendungen mit Schloss, Stadt und Amt Dannenberg sowie Propstei und Kloster Scharnebeck abgefunden. Wie bei den Abfindungen der vorangegangenen Generation folgte keine Teilung der Souveränitätsrechte. Die Landeshoheit für das Gesamtterritorium blieb bei Wilhelm, der damit auch die Schuldenlast und die Reichs- und Kreissteuern übernahm. Heinrich hatte sich im Vergleich die Erbrechte seiner Familie beim Erlöschen eines Zweiges der Welfen ausdrücklich vorbehalten und schuf damit die rechtliche Voraussetzung für die spätere Übernahme des Fürstentums Braunschweig-Wolfenbüttel durch seine Nachkommen.

Wilhelm gehörte zu den gläubigen »Betefürsten« des 16. Jahrhunderts, die von tiefer Frömmigkeit und unbeirrbarem Festhalten an der reinen lutherischen Lehre geprägt waren. Das *Corpus doctrinae Wilhelminum* (1576) bestimmte den Bekenntnisstand der Lüneburger Landeskirche. Es wurde 1580 durch das Konkordienbuch ersetzt. Dieses nahm die Konkordienformel von 1577 auf, die die innerlutherischen Auseinandersetzungen überwinden wollte. Für Wilhelm war es ein dringendes Anliegen, die Glaubenseinheit der lutherischen Kirche zu fördern; er hielt dies vor dem Hintergrund eines erstarkenden gegenreformatorischen Katholizismus für unabdingbar. Wilhelms evangelische Gesinnung fand deutlichen Ausdruck in der Ausgestaltung der Celler Schlosskapelle, die er in »ein einzigartiges Denkmal des Protestantismus«[24] verwandelte und mit der er bewusst in einen Wettstreit mit der von Heinrich d. J. geschaffenen Schlosskapelle in Wolfenbüttel eintreten wollte. Die Celler Kapelle wurde mit über 70 Gemälden des Antwerpener Malers Marten de Vos und seiner Werkstatt geschmückt und gilt als eines der ältesten Zeugnisse protestantischer Kirchenmalerei. Ihre einheitliche Renaissanceausstattung von hoher Qualität erlangte überregionale Bedeutung.

Wilhelms Ehe mit Dorothea von Dänemark (1546–1617), aus der sieben Söhne und acht Töchter hervorgingen, begann recht glücklich, bis 1577 deutliche Anzeichen einer Geisteskrankheit bei ihm auftraten, die sich in Gewalttätigkeiten gegenüber Familienangehörigen und Bediensteten sowie in Zügellosigkeiten äußerte. Ein nachhaltigerer Anfall ereignete sich 1582 und wiederholte sich nach zeitweiliger Genesung immer häufiger, bis der Herzog 1587 in völlige geistige

Umnachtung fiel und wegen offenkundiger Bösartigkeit in einem Trakt des Celler Schlosses eingesperrt wurde. Die Regierung verblieb bis zu seinem Tod am 20. August 1592 bei einem Gremium aus Statthalter und Räten.
Wilhelm hatte keine letztwillige Verfügung über die Thronfolge hinterlassen. Da auch ein Hausgesetz fehlte, bestand die Gefahr einer Aufteilung des Landes unter seinen Söhnen, die das Fürstentum zur Bedeutungslosigkeit geführt hätte. Allerdings regelten die Prinzen Ernst (1564–1611), Christian (1566–1633), August (1568–1636), Friedrich (1574–1648), Magnus (1577–1632), Georg (1582–1641) und Johann (1583–1628) auf Drängen der Stände die Erbfolge in »brüderlicher Einigkeit und politischer Einsicht«, was bereits »bei den Zeitgenossen [...] allgemeine Bewunderung« erregte.[25] Danach sollte Ernst als ältester für acht Jahre die Regierung übernehmen, während sich seine Brüder weiter im Celler Schloss aufhielten und sich mit »verhältnismäßig bescheidenen Deputaten«[26] begnügten. Gleichzeitig bemühte man sich z. T. erfolgreich um geistliche Pfründen für die nichtregierenden Prinzen. Nach Ernsts Tod (2. März 1611) kam es am 15. April 1611 zu einer definitiven Regelung, die im folgenden Jahr die kaiserliche Bestätigung erhielt. Die Celler Herzöge wurden auf die Unteilbarkeit des Fürstentums verpflichtet. Die Regierung sollte nach einander an die Brüder fallen. Jedoch durfte sich nur einer von ihnen standesgemäß vermählen und die Familie fortsetzen. Seinen Nachkommen fiel dann als Gesamterbe die ungeteilte Landesherrschaft zu. Das Los entschied für Herzog Georg, dem zweitjüngsten.

Das Fürstentum Calenberg-Göttingen

Herzog Erich I.

Infolge eines Teilungsvertrages unterstand das Fürstentum Calenberg-Göttingen seit 1495 Herzog Erich I., während das Fürstentum Wolfenbüttel an seinen Bruder Heinrich d. Ä. fiel.

Der Teilungsvertrag hatte zwar die Eigenständigkeit beider Fürstentümer bestätigt, jedoch auch festgelegt, dass nach dem Ableben eines der Herzöge ohne Erben sein Territorium dem anderen bzw. dessen Nachkommen zufallen solle. Dies war der Ansatzpunkt für die zahlreichen Interventionsversuche der Wolfenbütteler Seite in calenbergische Angelegenheiten, besonders nach dem Tod Erichs I. Calenberg-Göttingen bestand aus ursprünglich zwei eigenständigen Territorien, die durch wolfenbüttelsches Gebiet getrennt waren und bis ins 16. Jahrhundert hinein eigene Verwaltungen besaßen. Ihre Landstände handelten erst seit 1542 vereint. Calenberg, auch »Unterwald« genannt, leitete seinen Namen von einer Grenzburg ab, die die Welfen vor 1300 östlich der Leine und südlich von Hannover im Kampf gegen das Hochstift Hildesheim errichtet hatten. Das Gebiet erstreckte sich von den Toren Nienburgs bis an die Grenze der Stadt Alfeld und umfasste außerdem die Exklaven Bodenwerder, Polle und Dassel, so dass die ursprüngliche Bezeichnung das »Land zwischen Deister und Leine« hinsichtlich der Ausdehnung nicht mehr zutraf. Im Fürstentum Göttingen (»Oberwald«) befanden sich die Städte Göttingen, Northeim, Münden und Dransfeld. Die engen Verbindungen zwischen den großen Städten Hannover, Hameln, Göttingen und Northeim, die seit der zweiten Hälfte des 15. Jahrhunderts bestanden, förderten die Zusammenführung beider Territorien.

Erich I. (* 16. Februar 1470) verfolgte eine kaisertreue Politik und hielt am katholischen Glauben fest. Für seine konfessionelle Orientierung waren jedoch in erster Linie politische Motive bestimmend. Es galt, die ihm infolge der Hildesheimer Stiftsfehde vom Kaiser übertragenen Gebiete des Hochstiftes zu sichern, die verwaltungsmäßig dem Fürstentum Calenberg angeschlossen wurden. Erichs Religionspolitik fehlte der entschiedene Charakter; sie beinhaltete im Wesentlichen ein

> »Festhalten an Zeremonien und den Überlieferungen der Kirche [...], jedoch weder hartes Eingreifen für den alten Glauben noch spezifisch reformkatholisch-konfessionelle Aktivitäten.«[27]

Der Herzog ging zwar seit 1523 mit Mandaten gegen die lutherische Lehre vor und schloss sich 1525 unter dem Einfluss Herzog Heinrichs d. J. dem Dessauer Fürstenbündnis an, das sich gegen die Ausbreitung der Reformation richtete. Als Folge seiner chronischen Finanznot musste er aber den Übergang der größeren Städte seines Fürstentums zum Luthertum gegen umfangreiche Geldzahlungen tolerieren. In den 1530er Jahren veranlasste ihn die Furcht vor kriegerischen Auseinandersetzungen mit dem Schmalkaldischen Bund, von einer entschieden katholischen Politik abzusehen. Außenpolitisch neigte der Herzog einem Neutralitäts- und Vermittlungskurs zwischen den konfessionellen Parteien zu. Diese zögerliche Haltung sowie die unter dem Einfluss seiner protestantischen Ehefrau Elisabeth nachgiebige Stellung gegenüber der sich in Calenberg-Göttingen ausbreitenden Reformation ließen den Verdacht antikaiserlicher Bestrebungen aufkommen. Um sich vor Karl V. zu rechtfertigen, reiste Erich I. 1540 zum Reichstag nach Hagenau, wo er am 30. Juli verstarb.

Herzogin Elisabeth

Erich I. war seit 1525 in zweiter Ehe mit Elisabeth von Brandenburg (*24. August 1510) verheiratet, einer Tochter des Kurfürsten Joachim und Elisabeths von Dänemark. Aus dieser Ehe ging der für den Fortbestand des Fürstentums wichtige Erbe, Erich II., hervor. Elisabeth wird als »willensstarke Frau von ausgeprägtem Charakter«[28] bezeichnet, die sich in den sechs Jahren ihrer Vormundschaft für ihren Sohn als »begabte Regentin« erwies, eine Eigenschaft, die »ihrem Mann und ihrem Sohn fehlte«.[29] Sie verstand es, »sich gegenüber dem älteren Ehemann, der als gutmütig, in Finanzfragen gleichgültig und in Liebesdingen großzügig geschildert wird«[30], durchzusetzen. So erreichte sie, dass sich Erich I. von seiner Mätresse Anna Rumschottel trennte, die sie der Hexerei verdächtigte und für Komplikationen bei ihrer zweiten Schwangerschaft verantwortlich machte. Infolge dieses ehelichen Zwistes gelang es Elisabeth, das ihr als Leibzucht eingeräumte Amt Calenberg 1535 gegen einen Komplex zu tauschen, der fast das vollständige Fürstentum Göttingen mit dem Amt Münden als Mittelpunkt umfasste. Noch zu Lebzeiten ihres Gatten nahm sie in diesem Gebiet, das »ungefähr die Hälfte des gesamten Territoriums Erichs I.«[31] ausmachte, eine quasi selbstständige Herrschaftsstellung ein. Der Herzog war kaum noch in der Lage, auf das Verhalten seiner Gemahlin Einfluss zu nehmen. Durch den Aufbau einer geordneten, wirtschaftlich soliden Hofverwaltung konnte die Herzogin ihre weitgehende Unabhängigkeit festigen und eine Art Nebenregierung im Herzogtum einrichten.

Bereits Anfang der 1530er Jahre glaubte man, bei Elisabeth protestantische Neigungen zu erkennen, die durch häufige Besuche bei ihrer in Wittenberg lebenden evangelischen Mutter gefördert wurden. Hier lernte sie auch Martin Luther kennen, gegen den die humanistisch gebildete Herzogin wegen seiner derben Sprache anfangs Vorbehalte geäußert hatte. Am 6. April 1538 vollzog Elisabeth den öffentlichen Übertritt zum Luthertum, als sie mit einigen Frauen ihrer Umgebung im Mündener Schloss das Abendmahl unter beiderlei Gestalt empfing. Dem Bekenntniswechsel lag ein echtes religiöses Anliegen zugrunde; der Zeitpunkt des Übertritts stand allerdings in einem größeren politischen Zusammenhang. Mit ihrem Übertritt zum Protestantismus wollte Elisabeth dem Schmalkaldischen Bund die Möglichkeit einer Intervention verschaffen, ihn geradezu verpflichten und die Einflussnahme Heinrichs d.J. von Wolfenbüttel, eines der entschiedensten Anhänger des alten Glaubens, auf das Fürstentum Calenberg-Göttingen ausschließen.

Für die Durchsetzung der Reformation in Calenberg-Göttingen war entscheidend, dass Elisabeth nach dem Tod Erichs I. die Regentschaft für den noch unmündigen Erich II. führte. Erich I. hatte in seinem Testament vom 4. Februar 1536 Kurfürst Joachim von Brandenburg, Herzog Heinrich d.J., Landgraf Philipp von Hessen sowie Elisabeth die Vormundschaft über seinen Sohn übertragen. Für die Erledigung der laufenden Regierungsgeschäfte sollte Elisabeth als Regentin zusammen mit Vertretern der Landstände zuständig sein; lediglich bei wichtigen Angelegenheiten mussten die Vormünder hinzugezogen werden. Diese Regelung stand allerdings im Widerspruch zu den welfischen Hausverträgen, nach denen Heinrich d.J. die Regentschaft für die Dauer der Unmündigkeit Erichs II. zufiel. Versuche des Wolfenbütteler Herzogs in diese Richtung konnten mit Hilfe Philipps von Hessen abgewehrt werden. Vor allem gelang es Heinrich nicht, die calenbergischen Landstände auf seine Seite zu ziehen. Seine Übergriffe auf das Fürstentum Calenberg-Göttingen schufen eine gemeinsame Abwehrfront der Herzogin und der Stände. Diese erkannten auf den Landtagen von 1541 in Pattensen das vormundschaftliche Regiment Elisabeths an und verpflichteten sich ihr gegenüber durch Treueerklärungen. Gleichzeitig räumten sie der Herzogin die Möglichkeit ein, die Reformation durchzuführen. Sie ließen ihr weitgehende Aktionsfreiheit, solange nicht ihre unmittelbaren Interessen berührt wurden.

Entscheidende Schritte bei der Einführung der Reformation waren 1542 die Inkraftsetzung der von Antonius Corvinus verfassten Calenberger Kirchenordnung sowie die vom 17. November 1542 bis 30. April 1543 durchgeführte Visitation, die die Beachtung der Kirchenordnung überprüfte. Die Pfarrer wurden auf das neue Bekenntnis verpflichtet. Die Synoden von Pattensen (1544 für Calenberg) und Münden (1545 für Göttingen) sollten nicht nur die bei der Visitation festgestellten Mängel beheben, sondern auch die Gleichheit in der Lehre und den Zeremonien in beiden Fürstentümern herstellen; ihre Beschlüsse wurden als *Constitutiones aliquot synodales* mit den Unterschriften der Regentin, Erichs II., der staatlichen Kommissare und der Präsidenten der Synoden veröffentlicht.

Die Grundlage für die Reform der Klöster und Stifte war die Klosterordnung Corvins, die Elisabeth am 2. November 1542 erließ. Sie versuchte, das Konventsleben mit reformatorischen Vorstellungen in Einklang zu bringen. Die Lesungen im Refektorium wurden beibehalten, aber auf biblische Texte beschränkt. Wenn die Klöster einstweilen auch als Körperschaften bestehen blieben, so zielte Elisabeths Politik auf »einen geregelten Ausklang des Klosterwesens«[32]. Das Vermögen wurde nicht sequestriert; es wurde der »landesherrlichen Aufsicht und Steuerung« [33] unterstellt. Die Rücksicht auf den Adel, der in den Klöstern Versorgungsstätten seiner Nachkommen sah, und ihre eigene unsichere Stellung als Regentin veranlassten sie, bei der Durchsetzung der Klosterordnung mit Vorsicht vorzugehen. Sie legte damit eine wichtige Grundlage für den noch heute bestehenden »Allgemeinen hannoverschen Klosterfonds«, der von der Klosterkammer verwaltet wird.

Herzog Erich II.

1546 ging Elisabeth mit Graf Poppo von Henneberg ihre zweite Ehe ein; entsprechend dem Testament Erichs I. war damit ihre Regentschaft beendet. Ihr Sohn Erich II. (* 10. August 1528) trat die Regierung in Calenberg-Göttingen an. Elisabeth verlor zwar an Einfluss auf die Regierungsgeschäfte im Fürstentum Calenberg; doch verblieben ihr noch erhebliche Einwirkungsmöglichkeiten im Göttinger Teil und hier insbesondere in ihrer Leibzucht, deren Besitz ihr von Erich II. laut Urkunde vom 22. November 1545 noch einmal bestätigt worden war.

Während des Schmalkaldischen Krieges stellte sich Erich II. auf die kaiserliche Seite und konvertierte 1548 zum Katholizismus. Er nahm das von Karl V. auferlegte Augsburger Interim an. Seine Rekatholisierungsmaßnahmen beschränkten sich vornehmlich auf die Klöster, die kleinen Städte und die Dörfer in seinem unmittelbaren Herrschaftsbereich. Hier vertrieb der Herzog die Pfarrer, die die Annahme des Interims verweigerten. Dagegen waren die großen Städte und das Gebiet der Leibzucht Elisabeths von der Rekatholisierung im Allgemeinen ausgenommen; auch dem Adel blieb weitgehende Freiheit in dieser Frage. Einen deutlichen Ausdruck fand die Wende in der Religionspolitik in der Verhaftung

Corvins, der zusammen mit Elisabeth und einer Reihe von Pfarrern dem Interim entschiedenen Widerstand entgegensetzte. Erich II. ließ den Reformator auf die Feste Calenberg bringen. Wachsender Widerstand der Landstände machte eine erfolgreiche Rekatholisierungspolitik Erichs II. unmöglich. Wie sein Vater geriet er wegen finanzieller Schwierigkeiten in immer größere Abhängigkeit von den Ständen, die 1553 auf dem Landtag zu Hannover nachdrücklich die Freiheit der evangelischen Lehre forderten. Die Erfahrung, dass unter einem protestantischen Regiment die adligen Vorrechte erhalten und insbesondere die Versorgungs- und Eigentumsrechte weitgehend unangetastet geblieben waren, begünstigte diese Entscheidung für den Protestantismus. Dem gemeinsamen Drängen Elisabeths und der Stände entsprach Erich und sagte in einem Mandat vom 20. Mai 1553 die Sicherung der evangelischen Lehre zu.

Erich war auf die ständische Hilfe in besonderem Maße angewiesen, weil Heinrich d. J. Übergriffe auf das Fürstentum Calenberg-Göttingen plante. In der Schlacht bei Sievershausen (9. Juli 1553) musste Erich II., der sich mit Markgraf Albrecht Alcibiades von Brandenburg-Kulmbach gegen Heinrich d. J. und Kurfürst Moritz von Sachsen verbündet hatte, eine empfindliche Niederlage einstecken. Unter Vermittlung von Herzogin Sidonia, Erichs Ehefrau, kam es am 6. September 1553 in Einbeck zu einem Vergleich zwischen den Welfenherzögen. Dieser beinhaltete u. a. die Rückgabe der von Heinrichs Truppen besetzten Gebiete der Leibzucht Elisabeths an Erich, band daran aber die Bedingung, dass diese nie wieder an die Herzogin fallen sollten. Dadurch verlor Elisabeth für immer ihre einflussreiche Stellung im Fürstentum. Sie lebte die folgenden Jahre, zeitweise hoch verschuldet, unter erbärmlichen Bedingungen in Hannover, von wo aus sie sich um die Rückgabe ihres Wittums oder eine angemessene Entschädigung bemühte. Nach einer Vereinbarung mit Erich II. , der ihr 1555 als Ersatz für ihre Leibzucht eine jährliche Rente zugestand, verbrachte Elisabeth den Rest ihres Lebens in Ilmenau, das neben Münden zum Zweitsitz geworden war.

Ohne jeweils wieder entscheidenden Einfluss auf die Calenberger Angelegenheiten ausgeübt zu haben, starb sie hier, vermutlich an den Folgen einer Schwindsucht, am 25. Mai 1558.

Die Schwächung der Stellung Elisabeths wirkte sich allerdings nicht zugunsten des Katholizismus in Calenberg-Göttingen aus. Erich II. war nicht imstande, das den Landesherren im Augsburger Religionsfrieden von 1555 zuerkannte *ius reformandi* zugunsten des alten Glaubens gegen den Widerstand der Landstände anzuwenden. Als Gegenleistung für Steuerbewilligungen musste er in der *assecuratio religionis* im November 1555 die Fortgeltung der Calenberger Kirchenordnung von 1542 einräumen. Ein ähnliches Zugeständnis erhielten die großen Städte im folgenden Jahr. Trotz seines katholischen Bekenntnisses trug der Herzog zur Schwächung des Klosterwesens bei. Er besteuerte das klösterliche Vermögen, belastete es mit Schulden, verpfändete Klostergüter wie Domänen und verlieh heimfallende Präbenden an weltliche Diener und deren Angehörige. Eine Reihe von Klöstern und Stiften wurde wirtschaftlich ruiniert. Begünstigt durch Erichs schwaches Regiment, das Fehlen jeglicher reformkatholischer Impulse und die häufige Abwesenheit des Herzogs gewann der Protestantismus zunehmend an Einfluss.

Den Regierungsgeschäften in Calenberg-Göttingen widmete Erich II. nur geringe Aufmerksamkeit. Er betrachtete sein Territorium vornehmlich unter dem Aspekt einer angemessenen Versorgung. 1550 scheiterte der Plan, das Fürstentum für 225 000 Taler an Heinrich d. J. zu verkaufen.

> »Die Abwesenheit vom ihm überantworteten Fürstentum« erschien als Erichs »hervorstechendstes Charakteristikum. [...] Sorglos hedonistisch im Umgang mit Land und Leuten, reiselustig und nur von dem Wunsch nach überzeitlichem Ruhm beseelt, zog Erich II. offenbar das Leben eines abenteuersuchenden Kriegsobristen vor.«[34]

Er trat in die Dienste verschiedener europäischer Herrscher. In der Schlacht von St. Quentin kämpfte er im August 1557 auf

Seiten des spanischen Königs gegen Frankreich und zeichnete sich durch hervorragende Tapferkeit aus. Die Schlacht machte Erich »mit einem Schlage zu einem europäischen Kriegshelden«[35]. Er nahm den Rheingrafen Johann Philipp von Salm, den Anführer der deutschen Truppen im französischen Heer, und den französischen Marschall St. André gefangen. Von dem ausgehandelten Lösegeld erhielt Erich lediglich eine Teilsumme und als Pfand vom spanischen König die Stadt und Herrlichkeit Woerden in den Niederlanden.

Während Erichs auswärtige Tätigkeit anfangs immer wieder durch Aufenthalte in seinem Fürstentum, insbesondere in Münden, unterbrochen wurde, verbrachte er die letzten zehn Jahre seines Lebens fast ausschließlich im Ausland. So weilte er von 1577 bis 1581 teils in Lothringen, der Heimat seiner zweiten Ehefrau, teils in Spanien und Italien. In einigen dieser Länder hatte er mittels seiner Kriegsgewinne oder als Pfand für seine Geldforderungen an die Kriegsherren Eigentum erworben. 1564 kaufte er die Baronie Liesveld in der Provinz Holland; außerdem besaß er ein Haus im Haag. 1578 erwarb er einen Palazzo in Venedig; hinzu kam ein Haus in Pavia. Wegen seiner Beteiligung am Kampf gegen die Hugenotten verpfändete ihm Katharina von Medici 1569/70 die Grafschaft Clermont, die sich aus verschiedenen Städten und der Burggrafschaft Creil zusammensetzte.

Zwischen 1559 und 1584 entstanden Erichs II. repräsentative Bauten in Uslar, Münden und Neustadt, die zu den bedeutendsten Schlossanlagen Norddeutschlands gehörten und aufgrund ihres modernen Baustils und der Einführung von Renaissance-Stilelementen in den größeren Bauzusammenhang die adligen und fürstlichen Schlossbauten in diesem Raum im letzten Viertel des 16. Jahrhunderts nachhaltig beeinflussten. Sie begründeten seinen Ruf als eines »zugleich passionierten und avantgardistischen Bauherrn«[36]. Sein erster und größter Bau war Schloss Freudenthal in Uslar. Dabei handelte es sich nach der Abtragung einer alten Burg um einen kompletten Neubau, der »zu den größten Renaissanceschlössern Deutschlands«[37] gehörte. Seit 1559 entstand nach dem

Vorbild französischer Adelsschlösser eine Vierflügelanlage mit vier polygonalen Ecktürmen. Sie erstreckte sich vom Westende des mittelalterlichen Stadtkerns über die Stadtmauer hinaus und führte zum Abriss eines Teils der Uslarer Altstadt. Das Mündener Schloss gilt als »paradigmatisches Beispiel eines Renaissanceschlosses«.[38] Unter Erich II. traten die militärischen Funktionen des von seinem Vater errichteten Vorgängerbaus zugunsten von Wohn- und Repräsentationsfunktionen zurück. Nach einem Brand 1560 begann der Herzog vermutlich zwei Jahre später mit Wiederaufbau- und verschiedenen Umbaumaßnahmen. Die Fertigstellung erfolgte erst nach seinem Tod in den Jahren 1585 bis 1589. Zu dieser Zeit hatte Münden seinen Residenzcharakter eingebüßt, den es in der zweiten Regierungshälfte Erichs anstelle Neustadts immer mehr erhalten hatte.

Erichs Schlossbau in Neustadt war bescheidener als die Anlagen in Uslar und Münden. Jedoch handelte es sich um einen vollständigen Neubau, der Teil einer gewaltigen Festungsanlage war. Das dreiflügelige Gebäude orientierte sich an französischen Vorbildern und ähnelte dem Loire-Schloss Azay-le-Rideau, unterschied sich von diesem jedoch durch die Verwendung anderer Materialien, die vornehmlich aus dem Fürstentum selbst kamen. Größere Bedeutung als der eigentliche Schlossbau besaß für Erich der Ausbau Neustadts zu einer »modernen bastionären Festung italienischer Manier«[39] mit 9 m hohen Wallmauern und 20 bis 30 m breiten Wassergräben. Dies sollte nach den neuesten technischen und künstlerischen Kenntnissen und in Konkurrenz zu Wolfenbüttel geschehen. Mit den Bauarbeiten begann man 1572/73. Bei Erichs II. Tod war der Innenausbau des Schlosses noch nicht vollendet; auch gelangte das aufwendige Festungswerk nie zum Abschluss. Die vom Herzog für die Stadt und das Schloss eingeführte Bezeichnung »Landestrost« sollte die »Wehrhaftigkeit territorialer Landesherrschaft mit zeitgemäßen Mitteln plastisch vor Augen führen«.[40]

Finanzieller Mangel und wirtschaftliche Schwierigkeiten prägten die Herrschaft Erichs II. in einem stärkeren Maß als die seines Vaters. Die Schuldenlast, die zum Zeitpunkt seines Todes auf dem Fürstentum lag, wurde mit 900 000 Talern, nach neueren Berechnungen mit über 2 Mio. Talern angegeben.[41] Die Einkünfte der Kammergüter reichten kaum mehr für die Zinszahlungen aus. Neben den aus der Regierungszeit Erichs I. übernommenen Schulden kamen unter Erich II. als nicht unerhebliche Belastungen des fürstlichen Finanzhaushaltes seine ausgedehnte Reisetätigkeit, Land- und Häuserkäufe im Ausland, eine verschwenderische Ausstattung sowie die Versorgung seiner Mätresse und deren Kinder hinzu. Wenn ihm auch hinsichtlich der inländischen Hofhaltung ein außergewöhnlicher Hang zum Luxus und Überfluss nicht nachgesagt werden kann und er sich nicht wesentlich von seinen Standesgenossen unterschied, standen diese Kosten in keinem zu rechtfertigenden Verhältnis zu der defizitären Finanzlage und den geringen Einnahmen des Fürstentums.

Wichtige Quellen landesherrlicher Einnahmen waren die grundherrlichen Abgaben aus den Ämtern, die Erzvorkommen im Harz, über die 1555 ein Vergleich zwischen Erich und Heinrich d. J. zustande kam, sowie die Forsten. 1555 konnte Erich II. als eine Frühform der Akzise eine städtische Verbrauchssteuer auf Bier, Wein und Getreide einführen, die als ständige Abgabe nicht dem ständischen Bewilligungsrecht unterlag. Dennoch blieb Erich II. wegen der Abtragung der Schulden weiterhin vom Steuerbewilligungsrecht der Stände abhängig. Um in den Besitz von Kapital zu gelangen, war die Kreditaufnahme ein wichtiges Mittel. Dies geschah durch das Versetzen von Kleinodien, das Erich als »schnelle und unkomplizierte Geldbeschaffungsmethode augenscheinlich favorisierte«[42], vor allem aber durch Verpfändungen von Ämtern und Schlössern, verstreuter Besitzungen, Regalien und Klöstern. Keines der calenberg-göttingischen Ämter blieb für längere Zeit in landesherrlicher Nutzung. Zwar brachte ein derartiges Vorgehen binnen kürzester Zeit beachtliche Summen auf; langfristig trug es zur erheblichen Verschlechterung der Finanzsituation des Landesherrn bei, weil insbesondere Ämter nicht nur reguläre Einkommensquellen waren, sondern

Einrichtungen zur Einflussnahme auf die Untertanen. Wenn trotz einer Reihe von Verordnungen tiefgreifende Veränderungen der Finanzsituation nicht eintraten, so lag ein Grund hierfür in Erichs fehlendem Willen zur Sparsamkeit, seiner fortwährenden Abwesenheit und seinem Desinteresse an den Zuständen in seinem Territorium. Er betrieb keine Politik, die durch die Akkumulation von Herrschaftsrechten, die Schaffung einer leistungsfähigen Zentralverwaltung, die rationale Organisation des Finanzwesens oder durch wirtschaftliche Unternehmungen auf den Ausbau der Landesherrschaft zielte. Es gelang ihm nicht, krisenfeste Einnahmequellen zu erschließen, obwohl seine Regierungszeit allgemein im Zeichen wirtschaftlichen Wachstums stand.

Erich II. war zweimal verheiratet. Seine erste Ehe ging er 1545 mit Sidonia von Sachsen (1518–1575), einer Schwester des Kurfürsten Moritz, ein. Die Ehe war nicht glücklich. Gründe für die Entfremdung beider Eheleute waren das Ausbleiben des Thronfolgers und die unterschiedliche Konfession. Streitigkeiten über Sidonias Lebensunterhalt belasteten das Verhältnis der Eheleute. Um eine Handhabe gegen seine Gemahlin zu erhalten, ließ Erich 1572 einen Hexenprozess wiederaufnehmen. Sidonia geriet in den Verdacht, Erichs Ermordung geplant zu haben, und flüchtete an den kaiserlichen Hof. Es gelang ihr, den Kaiser zum Eingreifen zu veranlassen. Ein Vergleich wurde ihren Ansprüchen in finanzieller Hinsicht gerecht. Sie lebte fortan in dem von ihrem Bruder August von Sachsen ihr überlassenen Kloster Weißenfels bei Meißen. Hier starb sie am 4. Januar 1575, ohne sich mit Erich ausgesöhnt zu haben.

Erhebliche Belastungen erlebte die Ehe des Herzogspaares durch Erichs Beziehungen zu seiner Mätresse Katharina van Weldam, Tochter eines Rates des Statthalters der Provinz Holland. Diese Liaison begann wahrscheinlich um 1560 und brachte nach Katharinas Aussage sechs Kinder hervor, von denen Wilhelm (* 18. oder 20. März 1567) und Katharina (* 29. Oktober 1569) überlebten. Diese erhielten eine standesgemäße Erziehung und eine entsprechende Versorgung. In seinem Testament vom 13. Mai 1575 setzte Erich sie als Erben seiner Besitzungen in den Niederlanden ein, deren Verwaltung jedoch ihrer Mutter auf Lebenszeit verblieb. Im folgenden Jahr wurden Erichs Kinder von Philipp II. legitimiert. Wilhelm führte später den Namen »von Braunschweig«. 1584 kaufte Erich von Herzog Wilhelm X. Gonzaga von Mantua und Monferrato die Ortschaften Occimiano, Gonzano und San Giorgio in der Nähe Casales, die zur Markgrafschaft Occimiano zusammengefasst und seinem Sohn übertragen wurden. Wilhelm starb kurz nach seinem Vater am 3. April 1585 in Pavia. Erichs Tochter Katharina heiratete am 16. Februar 1580 den Adligen Andrea Doria, einen Verwandten des Führers der genuesischen Flotte während der Schlacht von Lepanto.

Noch im Todesjahr Sidonias heiratete Erich II. Dorothea von Lothringen (1545–1621) in der Hoffnung auf den ersehnten Thronfolger. Als Morgengabe bekam Dorothea das Schloss in Uslar, das aus diesem Anlass in »Freudenthal« umbenannt wurde, sowie den Nießbrauch aus der Grafschaft Clermont. 1576 räumte ihr Erich auch die Erichsburg bei Dassel als Leibzucht ein. Dorothea erlitt anscheinend zwei Fehlgeburten; der männliche Erbe blieb aus. Erichs zweite Ehe verstärkte seine Orientierung nach Italien, wo er sich während seiner letzten Lebensjahre vornehmlich aufhielt. Er starb am 17. November 1584 in Pavia, vermutlich an den Folgen einer Syphiliserkrankung, und wurde in der Krypta der dortigen Kirche Santa Maria di Canepanova beigesetzt.

In seinem Fürstentum hinterließ Erich II. nur geringe politische Spuren; einen Namen machte er sich vor allem als Bauherr, der den westeuropäischen Einfluss auf die Kunst des Wesergebietes förderte, sowie als *Condottiere*. Da Erich keinen legitimen männlichen Erben hinterließ, fiel das Fürstentum Calenberg-Göttingen aufgrund der Erbverträge an Julius von Braunschweig-Wolfenbüttel. Zwischen dem Wolfenbütteler Herzog und Dorothea sowie Erichs Kindern aus der Verbindung mit Katharina van Weldam kam es in den folgenden Jahren zu langwierigen Erbstreitigkeiten. Julius enthielt Dorothea deren Wittum Uslar vor, weil dieses ihr ohne Zustimmung der Agnaten übertragen worden sei. Ebenso lehnte er jede Beteiligung an den Kosten für Erichs Beisetzung ab. Dorothea behielt die Grafschaft Clermont, verkaufte ihre Rechte daran aber 1599 an ihren Bruder, Herzog Karl III. von Lothringen. Erichs Besitzungen in den Niederlanden waren nach Wilhelms Tod alleiniges Eigentum seiner Tochter Katharina; sie wurden ihr jedoch von der holländischen Regierung streitig gemacht und schließlich entzogen, nachdem sich die Staaten mit Herzog Heinrich Julius von Braunschweig-Wolfenbüttel auf eine Entschädigung geeinigt hatten.

Das Fürstentum Grubenhagen

Das Fürstentum Grubenhagen war mit ca. 560 km² das kleinste der welfischen Territorien. Benannt nach der Burg südlich der Stadt Einbeck, setzte es sich im 15. Jahrhundert aus den zwei unverbundenen Gebietsteilen um Einbeck sowie um Osterode und Herzberg am westlichen und südlichen Rand des Harzes zusammen. Das Einbecker Gebiet stand unter der Regierung Herzog Heinrichs IV. (ca. 1460–1526), der andere Teil unter der seines Vetters Philipp I. Nach dem kinderlosen Tod Heinrichs IV. fiel sein Herrschaftsbereich an Philipp I., der damit seit langer Zeit das gesamte Territorium wieder in einer Hand vereinigte. Testamentarisch schloss er für seine Nachfolger jede Landesteilung aus.

Philipp war 1476 als zweiter Sohn Herzog Albrechts von Braunschweig-Grubenhagen (1419–1485) und dessen Ehefrau Elisabeth, geborene Gräfin von Waldeck, geboren worden. Nach dem Tod seines Vaters stand er bis zu seinem Regierungsantritt 1496 unter der Vormundschaft seines Vetters Heinrichs und seiner Mutter. Die Herrschaft teilte er sich in den ersten Jahren mit seinem Bruder Erich, der ihm diese nach seiner Wahl zum Bischof von Osnabrück (1508) und Paderborn (1509) weitgehend überließ. Im Rahmen seiner Möglichkeiten beteiligte sich Philipp an den außenpolitischen Unternehmen seiner welfischen Verwandten; dazu gehörte der Kampf um Ostfriesland im Winter 1513/14, der ihm allerdings keine Vorteile einbrachte. Auch seine Vermittlungsversuche im Rahmen der Hildesheimer Stiftsfehde blieben ohne Erfolg. Wie Herzog Ernst von Celle gehörte Philipp zu den frühen Sympathisanten der reformatorischen Bewegung. Er schloss sich 1526 dem Torgauer Bündnis und 1531 dem Schmalkaldischen Bund an. Seine anfängliche Zurückhaltung bei der Einführung der Reformation geschah möglicherweise aus Rücksicht auf die katholischen Nachbarfürsten Erich I. und Heinrich d. J. In dieser Haltung ähnelte Philipp seinem Bruder Erich. Nach dessen Tod 1532 unternahm er energische Schritte zugunsten der Reformation. Dazu gehörte die Aufhebung einer Reihe von Klöstern. 1538 erließ er mit Zustimmung der Landstände eine Kirchenordnung, die 1544 durch eine neue Ordnung ersetzt wurde. Diese orientierte sich am Wolfenbütteler Vorbild und wurde im Rahmen einer Visitation in Grubenhagen eingeführt.

Eine herausragende Stellung nahm die Stadt Einbeck im Fürstentum ein, die eine gewisse Selbstständigkeit von der Landesherrschaft erreicht hatte. Ende der 1520er Jahre hatte sich die Reformation in der Stadt gegen den Widerstand der beiden, dem herzoglichen Patronat unterstehenden Kanonikerstifte St. Alexandri und *Beatae Mariae Virginis* durchgesetzt. 1529 kam unter Vermittlung Philipps ein Vergleich zwischen den Stiften und der Stadt zustande; der den katholischen Gottesdienst in den Stiftskirchen weiterhin erlaubte. Wegen wachsender Unmutsäußerungen Einbecker Bürger über diese katholischen Restbestände veranlasste der Schmalkaldische Bund Herzog Philipp 1537, auch in den Stiften die Reformation durchzuführen. Nach Abschluss dieser Maßnahme 1543 blieben diese als evangelische Institutionen bestehen; ihre Güter wurden zwischen der Stadt und dem Herzog geteilt.

Nachdem Philipp am 4. September 1551 in Schloss Herzberg, das sich zum wichtigsten Aufenthaltsort der Grubenhagener Herzöge entwickelt hatte, gestorben war, folgten ihm nacheinander seine Söhne Ernst (1518–1567), Wolfgang

(1531–1595) und Philipp II. (1533–1596). Wegen der geringen Ressourcen ihres Territoriums traten die Grubenhagener Herzöge vor und auch noch während ihrer Regierung in den Militärdienst auswärtiger Fürsten; dabei handelte es sich vornehmlich um den sächsischen Kurfürsten und den spanischen König. Ernst, der 1566 in die Gesamtbelehnung des Hauses Braunschweig von Maximilian II. aufgenommen wurde und den Titel »Herzog zu Braunschweig und Lüneburg« führte, und Wolfgang bemühten sich durch Bergordnungen und die Berufung von Bergleuten, vornehmlich aus dem Erzgebirge, um eine Steigerung der Effizienz des Harzer Bergbaus. Während Wolfgangs Bestrebungen um die Wiedereinlösung des Untereichsfeldes scheiterten, konnte er 1571 nach dem Aussterben der Edelherren von Plesse den Heimfall des von Grubenhagen lehnrührigen Amtes Radolfhausen durchsetzen und 1593 die Grafschaft Lauterberg-Scherzfeld aus dem Erbe der Grafen von Hohnstein einziehen. Nach dem Tod des söhnelosen Philipp II. 1596 wurde Grubenhagen vom Wolfenbütteler Herzog Heinrich Julius gegen den Protest der Lüneburger Linie eingezogen.

Das Fürstentum Braunschweig-Wolfenbüttel

Herzog Heinrich der Ältere

Unter den welfischen Fürstentümern entwickelte sich Braunschweig-Wolfenbüttel im 16. Jahrhundert zum »politischen und kulturellen Zentrum des niedersächsisch-harzischen Raumes«.[43] Es besaß kaum natürliche Grenzen und bestand aus zwei größeren, voneinander getrennten Gebieten. Der eine Teil mit der Stadt Braunschweig und der sich herausbildenden Residenz Wolfenbüttel lag nördlich des Großen Bruches in der fruchtbaren Lössbörde bzw. nördlich Braunschweigs im braunschweigischen Platten- und Hügelland. Nordöstlich erreichte er den Drömling und erstreckte sich über die Aller hinaus. Getrennt hiervon durch das Hochstift Hildesheim bildeten das westliche Harzvorland und Gandersheim, Seesen und die Stauffenburg den anderen Teil des Fürstentums, der sich westlich von Gandersheim bis an die Weser zog. Die Grenze folgte streckenweise dem Fluss und verlief an Fürstenberg, Holzminden und Everstein vorbei nach Norden in Richtung Bodenwerder. Hinzu kam als von brandenburgischem Gebiet umschlossene Exklave das Amt Calvörde. Das Fürstentum, dessen Einwohnerzahl gegen Ende des 16. Jahrhunderts auf ca. 90 000 geschätzt wird,[44] wies eine Gesamtfläche von 3690 km^2 auf und hatte in etwa den gleichen Umfang wie der spätere Freistaat Braunschweig. Es gehörte zu den kleineren deutschen Territorien. Im Laufe des 16. Jahrhunderts verlagerte sich der politische Schwerpunkt der welfischen Länder nach Wolfenbüttel. Dies war das Ergebnis der Tätigkeit von Herzögen, vor allem Heinrichs d.J. und Julius', die eine Politik außenpolitischer Expansion, innenpolitischer Konzentration und Konsolidierung, wirtschaftlicher Innovation und unternehmerischen Engagements verfolgten und sich damit von ihren Vettern vor allem in Calenberg-Göttingen unterschieden.

Bereits Heinrich d.Ä. (*24. Juni 1463), der das Fürstentum Wolfenbüttel seit 1495 regierte, führte ein »territorialpolitisch aktives Regiment«[45]. In der ersten Phase seiner Regierungszeit betrieb er die planmäßige Unterwerfung der Städte. Bereits 1479 ging er gegen Einbeck vor, beteiligte sich 1486 an der »Großen Fehde« Bischof Bertholds von Landsberg gegen dessen Hauptstadt Hildesheim und belagerte im selben Jahr und 1490 Hannover. Das Ergebnis dieser Unternehmungen entsprach nicht seinen Erwartungen; die Städte konnten ihre Autonomie bewahren. Dies traf auch auf das Vorgehen des Herzogs gegen Braunschweig zu. Heinrich forderte von der Stadt Ämter und insbesondere Münz- und Zollrechte zurück, die sich diese seiner Meinung nach von seinen Vorgängern unrechtmäßigerweise angeeignet hatte. Nach mehrmonatiger Belagerung der Stadt und Verwüstungen ihres Umlandes wurde Heinrichs Ritterheer am 13. Februar 1493 bei Bleckenstedt von den Streitkräften Braunschweigs und verbündeter Hansestädte geschlagen. In einem Vergleich musste der Herzog die städtischen Privilegien bestätigen, während Braunschweig die welfische Oberhoheit formell anerkannte. Praktisch blieb Braunschweigs Autonomie unangetastet; allerdings gelang es Heinrich, die Reichsunmittelbarkeit der Stadt zu verhindern.

Erfolgreich waren Heinrichs Bemühungen, Einfluss auf die benachbarten Hochstifte auszuüben. Dabei ging es nicht nur um die standesgemäße Versorgung seiner Söhne, sondern auch um die Erweiterung des welfischen Machtbereiches. Heinrich baute planmäßig eine welfische Sekundogenitur in Norddeutschland auf. 1500 machte der Bremer Erzbischof Johann Rode Heinrichs ältesten Sohn, den erst 15-jährigen Christoph (1487–1558), zu seinem Koadjutor, um mit dem Rückhalt am braunschweig-lüneburgischen Haus den Übergriffen der benachbarten Fürsten von Oldenburg, Sachsen-Lauenburg und Holstein auf das Erzstift besser entgegenwirken zu können. 1511 wurde Christoph schließlich Erzbischof. Durch machtvolles Auftreten und erhebliche Zuwendungen gelang es Heinrich, bereits 1502 das Verdener Domkapitel zur Wahl Christophs zu veranlassen. Seinem dritten Sohn, Franz (1492–1529), verschaffte er ein Kanonikat am Dom zu Minden. Um das Hochstift dem traditionellen Einfluss der Häuser Schaumburg und Hoya zu entziehen, postulierte das Mindener Domkapitel 1508 Franz zum Bischof. Eine Vielzahl ertragreicher Pfründe erwarb auch Heinrichs vierter Sohn, Georg (1494–1566), darunter Domkanonikate in Köln, Hildesheim und Straßburg; dies bereitete seine spätere Wahl zum Administrator des Bistums Minden (1554) und zum Nachfolger seines Bruders Christoph in Bremen und Verden (1558) vor.

Die Bestellung Christophs zum Koadjutor in Bremen lenkte Heinrichs Aufmerksamkeit auf die Gegend an der Nordseeküste. Er griff einen Hilferuf Erzbischof Rodes auf, der seine Ansprüche auf das zwischen ihm und den Grafen von Ostfriesland umstrittene Butjadingen durchsetzen wollte. Allerdings scheiterte 1501 Heinrichs Versuch, die Butjadinger dem Erzstift zu unterwerfen. Erst 1513 besiegte er sie mit Unterstützung des Grafen von Oldenburg und seines Bruders Erichs I. von Calenberg sowie Heinrichs d. M. von Lüneburg und teilte ihr Gebiet unter die Sieger auf. Danach wandten sich die Herzöge gegen Graf Edzard von Ostfriesland, den Schutzherrn der Butjadinger. Nach anfänglichen Siegen und der Besetzung des größten Teils der Grafschaft begann man mit der Belagerung Leerorts. Hier wurde Heinrich d. Ä. am 23. Juni 1514 von einer Kanonenkugel aus der von nur wenigen Bauern und Soldaten verteidigten Festung tödlich getroffen. Seine führerlose Truppe zog sich aus Ostfriesland zurück. Der welfische Anteil am eroberten Butjadinger Land ging verloren. Wegen seiner gewaltsamen Politik gegenüber den Städten und seiner zahlreichen Feldzüge wurde er von verschiedenen Chronisten als »Quade«, als der »Böse«, bezeichnet. Insgesamt blieben seine Feldzüge sowie seine Städtepolitik ohne nachhaltige Wirkung.

Herzog Heinrich der Jüngere

Erste Regierungsjahre

Heinrich d. J. (*9. November 1489) gehört zu den umstrittensten Fürstenpersönlichkeiten der Reformationszeit; kaum ein anderer jener Zeit wurde »so sehr Gegenstand der heftigsten, alles Maß überschreitenden Angriffe und Beschuldigungen«.[46] Auch die Geschichtsschreibung wurde lange Zeit von den literarischen Anfeindungen beeinflusst, die seine protestantischen Zeitgenossen vornehmlich während seiner Auseinandersetzung mit dem Schmalkaldischen Bund gegen ihn richteten und an denen sich auch Luther mit der Schrift »Wider Hans Worst« beteiligte. Heinrich d. J., der »die Entwicklung des Landes über Jahrzehnte hinweg bestimmte«[47], war ein »Mann schroffen, machtbewussten Wesens und leidenschaftlichen Temperaments«.[48] An seinen Entschlüssen hielt er mit strenger Zähigkeit fest und ging bei der Wahl der Mittel zu ihrer Verwirklichung nicht selten bedenkenlos vor.

Der Stärkung der landesherrlichen Gewalt und dem Aufbau des frühneuzeitlichen Territorialstaates galt Heinrichs hauptsächliches politisches Wirken. Dazu gehörten die Grundlegung einer zentralen Landesverwaltung, der systematische Ausbau Wolfenbüttels zur Residenz, die Errichtung eines ständigen Ratskollegiums unter einem studierten Juristen als Kanzler sowie die Zurückdrängung adeliger Räte aus diesem Gremium und der Erlass der Kanzleiordnung von 1548; diese erhob die Kanzlei zum höchsten Gerichtshof des Landes und begünstigte ihre Entwicklung zu einem ständigen Regierungskollegium. Die erste Instanz für den Adel und die Berufungsinstanz für die Untertanen war das 1556 gegründete Hofgericht. Das Römische Recht sollte neben den Landesverordnungen, Statuten und Gewohnheiten die Grundlage der Rechtsprechung bilden; seine Einführung trug erheblich zur Rechtsgleichheit und Rechtssicherheit bei. Mit Hilfe der Primogeniturordnung (*Pactum Henrico-Wilhelminum*), zu deren Anerkennung er seinen Bruder Wilhelm erst 1535 nach zwölfjähriger Gefangenschaft veranlassen konnte, sicherte er die Unteilbarkeit des Territoriums. Die Primogeniturordnung verriet nicht nur Heinrichs Machtwillen, sondern brachte auch »ein neues Staatsverständnis«[49] zum Ausdruck; sie erhielt die ständische Zustimmung und 1539 die kaiserliche Bestätigung. Dem Aufbau eines festgefügten Territorialstaates und der Deckung des wachsenden Finanzbedarfes dienten auch die frühmerkantilistischen Bestrebungen des Herzogs, die u. a. im Erwerb der Goslarer Bergwerke, in der Förderung des Harzer Bergbaus durch die Bergordnung von 1524 und 1550 sowie der Anlage von Bergmannssiedlungen bestanden.

Kirchenpolitik

Nach Beendigung der Hildesheimer Stiftsfehde, nachdem große Teile des Fürstbistums an Wolfenbüttel gefallen waren, ging Heinrich daran, die landesherrliche Kirchengewalt auszubauen und den Prozess der Territorialisierung der Kirche voranzutreiben. Erleichtert wurde diese Politik durch die Tatsache, dass das Fürstentum Wolfenbüttel der Jurisdiktion von fünf Bischöfen unterstand. Heinrich erreichte eine erhebliche Schwächung der Diözesangewalt der zuständigen Bischöfe, die hinsichtlich Hildesheims durch die Vakanz des Bischofsstuhls und die langjährige Abwesenheit der Bischöfe begünstigt wurde. In seinem Hofkaplan Bernhardin Lasthausen besaß er einen Geistlichen, der seinem Einfluss und seiner Stellung nach die Funktion eines »katholischen Landesbischofs« einnehmen sollte. Heinrich zog das Vermögen desolater Pfarren und Kirchen ein und überschrieb es seinen Ämtern; er ließ das Kirchengut durch weltliche Beamte inventarisieren und verwalten und unterwarf es der Besteuerung. Davon waren auch die Klöster nicht ausgenommen, die außerhalb des Herzogtums lagen, aber Güter im fürstlichen Territorium besaßen. Die geistliche Gerichtsbarkeit schränkte der Herzog weitgehend ein und wies den Landesgerichten Materien zu, die, wie Ehesachen, sittliche Verfehlungen usw., bisher vor den geistlichen Gerichten verhandelt worden waren. Als wichtigstes Mittel zum Ausbau der landesherrlichen Kirchengewalt benutzte er das Patronatsrecht, das noch erheblich an Bedeutung gewann, als ihm nach dem Erwerb der stiftshildesheimischen Lande auch die Besetzung derjenigen Pfarreien zufiel, die bis dahin der Hildesheimer Bischof vorgenommen hatte. In diesem Zusammenhang übte Heinrich nicht nur das Recht aus, die Anstellungsfähigkeit der Geistlichen zu überprüfen, sondern er überwachte auch ihr Verhalten im Hinblick auf Lebenswandel und Lehre und entfernte untaugliche Geistliche aus ihrem Amt.

Heinrich, der sich Zeit seines Lebens zum Katholizismus bekannte, war »das rührigste Organ der altkirchlichen Partei in Norddeutschland«[50]. Er selbst war »keine theologisch gebildete oder tief religiöse Persönlichkeit«; erst im Alter gewann er »an religiöser Tiefe«.[51] Sein Widerstand gegen die neue Lehre resultierte weniger aus einer echten religiösen Gesinnung, sondern wurde in erster Linie von politischen Überlegungen bestimmt, wenn er sich auch nicht völlig der Einsicht verschloss, dass eine Reform der Kirche notwendig war. Die reformatorische Bewegung lehnte er hauptsächlich deshalb ab, weil sie auf einen Bruch mit dem Papsttum hinzielte und mit diesem Angriff auf das Autoritätsprinzip auch die fürstliche

Gewalt gefährdete. Heinrichs antireformatorischer Standpunkt wurde maßgeblich durch seine Beziehungen zum Kaiser bestimmt. Lange Zeit war er der Vorkämpfer der kaiserlichen und der katholischen Sache in Norddeutschland: »Kaisertreue bildete [...] ein bestimmendes Element seiner Politik.«[52] Diese Loyalität lag einmal in der Tradition des Welfenhauses begründet, das seit dem Sturz Heinrichs des Löwen Konflikte mit dem Reichsoberhaupt im Allgemeinen zu vermeiden suchte. Für Heinrich war darüber hinaus nach dem Ausgang der Hildesheimer Stiftsfehde die Ausrichtung seiner Politik auf Karl V. eine politische Notwendigkeit, um die erworbenen stiftshildesheimischen Gebiete, die das Wolfenbütteler Territorium arrondierten, gegen die Restaurationsversuche der Hildesheimer Bischöfe zu sichern.

Außenpolitische Aktivitäten Heinrichs des Jüngeren

Heinrichs antiprotestantische Haltung wurde auch durch sein Verhältnis zu Braunschweig beeinflusst. Er führte der Stadt gegenüber die Politik der territorialen Einbindung fort. Als er sich 1528 in Italien aufhielt, setzte sich mit der von Rat und Bürgern vollzogenen Annahme der von Johann Bugenhagen ausgearbeiteten Kirchenordnung die Reformation in Braunschweig durch. Das Verhältnis der Stadt zum Herzog wurde empfindlich gestört und erfuhr mit dem Beitritt Braunschweigs zum Schmalkaldischen Bund (1531; vorbehaltlos 1537) eine weitere Verschlechterung. Als man damit begann, auch in den mit dem Herzogshaus eng verbundenen Stiften St. Blasii und St. Cyriaci, die ein Stützpunkt des Katholizismus in der Stadt waren, die Reformation einzuführen, bemühte sich Heinrich um kaiserliche Mandate, beschlagnahmte sämtliche städtische Güter außerhalb der Stadtmauern und betrieb offen Aufrüstung. Er wollte nicht nur seine Rechte, vor allem seine Patronatsrechte, wiederherstellen, sondern auch ein Übergreifen der reformatorischen Bewegung auf das Herzogtum verhindern.

Mit dem Ziel, seine Stellung im eigenen Lande zu sichern, die Isolation aufzubrechen, in die er als einer der letzten katholischen Reichsstände in Norddeutschland geraten war, und die Position des braunschweig-lüneburgischen Hauses im Reich zu stärken, betrieb Heinrich eine planmäßige Interventionspolitik, die sich auf die benachbarten Territorien, insbesondere auf das Fürstentum Calenberg und die westfälischen und niedersächsischen Hochstifte erstreckte. Als nächster Agnat und Mitbelehnter hielt er sich zu Einwirkungen auf das Nachbarterritorium berechtigt. Zur Aufrechterhaltung seiner eigenen Stellung sah er es als notwendig an, dass Calenberg-Göttingen nicht in das feindliche Lager geriet und ihm damit die Verfügung über dessen Ressourcen verloren ging. Diese Gefahr schien sich während der Regentschaft Herzogin Elisabeths abzuzeichnen. Heinrichs Interventionen waren neben seinem Vorgehen gegen Braunschweig der Anlass für den Einfall der Truppen des Schmalkaldischen Bundes in sein Territorium im Sommer 1542. Dieser Angriff traf den Herzog völlig unvorbereitet; er musste sein Land verlassen. In enger Anlehnung an den Kaiser nahm er nach seiner Vertreibung den Kampf um die Restitution seines Fürstentums auf. Da jedoch Karl V. in seinem Zweifrontenkrieg gegen Frankreich und die Osmanen auf die Hilfe der protestantischen Reichsstände angewiesen war, war von dieser Seite ein energisches Eintreten zugunsten des Herzogs nicht zu erwarten. Bei seinem Versuch, ohne fremde Hilfe wieder in den Besitz seines Landes zu gelangen, fiel er am 21. Oktober 1545 bei Kloster Höckelheim zusammen mit seinem ältesten Sohn in die Hände des Landgrafen Philipp von Hessen, eines der Führer des Schmalkaldischen Bundes, der ihn auf die Feste Ziegenhain abführte und dort fast zwei Jahre lang gefangen hielt.

Der Überfall Hessens und Sachsens auf Wolfenbüttel diente Karl V. formell als Grund für sein Vorgehen gegen die Protestanten im Schmalkaldischen Krieg (1546/47). Der Sieg des Kaisers in der Schlacht bei Mühlberg (24. April 1547) veränderte Heinrichs Lage. Seine Freilassung war eine der Vorbedingungen des Kaisers für die Einleitung von Friedensverhandlungen. Am 15. Juli 1547 wurde er auf freien Fuß gesetzt und übernahm erneut die Regierungsgewalt. Heinrich hatte Philipp von Hessen zugesagt, niemanden in seinem Land aus Gründen der Religion unter Druck zu setzen, somit auch die lutherische Lehre zu dulden. In einer Reihe von Mandaten, insbesondere vom 23. März 1558, verbot der Herzog den Laienkelch und schärfte die Zeremonien und die Spendung der Sakramente nach altkirchlichem Ritus ein. Visitationskommissionen überprüften die Befolgung dieser Erlasse. Gegen diese Rekatholisierungspolitik erhob sich kaum Widerstand. Heinrichs Versuche, 1562 in Münden (Calenberg) und Wolfenbüttel Jesuitenniederlassungen einzurichten, blieben erfolglos, zeigen aber sein »andauerndes Interesse an der Wiederherstellung des katholischen Glaubens«.[53] All diese Maßnahmen dienten in erster Linie der Stärkung der landesherrlichen Kirchengewalt und damit dem Ausbau des Territorialstaates. Heinrichs Kirchenpolitik fehlte es an durchgreifenden Reformen; von den Vorstellungen und Maßnahmen der katholischen Reformbewegung, wie sie zur gleichen Zeit auf dem Konzil von Trient erarbeitet wurden, war das Herzogtum noch nicht erfasst worden. Sein Vorgehen erreichte weder eine wesentliche Hebung des Bildungsniveaus der Geistlichen, noch eine Intensivierung der Seelsorge und der Frömmigkeit. Heinrichs kirchliche Maßnahmen blieben in ihren Auswirkungen begrenzt, weil er vorreformatorische Missbräuche, wie die Vergabe von Pfarrlehen an Hofbeamte und Amtleute, selbst praktizierte. Bei seinem Tod (1568) war das Fürstentum Wolfenbüttel noch überwiegend altgläubig, jedoch »in einem kirchlich heruntergekommenen Zustand«.[54]

Die Schlacht bei Sievershausen

Für die innere Entwicklung des Fürstentums Wolfenbüttel stellte die Schlacht bei Sievershausen einen tiefen Einschnitt dar. Heinrichs wiederholte Intervention in das Fürstentum Calenberg hatte zu Beginn der 1550er Jahre zu einer Annäherung Erichs II. an seine Mutter Elisabeth geführt und deren Anstrengungen verstärkt, eine Koalition auswärtiger Mächte gegen den Wolfenbütteler zustande zu bringen. Dabei erschien ihr Markgraf Albrecht Alcibiades von Brandenburg-Kulmbach als ein besonders geeigneter Verbündeter. Als Vertreter einer radikalen Richtung unter den protestantischen Reichsständen führte der Markgraf Krieg im Stil eines *Condottiere* unter furchtbaren Zerstörungen und Plünderungen und gefährdete die sich anbahnende Konsolidierung im Reich. Im März 1553 kam gegen Albrecht ein Bündnis zwischen Heinrich und Moritz von Sachsen zustande, dem an der Aufrechterhaltung von Ruhe und Ordnung im Reich gelegen war, nachdem er wesentliche Ziele zugunsten der Reichsstände im Passauer Vertrag von 1552 durchgesetzt hatte. Diesem Bündnis schlossen sich einige Monate später auch König Ferdinand, die fränkischen Bischöfe und die Stadt Nürnberg an.

Die Niederlage, die Markgraf Albrecht und seine Verbündeten gegen Heinrich und Moritz in der Schlacht bei Sievershausen (9. Juli 1553), eine der blutigsten der Reformationszeit, erlitt, brachte alle Pläne zum Scheitern, die man auf Calenberger Seite hinsichtlich einer Angliederung des Fürstentums Wolfenbüttel entwickelt hatte. In der Schlacht fiel nicht nur Kurfürst Moritz, sondern Heinrich verlor auch seine katholisch gesinnten Söhne Karl Viktor und Philipp Magnus. Außerdem starben 250 Angehörige des Landadels, die sich im Kampf gegen Heinrichs Politik dem Markgrafen angeschlossen hatten. Infolge der neuen Kampfführung, den geschlossenen Blöcken der Fußsoldaten, und des verstärkten Einsatzes von Feuerwaffen schied der »niedersächsische Adel mit der Schlacht von Sievershausen in seiner bisherigen Bedeutung aus der aktiven Politik«[55] aus.

Die durch den Augsburger Religionsfrieden eingeleitete Friedensperiode im Reich befreite Heinrich vom Druck äußerer Machtanstrengungen; dies trug zur Entspannung seines Verhältnisses zu Calenberg bei, das in der Schlacht von Sievershausen einen Tiefpunkt erreicht hatte. Calenbergs Hilfsmittel brauchte er nicht mehr in einem so starken Maße in Anspruch zu nehmen wie in den Zeiten kriegerischer Auseinandersetzungen. Das Bestreben, das benachbarte welfische Territorium nach dem Tod des kinderlosen Erich als Erbe für sein Haus zu sichern, veranlasste ihn aber auch in den folgenden Jahren immer wieder zu Interventionen.

Im Allgemeinen waren Heinrichs letzte Regierungsjahre durch eine Politik der Festigung der landesherrlichen Gewalt und des Ausbaus des Territorialstaates gekennzeichnet. Hierzu gehörte die Austragung des Konfliktes mit Goslar; aufgrund des Riechenberger Vertrages (1552) kam Heinrich in den Besitz des größten Teils der städtischen Erzgruben und der Goslarer Forsten. Dies bedeutete eine erhebliche politische und wirtschaftliche Schwächung der Stadt, wenn sie auch ihre Reichsstandschaft bewahren konnte. In der Einigung mit Braunschweig musste sich Heinrich dagegen kompromissbereiter zeigen, obwohl er der Stadt wegen ihres Bündnisses mit Albrecht erhebliche Sühneforderungen auferlegen wollte. Gegen die Anerkennung seiner Landesherrschaft gestand er ihr den größten Teil ihrer Privilegien zu, darunter die ausschließliche Geltung des Protestantismus. Herzog Heinrich starb am 16. Juni 1568 in Wolfenbüttel.

Herzog Julius

Innenpolitische Maßnahmen

Julius wurde als Heinrichs jüngster Sohn am 29. Juni 1528 in Wolfenbüttel geboren. Wegen einer körperlichen Behinderung, die er sich in seiner Kindheit zugezogen hatte, wurde ihm nicht die übliche höfisch-ritterliche Ausbildung zuteil, sondern sein Vater bestimmte ihn für die geistliche Laufbahn. 1542 erhielt er ein Kanonikat in Köln. Heinrichs Bemühungen um die Koadjutorie des Erzbistums Bremen scheiterten am Widerstand seines Bruders, Erzbischof Christophs. 1553 trat Julius die Nachfolge des Mindener Bischofs Franz von Waldeck an, nachdem Heinrich dessen Resignation erzwungen hatte. Julius erhielt jedoch nicht die päpstliche Bestätigung und trat in Minden als Bischof nicht in Erscheinung. Er verzichtete auf das Hochstift und auf die ihm angetragene Koadjutorie in Paderborn, als ihm nach dem Tod seiner älteren Brüder die Erbfolge in Wolfenbüttel zufiel. Während dieser Zeit traten seine protestantischen Neigungen immer deutlicher hervor; es verschärften sich die Spannungen zu seinem Vater, der ihm die Regentschaft nicht zutraute. 1556 heiratete Heinrich die Tochter König Sigismunds von Polen, Sophie (1522–1575). Die zukünftigen Söhne aus dieser Verbindung bestimmte er zu seinen Erben, während Julius mit einer Leibrente abgefunden werden sollte. Allerdings blieb Heinrichs zweite Ehe kinderlos.

Der Bruch zwischen Vater und Sohn trat ein, als Julius Ostern 1558 die Teilnahme am katholischen Gottesdienst verweigerte. Er konnte sich einer Verhaftung durch die Flucht an den Hof des Markgrafen Johannes von Küstrin entziehen. Zu einer Aussöhnung mit Heinrich kam es erst unter Vermittlung von Herzogin Sophie nach Julius' Heirat mit Hedwig, einer Tochter des Kurfürsten Joachim II. von Brandenburg, 1560 und der Geburt des Thronfolgers Heinrich Julius 1564, auf den der Großvater auch in konfessioneller Hinsicht alle Hoffnungen setzte.

Julius war von strenger Pflichterfüllung geprägt und verstand sich als christlicher Landesvater; er gab sich streng lutherischorthodox. Sein Lebensstil war anspruchslos. Seine Sparsamkeit wies Züge krankhaften Geizes auf. Er neigte zu Pedanterie und Eigensinnigkeit; sein Jähzorn war allgemein gefürchtet. Da er wegen seiner körperlichen Behinderung fast den ganzen Tag an den Lehnstuhl gebunden war, regierte er vornehmlich durch schriftliche Anordnungen, deren Anzahl ins Unermessliche wuchs. In etlichen Bereichen, wie den wirtschaftlichen Unternehmungen, dem Ausbau des Regierungsapparates und der Erweiterung der Residenzstadt Wolfenbüttel, setzte Julius die Politik seines Vaters fort. Einen tiefgreifenden Bruch gab es in der Religionsfrage. Zu Julius' ersten Maßnahmen nach seinem Regierungsantritt gehörte die Einführung der Reformation. Dies geschah ohne großen Widerstand. Im August 1568 untersagte er die Feier der katholischen Messe. Vom 8. Oktober bis 15. November ließ er unter der Leitung des Braunschweiger Superintendenten Martin Chemnitz und des Tübinger Theologen Jakob Andreae eine Visitation durchführen. Diese offenbarte bei einer Reihe von Landgeistlichen erschreckende theologische Unwissenheit und schwere seelsorgliche Defizite. Ohne ständische Zustimmung erließ der Herzog im folgenden Jahr eine Kirchenordnung, die sich in ihrem kirchenrechtlichen Teil an der württembergischen, in ihren liturgischen Teilen an der lüneburgischen Kirchenordnung orientierte. Weitere Schritte beim Aufbau der Landeskirche waren die Errichtung eines Konsistoriums, das aus Theologen und weltlichen Räten bestand und dessen Sitzungen vom Herzog geleitet wurden, sowie die Einteilung des Fürstentums in Generalsuperintendenturen.

Die Universität Helmstedt

Die Lieblingsschöpfung Herzog Julius' war die Universität Helmstedt, deren Gründung der ansonsten sparsame Landesherr nach Kräften förderte. Vorrangiges Ziel der Universität sollte die gründliche Ausbildung der für die Verwaltung benötigten Beamten und der für die Sicherung der Reformation erforderlichen Pastoren sein. Am 9. Mai 1576 erteilte der Kaiser die Erlaubnis zur Errichtung einer Volluniversität mit Promotionsrecht auch für die Theologische Fakultät. Die Finanzierung erfolgte aus ständischen Mitteln, u. a. aus Zinsen einer Prinzipaldotation von 100 000 Gulden für die Professorenbesoldung, sowie aus dem Vermögen von Klöstern. Die Helmstedter Universität, deren Hauptgebäude das zwischen 1592 und 1597 von Paul Francke errichtete Juleum wurde, war die erste Volluniversität in Nordwestdeutschland und neben Rostock die zweite im Niedersächsischen Reichskreis.

Herzog Julius achtete darauf, dass nach Helmstedt nur streng lutherisch-orthodoxe Professoren berufen wurden und die Universität als »Hort unverfälschten, kompromißlosen Luthertums«[56] erschien. Erst unter Heinrich Julius änderte sich die Berufungspolitik; die Universität öffnete sich dem Humanismus Melanchthoner Prägung und erreichte eine für das 17. Jahrhundert ungewöhnliche geistige Bewegungsfreiheit. Ihre Blütezeit erreichte die Hochschule, die Ende des 16. Jahrhunderts von ca. 450 Studenten besucht wurde und nach Wittenberg und Leipzig die drittgrößte im Reich war, im 17. Jahrhundert. Unter den Theologen ragte Georg Calixt (1586–1656) hervor, der den Schwerpunkt seiner Theologie nicht auf die trennenden Unterschiede, sondern auf die Gemeinsamkeiten der Konfessionen legte und die Idee ihrer Wiedervereinigung auf der Grundlage des ihnen gemeinsamen Apostolischen Glaubensbekenntnisses und des *consensus quinquesaecularis*, des Glaubens der ersten fünf Jahrhunderte und der ersten sechs Ökumenischen Konzile, verfocht. Mit diesen Vorstellungen prägte Calixt mehrere Generationen evangelischer Pastoren. Hermann Conring (1606–1681) war politischer Berater europäischer Fürsten und trat in verschiedenen wissenschaftlichen Disziplinen hervor. Seit 1632 lehrte er an der Helmstedter Universität, die er, beeinflusst durch Calixt, zu einer Hochburg des lutherischen Aristotelismus machte. Er zählte darüber hinaus zu den bedeutendsten deutschen Juristen und gilt als Begründer der deutschen Rechtsgeschichte.

Wirtschaftspolitische Maßnahmen

Julius war »weniger ein kunstsinniger Mensch als ein prosaischer Ökonom« mit der Tendenz, sein »Territorium als profitables Wirtschaftsunternehmen«[57] zu regieren. Besondere Aufmerksamkeit widmete er dem Bergbau im Harz, dessen Bedeutung als Wirtschaftszweig weit über die Region hinausreichte. Seit dem Riechenberger Vertrag unterlag das Bergrevier des wolfenbüttelschen Harzes nahezu vollständig dem territorialrechtlichen Bergregal. Der Herzog förderte den Bergbau durch den Aufbau einer effizienten Bergverwaltung und die intensive Kontrolle des Hüttenwesens, die Subventionierung privater Unternehmungen, die Anlage von Entwässerungsstollen, den Vertrieb neuer Schächte und die Anwerbung meist süddeutscher Bergleute. Während im 16. Jahrhundert die Kupfererzeugung im Harz an Bedeutung verlor, trat an ihre Stelle die Gewinnung von Blei als wichtiges Exportgut. Neben Kaufleuten beteiligte sich der Herzog selbst am Bleihandel, dessen Absatz er durch Verträge mit benachbarten Fürsten sicherte. Im Vorharzland entstand auf seine Initiative eine Reihe erzverarbeitender Betriebe. Dazu gehörten die Hüttenunternehmungen in und um Gittelde, die in herzogliche Regiebetriebe umgewandelt wurden. Die Erzeugnisse der Stahlschmieden übernahm die herzogliche Eisenfaktorei, die das Eisenhandelsmonopol besaß. Die Qualität des Eisens, das auch für den Guss großer Geschütze geeignet war, erfreute sich eines hervorragenden Rufes. In Bündheim errichtete Julius auf der Grundlage eines älteren Schmelzhüttenbetriebes eine Messinghütte. Bereits Heinrich d. J. hatte 1548 alle Anteile der Saline in Liebenhall erworben. 1569 legte Julius eine zweite Saline bei Bündheim als fürstlichen Eigenbetrieb an. Zur planmäßigen Erschließung von Bodenschätzen ließ er mehrere geologische Untersuchungen durchführen. Zu seinen Bemühungen zur Verbesserung der Infrastruktur zählten nicht nur die Intensivierung der Kontrolle von Wegen und Brücken durch die Amtsleute, sondern auch seine ausgreifenden Pläne, nach niederländischem Vorbild ein weitverzweigtes Fluss- und Kanalsystem anzulegen. Im Zentrum stand die Schiffbarmachung der Oker in ihrer ganzen Länge. Dieses Projekt blieb ebenso unausgeführt wie der Plan, durch einen Kanal die Oker mit der Elbe zu verbinden. Zu den wirklichkeitsfremden Unternehmungen des Herzogs gehörte auch die Förderung des Alchimisten Philipp Sömmering, der ihn von der Möglichkeit der künstlichen Goldgewinnung zu überzeugen wusste und als Kammer-, Berg- und Kirchenrat zu Regierungsgeschäften hinzugezogen wurde. Nach der Aufdeckung von Betrügereien und Diebstählen wurde Sömmering mit einem Komplizen 1575 in Wolfenbüttel hingerichtet.

Der Ausbau der Residenz Wolfenbüttel

Langfristigen Einfluss hatte Julius' Regierungszeit auf die Entwicklung Wolfenbüttels. Die Auseinandersetzungen der Herzöge mit der Stadt Braunschweig führten dazu, dass Wolfenbüttel unter Heinrich d. Ä. zum Sitz des Hofes und unter Heinrich d.J. zur alleinigen Residenz wurde. Nach den Zerstörungen durch die Truppen des Schmalkaldischen Bundes in den 1540er Jahren erhielt die Dammfestung ein modernes Bastionärssystem durch den in braunschweigischen Diensten stehenden italienischen Baumeister Francesco Chiaramella di Gandino. Geringere Aufmerksamkeit widmete Heinrich d.J. der Bürgersiedlung »Zu Unserer lieben Frauen« oder »Neustadt«, die 1542 zwar befestigt, aber unregelmäßig bebaut war. Demgegenüber entwickelte Herzog Julius ein detailliertes Stadtbauprogramm und legte »die Grundlage für die erste Planstadt der Renaissance in Norddeutschland«.[58] Unter Abbruch alter Bausubstanz ließ er in der Neustadt, die 1570 den Namen *Heinrichstadt* erhielt und mit Stadtrechten ausgestattet wurde, neue breite und gerade Straßenzüge mit Häusern gleicher Höhe anlegen; jede der Hauptachsen konnte von der Dammfeste eingesehen und im Verteidigungsfall mit Kanonen bestrichen werden. Niederländische Ingenieure schufen in den 1580er Jahren in der Heinrichstadt ein System von Kanälen, das nicht nur das morastische Terrain trocken legen, sondern als Wegenetz die Anlieferung von Baumaterial erleichtern sollte. In der Heinrichstadt, die mehr den Charakter einer Honoratiorensiedlung erhielt, entstanden einige repräsentative Gebäude, wie die 1587/88 durch Hans Vredeman de Vries errichtete Neue Kanzlei als Verwaltungszentrum des Fürstentums, um das sich stattliche Hofbeamtenhäuser gruppierten. Unter Julius' Nachfolger, Herzog Heinrich Julius, trat an die Stelle der von Heinrich d.J. als Grablege vorgesehenen Marienkapelle die Pfarrkirche *Beatae Mariae Virginis*, die 1604 von Paul Francke geplant und 1626 zum Abschluss gebracht wurde. Bei dieser dreischiffigen Hallenkirche mit ihren reichgezierten Achteckpfeilern und Emporen handelte es sich um

> »den größten Kirchenbau, den der Protestantismus bis dahin geschaffen hatte«; sein Manierismus, der die Bautraditionen der Spätgotik mit Zierformen aus Renaissance und Barock verband, galt als »kennzeichnend protestantischer Stil«.[59]

Östlich der Heinrichstadt legte Julius eine weitere Siedlung an, die »Neue Heinrichstadt«. In ihr sollten sich vornehmlich Kaufleute, Gewerbetreibende, Handwerker und Soldaten niederlassen. Er bezog den neuen Stadtteil, der erst unter Heinrich Julius mit Leben erfüllt wurde, in den von Heinrich d.J. begonnenen Festungsring ein. Bei dem Ausbau und der Erweiterung der Stadt ließ sich Julius immer von dem Gedanken leiten, in Wolfenbüttel auch eine wirtschaftliche Konkurrenz zu Braunschweig zu schaffen. Diese Absicht lag vor allem der Anlage der Vorstadtsiedlung »Gotteslager« zugrunde, die sich außerhalb des Befestigungsringes befand. Julius plante hier eine »Handels- und Gewerbegroßstadt mit über 30000 Haushalten«.[60] Während aber die Heinrichstadt und die Neue Heinrichstadt eine positive Entwicklung nahmen, setzte in Gotteslager kein nachhaltiger Aufschwung ein. Neusiedler blieben aus, was nicht zuletzt der begrenzten Toleranzpolitik des Herzogs zuzuschreiben war. Vor allem scheiterte der unrealistische Plan an der beschränkten Wirtschaftskraft des Fürstentums, das trotz des Anfalls von Calenberg-Göttingen nur zu den mittleren Territorien des Reiches gehörte. Heinrich Julius gab die weitreichenden Pläne seines Vaters auf und verlegte die wirtschaftlichen Einrichtungen von Gotteslager in die Heinrichstadt, die planmäßig ausgebaut und mit dem Stadtmarkt als Zentrum für die einzelnen Stadtteile, mit Rathaus und Ratswaage versehen wurde. Als bei einer Inspektion um die Jahrhundertwende an den Verteidigungsanlagen Mängel festgestellt wurden, beauftragte Heinrich Julius Paul Francke mit dem planmäßigen Ausbau Wolfenbüttels zu einer einheitlichen Festung im Bastionssystem. Zu Beginn des Dreißigjährigen Krieges galt die Stadt als moderne, uneinnehmbare Festung im norddeutschen Raum.

Bei seinem Tod am 3./13. Mai 1589 hinterließ Julius ein wohlgeordnetes Staatswesen mit intakten Finanzen; es war ihm gelungen, die auf dem Fürstentum ruhende Schuldenlast weitgehend abzubauen, was als »beispielgebend für den norddeutschen Raum«[61] galt.

Herzog Heinrich Julius

Heinrich Julius (* 15. Oktober 1564) gilt neben Landgraf Moritz von Hessen-Kassel als einer der gebildetsten Herrscher seiner Zeit, der auch als bedeutender Mäzen hervortrat. Neben seiner musischen Begabung zeichnete er sich durch glänzende intellektuelle Fähigkeiten, eine schnelle Auffassungsgabe und Ideenreichtum aus. Er besaß gute Kenntnisse der lateinischen, griechischen und hebräischen Sprache sowie über das Maß zeitgenössischer Fürsten hinaus in Philosophie, Chemie und Mathematik. Hinzu kam ein ausgeprägtes Interesse an juristischen Fragen. Entgegen den Vorstellungen seines Großvaters, Herzog Heinrichs d. J., war seine Erziehung von Anfang an lutherisch geprägt. Er erwies sich zeit seines Lebens als überzeugter Anhänger des Protestantismus, ohne ein religiöser Eiferer zu sein.

Als Heinrich Julius 1589 Herzog Julius nachfolgte, waren die Bedingungen seiner Regierung außerordentlich günstig. Er übernahm ein wohlgeordnetes Finanzwesen und eine straff organisierte Verwaltung. Durch eine Reihe von Gebietserwerbungen erreichte das Wolfenbütteler Territorium um 1600 seine größte Ausdehnung. Nachdem bereits 1584 Calenberg-Göttingen unter Wolfenbütteler Herrschaft gelangt war, konnte Heinrich Julius durch z. T. rechtlich problematische, handstreichartige Unternehmungen seinen Herrschaftsbereich erweitern. So bemächtigte er sich mit Waffengewalt nach dem Aussterben der Grafen von Hohnstein 1593 der Herrschaften Lohra und Klettenberg und zog sie als Halberstädter Lehen ein. Hinzu kamen die Abtei Walkenried, deren Administrator der Braunschweiger Herzog wurde, und 1599 die Grafschaft Blankenburg. Den größten Gewinn stellte der Anfall des Fürstentums Grubenhagen an Wolfenbüttel 1596 dar, gegen den allerdings die Fürsten der anderen welfischen Linien, insbesondere Otto II. von Harburg, Heinrich von Dannenberg und Ernst von Lüneburg, protestierten und beim Reichshofrat Klage erhoben. Dieser entschied 1609 zugunsten der Celler Linie; jedoch konnte Heinrich Julius aufgrund seiner guten Beziehungen zu Kaiser Rudolf II. eine Aussetzung des Urteils erwirken. Erst sein Nachfolger, Herzog Friedrich Ulrich, musste auf Weisung Kaiser Matthias' das Fürstentum Grubenhagen 1617 an Lüneburg abtreten. Wenn auch die einzelnen Landesteile formal selbstständig blieben und weiterhin über eigene Landstände verfügten, regierte Heinrich Julius als Herzog von Braunschweig-Wolfenbüttel und Administrator von Halberstadt, zu dem er 1566 postuliert worden war, über einen Territorialkomplex, der ihn zum »reichsten und mächtigsten Fürsten des Niedersächsischen Reichskreises«[62] machte.

Unter dem kunstsinnigen Herzog entwickelte sich der Wolfenbütteler Hof zu einem kulturellen Zentrum Norddeutschlands. Zu den dort verkehrenden Gelehrten und Künstlern gehörten der Astronom, Mathematiker und Kartograph Johannes Krabbe (1553–1616) sowie der Komponist und Hofkapellmeister (ab 1604) Michael Praetorius (1571/72–1621), der die verschiedenen zeitgenössischen musikalischen Stile aufnahm und sie in einer dem reformatorischen Gottesdienst angemessenen musikalischen Sprache zu vereinen suchte. Sein musiktheoretisches Werk *Syntagma musicum* gilt auch heute noch als grundlegendes Musikkompendium seiner Zeit. Besondere Förderung erfuhr neben der Musik das Theater. Während der Hochzeitsfeierlichkeiten 1590 mit der dänischen Prinzessin Elisabeth (1573–1626) hatte Heinrich Julius in Kopenhagen erstmals englische Komödianten erlebt und wollte seiner Gemahlin Ähnliches in ihrer neuen Heimat bieten. 1593 engagierte er eine Schauspielertruppe um die Engländer Thomas Sackville und John Bradstreet, die nach ihren auswärtigen Gastspielen regelmäßig nach Wolfenbüttel zurückkehrten und so zur ersten »stehenden« Theatertruppe Deutschlands wurden. Für die deutsche Theatergeschichte war das Wirken dieser englischen Komödianten nicht ohne Bedeutung, weil sie die englische Schauspielkunst, die an die Stelle des humanistischen belehrenden Theaters das Aktionstheater setzte und dem Spiel Vorrang vor dem Wort einräumte, im Reich bekannt machten. Als Heinrich Julius sich nach der

Jahrhundertwende immer häufiger und länger in Prag aufhielt, führte dies 1607 zur Auflösung des Wolfenbütteler Ensembles.

Heinrich Julius' Interesse am Theater schlug sich auch in seinen eigenen, teils in niederdeutscher Sprache verfassten Dramen nieder, die vermutlich zwischen 1592 und 1594 entstanden und von denen elf überliefert sind. Der Herzog zählt zu den »wichtigsten deutschen Dichtern der frühen Neuzeit«[63]. Dabei ist der Einfluss Sackvilles auf die meisten seiner Stücke nicht zu verleugnen. Heinrich Julius übernahm Elemente wie Prosa, Dialekt und anschauliche Rollencharakterisierung ohne dessen vulgäre Realistik. Die Dramen, deren Stoff zeitgenössischen Novellensammlungen entstammte, verfolgten pädagogische Absichten, was sie in die Nähe der moralisierenden Renaissancedramatik stellte, aber auch die Gefahr undramatischer Weitschweifigkeit und schleppender Handlungsgänge in sich barg. Ein Ergebnis seines ausgeprägten Interesses am Römischen Recht war Heinrich Julius' 1608 in Helmstedt erschienene Schrift *Illustre examen auctoris illustrissimi*; dabei handelte es sich um eine umfangreiche Deduktion für eigene von ihm geführte Prozesse.

Trotz Heinrich Julius' humanistischer Grundhaltung erreichten die Hexenprozesse in Wolfenbüttel und Halberstadt während seiner Regierungszeit einen Höhepunkt, wenn auch die Zahl der Verurteilungen den in dieser Zeit üblichen Umfang nicht wesentlich überschritt. Zwischen 1590 und 1620 wurden in Braunschweig-Wolfenbüttel 114 Anklagen wegen Zauberei erhoben, die zu ca. 50 Todesurteilen führten.[64]

Der Konflikt mit Braunschweig überschattete Heinrich Julius' gesamte Regierungszeit. Er trug erheblich zur Zerrüttung der Staatsfinanzen bei und war beim Tod des Herzogs noch nicht gelöst. Seit seinem Regierungsantritt verspürte Heinrich Julius einen maßlosen Hass auf die Stadt, die sich seinem landesherrlichen Zugriff entzog und die Huldigung, die Teilnahme am Landtag sowie Steuerzahlungen verweigerte. Der Status einer quasi unabhängigen Stadt erschien in einem straff organisierten frühabsolutistischen Territorium wie Braunschweig-Wolfenbüttel unerträglich. Heinrich Julius erwirkte eine Reihe günstiger Urteile des Reichskammergerichtes (1595, 1601, 1606), die Braunschweig dank der Unterstützung einiger Hansestädte und Herzog Ernsts II. von Celle sowie anfänglicher kaiserlicher Sympathien ignorierte. 1600 erklärte Heinrich Julius eine Art »Landesacht« über die Stadt und verhängte eine umfassende Blockade, was ihm allerdings im Reich den Ruf eines »Friedensbrechers« verschaffte. Übergriffe der Stadt auf die umliegenden Dörfer und das Kloster Riddagshausen ließen die Stimmung im Reich zugunsten des Herzogs umschlagen. Diese Entwicklung sowie innerstädtische Unruhen benutze Heinrich Julius, um bewaffnet gegen Braunschweig vorzugehen. Mit 16 000 Mann aus dem Lehns- und Landesaufgebot versuchte er, sich handstreichartig der Stadt zu bemächtigen. Als dieser Vorstoß misslang, belagerte er die Stadt und beabsichtigte, sie durch die Aufstauung der Oker unter Wasser zu setzen, musste aber dieses Unternehmen auf Verlangen der vermittelnden kaiserlichen Kommissare abbrechen. Ein Überfall braunschweigischer Mannschaften auf den Herzog im April 1606, dem er mit knapper Not entkam, setzte die Stadt ins Unrecht und verbesserte die Aussichten auf Verhängung der Reichsacht über sie. Dies geschah auf das Betreiben des Herzogs hin im Mai 1606 und wurde 1611 erneuert. Allerdings verstand es die Stadt, die Vollstreckung der Acht immer wieder hinauszuzögern.

Bereits in den Jahren 1598 und 1602 hatte Heinrich Julius Reisen nach Prag unternommen, um die formale Belehnung mit Braunschweig-Wolfenbüttel zu erreichen und über die Türkensteuer zu verhandeln. Seit 1607 nahmen die dortigen Aufenthalte zu; die Stadt wurde schließlich zum Lebensmittelpunkt des Herzogs. Dabei ging es nicht nur um die Braunschweiger Frage und die Sicherung des Anfalls von Grubenhagen, sondern Heinrich Julius wurde immer stärker in die dynastischen Angelegenheiten der Habsburger und die Reichspolitik einbezogen. Sein diplomatisches Wirken in Prag war mit einem hohen Aufwand an Geschenken verbunden; dazu gehörte 1602 die Übereignung eines außerordentlich großen Saphirs an Kaiser Rudolf II., den dieser in seine Krone einschließen ließ. Es gelang dem Herzog aufgrund seiner unerschütterlichen kaisertreuen Haltung das Vertrauen Rudolfs II. zu gewinnen, der ihn 1611 zum Direktor des Geheimen Rates ernannte, eine für einen protestantischen Fürsten außergewöhnliche Position. Er hatte Anteil an der Aussöhnung Rudolfs II. mit dessen Bruder Matthias und an der Regelung der böhmischen Konfessionsfrage. Auch nach Rudolfs II. Tod am 20. Januar 1612 blieb Heinrich Julius unter Kaiser Matthias Mitglied des Geheimen Rates; sein Einfluss auf die Reichspolitik nahm jedoch ab.

Mit Heinrich Julius' Wirken in Prag ging eine Vernachlässigung der Regierungsgeschäfte in Wolfenbüttel einher. Sein glänzender Lebensstil bedeutete eine Belastung des Haushaltes des Fürstentums, das sich am Ende seiner Regierungszeit in erheblichen finanziellen und wirtschaftlichen Schwierigkeiten befand. Der Herzog hatte bei seinem Regierungsantritt einen Staatsschatz von 700 000 Taler vorgefunden; er hinterließ Schulden in Höhe von 1,2 Mio. Taler; eine derartige Höhe wurde in späteren Zeiten auch bei besonders ausgabefreudigen Landesherren nicht wieder erreicht. Die Schulden, die sich auf die prekäre Finanzlage des Fürstentums bis ins 19. Jahrhundert hinein auswirkten, waren weniger auf »Verschwendungssucht« zurückzuführen, sondern zeigten, dass Heinrich Julius' Engagement in der Reichspolitik seine Kräfte und die Ressourcen seiner Länder überspannte. Positiv wirkten sich Heinrich Julius' Prager Aufenthalte auf die künstlerische und kulturelle Gestaltung seiner Residenz und seines Landes aus. Der Prager Hof und die Stadt stellten die bedeutendsten Kunst- und Wissenschaftszentren ihrer Zeit dar, von denen die Reichsfürsten kulturelle Anregungen empfingen. Das Kunstgeschehen in Prag wirkte sich nachhaltig auf das Schaffen Wolfenbütteler Hofkünstler aus. Prager Vorgaben erhielten maßgeblichen Einfluss auf Entwicklungen in der herzoglichen Residenzstadt. Heinrich Julius starb am 20./30. Juli 1613 in Prag nach einem Gelage mit unmäßigem Weingenuss und wurde zur Beisetzung in die Wolfenbütteler Marienkirche überführt.

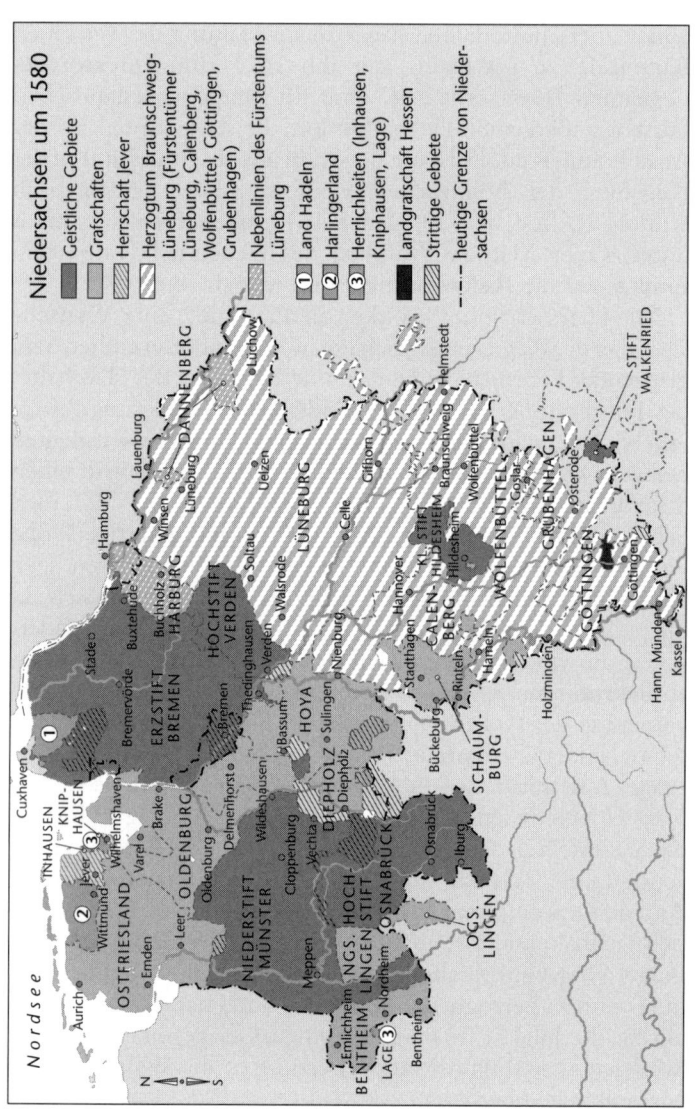

Karte von Niedersachsen

Das Zeitalter des Absolutismus

Der Dreißigjährige Krieg

Die Haltung der welfischen Herzöge im Dreißigjährigen Krieg

Der Dreißigjährige Krieg war hinsichtlich seiner Voraussetzungen, seines Ablaufes und seiner Folgen ein gesamteuropäisches Ereignis.[65] Die Größe der Heere, die lange Kampfdauer, die direkte oder indirekte Verwicklung fast aller europäischer Staaten in das deutsche Kriegsgeschehen und die den Krieg in Deutschland beendenden Friedensschlüsse von 1648 machten ihn zu einer epochalen Begebenheit für die europäische Staatenwelt. Er entwickelte sich aus einer regional begrenzten Auseinandersetzung zwischen Landesherrn und Landständen zu einem europäischen Konflikt, der vornehmlich auf deutschem Boden ausgetragen wurde. Die konfessionspolitischen Komponenten traten im Laufe der Kampfhandlungen hinter den machtpolitischen Zielen der kriegführenden Parteien zurück.

Zu Beginn des Dreißigjährigen Krieges waren die welfischen Länder im Wesentlichen auf zwei Linien des Hauses Braunschweig-Lüneburg aufgeteilt. Das Fürstentum Wolfenbüttel unterstand dem eher schwächlichen Herzog Friedrich Ulrich (1591–1634), dem ältesten Sohn Heinrich Julius', während im Fürstentum Lüneburg seit 1611 Herzog Christian die Regierung führte. Ihm folgten nach der Vereinbarung von 1611 seine jüngeren Brüder, die mit Ausnahme Herzog Georgs unverheiratet bleiben mussten. Dieser entwickelte sich während des Dreißigjährigen Krieges zum profiliertesten der Celler

Fürsten. Herzog Christian übertrug ihm Amt und Schloss Herzberg, das Georg mit seiner 1617 angetrauten Ehefrau Anna Eleonore (1601–1659), einer Tochter des Landgrafen Ludwig V. von Hessen-Darmstadt, als Wohnsitz nahm. Obwohl nichtregierender Fürst, blieb sein Einfluss auf die Politik des Hauses Lüneburg während des Dreißigjährigen Krieges dominierend. Dabei kam der Durchsetzung welfischer Hausinteressen, vor allem der Sicherung des ungeteilten welfischen Erbes für seine Nachfolger, Priorität zu, was während der kriegerischen Auseinandersetzungen zu einem mehrfachen Frontenwechsel des Herzogs führte.

Während der ersten Phase des Dreißigjährigen Krieges (1618–1623) blieb Niedersachsen von Kampfhandlungen weitgehend verschont. Die welfischen Herzöge verhielten sich wie die anderen Reichsstände des niedersächsischen Kreises weitgehend neutral und versuchten, diese Politik auch fortzuführen, als mit dem Einrücken des Ligaheeres unter Tilly und der dänischen Truppen unter König Christian IV. 1624/25 Niedersachsen zu einem wichtigen Kriegsschauplatz wurde. Vor dem Hintergrund dieser Entwicklung ließ sich die »vorsichtige und zurückhaltend-neutrale Politik«[66] nicht mehr aufrechterhalten. Während sich der Wolfenbütteler Herzog Friedrich Ulrich der dänischen Seite anschloss, legten die Lüneburger Herzöge eine kaisertreue Haltung an den Tag. Georg trat aus dem dänischen Dienst aus und bemühte sich um eine Anstellung in der kaiserlichen Armee; im Mantuanischen Erbfolgekrieg (1629–1631) kämpfte er auf kaiserlicher Seite. Nach der dänischen Niederlage in der Schlacht bei Lutter am Barenberg (1626) unterwarfen sich fast alle niedersächsischen Reichsstände dem Kaiser.

Die welfischen Territorien waren vom Restitutionsedikt (1629) besonders schwer betroffen. Bis 1631 erfolgte die Restitution von über 30 Klöstern und Kollegiatstiften an die Katholiken; außerdem wurden die Rechte Herzog Augusts als Administrator von Ratzeburg in Frage gestellt. Das Urteil des Reichskammergerichts vom 7./17. Dezember 1629 schwächte darüber hinaus die Position der welfischen Herzöge.

Demnach mussten sie dem Bischof von Hildesheim das annektierte Große Stift und alle aus diesem Gebiet seit 100 Jahren gezogenen Einkünfte zurückerstatten. Die Welfen erkannten das Urteil nicht an und leiteten ein Revisionsverfahren ein. Die Hoffnung, dass die angestrengte Revision aufschiebende Wirkung haben werde, erfüllte sich nicht. Aufgrund seiner militärischen Stärke sah sich der Kaiser weder in der Frage des Restitutionsediktes noch der Hildesheimischen Stiftsangelegenheit zu Konzessionen genötigt.

Während Herzog Christian von Celle anfangs noch eine neutrale Position zwischen dem Kaiser und den Schweden einzunehmen versuchte und erst im Dezember 1631 formell eine Allianz mit Gustav Adolf einging, war Herzog Georg, der sich durch das Restitutionsedikt in seiner Kaisertreue enttäuscht sah, bereits im November 1630 in der Hoffnung auf den Erwerb des Hildesheimer Kleinen Stiftes als Heerführer in schwedische Dienste getreten. An der Festigung der schwedischen Position in Niedersachsen hatte er Anteil; er trug zur Niederlage der kaiserlich-ligistischen Truppen in den Schlachten bei Hessisch-Oldendorf (Juni 1633) und Bevern (April 1634) bei. Im Juli 1634 gelang ihm die Einnahme der Stadt Hildesheim, wo er im November seine Residenz nahm.

Zu diesem Zeitpunkt fanden im Haus Braunschweig-Lüneburg weitreichende Erbauseinandersetzungen statt. 1633 war Herzog Christian in Celle gestorben; ihm folgte im Fürstentum Lüneburg sein Bruder August d. Ä. nach. Im folgenden Jahr starb Herzog Friedrich Ulrich von Wolfenbüttel; mit ihm starb das Mittlere Haus Braunschweig-Wolfenbüttel aus. Das Erbrecht der Lüneburger Linie, die aus der Celler Linie mit den Herzögen August d. Ä., Friedrich und Georg sowie den Nebenlinien von Harburg (Herzöge Otto und Wilhelm) und Dannenberg (Herzöge Julius Ernst und August d. J.) bestand, war unbestritten. Auseinandersetzungen entstanden darüber, ob das Wolfenbütteler Erbe aufgeteilt oder als Ganzes einem Bewerber übertragen werden sollte. Um eine drohende kaiserliche Sequestration abzuwenden, einigten sich die Herzöge am 5./15. September 1634 im Vertrag von Meinersen auf eine gemeinsame Besitzergreifung und behielten sich die Regelung von Einzelfragen einer späteren Vereinbarung vor. Als sich nach 1625 die Kinderlosigkeit Herzog Friedrich Ulrichs abzeichnete, hatte der Dannenberger Herzog August d. J. planmäßig die Herrschaftsnachfolge im Fürstentum Wolfenbüttel betrieben. Er unternahm mehrere Reisen an den Kaiserhof, so von September bis November 1628 und von Mai bis Oktober 1629, um sich als Nachfolger für das Wolfenbütteler Fürstentum ins Gespräch zu bringen. August stützte sein Erbrecht auf die Primogeniturordnung und die Tatsache, dass er vom ältesten Sohn Ernsts des Bekenners abstammte. Seine guten Beziehungen nach Wien halfen ihm, seinen Ansprüchen gegenüber den Vettern Nachdruck zu verleihen.

Am 14./24. Dezember 1635 kam es zu einem Vergleich zwischen den Herzögen August d. Ä., Friedrich, Georg, Wilhelm, Otto und August d. J. Dabei wurde die Harburger Linie mit einer Rente sowie Teilen der Grafschaften Hoya und Blankenburg-Regenstein abgefunden, die beim Aussterben der Harburger an die Häuser Celle und Dannenberg zurückfallen sollten. August d. J. wurde mit dem Fürstentum Wolfenbüttel ausgestattet, während Calenberg an die Celler Linie fiel. Hinsichtlich der Landesuniversität Helmstedt und der Rechte an der Stadt Braunschweig wurden Regelungen getroffen, die alle Linien anteilig oder alternierend berücksichtigten. Im gemeinschaftlichen Besitz des Gesamthauses blieben auch die wirtschaftlich bedeutenden Gebiete des Harzes (Kommunionharz).

Das Fürstentum Calenberg-Göttingen, das an die Celler Linie gefallen war, stand Herzog August d. Ä. allein zu. Im Teilungsvertrag vom 27. Januar 1636 übertrug dieser es mit Zustimmung seines Bruders Friedrich an Herzog Georg. Damit entstand im Gesamthaus Braunschweig-Lüneburg eine neue Linie, die Calenberger oder hannoversche Linie. Zur Residenz für das selbstständige Fürstentum Calenberg bestimmte Georg die Stadt Hannover, die im großen Ganzen von den Schrecken des Dreißigjährigen Krieges verschont geblieben war und deren feste Sicherungsanlagen »Schutz und ausreichende Bequemlichkeit für eine zeitgemäße fürstliche Hofhaltung«[67] boten. Georg ließ die Befestigungsanlagen verstärken und begann mit dem Bau eines fürstlichen Schlosses. Die provisorische Residenz blieb einstweilen Hildesheim. Die Erbregelungen von 1635/36 vergaben die Möglichkeit, den gesamten welfischen Besitz zu einem starken Territorialstaat zusammenzuführen.

Von den welfischen Herzögen zögerte Georg am längsten, dem Prager Frieden von 1635 zwischen dem Kaiser und den protestantischen Reichsständen beizutreten. Nicht zuletzt waren es Unstimmigkeiten mit dem schwedischen Kanzler Axel Oxenstierna, die ihn im Juli/August 1635 zum Beitritt veranlassten. Die welfischen Herzöge hatten den Anschluss an den Kaiser auch in der Hoffnung vollzogen, um von diesem eine Erledigung ihrer »Partikulargravamina« zu erreichen, insbesondere den Rückzug der kaiserlichen Besatzung aus Wolfenbüttel und eine günstige Regelung der Hildesheimer Stiftsfrage. Da die Welfen, insbesondere Herzog Georg, über eigene Truppen verfügten, war sowohl Kaiser Ferdinand II. als auch seinem Nachfolger Ferdinand III. an guten Beziehungen zu ihnen gelegen.

Der Hauptstreitpunkt blieb die Restitution des Stiftes Hildesheim. Ferdinand II. bestand auf der Rückgabe des gesamten Stiftes an den Kölner Kurfürsten und Bischof von Hildesheim, Ferdinand von Bayern. Seine Haltung wurde rechtlich durch das Urteil des Reichskammergerichtes von 1629 gestützt. Auch Entscheidungen der Reichsorgane, des Reichshofrates, des Regensburger Reichstags von 1640/41 sowie der Kurfürstentage von Regensburg 1636/37 und Nürnberg 1640 untermauerten seine Position. Die Welfen hielten an ihrem Standpunkt fest, im rechtmäßigen Besitz der Stiftsgebiete zu sein, und gaben allmählich ihre nach dem Prager Frieden eingenommene kaiserfreundliche Haltung auf. Dadurch verhärteten sich die Fronten; dennoch hielten die politische und militärische Gesamtsituation sowie die Absicht, Ausgleichsverhandlungen nicht prinzipiell auszuschließen, den Kaiser von einem energischen Vorgehen gegen die Welfen ab.

Zu einer Auflockerung der Fronten trug nicht unwesentlich der Tod Herzog Georgs am 2./12. April 1641 bei. Damit verloren die welfischen Lande

> »ihren einzigen Regenten von überdurchschnittlichem militärischen und politischen Format, der es vermocht hatte, die auseinandertreibenden Bestrebungen des braunschweig-lüneburgischen Hauses wenigstens für einige Jahre [...] zu einer einheitlichen, alle Linien des Welfenhauses umfassenden braunschweigischen Gesamtpolitik zu vereinigen«.[68]

Nach Georgs Tod verfolgten die welfischen Herzöge wieder stärker ihre Einzelinteressen. August d. J. von Wolfenbüttel, der in der Folgezeit immer entscheidenderen Einfluss auf die welfische Politik gewann, bemühte sich als Erster um eine Aussöhnung mit dem Kaiser. Um das Ende der kaiserlichen Besatzung in seiner Residenz zu erreichen, war er zu Zugeständnissen in der Hildesheimer Restitutionssache bereit. Der Lüneburger Herzog Friedrich, der 1636 seinem Bruder August d. Ä. gefolgt war, war von geringem politischem Format. Da er nicht am Hildesheimer Stiftsterritorium partizipierte, lag ihm auch wenig an dessen Sicherung. Solange allerdings die schwedische Seite in Niedersachsen noch stark war, schreckte er vor einer Annäherung an den Kaiser zurück. Die Unsicherheit des schwedischen Bündnispartners, wirtschaftliche Schwierigkeiten und Kriegsmüdigkeit veranlassten die welfischen Herzöge zur Aufnahme von Verhandlungen mit dem Kaiser.

Diese begannen im Oktober 1641 in Goslar und dauerten bis zum April 1642. Militärische Erfolge der kaiserlichen Truppen, wie die Einnahme Einbecks am 23. Oktober 1641, zwangen die welfische Seite zur Kompromissbereitschaft, während auf der anderen Seite vor allem der Oberkommandierende der Reichsarmee, Erzherzog Leopold Wilhelm, ein größeres Entgegenkommen empfahl, um durch einen raschen Abschluss der Verhandlungen einem erneuten Bündnis der welfischen Herzöge mit den Schweden zuvorzukommen. Im Vertrag vom 19. April 1642 verzichteten die Herzöge auf alle gegen den Kaiser gerichteten Bündnisse. Damit hatte der

Kaiser ein Hauptziel, die Trennung der Welfen von seinen Gegnern, erreicht. Er versprach, alle von der kaiserlichen Armee besetzten Orte zu restituieren; vor allem sollte Herzog August d. J. seine Residenz Wolfenbüttel zurückerhalten. Herzog Christian Ludwig von Calenberg hatte umgehend das Kleine Stift und die Stadt Hildesheim an das Domkapitel und den Kurfürsten von Köln abzutreten. Hinsichtlich des Großen Stiftes legte der Vertrag fest, dass umgehend mit dem Kölner Kurfürsten Verhandlungen einzuleiten seien.

Bereits am 21. Februar 1642 hatten die Verhandlungen über das Große Stift begonnen; am 17./27. April 1643 kam man zu einer Einigung. Die welfische Seite hatte eingesehen, dass ein wirklicher Frieden nur durch die Beilegung der Auseinandersetzung über das Große Stift zu erreichen war. Da der Kaiser mehrfach darauf hingewiesen hatte, dass lediglich die erloschenen wolfenbüttelschen und göttingen-calenbergischen Linien mit dem Großen Stift belehnt worden waren und somit ein Anspruch der regierenden Lüneburger Linien ohne Rechtsgrundlage sei, waren die Herzöge zu einem Entgegenkommen bereit. Dem Hildesheimer Bischof wurde der größte Teil des Großen Stiftes restituiert. Den welfischen Herzögen verblieben neben der Grafschaft Everstein und der Herrschaft Homburg die Ämter Koldingen, Westerhof und Lutter sowie das Haus Dachtmissen, bei denen die hildesheimischen Rechte strittig waren. Der Bischof verzichtete ferner auf die auf 30 Mio. Gulden geschätzten Einkünfte, die während der welfischen Herrschaft aus dem Großen Stift gezogen worden waren. Er musste außerdem den evangelischen Bewohnern auf 40 Jahre, dem Adel auf 70 Jahre freie Religionsübung zugestehen.

Der Goslarer Frieden hatte für die welfischen Herzöge die Abdankung des größten Teils ihrer Truppen zur Folge. Damit beraubten sie sich der Möglichkeit, eine »nennenswerte Rolle im politischen und militärischen Interessenkampf der folgenden Jahre zu spielen«[69]. Dies wirkte sich vor allem bei den Ende 1643 in Münster und Osnabrück einsetzenden Friedensverhandlungen aus, bei denen die Herzöge ihre territorialen Ziele nicht durchsetzen konnten. Ihre Position wurde darüber hinaus durch das Fehlen einer herausragenden Persönlichkeit geschwächt, wie dies zeitweise Herzog Georg gewesen war. Auf der anderen Seite trug der Vergleich mit dem Kaiser dazu bei, dass Niedersachsen bis zum Westfälischen Frieden weniger stark im Zentrum des Kriegsgeschehens stand. Die durch die Vereinbarung mit dem Kölner Kurfürsten erzielten territorialen Gewinne waren ebenfalls nicht gering zu veranschlagen. Außerdem gelang es den Welfen, den Protestantismus im Großen Stift zu sichern, der definitiv durch die Normaljahrsbestimmung des Westfälischen Friedens garantiert wurde.

Die Auswirkungen des Dreißigjährigen Krieges

Die Kriegshandlungen hatten sich in Niedersachsen und speziell in den welfischen Territorien auf den Zeitraum zwischen 1625 und 1635 konzentriert. Danach folgte eine Reihe begrenzter militärischer Auseinandersetzungen. Die materiellen Auswirkungen des Krieges waren in den einzelnen Regionen höchst unterschiedlich. Im Allgemeinen wurden die Städte weniger in Mitleidenschaft gezogen als das flache Land. Die größten Schäden und Verluste erlitten die Durchzugsgebiete der Heere, insbesondere das Lüneburger und das Wendland sowie die Gegenden an Weser und Leine. Die starken Zerstörungen beeinträchtigten die Wiederaufnahme einer geordneten landwirtschaftlichen Produktion über Jahre hinweg. Kriegskosten und Kriegsschäden belasteten die Staatshaushalte in ungebührlichem, bis dahin unbekanntem Maße. Weite Teile der Bevölkerung waren infolge von Einquartierungen, Erpressungen und Plünderungen sowie durch Kontributionen in Form von Bargeld, Vieh und Getreide oder durch körperliche Gebrechen und Entwurzelung verarmt. Von den Städten in den welfischen Territorien litten Einbeck, Göttingen und Münden in besonderem Maße, während Lüneburg, Celle, Braunschweig und Hameln weniger in Mitleidenschaft gezogen wurden und z. T. durch Heereslieferungen ihre gewerbliche Produktion ausweiten konnten. Die

Bevölkerungsverluste, die zu einem erheblichen Teil nicht Folge von Kampfhandlungen, sondern von Krankheiten, wie die großen Pestepidemien von 1625/26 und 1636 waren, lagen unter dem Reichsdurchschnitt, der auf 40 % berechnet wurde. Es kam zu keinen weitflächigen Entvölkerungen, so dass die Verluste relativ rasch wieder ausgeglichen werden konnten. Niedersachsen scheint, insgesamt gesehen, zu den »vom großen Krieg relativ weniger betroffenen Gebieten des Reiches« gehört zu haben.[70] Dennoch dauerte es in einigen Teilen bis zum Jahrhundertende, bis die Kriegsschäden überwunden waren. Für den Staat, repräsentiert durch den Fürsten, bedeutete dies eine Ausweitung und Intensivierung seiner Tätigkeit.

Auf dem Westfälischen Friedenskongress in Osnabrück, wo die evangelischen Reichsstände und Schweden verhandelten, waren die welfischen Fürsten durch ihre Gesandten Jakob Lampadius (1593–1649) (für Calenberg-Grubenhagen), Heinrich Langenbeck (1603–1669) (Lüneburg) und Chrysostomos Cöler (1607–1664) (Wolfenbüttel) vertreten. Unter diesen kam Lampadius als einem der bedeutendsten deutschen Staatsrechtslehrer des 17. Jahrhunderts, der wegen seiner fundierten juristischen Kenntnisse auch von den gegnerischen Parteien geschätzt wurde, eine leitende Funktion zu. Die Welfen versuchten, den Verlust Hildesheims durch den Gewinn anderer Stifte wie Ratzeburg, Bremen, Halberstadt, Magdeburg und Minden auszugleichen, die zeitweise zum »welfischen Bischofsreich« gehört hatten oder wo Vertreter der Dynastie als Koadjutoren wirkten. Jedoch musste man vor dem Anspruch der eigentlichen Gewinner in Norddeutschland, insbesondere Schwedens und Brandenburgs, zurückweichen. An die schwedische Krone fielen die Stifte Bremen und Verden; Brandenburg erhielt Halberstadt und die 1680 eingelöste Anwartschaft auf Magdeburg sowie Minden, dieses als Ersatz für den Anspruch auf Vorpommern. Der geschickten Verhandlungsführung Lampadius' war es wenigstens gelungen, die von Brandenburg vorgeschlagene Abtretung der Grafschaften Hoya und Diepholz an Schweden anstelle Vorpommerns zu vereiteln. Die welfischen Erwerbungen bestanden lediglich in der Abtei Walkenried und in der *successio alternativa* im Hochstift Osnabrück, wo auf einen katholischen Bischof ein Mitglied des Hauses Braunschweig-Lüneburg als Landesherr folgen sollte.

Neben Schweden wuchs Brandenburg-Preußen nach dem Westfälischen Frieden eine dominierende Stellung im norddeutschen Raum zu. Seine territorialen Gewinne erfüllten eine wichtige Brückenfunktion zu den brandenburgischen Gebieten in Westfalen (Kleve, Mark, Ravensberg) und bereiteten den »kleinen norddeutschen Dualismus« zwischen Brandenburg und Hannover vor. Mit Hilfe einer Reihe von Bündnissen versuchten die welfischen Herzöge, die wegen der zentralen Lage ihrer Territorien von jeder militärischen Bewegung in Norddeutschland betroffen waren, nach dem Dreißigjährigen Krieg die befürchtete Einschränkung ihrer Rechte als Reichsstände durch ein erstarkendes Kaisertum abzuwenden; diese Bündnisse sollten auch die Sicherheit ihrer Länder, an deren Grenzen neue starke Nachbarn entstanden waren, garantieren. Die Hildesheimer Union von 1652 war eine Defensivallianz zwischen den welfischen Herzögen, dem Landgrafen von Hessen-Kassel und der Krone Schweden, die die Aufstellung eines 6000-Mann-Heeres im Verteidigungsfall vorsah. Gegen vermeintliche Machtbestrebungen Österreichs richtete sich der Rheinbund, der auf die Initiative des Mainzer Kurfürsten Johann Philipp von Schönborn unter Anlehnung an Frankreich zustande kam und dem sich die Welfen 1658 anschlossen. Die wachsende Instrumentalisierung der Allianz durch Frankreich führte zehn Jahre später zu ihrer Auflösung.

Bis in die 1660er Jahre bestand in außenpolitischen Fragen ein »relativ gutes Einvernehmen«[71] zwischen den welfischen Fürsten. Das wichtigste Organ der Gesamthauspolitik stellten die Hauskonferenzen dar, auf denen sich durchschnittlich zehn bis zwölf Mal im Jahr Geheime Räte aller drei Linien trafen und Probleme der Innen- und Außenpolitik besprachen. Der Tagungsort war in der Regel Burgdorf; trafen sich nur Vertreter zweier Linien, so war dies für Hannover und Celle meist Engensen, für Celle und Wolfenbüttel Ohof und für Hannover und Wolfenbüttel das hildesheimische Hohenhameln. Wenn auf den Hauskonferenzen auch keine Mehrheitsbeschlüsse mit verbindlicher Kraft gefasst wurden, so lag ihre Bedeutung in der Koordinierung der Politik und der Herstellung einvernehmlichen Handelns. Als sich nach der Erringung der Kurwürde das Verhältnis Hannovers zu Wolfenbüttel erheblich verschlechterte, wurde die Gesamthauspolitik praktisch lahmgelegt. Nach 1692 nahm Wolfenbüttel nicht mehr an den Hauskonferenzen teil und verkehrte in dringenden Fällen nur noch über Celle mit Hannover.

Das Fürstentum Wolfenbüttel

Herzog August d. J.

Innenpolitische Maßnahmen

Noch am Tage des Erbvergleiches der welfischen Herzöge von 1635 erließ August d. J. (★ 10. April 1579) das Patent zum Antritt seiner Regierung im Fürstentum Wolfenbüttel. Er hatte 1604 die Herrschaft über das Amt Hitzacker angetreten, wo er ein rigoroses Regiment führte und die Hexenverfolgungen seiner Vorgänger fortsetzte. August wurde der Begründer des Neuen Hauses Braunschweig, das 1884 erlosch. Er übernahm ein weitgehend verwüstetes Land. Unter ihm und seinem Nachfolger Anton Ulrich erreichte das Fürstentum jedoch eine neue kulturelle Blüte. Er betrieb energisch den Wiederaufbau der Residenzstadt, wo rund 420 Häuser beschädigt oder zerstört waren, und des verwüsteten Schlosses. August war der letzte Wolfenbütteler Herzog, der die Gestalt der Residenz einem entscheidenden Wandel unterzog. Durch den Abbruch einer Reihe alter Häuser schuf er auf dem bis dahin dicht bebauten Areal einen repräsentativen Schlossplatz, der bis heute sein Erscheinungsbild bewahrt hat. Dem Schloss wurde ein neuer Wohnflügel hinzugefügt, der Schlosshof vermutlich nach dem Vorbild Florentiner Bogengalerien mit offenen Arkaden versehen. Hinzu kam die Errichtung des »Kleinen Schlosses« als Wohnsitz für Augusts Nachfolger Anton Ulrich. Nach den Plänen des Festungskommandanten Cornelius von dem Busch (1616–1657), der seit 1650 in Wolfenbütteler Diensten stand, ließ der Herzog die Festungswerke nach niederländischem Vorbild erneuern und verstärken. Dies schloss die Verlegung von Toren, die Aufschüttung neuer Wälle und ihre Sicherung durch vorspringende Bastionen sowie die Verkürzung der bestehenden Kurtinen ein. Zwischen 1652 und 1658 entstand westlich der Dammfeste unter maßgeblicher Beteiligung von dem Buschs die nach dem Herzog benannte Auguststadt. Als Handwerkervorort unterschied sie sich von dem repräsentativen Verwaltungs- und Wohnzentrum der Heinrichstadt. Ähnlich den gleichzeitig entstehenden Handwerkerwohnbezirken in den welfischen Residenzen Hannover und Celle kennzeichneten die Auguststadt gerade Straßenzüge mit einfachen, meist 2-etagigen Häusern. Um neue Arbeitskräfte anzuwerben und damit das wirtschaftliche Leben zu fördern, besaßen ihre Bewohner eine Reihe von Privilegien, wie ein kostenloses Bürgerrecht und die freie Zunftmitgliedschaft.

Als Inhaber des landesherrlichen Kirchenregimentes fühlte sich der Herzog berechtigt, in das innere Kirchenleben einzugreifen. August war an theologischen Fragen äußerst interessiert und widmete sich viele Jahre intensiven theologischen Studien. Mit besonderer Hingabe arbeitete er an einer neuen Bibelübersetzung aus den Ursprachen. Der Widerspruch protestantischer Theologen, die darin eine Gefährdung der Einmaligkeit und Ausschließlichkeit der Lutherbibel sahen, veranlasste ihn, das Vorhaben einstweilen aufzugeben. 1664 beauftragte er den Helmstedter Orientalisten Johannes Saubert (1638–1688) mit dieser Aufgabe, der sie bis zum Ende des 17. Kapitels des Ersten Buches Samuel ausführte, nach dem Tod des Herzogs aber abbrach. Aus der Überzeugung, dass zu seinen Regentenpflichten auch eine solide religiöse Unterweisung seiner Untertanen gehörte, unternahm August den Versuch, eine Evangelienkonkordie zusammenzustellen. In eigener Übersetzung schuf er aus den vier Evangelien in harmonisierter und paraphrasierter Form eine fortlaufende Erzählung des Lebens Jesu. 1640 erschien die Passionsgeschichte. Bei günstiger Aufnahme beabsichtigte August die Erstellung einer vollständigen Evangelienharmonie. Diese wurde 1645 veröffentlicht. Der Herzog ordnete an, dass nicht mehr die Lutherbibel, sondern seine Evangelienharmonie die Grundlage für die Schriftlesung im sonntäglichen Gottesdienst sein sollte. Einzelheiten regelte eine Instruktion vom 28. November 1647. August setzte sich über den Widerspruch der Theologischen Fakultäten in Helmstedt und Leipzig hinweg, wobei die letztere die Evangelienharmonie einer besonders scharfen Kritik unterzog. Die herzogliche Instruktion blieb bis ins 18. Jahrhundert hinein in der braunschweigischen Landeskirche in Kraft.

Familienleben und Hofkultur

August lebte im Grunde nicht aufwendig. Sein Familienleben war untadelig. Maßgeblichen Anteil an der von pietistischer Frömmigkeit und humanistischem Geist geprägten Hofkultur hatte seine dritte Ehefrau, Herzogin Sophia Elisabeth von Mecklenburg-Güstrow (1613–1676), die in besonderer Weise das Theater- und Musikleben in Wolfenbüttel organisierte. Mit großem Engagement widmete sie sich der Erziehung ihrer eigenen Kinder Ferdinand Albrecht (1636–1687) und Marie Elisabeth (1638–1677) sowie der Kinder Augusts aus seiner zweiten Ehe, Rudolf August (1627–1704), Anton Ulrich (1633–1714), Sibylle Ursula (1629–1671) und Clara Augusta (1632–1700). Planmäßig förderte sie deren spezifische Begabungen, insbesondere die literarischen Neigungen Anton Ulrichs und Sibylle Ursulas. Für das Ansehen des Wolfenbütteler Hofes spricht es, dass sich dort auch immer Prinzen und Prinzessinnen anderer Dynastien zur Erziehung aufhielten.

Sophia Elisabeth, die literarisch hochgebildet und musikalisch interessiert war, trat selbst als Komponistin und Verfasserin von Gelegenheitsgedichten, Erbauungsschriften, Libretti und des Romans *Die histori(e) der Dorinde* (1641–1656) hervor. Sie vertonte auch Gedichte Anton Ulrichs. Auf dem Gebiet der Musikpflege scheint sie am Wolfenbütteler Hof die treibende Kraft gewesen zu sein. Vermutlich ging 1655 auf ihre Initiative die Berufung Heinrich Schützes (1585–1672), mit dem sie seit 1644 Kontakt hatte, zum »Kapellmeister von Haus aus« zurück. Schütz, der in sächsischen Diensten stand, siedelte nicht nach Wolfenbüttel über, unternahm aber häufige »Inspektionsbesuche« und leistete einen wichtigen Beitrag zum Aufbau der herzoglichen Kapelle.

Die verschiedenen kulturellen Aktivitäten besaßen im Herzog einen eifrigen Förderer. August zeichnete sich durch ein weitgefächertes Spektrum wissenschaftlicher Neigungen aus. Dabei war er weniger Forscher, sondern ein »polyhistorisch ausgerichteter Gelehrter, der noch auf allen Wissensgebieten zu Hause sein wollte«[72]. Er stand als Freund oder Korrespondenzpartner mit den großen Barockgelehrten in enger Verbindung. Diese Reihe reichte von Georg Calixt über Hermann Conring zu dem Jesuiten Athanasius Kircher (1601/1602–1680). Zu den gelehrten Wolfenbütteler Hofleuten und Schriftstellern gehörte Justus Georg Schottelius (1612–1676), der als der bedeutendste Sprachgelehrte seiner Zeit gilt. Seine theoretischen Werke stellten grundlegende Regeln für die deutsche Sprache und Dichtung auf; er forderte Sprachreinheit gegenüber modischer Sprachvermischung und zielte mit der Normierung der Grammatik auf eine deutsche Hochsprache und einen neuen literarischen Stil. Schottelius, der als Prinzenerzieher am Wolfenbütteler Hof tätig war, war wie das Herzogspaar Mitglied der von Fürst Ludwig I. von Anhalt-Köthen (1579–1650) nach dem Vorbild der italienischen *Accademia della Crusca* 1617 gegründeten »Fruchtbringenden Gesellschaft«. Sie hatte sich das Ziel gesetzt, die deutsche Sprache von fremden Einflüssen freizuhalten, ihre Ausdrucksfähigkeit für die Dichtkunst zu erhöhen und die Gesetze von Sprache und Poetik zu erforschen. Nach Köthen hat wohl

»kein Hof in Deutschland [...] so viel für die Verbreitung des Gedankenguts der Fruchtbringenden Gesellschaft getan und die deutsche Dichtkunst so gefördert wie derjenige Herzog Augusts«.[73]

Augusts bedeutendste, bis in die Gegenwart nachwirkende Leistung war der Aufbau seiner Bibliothek. Auf den Besitz seiner Bücher war er »ebenso stolz wie ein anderer Fürst auf sein Gestüt, seine Gemälde- oder Waffensammlung«.[74] In seiner Person vereinigten sich späthumanistisches Bildungsgut, barocke Büchergelehrsamkeit und Sammelleidenschaft. Im Unterschied zu älteren Büchersammlern, die weniger von wissenschaftlichem Interesse und Bildungshunger geleitet wurden, stand bei August nicht der bibliophile Wert, sondern das geistige Gewicht des Buches im Vordergrund; sein Sammeln war kein Selbstzweck, sondern Voraussetzung für eigene gelehrte Arbeiten und die Anwendung der gelehrten Kenntnisse auf den Alltag der Regierungstätigkeit. Der Herzog betrieb den Aufbau seiner Bibliothek mit großer Sorgfalt. Er tätigte die Ankäufe, für die er ein dichtes Netz von Bücheragenten in ganz Europa einsetzte, zielbewusst und legte Wert auf das Schließen von Lücken in den einzelnen Sachgebieten. Außerdem nahm er eine nüchterne Prüfung des Preises vor. Am Ende seines Lebens bestand die Bibliothek, mit deren Aufbau August bereits in Hitzacker begonnen hatte, aus ca. 135 000 Publikationen in ca. 40 000 Sammelbänden. Bereits zu seinen Lebzeiten galt sie als »Achtes Weltwunder«. Bestrebungen des französischen Ministers Colbert, sie für Ludwig XIV. aufzukaufen, konnten abgewehrt werden.

Herzog August d. J. war trotz seiner umfangreichen wissenschaftlichen Interessen nicht der weltabgewandte stille Gelehrte. Eine nüchterne Politik, die ihn als fähigen, ökonomisch denkenden Organisator zeigte, führte dazu, dass er bei seinem Tod am 17. September 1666 ein weitgehend saniertes Fürstentum hinterließ.

Herzog Rudolf August

Nach dem Tod Herzog Augusts d. J. ging die Regierung des Fürstentums Braunschweig-Wolfenbüttel auf seinen ältesten Sohn Rudolf August (*16. Mai 1627) über. Nach Augusts Testament sollten seine beiden jüngeren Söhne mit Apanagenherrschaften ausgestattet werden. Für Anton Ulrich waren die »Dannenbergischen Ämter« und für Ferdinand Albrecht die Grafschaft Blankenburg vorgesehen. Rudolf August und Anton Ulrich erreichten, dass ihr ungeliebter Stiefbruder auf jede Art von Herrschaft verzichtete und sich mit Schloss Bevern und einer mäßigen Geldrente zufrieden gab. Rudolf August erwies sich als schwacher, für sein Amt wenig begabter Regent, dem es an politischem Ehrgeiz mangelte. Zu den herausragenden politischen Ereignissen seiner Regierungszeit gehörte die Unterwerfung der Stadt Braunschweig unter die landesherrliche Autorität. Im Dreißigjährigen Krieg war Braunschweig eine der wenigen deutschen Städte gewesen, die keine feindliche Besatzung aufnehmen mussten und keine Zerstörungen erlitten hatten. Ihre hohe Verschuldung und Zinslast führten zu einer Vernachlässigung der Rüstungen und der Reparaturen an den Befestigungsanlagen. Dies schuf günstige Voraussetzungen für ein gemeinsames überfallartiges Vorgehen der Welfenherzöge gegen die Stadt. Am 6. Mai 1671 einigten sich Rudolf August, Johann Friedrich von Calenberg und Georg Wilhelm von Celle über die anfallende Beute und verbanden dies mit einem Gebietsaustausch zur Arrondierung ihrer Territorien. Danach sollte die sich formal im gesamtwelfischen Besitz befindende Stadt einschließlich der Stifte St. Blasii und St. Cyriaci sowie der Klostergüter von St. Aegidien an Wolfenbüttel fallen. Die fünf Dannenbergischen Ämter gingen an Celle, das als Ausgleich das Stiftsamt Walkenried an Wolfenbüttel abtrat. Herzog Johann Friedrich entschädigte man mit dem »Welfenschatz«, der Reliquiensammlung der beiden Braunschweiger Stifte. Am 19. Mai wurde die Stadt von einem welfischen Belagerungsheer von etwa 20 000 Mann eingeschlossen und ultimativ zur Kapitulation aufgefordert.

Am 31. Mai begann die Beschießung, die bis zum 5. Juni andauerte. Das Ausbleiben auswärtiger Hilfe, die Opposition gegen den Rat, die Furcht vor wirtschaftlichem Schaden infolge der Belagerung und die Hinneigung eines wachsenden Teils der Bevölkerung zur landesherrlichen Seite führten die Kapitulation Braunschweigs am 12. Juni herbei; die Huldigung erfolgte vier Tage später. Die Stadt musste eine herzogliche Garnison aufnehmen und verlor ihre Selbstverwaltung. Als Ausgleich für die Einbuße an Autonomie räumte der Landesherr der Stadt 1681 die Abhaltung zweier Warenmessen im Jahr ein, die im 18. Jahrhundert sogar die Frankfurter Messen überflügelten und erheblich zum wirtschaftlichen Aufschwung Braunschweigs beitrugen.

Herzog Anton Ulrich

Charakter und Familie

Von Herzog Augusts drei Söhnen war Anton Ulrich »der begabteste, der seine Brüder weit überragte«.[75] Da Rudolf August ohne männliche Nachkommenschaft blieb und sich vom politischen Leben immer mehr zurückzog, wuchs Anton Ulrich in die Regierungstätigkeit hinein. Bereits 1667 war er zum Statthalter und damit zum »höchsten Exekutivbeamten des Fürstentums«[76] avanciert. Während Rudolf August formal als Alleinherrscher auftrat, war Anton Ulrich der eigentliche Leiter der wolfenbüttelschen Politik und Führer der Staatsgeschäfte. 1685 erfolgte seine offizielle Ernennung zum Mitregenten. Gegen den »bis zur Willenlosigkeit schwachen Rudolf August«[77] konnte sich Anton Ulrich bei zentralen politischen Entschlüssen fast immer und ohne Kompromisse durchsetzen.

Anton Ulrich (* 4. Oktober 1633) gilt als eine der schillerndsten, aber auch faszinierendsten Gestalten des Welfenhauses. Er war ein Repräsentant des »höfischen Absolutismus«, ein prunkliebender Bauherr, der sich wirkungsvoll in Szene setzen konnte, als einer der hervorragendsten deutschen Fürsten der Barockzeit Künste und Wissenschaften förderte und selbst als Schriftsteller »einen hervorragenden Platz in der deutschen Barockdichtung«[78] einnimmt. Zeit seines Lebens galt sein besonderes Interesse der Sprache und Dichtung; er verfasste Tanzstücke, Lieder, Gedichte, Ballette und Singspiele sowie zwei umfangreiche höfisch-historische Romane, *Die Durchleuchtige Syrerinn Aramena* und *Die Römische Octavia*; letzterer beschäftigte ihn bis zu seinem Tod und sicherte ihm bis heute einen bedeutenden Platz in der deutschen Literatur des 17. Jahrhunderts. In dem Roman *Octavia* waren Episoden eingewoben, die Ereignisse an verschiedenen deutschen Höfen seiner Zeit verarbeiteten, darunter das Schicksal von Prinzessin Sophie Dorothea in Celle. Zusammen mit Johann Friedrich und Ernst August gehört Anton Ulrich zu den Persönlichkeiten,

> »die das politische und kulturelle Gesicht der Welfenlande im 17. Jahrhundert entscheidend prägten. Er hob das Fürstentum Wolfenbüttel für kurze Zeit aus der provinziellen Enge [...] heraus und reihte seine Residenz in die Zahl der deutschen Kulturzentren ein«. [79]

Anton Ulrich war eine disparate Persönlichkeit. In ihm verbanden sich Sensibilität und Grobschlächtigkeit, Verschwendungssucht, aber auch unermüdlicher Arbeitseinsatz und landesväterliche Sorge, liebenswürdige Verbindlichkeit und Härte bei der Durchsetzung seiner Ziele. Ein wesentliches Kennzeichen seiner Regierungstätigkeit war die Diskrepanz zwischen den weitausgreifenden politischen Plänen und der schmalen territorialen und wirtschaftlichen Basis seiner Herrschaft. Es scheint, als wenn die Wolfenbütteler Herzöge durch ihr Engagement auf geistigem und kulturellem Gebiet das wettmachen wollten, was ihnen an realer Macht fehlte. Anton Ulrichs wissenschaftlichen und künstlerischen Unternehmungen kam eine besondere Bedeutung im Konkurrenzkampf mit den Vettern im benachbarten Hannover zu, wo Herzog Ernst August zielbewusst eine Rangerhöhung durch die Kurwürde anstrebte und seit der Jahrhundertwende die englische Sukzession der jüngeren welfischen Linie in Aussicht stand.

Nachhaltig beeinflusste Anton Ulrich die Kavalierstour. Sie führte über Göttingen, Frankfurt a. M., Darmstadt und Straßburg nach Paris, wo er sich vom 24. September 1655 bis 25. März 1656 aufhielt. Die französische Lebensart übte zeit seines Lebens große Faszination auf ihn aus. Der Pariser Aufenthalt vertiefte seine Leidenschaft für das Theater, aber auch seinen Hang zur Prachtentfaltung. Französische Architektur, vor allem der Palais Royal und der Palais du Luxembourg mit seinem Garten, wurde zum Vorbild seiner eigenen späteren Bautätigkeit. In den folgenden Jahren unternahm der Herzog noch weitere Reisen nach Holland und Italien, vornehmlich um den Karneval in Venedig zu besuchen. Hier lernte er auch die italienische Oper kennen, die seine »lebenslange Leidenschaft«[80] wurde.

Verhältnis zu Hannover

Die Zeit der Mitregentschaft Anton Ulrichs war durch die wachsende Konkurrenz zwischen Wolfenbüttel und Hannover gekennzeichnet. Bis zum Tod des hannoverschen Herzogs Johann Friedrich (1679) war das Miteinander der verschiedenen Linien des Gesamthauses Braunschweig-Lüneburg, von kleineren Einschränkungen abgesehen, in relativ friedlichen Bahnen verlaufen. Dieses Einvernehmen zerbrach mit dem Regierungsantritt Herzog Ernst Augusts. Konflikte entstanden wegen der Nachfolgefrage im Fürstentum Celle, des Anfalls des Lauenburger Erbes nach dem Aussterben der Askanier, vor allem aber wegen Ernst Augusts Strebens nach der Kurwürde. Wolfenbüttel schien endgültig in den Windschatten der jüngeren Linie des Hauses Braunschweig-Lüneburg zu treten. Ein wichtiges Ziel Anton Ulrichs bestand im Erwerb des Fürstentums Lüneburg oder wenigstens von dessen Teilen. Dieser Plan, an dem er bis an sein Lebensende festhielt und den er u. a. durch die Verlobung seines ältesten Sohnes Friedrich August mit der Celler Erbprinzessin Sophie Dorothea verwirklichen wollte, bestimmte die Maßnahmen, die er gegen Hannover ergriff. Dazu gehörten die Unterstützung der nachgeborenen Söhne

Ernst Augusts in ihrem Kampf gegen die Primogeniturordnung, vor allem aber die Versuche, die Verleihung der Kurwürde an Hannover bzw. die Einführung in das Kurkolleg zu verhindern. Nach der Jahrhundertwende führten die Spannungen zwischen Hannover und Wolfenbüttel sogar zu kriegerischen Konflikten.

Unmittelbar nach dem Ausbruch des Spanischen Erbfolgekrieges schloss Anton Ulrich Bündnisverträge mit Frankreich, Dänemark und Brandenburg-Preußen. »Dank der Wirksamkeit ihres Geheimdienstes«[81] blieben diese Aktionen in Hannover und Celle nicht unbekannt. Hier wuchs die Furcht, Anton Ulrich könne das Fürstentum Lüneburg mit Waffengewalt an sich reißen. Bereits Anfang 1700 sprach sich der Celler Hof für ein gewaltsames Vorgehen gegen Wolfenbüttel aus, wogegen man in Hannover einstweilen noch Bedenken trug. Die Rechtsgrundlage für ein Eingreifen in Wolfenbüttel schuf dann das kaiserliche Mandat vom 8. Februar 1702, das die Absetzung Anton Ulrichs und die Übernahme der Alleinregierung durch Rudolf August verfügte. Für den Kaiser waren die Vereinbarungen des Wolfenbütteler Herzogs mit Frankreich unannehmbar, weil sie während des Krieges eine französenfreundliche Heeresmacht im Reich etablierten. Mit kaiserlicher Ermächtigung griffen Celle und Hannover am 19./20. März 1702 in einem mit genralstabsmäßiger Genauigkeit vorbereiteten Blitzkrieg die ahnungslosen wolfenbüttelschen Truppen an und zerstreuten sie. Rudolf August erklärte sich einige Tage darauf bereit, das kaiserliche Mandat zu vollziehen, den reichsfeindlichen Bündnissen zu entsagen und einen großen Teil seiner Truppen den Alliierten zur Verfügung zu stellen. Der Vergleich vom 19. April 1702 besiegelte die Niederlage und Entwaffnung Wolfenbüttels. Er setzte Anton Ulrich, der vorübergehend sein Land verlassen hatte und sich an den Höfen seiner Schwiegersöhne in Meiningen und Arnstadt aufhielt, eine Beitrittsfrist von zwei Monaten. Nachdem der Herzog den Vergleich am 26. Mai vollzogen hatte, hob der Kaiser am 3. Juli seine Absetzung auf. Ende des Jahres trat Wolfenbüttel offiziell der kaiserlichen »Großen Allianz« gegen Frankreich bei. Zu einer endgültigen Aussöhnung mit Celle und Hannover gelangte Anton Ulrich erst 1706.

Die Wolfenbütteler Ritterakademie

Anton Ulrichs historische Bedeutung liegt weniger in seinen politischen und dynastischen Erfolgen als auf wissenschaftlichem und kulturellem Gebiet; auch dies stand in einem engen Bezug zum hannoversch-wolfenbüttelschen Konkurrenzkampf. Zu den wichtigsten Gründungen des Herzogs gehörte neben den Opernhäusern in Wolfenbüttel und Braunschweig die Ritterakademie. Bildungsakademien sollten den Bildungsbedürfnissen des heranwachsenden Adels dienen und ihm durch die Verbindung von gelehrtem Wissen und körperlicher Ertüchtigung sowie das Einüben des Hoflebens mit seinen komplizierten Spielregeln auf den Hof- und höheren Staatsdienst vorbereiten. Die Gründung der Wolfenbütteler Einrichtung war eine der ersten größeren Initiativen Anton Ulrichs nach der Übernahme der Mitregentschaft. Der Herzog wollte mit Hilfe der Akademie den Adel für den Hof gewinnen und Kontakte zu auswärtigen Adelsfamilien herstellen. Diese herrschaftsstabilisierenden Ziele waren der Grund für die Reserve der Stände gegenüber der Institution und ihre mangelnde Subventionsbereitschaft.

Die Eröffnung der Ritterakademie fand am 18. Juli 1687 statt. Als Vorbild galt die Turiner Akademie mit ihrer engen Verbindung zum Hof. Die Statuten orientierten sich an der Tübinger Einrichtung, deren Nachfolgerin Wolfenbüttel wurde, als diese infolge des Pfälzer Erbfolgekrieges schließen musste. Die Ritterakademie, die im Kleinen Schloss untergebracht war, besaß Lehrstühle für Theologie, Recht und Geschichte, Mathematik und Sprachen. Zu den herausragenden Professoren gehörte Johann Balthasar Lauterbach (1663–1694), der Vorlesungen in Mathematik, Physik sowie Zivil- und Militärbaukunst hielt und als Landbaumeister die Entwürfe für repräsentative Bauten, wie das Lustschloss Salzdahlum, lieferte. Sein Nachfolger wurde Leonhard Sturm (1669–1719), der u. a. mit seinen Veröffentlichungen zur Baukunst einen wesentlichen Beitrag zur Architekturtheorie der Barockzeit leistete und den Baustil protestantischer Kirchen in Norddeutschland beeinflusste. Der für seine Zeit moderne Unterricht durch ausgewiesene Lehrkräfte trug zum großen Zuspruch der Wolfenbütteler Akademie bei. Insgesamt besuchten über 340 junge Adlige die Einrichtung. Von ihnen kamen nur 20 % aus dem Braunschweiger Land; 10 % der Besucher waren Prinzen und Angehörige des hohen Reichsadels. Möglicherweise trug Anton Ulrichs Konversion zum Katholizismus neben den hohen Studiengebühren und der Kriegssituation zum Besucherschwund bei. 1712 erfolgte die Auflösung der Akademie.

Die Opernhäuser in Braunschweig und Wolfenbüttel

Anton Ulrichs Begeisterung für die italienische Oper führte zur Eröffnung der Opernhäuser in Wolfenbüttel und Braunschweig. Bis dahin besaßen nur wenige große Residenzen, wie Wien, München, Dresden und die Hansestadt Hamburg, vergleichbare Bühnenhäuser, wie sie Anton Ulrich in seinem Fürstentum errichten ließ. Das 1688 eröffnete Wolfenbütteler Haus befand sich an der Westseite des Schlosses und war nach dem Schema des italienischen Logentheaters gebaut. Es fasste gut 900 Besucher. Vorbilder waren das Kleine Theater im hannoverschen Leineschloss und das Celler Schlosstheater. Das Theatergebäude in Braunschweig, wo bereits seit Einrichtung der Messen Opern aufgeführt wurden, entstand durch den Umbau des Rathauses im Stadtteil Hagen und wurde am 4. Februar 1690 mit der Oper *Cleopatra* des Kapellmeisters Johann Sigismund Kusser (1660–1727) eröffnet. Mit seinen 1100 bis 1200 Plätzen und den technischen Einrichtungen stand es durchaus auf der Höhe der Zeit. Der Braunschweiger Oper, die nicht nur der Hofgesellschaft, sondern den Messebesuchern und Bürgern offenstand, kam eine »eminent politische Bedeutung«[82] zu. Sie stand in direkter Konkurrenz zum Opernhaus in Hannover, das im Jahr zuvor seiner Bestimmung übergeben worden war. Neben den italienischen Opern wuchs die Zahl der Vorstellungen in deutscher Sprache, so dass sich die Braunschweiger Einrichtung »bald zu einer bedeutenden Pflegestätte der deutschen Oper«[83] entwickelte.

Schloss Salzdahlum

1688 begann Anton Ulrich gegen die finanziellen Vorbehalte Rudolf Augusts mit seinem Lieblingsprojekt, dem Bau des Lustschlosses Salzdahlum. Es war seine »bedeutendste, die zentrale bauliche und kulturelle Leistung«[84] und wurde mit seiner ausgedehnten Parkanlage und seinen Nebengebäuden »als ein deutsches Klein-Versailles schnell Mittelpunkt barocker Hofkultur im norddeutschen Raum«[85]. In mehrfacher Hinsicht war der Schlossbau architekturgeschichtlich innovativ; dies traf insbesondere auf die Treppenanlage und die Raumfolge des Hauptgebäudes zu, die durch Leonhard Sturm »Eingang in die deutsche Barockarchitektur«[86] fanden, sowie auf den ersten bekannten eigenständigen Gemäldegaleriebau und die chinoise Gartenarchitektur. Hinsichtlich der Anlage, der Inneneinrichtung und des Wertes der Kunstsammlungen, die heute zum großen Teil im Braunschweiger Herzog-Anton-Ulrich-Museum aufbewahrt werden, übertraf Salzdahlum alle anderen Welfenschlösser der damaligen Zeit. Die Gesamtanlage entstand in zwei Bauetappen, die mit den Amtszeiten der braunschweigischen Landbaumeister Johann Balthasar Lauterbach und Hermann Korb (1656–1735) identisch waren. Als Baumeister fertigte Lauterbach nicht nur Entwürfe für den Wolfenbütteler Hof, sondern auch für Herrenhäuser und Kirchen an; dazu gehörten das Jagdschloss in Langeleben am Elm, das Braunschweiger Opernhaus am Hagenmarkt, das Herrenhaus in Destedt und die 1705 ausgebrannte Trinitatiskirche in Wolfenbüttel.

Mehrere von Lauterbachs Entwürfen wurden nach seinem Tod am 20. April 1694 von seinem Nachfolger als Landbaumeister, Hermann Korb, in überarbeiteter Form verwirklicht. Dazu zählten das Herrenhaus in Brüggen an der Leine, Schloss Hundisburg und die Immanuelskirche in Hehlen an der Weser. Neben der Wiederherstellung der Trinitatiskirche (1716–1722) schuf Korb die Bibliotheksrotunde in Wolfenbüttel; der überkuppelte, freistehende barocke Zentralbau mit einem großen querovalen Benutzersaal galt als einer der ersten selbstständigen Bibliotheksbauten Deutschlands. Außerdem leitete er von 1694 bis 1710 und von 1714 bis 1716 die Umbauten am Residenzschloss, das mit seiner vereinheitlichenden Fachwerkfassade bis heute seine Gestalt bewahrte. Korb, der sich wie Lauterbach an französischen, italienischen und holländischen Vorbildern orientierte, brachte hauptsächlich in die räumliche Disposition seiner Bauwerke eine Reihe interessanter neuer Aspekte ein.

Auf dem Gebiet des späteren Schlosses Salzdahlum besaß Anton Ulrich ein kleines Lusthaus, wo er sich häufiger aufhielt und die Hochzeit seiner Tochter Auguste Dorothea mit Fürst Anton Günter von Schwarzburg gefeiert wurde. Planmäßig vergrößerten der Herzog und Herzogin Elisabeth Juliane (1634–1704) dieses Areal durch den Erwerb von Grundstücken. Als die Bauarbeiten nach dem Entwurf Lauterbachs, der trotz zahlreicher späterer Änderungen den maßgeblichen Bauplan lieferte, begannen, war Anton Ulrich von einem längeren Aufenthalt in Venedig und im Veneto zurückgekehrt und hatte aus eigener Anschauung die Bauten Palladios kennengelernt. Der Salzdahlumer Schlossbau griff diese Anregungen auf; ebenso orientierte er sich am Pariser Palais du Luxembourg und an dem niederländischen Schloss von Honselaerdijk und den Bauten der Architekten Jacob van Campen (1596–1657) und Phillip Vingboons († 1678). Mit der Symbiose von italienischen und französisch-niederländischen Traditionen und Bauformen schuf Salzdahlum wesentliche Merkmale des deutschen Schlossbaus des 18. Jahrhunderts und gehörte zu den »frühesten und fortschrittlichsten Schöpfungen auf diesem Gebiet«[87].

Die erste Bauphase wurde im Mai 1694 mit einer mehrtägigen Feier abgeschlossen. Das *Corps de Logis* bildete ein 3-stöckiger Zentralrisalit, der durch doppelgeschossige Loggien mit den ebenfalls dreigeschossigen Seitenrisaliten verbunden war. Dem Hauptbau waren drei eingeschossige Flügelbauten um einen querrechteckigen Hof vorgelagert, der wegen seiner ihn unterteilenden Rasenflächen als »Grüner Hof« bezeichnet wurde. Man betrat ihn durch eine Toranlage gegenüber der Hauptfassade, die von einem achteckigen Uhrenturm gekrönt war. Der Mittelrisalit beherbergte die stattliche Treppenanlage; die doppelläufige Treppe führte ins Obergeschoss mit dem zur Gartenseite gelegenen Festsaal. Diesem entsprach im unteren Geschoss eine künstliche Grotte oder *sala terrena*. Arkadenöffnungen gaben hier den Blick auf die großzügigen Gartenanlagen frei. Unter Korbs Bauleitung erfolgte die Erweiterung des Komplexes durch drei neue Vorhöfe und die Großbauten der Gemäldegalerie (1702) und der Orangerie. Auch bei der »Großen Galerie« gelang die »Verwirklichung einer architektonischen Neuheit«.[88] Das Licht drang nur durch sehr hoch an den Wänden angebrachte Mezzaninfenster in den Raum. Dadurch stand nicht nur ein Maximum an Hängefläche für die Gemälde zur Verfügung; durch die indirekte Beleuchtung war außerdem ein von Lichtreflexen ungestörtes Betrachten der Bilder möglich. Das Pendant zur Großen Galerie war auf der Südseite des Schlosskomplexes das zweistöckige Orangeriegebäude, dem die zwischen 1694 und 1698 errichtete Orangerie in Hannover-Herrenhausen als Vorbild diente. Hier befand sich auch das 1701 von Herzogin Elisabeth Juliane gegründete evangelische Damenstift »Zur Ehre Gottes«, das eine Rückzugsmöglichkeit für die herzogliche Familie darstellte.

Auf der Rückseite des Salzdahlumer Schlosses breitete sich der weitläufige Garten im französisch-niederländischen Stil aus. Die Hauptachse führte vom Mittelrisalit des *Corps de Logis* durch den langrechteckigen, symmetrischen, mit Springbrunnen, Grotten und rund 200 Statuen und Vasen versehenen Gartenbezirk zu einer halbmondartigen Ausbuchtung, vor der sich der »Parnass«, der Sitz der Musen, als *Point de vue* und Aussichtsplatz befand. An der nördlichen Seite des Parnass entstand 1697 eine Eremitage, an der Südseite 1710 nach Herrenhäuser Vorbild ein Gartentheater. Bis 1713 errichtete man auf dem Götterhügel eine Pagode als frühes Beispiel der China-Mode in Deutschland und zwei Kirchtürme.

Aus finanziellen Gründen, aber auch um die Vollendung des Komplexes voranzutreiben, war das Salzdahlumer Schloss vorwiegend als Fachwerkbau ausgeführt worden, der eine Steinarchitektur in den klassischen Formen vortäuschte. Anton Ulrichs Nachfolger, August Wilhelm, richtete seine Aufmerksamkeit ganz auf die Errichtung eines modernen Residenzschlosses in Braunschweig und zeigte an Salzdahlum nur mäßiges Interesse. Obwohl im 18. Jahrhundert immer wieder bauerhaltende Maßnahmen vorgenommen wurden, vermehrten sich aufgrund der Fachwerkbauweise deutliche Verfallsspuren. Während des Königreiches Westfalen kam es zum Abbruch des Gebäudes und zur Einebnung des Gartens. Große Teile der Sammlungen waren bereits in das Braunschweiger Schloss und später in das 1754 von Herzog Karl I. gegründete Museum überführt worden, während die Gemälde einstweilen in Salzdahlum blieben.

Anton Ulrich beschränkte sich in seiner Sammelleidenschaft von vornherein auf Gemälde, Plastiken und Keramik. Er war einer der ersten Fürsten Deutschlands, der eine Trennung der einzelnen Sammelgebiete vornahm und die Wunderkammer von der Galerie schied. Seine Kunstsammlung war nicht nur ein Instrument der Selbstdarstellung, der Herrschaftspräsentation und der repräsentativen Ausstattung von Schlössern; ihr Aufbau, dem er sich 50 Jahre widmete, erscheint als eine »Lebensleistung«. Noch kurz vor seinem Tod legte er seinem Nachfolger die Sorge für die Sammlung, die dem gehobenen Publikum zugänglich war, besonders ans Herz und bat ihn, ein Verstreuen zu verhindern. Bis 1697 belief sich der Gesamtbestand auf 250 bis 300 Gemälde und erhöhte sich bis 1710 auf rund 600.[89] Das Interesse des Herzogs richtete sich zuerst auf die altitalienische, insbesondere venezianische Malerei. Seine Sammlung enthielt Stücke von Tizian, Tintoretto, Veronese, aber auch Raffael, Giulio Romano, Correggio, Reni und Parmigianino. Meisterwerke waren Leonardo Bassanos *Lautenspieler* und Francesco Molas *Bacchus und Ariadne*. Dann widmete sich Anton Ulrich der altniederländischen und altdeutschen Malerei. Einen Schwerpunkt der Sammlung bildeten Gemälde von Rembrandt und seinen Schülern oder von Künstlern seines Umkreises; unter ihnen ragen Rembrandts beide frühen Bildnisse eines Ehepaares sowie das *Noli me tangere*, die *Gewitterlandschaft* und das *Familienbild* heraus. Unter den Bildern der flämischen Meister befanden sich einige erstklassige Werke, wie Rubens' *Judith* und das Bildnis des spanischen Feldherrn *Spinola*. Ein starkes Interesse zeigte Anton Ulrich auch an Bildern zeitgenössischer Malerei. Von besonderem Wert waren die *Hochzeit des Tobias* von Jan Steen und *Das Mädchen mit dem Weinglas* von Jan Vermeer van Delft. Hinsichtlich der Sujets bevorzugte der Herzog die Darstellung großer epischer Stoffe der Geschichte, der griechischen und römischen Mythologie und des Alten und Neuen Testamentes, während andere Bildgattungen, wie die Landschaft, das Porträt – mit Ausnahme fürstlicher Personen – und das Stillleben nicht gleichrangige Bedeutung gewannen.

Herzog Anton Ulrichs Konversion zum Katholizismus

Der Erhöhung der Dynastie und der Stärkung ihrer Stellung im politischen Kräftespiel dienten neben dem Mäzenatentum die Heiratsprojekte, in die Anton Ulrich Familienangehörige einbezog. Zu seinen bedeutendsten diplomatischen Erfolgen gehörte die Einheirat seiner Großtöchter Elisabeth Christine (1691–1750) und Charlotte Christine Sophie (1694–1715) in führende europäische Herrscherhäuser. Elisabeth Christine wurde 1708 Gemahlin Erzherzog Karls (1685–1740), des zweiten Sohnes Leopolds I., der Aussicht auf die spanische Thronfolge hatte, nach dem Tod seines Bruders Joseph I. (1678–1711) diesem als Kaiser nachfolgte. Zu diesem Zweck betrieb Anton Ulrich Elisabeth Christines Übertritt zum Katholizismus. Charlotte Christine Sophie heiratete 1711 Großfürst Alexej (1690–1718), den ältesten Sohn und präsumtiven Nachfolger Peters des Großen, und wurde Mutter des späteren Zaren Peter II.

Anton Ulrichs Bemühungen um die Konversion Elisabeth Christines schienen die Ansicht zu bestätigen, in seinem eigenen Glaubenswechsel einen Akt »rein politischer Zweckmäßigkeit« zu sehen, der aus der »trügerisch-eitlen Hoffnung« geschah, »daraus Nutzen zu ziehen«.[90] Anton Ulrichs Aufnahme in die katholische Kirche vollzog sich in mehreren Schritten und fand ihren Abschluss am 11. April 1710 in der Kapelle des Bischofspalastes in Bamberg durch Erzbischof Lothar Franz von Schönborn. Sie war das Ergebnis eines längeren Prozesses, auf den die von Calixt begründete irenische Tradition der Helmstedter Universität nicht ohne Einfluss war. Gefördert wurde die Konversion des Herzogs, der über eine umfassende theologische Bildung verfügte, durch seine Sympathien für die Bestrebungen, die eine Wiedervereinigung der Konfessionen zum Ziel hatten und die im letzten Drittel des 17. Jahrhunderts in den welfischen Ländern zu konkreten Reunionsprojekten führten.

Um den Widerstand der Geheimen Räte, der Landstände und der Braunschweiger Stadtgeistlichen gegen seine Konversion einzudämmen, versprach der Herzog, über die bereits im Herzogtum lebenden Katholiken hinaus keine weiteren ins Land zu holen und lediglich im Schloss katholischen Privatgottesdienst halten zu lassen. Im Religionsrevers vom 24. März 1710 verpflichtete er sich zur Gewährleistung des protestantischen Besitzstandes und zur Beachtung des welfischen Hausgesetzes vom 10. Dezember 1636, wonach keine Staats- und Hofämter an Katholiken übertragen werden durften. Außerdem verpflichtete er sich, Kompetenzen des landesherrlichen Kirchenregimentes auf den Erbprinzen und das Geheime Ratskollegium zu übertragen.

Die Konversion Anton Ulrichs erregte vor allem unter den Fürsten und in Adelskreisen Aufsehen und Verwunderung. Zweifel an der Ernsthaftigkeit des Übertritts kamen auf. Man unterstellte ihm Nebenabsichten, insbesondere den Erwerb des Erzstiftes Köln und des Hochstiftes Hildesheim, eines traditionellen Expansionsobjektes des Welfenhauses, was der Herzog vehement von sich wies und auch am Widerstand des

Heiligen Stuhls gescheitert wäre. Die Motive für seine Konversion bestanden aus einer Mischung von politischen Überlegungen, barockem Selbstgefühl, aber auch echter religiöser Orientierung. Ihn beeindruckten die feierliche Gestaltung der Messe und deren Opfercharakter. Der Papst als sichtbares Oberhaupt der katholischen Kirche garantierte deren Einheit gegenüber der Vielzahl protestantischer kirchlicher Gemeinschaften. Außerdem muss man bei ihm das Selbstgefühl des barocken Fürsten, sein Streben nach Selbstständigkeit sowie den Ausbruch aus kleinstaatlicher Enge und den Eintritt in die größere Weite der katholischen Welt berücksichtigen. Der Glaubenswechsel hatte durchaus politische Implikationen, weil er die durch die Konversion und Heirat Elisabeth Christines bewirkte Nähe zum Kaiserhaus intensivierte. Anton Ulrich übte seinen Katholizismus zurückhaltend aus. Während seiner Regierungszeit verbesserte sich allerdings die rechtliche Situation der katholischen Minderheit im Fürstentum. In Wolfenbüttel und Braunschweig gestand ihnen der Herzog die öffentliche Religionsausübung zu.

Anton Ulrich starb am 27. März 1714 in Salzdahlum in Gegenwart eines katholischen und eines evangelischen Geistlichen, nachdem er vier Tage zuvor die Sterbesakramente empfangen hatte. Entsprechend seiner Anweisung unterblieben Leichenpredigten, von denen er Polemiken lutherischer Pastoren gegen seine Konversion befürchtete. Er wurde in der Fürstengruft der evangelischen Hauptkirche *Beatae Mariae Virginis* in Wolfenbüttel beigesetzt. Trotz des ungeheuren Schuldenberges, den er hinterließ und der auf 1 Mio. Taler geschätzt wurde, endete mit seinem Tod »die große Zeit des Herzogtums« Wolfenbüttel.[91]

Herzog August Wilhelm und Herzog Ludwig Rudolf

Anton Ulrichs Nachfolger, August Wilhelm (*8. März 1662), versuchte die barocke Prunkentfaltung seines Vaters noch zu übertreffen. Allerdings fehlten ihm in politischer Hinsicht dessen Tatkraft und Willensstärke. Er zeigte nur geringes Interesse an den Staatsgeschäften und überließ diese weitgehend den Geheimen Räten. Seine Regierungsweise nahm bedenkliche Züge an, als einer seiner Günstlinge, Konrad Detlev von Dehn (1688–1753), dominierenden Einfluss gewann. Wie Graf Brühl am sächsischen Hof vertrat Dehn den »zeitgenössisch modernen Typus des politisch und ästhetisch avancierten Aufsteigers«[92]. 1718 erfolgte seine Ernennung zum Geheimen Rat. Trotz oberflächlicher Kenntnisse in den einzelnen Sachgebieten wurde ihm die Stellvertretung des Herzogs in allen Regierungsgeschäften übertragen. Es gelang ihm, August Wilhelm von der aktiven Teilnahme an politischen Entscheidungen fernzuhalten und sein Interesse auf die Förderung von Theater, Oper und eines prunkvollen Hoflebens hinzulenken. Aufgrund umfangreicher Finanzspekulationen zu Lasten des Fürstentums musste Dehn 1731 das Land verlassen.

August Wilhelms Ehen mit seiner Kusine Christine Sophie von Braunschweig-Wolfenbüttel (1654–1695), mit Sophie Amalie von Holstein-Gottorp (1670–1710) und mit Elisabeth Sophie von Holstein-Norburg (1683–1767) blieben vermutlich auch wegen seiner homosexuellen Neigungen kinderlos. Als August Wilhelm am 23. März 1731 starb, fiel die Regierung an seinen jüngeren Bruder Ludwig Rudolf.

Ludwig Rudolf (*22. Juli 1671) war Anton Ulrichs Lieblingssohn. Das gute Vater-Sohn-Verhältnis hielt zeitlebens an und fand seinen Ausdruck in einer Reihe von Vergünstigungen für den Prinzen. So übte Anton Ulrich besondere Nachsicht mit dessen Spielleidenschaft. Um spätere Erbauseinandersetzungen mit seinem älteren Bruder August Wilhelm auszuschließen, erhielt Ludwig Rudolf aufgrund des Familienvertrages vom 30. Januar 1690 die Grafschaft Blankenburg als erbliche Apanage. Die Grafschaft bestand aus den Städten Blankenburg und Hasselfelde, einem Kloster und fünf Ämtern; gegen Ende des 18. Jahrhunderts umfasste sie gut 11 000 Einwohner. Am 1. November 1707 wurde sie von Kaiser Joseph I. zum Fürstentum erhoben. Ein wesentlicher Grund hierfür lag in der Vermählung von Ludwig Rudolfs Tochter Elisabeth Christine mit Erzherzog Karl.

Am 22. April 1690 heiratete Ludwig Rudolf Prinzessin Christine Luise von Oettingen (1671–1747), die mit ihm das Interesse an Theater und Büchern teilte. Die Eheschließungen ihrer Töchter Charlotte Christine Sophie und Elisabeth Christine verschafften dem Blankenburger Herzogspaar nicht nur einen Zuwachs an Prestige, sondern auch finanzielle Unterstützungen. Trotzdem entwickelten sich die Finanzverhältnisse der Grafschaft ungünstig. Dies lag u. a. an dem überdimensionierten Beamtenapparat. Ludwig Rudolf vermochte es, talentierte Beamte zu finden, die ihren Dienst in Blankenburg aufnahmen und später eine Stellung im Fürstentum Braunschweig-Wolfenbüttel erhielten. Neben Hieronymus von Münchhausen (1680–1742) gehörten dazu die Brüder Johann Georg (1699–1776) und Franz Philipp von Langen (1709–1751), die durch Waldvermessungen, die Erstellung von Nutzungsplänen und die Herausgabe von Forstatlanten wesentlich zur Bestandspflege der Wälder beitrugen und am Beginn der neuzeitlichen Forstwirtschaft stehen.

In Konkurrenz zum Wolfenbütteler Hof versuchte Ludwig Rudolf zusammen mit Herzogin Christine Luise Blankenburg durch die Pflege der Künste und Wissenschaften und durch eine repräsentative Hofhaltung zu einem kulturellen Zentrum zu machen. Unter der Leitung Korbs wurde die aus dem Mittelalter stammende Burg zwischen 1705 und 1731 zu einer Barockresidenz umgestaltet. Als Mäzen verschiedener Musik- und Theaterveranstaltungen, insbesondere der Schauspielertruppe der um das deutsche Schauspiel verdienten Friederike Caroline Neuber (1697–1760), hatte das Blankenburger Herzogspaar selbst entscheidenden Anteil an der Entwicklung der damals in den Anfängen stehenden deutschen Dramatik. Als Ludwig Rudolf 1731 seinem Bruder August Wilhelm nachfolgte, wurde die Blankenburger Hofhaltung mit den meisten Kunstschätzen und der umfangreichen, etwa 15 000 Bände umfassenden Bibliothek nach Wolfenbüttel verlagert, wo die wenigen Jahre seiner Regentschaft den »letzten Abschnitt barocker Kulturentfaltung im Braunschweigischen«[93] darstellten.

Herzog Ferdinand Albrecht II.

Nachfolger des am 1. März 1735 verstorbenen Ludwig Rudolf wurde Herzog Ferdinand Albrecht II. aus der Bevernschen Seitenlinie. Deren Begründer war Ferdinand Albrecht I., der jüngste Sohn Herzog Augusts d.J. Er gilt unter den Angehörigen des welfischen Fürstenhauses als die »absonderlichste und skurrilste Persönlichkeit«, in der sich »reiches Wissen, Kunstverständnis und Gelehrsamkeit zu einem exzentrisch-sprunghaften Erscheinungsbild vereinigten«.[94] Ein traumatisches Misstrauen richtete sich gegen seine älteren Brüder, mit denen er sich in ständigen Konflikten befand. Um ihren Halbbruder vom Hof zu entfernen, gestanden ihm Rudolf August und Anton Ulrich nach dem Tod Augusts d.J. im Familienvertrag vom 23. Mai 1667 eine separate Kleinhofhaltung zu, die aus Schloss Bevern und Einkünften aus Ämtern des Weserdistrikts bestand. Ferdinand Albrecht musste auf jede Beteiligung an den Regierungsgeschäften verzichten. Er starb an den Folgen zunehmender geistiger Verwirrung am 23. April 1687.

Als ältester Sohn wurde Herzog August Ferdinand (1677–1704) Chef der Bevernschen Familie. Ihm folgte Ferdinand Albrecht II. (*27. Mai 1680), der wegen seiner stattlichen Körpergröße der »lange Bevern« genannt wurde. Er zählte zu den engsten Vertrauten des Prinzen Eugen, hatte nach 1716 entscheidenden Anteil an den Abwehrkämpfen gegen die Osmanen und erhielt mit dem Gouvernement von Komorn an der Donau das Kommando über die strategisch wichtige Festung an der türkisch-habsburgischen Militärgrenze. 1723 erfolgte seine Ernennung zum kaiserlichen Generalfeldmarschall, 1727 aufgrund einstimmigen Reichstagsbeschlusses zum Reichgeneralfeldzeugmeister und 1734 während des Polnischen Erbfolgekrieges zum Reichsgeneralfeldmarschall. Ferdinand Albrecht galt als fromm und charakterfest, ohne Neigung zur Prunkentfaltung und zum Schuldenmachen. Nicht zuletzt wegen dieser Eigenschaften und seiner soldatischen Tugenden gewann er die Wertschätzung des preußischen Königs Friedrich Wilhelm I., der in ihm einen kongenialen Partner sah.

Zur Sicherung der Erbfolge hatte Anton Ulrich auf die Vermählung Ferdinand Albrechts mit seiner Enkelin Antoinette Amalie, der Tochter Ludwig Augusts, hingewirkt, die 1712 die Wolfenbütteler Hauptlinie mit der Bevernschen Nebenlinie verband. Das Vertrauensverhältnis zwischen dem Herzog und Friedrich Wilhelm I. von Preußen begünstigte die Eheverbindungen zwischen der Bevernschen Familie und den Hohenzollern. Am 12. Juni 1733 fand in Salzdahlum die Vermählung des preußischen Kronprinzen Friedrich mit Prinzessin Elisabeth Christine und am 2. Juli 1733 in Berlin des Erbprinzen Karl mit der preußischen Prinzessin Philippine Charlotte statt. Ferdinand Albrecht II. wurde somit Schwiegervater des späteren Königs Friedrich des Großen und dessen Schwester Philippine Charlotte wurde seine Schwiegertochter. Mit diesen Eheverbindungen wollten die Braunschweiger einen festen Rückhalt am aufstrebenden preußischen Staat gegen Bedrohungen von hannoverscher Seite erhalten; sie kennzeichnen den Beginn der wachsenden Orientierung Braunschweig-Wolfenbüttels an Preußen. 1742 erfuhren die verwandtschaftlichen Beziehungen zwischen den braunschweigischen Welfen und den Hohenzollern durch die Vermählung der zweiten Tochter Ferdinand Albrechts, Luise Amalie (1722–1780), mit Prinz August Wilhelm von Preußen, dem zweiten Sohn Friedrich Wilhelms I., eine weitere Stärkung; aus dieser Eheverbindung ging Friedrich Wilhelm II., der Nachfolger des kinderlosen Friedrich des Großen, hervor.

Nach dem Tod seines Vetters Ludwig Rudolf wurde Ferdinand Albrecht am 1. März 1735 regierender Herzog im Fürstentum Braunschweig-Wolfenbüttel. Die Nebenlinie Bevern stieg zum regierenden Haus auf, das bis 1884 existierte.

Herzog Karl I.

Familie und Hofstaat

Der plötzliche Tod Ferdinand Albrechts II. am 3. September 1735 führte dazu, dass Erbprinz Karl (★ 1. August 1713) völlig unvorbereitet die Regierung eines verschuldeten und zerrütteten Staatswesens übernehmen musste. Der neue Herzog hatte eine einseitige militärische Ausbildung erfahren. Als Regent fehlte dem charakterlich und willensmäßig schwachen Karl I., der lediglich mit mittelmäßigen Geistesgaben ausgestattet war, der politische Weitblick. Er war zwar aufgeschlossen für die Ideen der Aufklärung; seine Regierungsweise blieb jedoch patriarchalisch. Er leitete eine Reihe von Reformen ein, die häufig in den Anfängen stecken blieben. Dies lag z. T. an den ungünstigen Zeitverhältnissen, wie dem Siebenjährigen Krieg, aber auch am Mangel kompetenter Ratgeber und am Widerstand reformunwilliger Kräfte, wie der Beamtenschaft, des Adels und der evangelischen Geistlichen. Der von den besten Absichten bestimmte Herzog galt als großzügig und liebenswürdig und erfreute sich bei der Bevölkerung großer Popularität. Wegen seines kultivierten Stils zählte der Braunschweiger Hof immer noch zu den glänzendsten in Deutschland. Davon zeugen u. a. die Ausführungen der späteren Zarin Katharina II., die sich als Prinzessin von Anhalt-Zerbst von 1737 bis 1744 mehrfach in Wolfenbüttel aufhielt. Ihrer Ansicht nach vermittelte der preußische Hof nicht annähernd den überwältigenden Eindruck wie der des Braunschweiger Herzogs. 1753/54 verlagerte Karl I. die Residenz von Wolfenbüttel nach Braunschweig. Der Anlass war weniger die räumliche Enge des Wolfenbütteler Schlosses. Vielmehr wollte der Herzog in seiner aufstrebenden Hauptstadt präsent sein und die landesherrliche Herrschaft sichtbar werden lassen.

Die Hauptresidenz wurde der Graue Hof in Braunschweig, der nach der Eroberung der Stadt 1671 in den Besitz des Landesherrn gelangt war und seit 1717 von Korb zum Schloss ausgebaut wurde. Nach dem Umbau wies der Gebäudekomplex die stattliche Größe von 120 x 52 m auf. Die Anlage bestand aus einem zweigeschossigen *Corps de Logis* mit *Mezzanin* als repräsentativer Kernbau, inneren Seitenflügel um den rechteckigen *Cour d'honneur*, der durch die weit auseinanderstrebenden äußeren Seitenflügel trapezartig erweitert wurde. Durch die Schrägstellung der Außenflügel ergab sich eine große Tiefenwirkung und eine geschickte Einordnung in den kleinteiligen Stadtorganismus. Den äußeren Hof schloss ein massiver Eingangsturm mit Tambourgeschoss, Laterne und Dachhaube ab. Erst unter Herzog Karl Wilhelm Ferdinand wurde das *Corps de Logis* 1789/91 unter weitgehender Abweichung vom ursprünglichen Konzept von Christian Gottlieb Langwagen durch einen wirkungsvoll angelegten fünfachsigen Portikus im frühklassizistischen Stil vollendet. Die Bestimmung Braunschweigs als ständige Residenz durch Karl I. stimulierte die ökonomische Entwicklung der Stadt, während Wolfenbüttel u. a. durch den Wegzug von Hofbeamten und -bediensteten einen Rückgang der Einwohnerzahl verzeichnete und teilweise verödete.

Braunschweig-Wolfenbüttel im Siebenjährigen Krieg

Unter Herzog Karl I. vollzog sich vor dem Hintergrund des preußisch-österreichischen Konfliktes ein Wandel in der braunschweigischen Außenpolitik. Man gab die kaiserfreundliche Politik zugunsten der Orientierung an Preußen auf. Bis zum Untergang der Monarchie 1918 blieb das Herzogtum ein »Vorhof preußischer Macht«.[95] Ausdruck fand diese Umorientierung darin, dass braunschweigische Prinzen nicht mehr in den kaiserlichen, sondern in den preußischen Militärdienst eintraten. Beim Ausbruch des Österreichischen Erbfolgekrieges bemühte sich Friedrich der Große Braunschweig-Wolfenbüttel auf die preußische Seite zu ziehen. Allerdings gab es am Wolfenbütteler Hof in der Person der Minister von Münchhausen und August Adolf von Cramm (1685–1763) sowie des herzoglichen Vertrauten Heinrich Bernhard Schrader von Schliestedt (1706–1773) Befürworter einer österreichfreundlichen Politik, so dass das Fürstentum während des Krieges einen Neutralitätskurs verfolgte.

Als am 29. August 1756 der Angriff Friedrichs des Großen auf Sachsen den Siebenjährigen Krieg auslöste und der Regensburger Reichstag im Januar 1757 die Reichsbewaffnung und Exekution gegen Preußen beschloss, erklärte Braunschweig zusammen mit Kurhannover, Hessen-Kassel, Sachsen-Gotha und Sachsen-Weimar seine Treue gegenüber dem Kaiser in der Hoffnung, sich aus dem drohenden Krieg heraushalten zu können. Die Stellung von 6000 Mann zur Observationsarmee unter Herzog Wilhelm August von Cumberland wurde von der braunschweigischen Regierung als Verteidigungsmaßnahme gewertet, bedeutete aber eine Entscheidung für die englisch-preußische Seite. Der Sieg der Franzosen über die Observationsarmee in der Schlacht von Hastenbeck (bei Hameln) am 26. Juli 1757 und die Konvention von Zeven vom 8. September 1757, in der der Herzog von Cumberland mit den Franzosen die Einstellung der Feindseligkeiten vereinbarte und ihnen große Teile Niedersachsens überließ, hatten die Besetzung des Fürstentums Wolfenbüttel durch französische Truppen zur Folge. Karl I. musste die Festungen Braunschweig und Wolfenbüttel der »Reichsarmee« ausliefern, erreichte jedoch, dass die Grafschaft Blankenburg als neutrales Gebiet betrachtet wurde. Hierhin zog sich der Braunschweiger Hof bis zum März 1758 zurück, als es dem Nachfolger Cumberlands im Oberbefehl über die Observationsarmee, Herzog Ferdinand, gelang, die Franzosen aus den besetzten Gebieten zurückzudrängen. Ferdinands Sieg in der Schlacht bei Minden am 1. August 1759 befreite den größten Teil Niedersachsens und das nördliche Westfalen für lange Zeit von fremden Truppen. Lediglich in der zweiten Hälfte des Jahres 1761 kam es noch einmal zu einer vorübergehenden Besetzung Südniedersachsens durch die Franzosen. Sächsische Truppen besetzten Wolfenbüttel; in der Nacht zum 14. Oktober 1761 begann die Belagerung Braunschweigs. Die Stadt wurde durch das Eingreifen des Prinzen Friedrich

August (1740–1805) gerettet; die Sachsen mussten sich zurückziehen.

Das Fürstentum war vor allem im Gebiet von Gandersheim und Seesen sowie im Weserdistrikt von Kriegsschäden betroffen. Der Krieg trieb durch die Versorgung der Besatzungstruppen und den Unterhalt der eigenen Armee, die zeitweise 16 000 Mann bei einer Gesamtbevölkerung von knapp 160 000 (1761) umfasste, die Landesschulden in eine schwindelerregende Höhe. Der Kriegsverlauf hatte deutlich gemacht, dass die Anlehnung an mächtige Verbündete die Sicherheit des Fürstentums förderte. Dieser Zielsetzung entsprachen die Vermählung des braunschweigischen Erbprinzen Karl Wilhelm Ferdinand mit der Schwester Georgs III., Augusta von Wales (1764), und der braunschweigischen Prinzessin Elisabeth Christine Ulrike mit dem preußischen Thronfolger Friedrich Wilhelm (1765).

Innen- und wirtschaftspolitische Maßnahmen

Im Zeichen des Aufgeklärten Absolutismus führte Karl I. eine Reihe von Reformen durch; diese erstreckten sich vor allem auf die Wirtschaft, die Verwaltung, das Rechts- und das Bildungswesen. Ausschlaggebend blieben bei den Steuer- und Wirtschaftsreformen fiskalische Gesichtspunkte. Zur Vorbereitung einer durchgreifenden Steuerreform ordnete Karl I. 1746 eine umfassende Landvermessung an, deren Beginn sich bis 1756 hinauszögerte; dann wurde sie durch den Siebenjährigen Krieg unterbrochen und kam erst 1773 zu einem gewissen Abschluss, als sie vor dem Hintergrund des finanziellen Zusammenbruches des Staates nur noch wenig Einfluss auf die Steuererhebung ausüben konnte. Allerdings schuf sie mit ihren zuverlässigen Feldrissen sowie Dorf- und Flurbeschreibungen die Grundlage für spätere Steuerkataster und Flurbereinigungen. Eine Reihe wirtschaftlicher Unternehmungen wurde durch das starke staatliche Engagement und die Beschränkung privater Initiativen eher behindert als gefördert. So stellte sich der mit umfangreichen staatlichen Mitteln betriebene Aufbau der Seidenproduktion als Fehlschlag heraus und musste 1766 eingestellt werden, weil die klimatischen Bedingungen und die Bodenverhältnisse für die Anpflanzung von Maulbeerbäumen nicht geeignet waren. Als erfolgreicher erwiesen sich die Gründungen von Glas- und Spiegelhütten in Grünenplan (1744) und Schorborn (1745), die zeitweise beträchtliche Überschüsse erzielten. Demgegenüber blieb der schnelle finanzielle Erfolg der 1747 gegründeten Porzellanmanufaktur in Fürstenberg hinter den Erwartungen zurück, was teilweise ebenfalls auf den Siebenjährigen Krieg, aber auch auf die Einstellung wenig geeigneter Fachkräfte zurückzuführen war. Zur Förderung der Wirtschaft wurden 1754 in Holzminden und 1765 in Braunschweig staatliche Banken in der Form von Leihhausanstalten errichtet; das Braunschweiger Institut lebt noch heute als »Norddeutsche Landesbank« fort. Hinzu kam 1754 die Gründung der Brandversicherungsanstalt, eine der ersten staatlichen Versicherungen in Deutschland, die das braunschweigische Wirtschaftsleben insofern förderte, als Sammlungen nach Brandkatastrophen unnötig wurden und die wirtschaftliche Entwicklung betroffener Orte nicht mehr um Jahre zurückgeworfen wurde.

Die agrarpolitischen Maßnahmen beschränkten sich im Sinne des Bauernschutzes auf die Verhinderung der Ausweitung des Großgrundbesitzes, die Verbesserung der Stellung der Pächter, denen keine eigenmächtige Erhöhung des Pachtzinses auferlegt werden durfte, und die Möglichkeit der Ablösung der Hand- und Spanndienste durch Geldleistungen. Der größte Teil der Steuerlast lag weiterhin auf der ländlichen Bevölkerung, die höhere Abgaben als ihre Nachbarn in den Fürstentümern Hildesheim und Calenberg zu leisten hatte. Nur zäh setzte sich seit 1747 auf Initiative Johann Georg von Langens der Kartoffelanbau durch. Langen war es auch zu verdanken, dass vor allem im braunschweigischen Wesergebiet durch die Einführung einer rationellen Forstwirtschaft der Waldbestand eine gedeihliche Entwicklung nahm. Reformen im Rechtswesen, die nach preußischem und österreichischem Vorbild ein rationelleres Gerichtsverfahren, eine bessere Ausbildung der

Richter und Advokaten sowie die Rechtskodifikation zum Ziel hatten, beschränkten sich auf eine Milderung der Strafgesetze. Von größerer Wirkung waren die Bemühungen Karls I. zur Förderung des Gesundheitswesens. Sie kulminierten 1747 in der Gründung des 9-köpfigen *Collegium medicum*, das als Zentralbehörde Ärzte und Apotheker examinierte, die Kontrolle über Apotheken wahrnahm und einen ersten Schritt auf dem Weg zur staatlichen Gesundheitspflege bedeutete.

Reformen im Bildungswesen

Die nachhaltigsten Auswirkungen hatten die staatlichen Anstrengungen hinsichtlich der Hebung des Bildungswesens. Großen Einfluss auf die Bildungspolitik, besonders auf das Höhere Bildungswesen, übte Johann Friedrich Wilhelm Jerusalem (1709–1789) aus, der nach seiner Tätigkeit als Prinzenerzieher 1749 die Abtswürde von Marienthal und 1752 von Riddagshausen erhielt, wo er als von der Aufklärung geprägter Vertreter der Neologie und einer radikalen Dogmenkritik das Predigerseminar leitete.

Das Landschulreglement von 1753, das die Schulbildung breiter Bevölkerungsschichten verbessern sollte, legte die Schulpflicht vom 4. bis zum 14. Lebensjahr fest, wurde aber von weiten Teilen der Bevölkerung abgelehnt und bewirkte deshalb keine tiefgreifenden Wandlungen der ländlichen Schulverhältnisse. Zur Verbesserung der Volksschullehrerausbildung eröffnete die Regierung 1751 unter Leitung des Pastors und Waisenhausdirektors Johann Arnold Anton Zwicke (1722–1778) das erste Lehrerseminar in Braunschweig, dem 1753 ein zweites in Wolfenbüttel folgte. Zwicke, der in Halle am Pädagogium der Franckeschen Stiftungen nach den pietistischen Reformvorstellungen ausgebildet worden war, hatte 1750 die Braunschweiger Waisenhausschule in eine Realschule umgestaltet, wo auf der Grundlage eines neuen Fächerkataloges u. a. Naturwissenschaften und moderne Sprachen gelehrt wurden. Neben den Waisen stand die Schule auch externen Schülern offen und kam den Vorstellungen des städtischen Bürgertums und der Handwerkerschaft entgegen, die für ihre Kinder eine an der Praxis orientierte Ausbildung wünschten.

Die Gründung der Universitäten in Halle (1694) und in Göttingen (1734) blieb nicht ohne Auswirkung auf die Helmstedter Universität. 1754 legte Kurfürst Georg August von Hannover seine Mitverantwortung und Unterhaltungspflicht für die Helmstedter Hochschule nieder, die ganz in die Obhut des Braunschweiger Herzogs überging. Durch bauliche und organisatorische Veränderungen, wie die Erweiterung der Bibliothek und die stärkere Berücksichtigung der modernen Naturwissenschaften, versuchte Karl I., dem Bedeutungsverlust der Landesuniversität entgegenzuwirken, die nicht zuletzt durch studentische Ausschweifungen und Pennalismus in einen schlechten Ruf geraten war. Er entzog ihr durch die Gründung des *Collegium Carolinum* in Braunschweig selbst wichtige personelle Kräfte und wirtschaftliche Ressourcen. Das *Collegium Carolinum*, an dessen Einrichtung 1745 Jerusalem maßgeblich beteiligt war, galt als völlig neuartige Bildungsanstalt. Es war zwischen Gymnasium und Universität angesiedelt und legte den Schwerpunkt des Unterrichts auf moderne Sprachen, Mathematik und Naturwissenschaften unter Einbezug der Technik- und Kameralwissenschaften. Aufgrund seines auf praktische Disziplinen ausgerichteten Lehrplans wurde das Collegium besonders für die Söhne des wohlhabenden Bürgertums, aber auch des Adels attraktiv. Seine Attraktivität vermehrte sich durch die von Jerusalem initiierte Berufung renommierter Professoren. Zu diesen gehörte Karl Christian Gärtner (1712–1791) als Professor der Sittenlehre und Rhetorik, der Herausgeber der »Bremer Beiträge«, die im Gegensatz zu Gottscheds Literaturtheorie ein freieres poetisches Ideal vertraten. Außerdem lehrten als weitere Mitarbeiter der Bremer Beiträge am *Carolinum* Johann Arnold Ebert (1723–1795), der als Professor für englische Sprache durch Übersetzungen wesentlich zur Verbreitung englischer Literatur im deutschen Sprachraum beitrug, Justus Friedrich Wilhelm Zachariä (1726–1777) als Professor der Dichtkunst, der auch als Redakteur der »Gelehrten Beiträge« der »Braunschweigischen Anzeigen« wirkte und der Waisenhaus-Druckerei und -buchhandlung zu einem erstaunlichen Aufschwung verhalf, sowie Johann Joachim Eschenburg (1743–1820), der den Lehrstuhl der Schönen Literatur und Philosophie innehatte und die erste vollständige deutsche Shakespeare-Übersetzung schuf. Das *Collegium Carolinum*, dessen Studierende aus Deutschland und dem Ausland, u. a. Russland, dem Baltikum und England, kamen und zu denen als einer der berühmtesten der Mathematiker Carl Friedrich Gauß gehörte, verlor gegen Ende des 18. Jahrhunderts an Anziehungskraft und wurde zu einem »besseren Gymnasium«.[96] Es hatte lange Zeit Vorbildfunktion für ganz Deutschland gehabt und blieb auch nach seiner großen Zeit eine Vorstufe der 1862 gegründeten Braunschweiger Polytechnischen Schule.

Die Braunschweiger Aufklärung

Etliche der Literaten und Professoren des *Carolinums* gehörten zum Kern der Braunschweiger Aufklärung und machten neben Berlin und Hamburg die Stadt zu einem Zentrum der Aufklärungsgesellschaft in Norddeutschland. »Wichtigster Treffpunkt der Braunschweiger Aufklärungsgesellschaft«[97] war der 1780 nach englischem Vorbild gegründete »Große Club«. Er reihte sich in die Vielzahl der Vereine der Aufklärungszeit ein, in denen unter Außerachtlassung geburtsständischer Grenzen und Privilegien Adlige, Gelehrte, Beamte, Militärangehörige, Unternehmer und Kaufleute zur Geselligkeit, Information und Diskussion von Fragen aus Wissenschaft, Literatur und Politik zusammenkamen. Der Große Club, der über zahlreiche Journale und eine reichhaltige Bibliothek verfügte, umfasste die »eigentliche Elite des Landes«[98] und stellte über Beamte und Schriftsteller Verbindungen zum Hof her.

Wichtiger Repräsentant der Braunschweiger Aufklärung war Gotthold Ephraim Lessing (1729–1781). Ebert, der enge Beziehungen zum Herzogshaus unterhielt, hatte Erbprinz Karl Wilhelm Ferdinand auf Lessings gedrückte wirtschaftliche Lage aufmerksam gemacht und 1770 seine Berufung zum Bibliothekar in Wolfenbüttel erwirkt. Diese Stellung gewährte Lessing eine standesgemäße Besoldung und verlieh ihm eine bis dahin ungekannte materielle Sicherheit. Hinzu kam eine Reihe von Privilegien, wie freie Wohnung und Dispens von der üblichen Zensur. Neben seiner Arbeit als Bibliothekar widmete sich Lessing philosophisch-theologischen Forschungen. Die Herausgabe der bibelkritischen Schrift *Von der Duldung der Deisten: Fragment eines Ungenannten* (1774) veranlasste den Herzog auf den Druck des Reichstages hin die Zensurfreiheit aufzuheben. Dies bewog Lessing, sich wieder verstärkt der Dichtkunst zu widmen. Bereits zu Beginn seiner Tätigkeit in Wolfenbüttel hatte er das fürstenkritische Trauerspiel *Emilia Galotti* vollendet, das am 13. März 1772, am Geburtstag der Herzogin Philippine Charlotte, in Braunschweig uraufgeführt wurde. Sein letztes großes Schauspiel, *Nathan der Weise*, entstand 1779. Dem gleichen humanistischen Geist waren zwei andere Dichtungen jener Jahre verpflichtet: *Ernst und Falk. Gespräche für Freymäurer* (1778), die Lessing Herzog Ferdinand widmete, und die *Erziehung des Menschengeschlechts* (1780), die letzte zu seinen Lebzeiten erschienene Schrift. Lessing starb am 15. Februar 1781 in Braunschweig und wurde am 20. Februar auf dem St. Magni-Friedhof beigesetzt.

Karls I. absolutistischer Regierungsstil, der ihn weitgehend jeglicher Kontrolle entzog, verführte zu einer unsoliden Finanzpolitik. Die staatliche Verschuldung wuchs infolge der üppigen Hofhaltung, der finanziellen Ausstattung der zahlreichen Mitglieder der herzoglichen Familie, der Unterhaltung der Armee und der Belastungen durch den Siebenjährigen Krieg; erschwert wurde die Situation durch das Ausbleiben der englischen Subsidien. Nach der Aufnahme eines Kredites 1756 in Höhe von 2 Mio. Taler wurde das Kurfürstentum Hannover zum »größten Gläubiger des Herzogtums«.[99] Ende der 1760er Jahre, als Braunschweig dem Staatsbankrott entgegenging, bezifferte der zuständige Minister Schrader von Schliestedt die Schulden auf rund 5 Mio. Taler. In Wirklichkeit betrugen sie vermutlich das Doppelte. Dies machte 1768 die Einberufung eines allgemeinen Landtages notwendig, der über 80 Jahre nicht getagt hatte und von dem man die Übernahme eines Teiles der Kammerschulden erwartete. Nach zweijährigen Verhandlungen bewilligten die Stände eine Reihe von Sondersteuern, u. a. eine Kopfsteuer, die an die breite Masse der Bevölkerung weitergegeben wurde. Sie verbanden dies mit einer erneuten Bestätigung ihrer Privilegien.

Zu den Maßnahmen, die die staatliche Verschuldung eindämmen sollten, gehörte neben einem rigorosen Sparkurs auch die Bestellung des Erbprinzen Karl Wilhelm Ferdinand zum Mitregenten, der 1773 mit Hilfe des neu errichteten Finanzkollegiums, einer Art Oberrechnungskammer, die Finanzverwaltung übernahm und Herzog Karl faktisch die Regierungsgewalt entzog. Hinzu kamen auf Initiative des Erbprinzen Subsidienverträge mit England, nach denen Braunschweig 1776 unter dem Befehl des Generalmajors Friedrich Adolf von Riedesel über 4000 Mann zur Bekämpfung der Rebellen in Nordamerika zu stellen hatte. Aufgrund dieses Verkaufes von Soldaten flossen bis 1786 rund 2 Mio. Taler in die Staatskasse, die ausschließlich zur Verminderung der Schulden eingesetzt wurden. Der körperliche und geistige Zustand des nur noch dem Namen nach regierenden Herzogs Karl I., der dem Soldatenverkauf anfangs ablehnend gegenübergestanden hatte, dann aber dem Drängen des Erbprinzen nachgab, verschlimmerte sich nach einem Schlaganfall. Fast erblindet starb er am 26. März 1780.

Herzog Ferdinand

Karls Bruder, Herzog Ferdinand (* 12. Januar 1721), war einer der bedeutendsten Feldherren des 18. Jahrhunderts. 1740 trat er auf Karls ausdrücklichen Wunsch hin in das preußische Heer ein. Hier führte er als Oberst das von Karl für Preußen neu errichtete Füsilier-Regiment Nr. 39. In den Schlesischen Kriegen focht er u. a. in den Schlachten bei Mollwitz und Chotusitz sowie bei Hohenfriedberg, wo er am 4. Juli 1745 mit seiner Brigade das Dorf Thomaswalde nahm; am 30. September erstürmte er trotz einer Verwundung bei Soor eine vom Feind besetzte Höhe. Friedrich der Große erkannte seine Verdienste durch die Verleihung des Schwarzen Adlerordens an und förderte seine militärische Laufbahn. 1743 ernannte er Ferdinand, der den König häufig auf Inspektionsreisen begleitete, zum Generalmajor, 1752 zum Gouverneur der Festung Peitz und verlieh ihm 1755 das Amt des Gouverneurs von Magdeburg. 1758 erfolgte die Ernennung zum Feldmarschall. Beim Ausbruch des Siebenjährigen Krieges führte Herzog Ferdinand im August 1756 seine bei Halle stationierten Regimenter als eine der drei in Sachsen einrückenden Heeresabteilungen der preußischen Armee an und besetzte Leipzig. Im Mai 1757 trug er erheblich zum Sieg bei Prag bei und leitete im Juni anstelle des Prinzen Moritz von Dessau die Belagerung der Stadt.

Auf Wunsch des englischen Königs Georg II. erhielt Herzog Ferdinand nach anfänglichem Zögern Friedrichs des Großen im November 1757 den Oberbefehl über die aus hannoverschen Verbänden und norddeutschen Soldtruppen bestehende *Combinirte* oder *Observationsarmee,* die sich nach der Konvention von Zeven an die Elbe zurückgezogen hatte und in einem Zustand physischer und moralischer Auflösung befand. Ferdinand gelang es, die Streitkräfte, deren Aufgabe der Schutz des Kurfürstentums Hannover und der Westflanke Preußens war, aufzufüllen und moralisch zu stärken und in einem gründlich vorbereiteten Feldzug im Frühjahr 1758 die Franzosen aus allen besetzten Gebieten hinter den Rhein zu treiben.

Den größten Sieg seiner Militärlaufbahn errang Ferdinand am 1. August 1759 in der Schlacht bei Minden, wo die 40 000 Mann starken alliierten Truppen gegen eine doppelt so starke französische Armee unter dem Feldherrn Marquis de Contades antraten. Der Sieg bewahrte nicht nur das nördliche Deutschland für längere Zeit vor feindlicher Besetzung, sondern sicherte auch die englischen Erfolge gegenüber den Franzosen zur See und in Nordamerika. Ferdinand konnte 1760 eine erneute Einnahme Hessens durch die Franzosen nicht verhindern, gewann jedoch das Gebiet nach der Schlacht bei Wilhelmsthal (24. Juni 1762) wieder zurück. Der Herzog, der mehrfach gegen ein zahlenmäßig überlegenes Heer antreten musste, schuf durch die Sicherung des von ihm zu verteidigenden Gebietes günstige Voraussetzungen für die Friedensverhandlungen.

Im Juni 1766 schied Ferdinand aufgrund von Unstimmigkeiten mit Friedrich dem Großen aus dem preußischen Dienst aus und nahm in den folgenden Jahren keine militärischen Aufgaben wahr. So lehnte er auch das Angebot Georgs III. ab, beim Ausbruch des amerikanischen Unabhängigkeitskrieges den Oberbefehl über die englischen Truppen zu übernehmen. Er lebte als Privatmann in der Burg Dankwarderode in Braunschweig oder auf seinem 1764 erworbenen Sommersitz in Vechelde. Hier richtete er einen Hof ein, dem zeitweise eine gewisse politische und kulturelle Bedeutung zukam. Ferdinand spielte eine aktive Rolle in der Freimaurerbewegung, förderte vielfältige wissenschaftliche und kulturelle Bestrebungen und sorgte für Arme und Hilfsbedürftige, insbesondere für die Veteranen seiner Feldzüge. Seine Freigebigkeit und üppige Hofhaltung trugen zu seiner Verschuldung bei. Zur Deckung der Ausgaben waren gegen Ende seines Lebens Veräußerungen von Grundbesitz und die Aufnahme von Krediten notwendig. Ferdinand starb am 3. Juli 1792 in Braunschweig.

Herzog Karl Wilhelm Ferdinand

Ausbildung und Familie

Unter Herzog Karl Wilhelm Ferdinand erreichte der Aufgeklärte Absolutismus im Herzogtum Braunschweig-Wolfenbüttel, das zu seinen Lebzeiten als einer der am besten regierten Staaten des Reiches galt, seinen Höhepunkt und näherte sich einer konstitutionell monarchischen Regierungsweise an. Seine Zeitgenossen sahen in Karl Wilhelm Ferdinand einen der hervorragendsten Feldherren des 18. Jahrhunderts. Der am

9. Oktober 1735 in Wolfenbüttel geborene Herzog zeichnete sich durch hohe Bildung, rasche Auffassungsgabe, diplomatische Gewandtheit, Aufgeschlossenheit für Neuerungen und Jovialität gegenüber seinen Untertanen aus. Hinzu kamen ein ausgeprägtes Pflichtbewusstsein, Arbeitseifer und Sparsamkeit in privaten und öffentlichen Belangen. Mit zunehmendem Alter verstärkten sich jedoch Unentschlossenheit und Zurückweichen bei Widerstand, so dass ihm mangelnde Führungsqualitäten bescheinigt werden müssen. Seiner Vermählung 1764 mit Prinzessin Augusta von Hannover (1737–1813), der Tochter des Prinzen von Wales, Friedrich Ludwig, und Schwester König Georgs III., lagen nicht zuletzt finanzielle Überlegungen zugrunde, da die Braut eine außerordentlich hohe Mitgift in Höhe von 30000 Pfund Sterling und weitere jährliche 8000 Pfund in die Ehe einbrachte; diese Mittel konnten zur Lösung der Finanzprobleme des überschuldeten Braunschweiger Herzogtums beitragen. Im Vergleich zu London erschien Augusta Braunschweig verständlicherweise als provinziell, weshalb sie sich häufig in England aufhielt. Eine Rückzugsmöglichkeit bot sich für sie in dem von Karl Christoph Wilhelm Fleischer 1768/69 errichteten Schloss Richmond südlich der Stadt, das an das heimatliche Schloss erinnern sollte; als übereck gestelltes Quadrat war es ein höchst originelles Bauwerk. Der das Schloss umgebende Park gehörte zusammen mit Wörlitz (Dessau) und Ermenonville (Frankreich) zu den frühesten englischen Landschaftsgärten auf dem Kontinent.

Eine Belastung der Ehe des Herzogspaares bildete die Regierungsunfähigkeit der männlichen Nachkommenschaft. Die drei ältesten Söhne, Karl Georg August (1766–1806), Georg Wilhelm Christian (1769–1811) und August (1770–1820), wiesen körperliche und geistige Gebrechen auf, wofür die Öffentlichkeit die Herzogin verantwortlich machte. Der jüngste Sohn, Friedrich Wilhelm, war im Vollbesitz seiner geistigen Kräfte, aber wegen seines unbändigen Temperamentes schwer erziehbar. Die Ehen der Töchter Augusta Karoline (1764–1788) und Karoline Amalie (1768–1821) scheiterten.

Während Karoline Amalie mit dem Prinzregenten und späteren englischen König Georg IV. vermählt wurde, heiratete ihre Schwester 1780 Herzog Friedrich von Württemberg (1754–1816). Als das Paar nach Russland zog, wo der Herzog 1783 zum Generalgouverneur von Russisch-Finnland ernannt wurde, verstärkten sich dessen Gewalttätigkeiten gegenüber seiner Ehefrau, die sich in die Obhut Katharinas der Großen flüchtete. Das Paar trennte sich, und Augusta Karoline wurde nach Schloss Lohde (heute: Koluvere) in Estland gebracht, wo sie am 27. September 1788 bei der Geburt ihres fünften Kindes, dessen Vater unbekannt ist, unter mysteriösen Umständen starb.

Innenpolitische Maßnahmen

Bereits unter Karl I. hatte Karl Wilhelm Ferdinand maßgeblichen Anteil an der Regierung gehabt und durch tiefgreifende Sparmaßnahmen zur Abwendung des Staatsbankrotts beigetragen. Der finanziellen Konsolidierung des Staates, die u. a. in den Jahren 1790 bis 1794 zu einem Kassenüberschuss von fast 800 000 Taler führte[100], folgte eine Reduzierung der Steuern. Um einem weiteren Staatsbankrott vorzubeugen, erließ Karl Wilhelm Ferdinand am 1. Mai 1794 das Schuldenedikt, nach dem die fürstlichen Kammergüter nicht als Sicherheit für Verbindlichkeiten des Herzogshauses herangezogen werden durften und ohne Zustimmung der Stände keine Verschuldung oder Veräußerung von Domanialgut erfolgen sollte. Diese »freiwillige Selbstbeschränkung« eines Herrschers war für das 18. Jahrhundert ungewöhnlich und bedeutete nicht nur einen wichtigen Schritt hinsichtlich einer Trennung von Staatsvermögen und Privatvermögen des Fürstenhauses, sondern wurde auch als »Beginn einer konstitutionellen Ära«[101] bezeichnet.

Tiefgreifende Veränderungen plante der Herzog im Erziehungswesen, das nach den reformpädagogischen Ideen des Philanthropinums mit dem Ziel einer vernunft- und naturgemäßen Bildung der Jugend gestaltet werden sollte. Der wichtigste Mitarbeiter auf diesem Gebiet war der ehemalige Erzieher am Dessauer Philanthropinum Joachim Heinrich Campe (1746–1818), der 1786 von Karl Wilhelm Ferdinand nach Braunschweig berufen wurde. Hier bildete er zusammen mit Johann Heinrich Stuve (1752–1793) und mit dem von ihm dem Herzog als Reformpädagogen empfohlenen Ernst Christian Trapp (1745–1818), der ebenfalls am Philanthropinum unterrichtet und 1779 in Halle die erste Pädagogik-Professur erhalten hatte, das 1786 neu eingerichtete Schuldirektorium, das das Erziehungs- und Bildungswesen des Herzogtums grundlegend reformieren und der kirchlichen Aufsicht entziehen sollte. Aufgrund des energischen Widerstandes der Geistlichkeit und der Landstände sowie vor dem Hintergrund der Französischen Revolution und der sich ausbreitenden Jakobinerfurcht musste Karl Wilhelm Ferdinand das Schulkollegium 1790 aufheben und die geistliche Schulaufsicht wiederherstellen. Finanzprobleme und das Fehlen geeigneter Lehrkräfte führten außerdem dazu, dass die umfassende Reform des Bildungswesens im Sinne philanthropischer Ideen nicht verwirklicht werden konnte und lediglich vereinzelte Reformansätze zur Wirkung kamen. Längerfristigen Bestand hatte die von Campe 1786 in Wolfenbüttel gegründete »Schulbuchhandlung«, der im folgenden Jahr eine Druckerei in Braunschweig folgte, die im Sinne der Reform zur Einführung besserer Schulbücher beitragen sollte und auch Campes eigene Schriften und die anderer Pädagogen und Aufklärer verlegte. Sie gab auch das »Braunschweigische Journal« heraus, das als eines der radikalsten Sprachrohre der Spätaufklärung in Deutschland gilt. Karl Wilhelm Ferdinand stand der Verbreitung aufklärerischen Gedankengutes im großen Ganzen positiv gegenüber. Im Vergleich zu anderen deutschen Staaten und trotz Einflussnahme von außen, vor allem von Seiten Preußens, wurde unter seiner Regierung die Zensur in Braunschweig großzügig angewandt.

Die Stadt Braunschweig zählte gegen Ende des 18. Jahrhunderts ca. 27 500 Einwohner. Während der Regierungszeit Karl Wilhelm Ferdinands erfuhr das Stadtbild starke Veränderungen. Neben dem Abriss historischer Bauwerke und der Errichtung einer Reihe klassizistischer Gebäude bestanden diese vor allem seit 1802 in der Abtragung der Festungswerke und ihrer Umgestaltung zu Wallpromenaden. Erste Pläne zu diesem Projekt stammten von Friedrich Wilhelm Culemann, der dann von dem kurtrierischen Architekten Peter Joseph Krahe (1758–1840) abgelöst wurde. Krahe, den man als »eine der größten Begabungen des deutschen Frühklassizismus«[102] bezeichnete, hatte sich während eines Italienaufenthaltes intensiv mit den Bauten der stadtrömischen Antike, den Villen Palladios und der Revolutionsarchitektur auseinandergesetzt; er leitete von 1803 bis 1806 und nach der Unterbrechung durch die westfälische Herrschaft von 1814 bis 1837 das Bauwesen im Herzogtum. Bei der Errichtung der Wallanlagen folgte er dem tradierten Grundriss und schuf ein Ensemble aus breitwinklig zugeordneten Alleen mit akzentuierenden Plätzen und sie begleitenden unregelmäßigen gärtnerischen Anlagen. Den gestalterischen Höhepunkt erreichte die Planung im ovalen Monumentplatz, der von einem Obelisken beherrscht wird. In die Parkanlagen wurde auch der »Herzogin Garten« integriert, der als typischer Garten der Frühromantik auf Anregung Herzogin Augustas von dem Herzoglich-Dessauischen Garteninspektor Johann Leopold Ludwig Schoch (1728–1793), dem Gestalter der Wörlitzer Anlagen, geschaffen wurde. Die Villa *Salve Hospes* (1805–1808) erinnert in der Klarheit ihres Kubus und ihrer Flächen an die Villen Palladios.

Militärische Unternehmungen

Neben der Regierung des Herzogtums Braunschweig entfaltete Karl Wilhelm Ferdinand als Diplomat und Berater, vor allem aber als Heerführer eine ausgedehnte Tätigkeit im Dienst der preußischen Krone. Seine Ernennung zum preußischen Generalfeldmarschall (1787) kam seinem Ehrgeiz und seinem Drang nach internationalem Ansehen entgegen. Aufgrund seines Rufes als einer der bedeutendsten Feldherren seiner Zeit versuchte der französische Kriegsminister Louis Graf de Narbonne-Lara 1791/92, den Herzog, der nicht ohne Sympathien für die Ideen der Französischen Revolution und die Bestrebungen der konstitutionellen Partei war, als Oberbefehlshaber der französischen Armee zu gewinnen. Karl Wilhelm Ferdinand gab sich unentschlossen, wies aber schließlich das Ansinnen zurück. Vor allem erschien das Wagnis vor dem Hintergrund des drohenden Krieges zwischen Frankreich und dem Kaiser als zu groß und der Erfolg als zweifelhaft. Noch im Februar übernahm er im Auftrag Friedrich Wilhelms II. den Oberbefehl über das preußisch-österreichische Koalitionsheer.

Am 20. April 1792 erklärte Frankreich Kaiser Franz II. den Krieg und rechtfertigte dies u. a. mit den Umtrieben der französischen Emigranten im Reich. Sowohl in Paris als auch in Wien glaubte man an einen raschen Sieg. Es begann jedoch eine kriegerische Auseinandersetzung, die fast ein Vierteljahrhundert andauern sollte. Obwohl Karl Wilhelm Ferdinand in Braunschweig etliche auf einen Krieg drängende französische Emigranten aufgenommen hatte, zu denen auch der Bruder Ludwigs XVI., der spätere König Ludwig XVIII., gehörte, der sich bis 1798 in Blankenburg aufhielt, hatte er sich lange Zeit gegen eine militärische Auseinandersetzung mit Frankreich ausgesprochen. Nach der französischen Kriegserklärung waren seine Vorbehalte hinfällig geworden. Die unter seinem Oberbefehl stehende Alliierte Arme umfasste gut 80 000 Mann, meist Österreicher, Preußen, Braunschweiger, Hessen und französischen Emigranten. Am 25. Juli 1792 erschien von Koblenz aus ein wahrscheinlich von Emigranten verfasstes und vom Herzog unterzeichnetes Manifest, das jegliche Eroberungsabsichten abstritt, jedoch die Wiederherstellung der vorrevolutionären Herrschaftsverhältnisse in Frankreich ankündigte. Für den Fall, dass der französischen Königsfamilie Schaden zugefügt wurde, drohte man mit der Zerstörung von Paris und anderer Städte. Das Manifest, dessen maßloser Inhalt vermutlich gegen die Überzeugung Karl Wilhelm Ferdinands formuliert wurde, gegen das er aber auch nicht energisch vorging, wirkte kontraproduktiv. Es schien nicht nur die Kriegsforderung der Girondisten zu rechtfertigen, sondern führte in Frankreich auch zu einem Erstarken des revolutionären Patriotismus und schien die Gefangennahme der königlichen Familie und die Absetzung Ludwigs XVI., dem Komplizenschaft mit dem äußeren Feind vorgeworfen wurde, zu rechtfertigen.

Die alliierten Operationen, die den Marsch auf Paris zum Ziel hatten, wurden im Spätsommer eröffnet. Unter Karl Wilhelm Ferdinand als Vertreter einer methodisch bedächtigen Kriegsführung erfolgte der Aufmarsch der Truppen nur langsam, was der französischen Revolutionsarmee unter der Führung der Generäle Charles François Dumouriez (1739–1823) und François Christophe Kellermann (1735–1820) die Möglichkeit gab, die alliierten Versorgungslinien zu bedrohen. Die feindlichen Armeen standen sich am 20. September bei Valmy in der Champagne gegenüber, ohne dass es zu einer Schlacht kam; es setzte lediglich ein anhaltendes Geschützfeuer ein. Noch bis Ende des Monats lagerten beiden Armeen in ihren Stellungen, bevor Karl Wilhelm Ferdinand nach Geheimverhandlungen mit Dumouriez den Befehl zum Rückzug gab, den die Franzosen nicht behinderten. Diese Episode bedeutete einen psychologischen Triumph für die schlecht ausgestattete französische Freiwilligenarmee. Als Motiv für die unentschlossene Haltung des Herzogs und den unterbliebenen Angriff vermuteten bereits die Zeitgenossen seine Hoffnung auf den französischen Thron, die freimaurerische Solidarität zwischen ihm und Dumouriez oder hohe Bestechungssummen. Der eigentliche Grund liegt wahrscheinlich in der Überschätzung des Gegners, in Nachschubproblemen und in dem Zustand seines durch Krankheiten geschwächten Heeres.

Nach der Kanonade von Valmy errangen die französischen Truppen weitere Erfolge in den österreichischen Niederlanden, am Rhein und in Savoyen. Trotz der Erweiterung der antifranzösischen Koalition in den folgenden Jahren um Großbritannien, Spanien und die deutschen Reichsstände gelang den Franzosen infolge der *Levée en masse* die Besetzung linksrheinischer Reichsgebiete (1794) und der gesamten Niederlande (1794/95). Der Frieden von Campo Formio (1797), in dem Österreich auf die österreichischen Niederlande, Mailand, Modena und Mantua verzichtete sowie in einem Geheimartikel der Abtretung des linken Rheinufers an Frankreich zustimmte, beendete den Ersten Koalitionskrieg. Bereits 1795 hatte Preußen die Koalition verlassen und im Baseler Frieden (5. April) seine linksrheinischen Besitzungen an Frankreich abgetreten, wofür ihm die Neutralisierung Norddeutschlands und des Fränkischen Reichskreises gewährleistet wurde. Trotz einzelner, jedoch nicht kriegsentscheidender Siege (Pirmasens 14. September 1793; Kaiserslautern 28.–30. November 1793) bat Karl Wilhelm Ferdinand Ende 1793 um seinen Abschied. Zerwürfnisse unter den Verbündeten, gegenseitiges Misstrauen und Intrigen der Kommandeure waren die entscheidenden Gründe dafür, dass Karl Wilhelm Ferdinand Anfang 1794 den Oberbefehl definitiv niederlegte.

Karl Wilhelm Ferdinand wurde erneut 1806 im Vierten Koalitionskrieg mit dem Oberbefehl über das preußische Heer betraut. In der Überzeugung, dass Napoleon ein falsches Spiel treibe, weil er England die Rückgabe des auf seine Veranlassung hin von Preußen annektierten Kurfürstentums Hannover angeboten hatte, und im Vertrauen auf die russisch-preußische Annäherung, um die sich auch der Herzog von Braunschweig bemüht hatte, befahl Friedrich Wilhelm III. am 9. August die Mobilisierung des größten Teils seiner Armee. Als ein Ultimatum, das den Abzug der französischen Truppen aus Süddeutschland forderte, nicht beantwortet wurde, erklärte Preußen am 9. Oktober in einem Akt maßloser Selbstüberschätzung dem übermächtigen Frankreich den Krieg, durch den es die »nationale Ehre« verteidigen wollte. Trotz tiefer persönlicher Abneigung gegen Napoleon übernahm Karl Wilhelm Ferdinand erst nach längerem Sträuben den Oberbefehl über die preußischen Truppen. Ausschlaggebend war wiederum »mehr das Pflichtgefühl gegenüber dem preußischen König als die eigene Überzeugung«.[103] Preußen, das weitgehend isoliert war, hatte den Krieg weder politisch noch militärisch hinreichend vorbereitet. Während sich die französische Seite durch die Wendigkeit ihrer Truppenkörper und die Entschlossenheit und Einheitlichkeit der Kriegsführung auszeichnete, schien den Preußen ein strategisches Konzept zu fehlen; die Kriegsleitung wirkte unentschlossen und zerfahren. Am 14. Oktober wurde das von Fürst Friedrich Ludwig von Hohenlohe-Ingelfingen (1746–1818) befehligte Korps bei Jena von Napoleon vernichtend geschlagen, während die preußische Hauptmacht unter Herzog Karl Wilhelm Ferdinand bei Auerstedt dem französischen Marschall Louis Nicolas Davoût (1770–1823) unterlag. Bereits zu Beginn der Schlacht wurde Karl Wilhelm Ferdinand von einer feindlichen Kugel getroffen und erblindete. Danach fiel die preußische Kriegsleitung praktisch aus, weil der im Hauptquartier anwesende König Friedrich Wilhelm III. sie selbst nicht zu übernehmen wagte. Die militärische Niederlage bedeutete auch den politischen Zusammenbruch des preußischen Staates. In den folgenden Tagen kapitulierte eine Festung nach der anderen, und Napoleon konnte den größten Teil des preußischen Staatsgebietes besetzen.

Karl Wilhelm Ferdinand floh nach Braunschweig. Er sandte Oberhofmarschall von Münchhausen nach Wittenberg, wo sich Napoleon aufhielt, mit der Bitte, die territoriale Integrität seines Herzogtums zu achten, da dieses während des Krieges Neutralität bewahrt habe. Unter Hinweis auf das Koblenzer Manifest von 1792, das die Zerstörung von Paris angedroht hatte, erfuhr dieses Gesuch seitens Napoleons eine sarkastische Ablehnung. Das Vorrücken der Franzosen veranlasste Karl Wilhelm Ferdinand zur Flucht aus Braunschweig. Todkrank erreichte er über Hamburg das dänische Ottensen, wo er am 10. November 1806 starb. Kurz vor seinem Tod hatte er die Regierungsnachfolge in Braunschweig geregelt. Sie fiel auf seinen jüngsten Sohn Friedrich Wilhelm, nachdem Erbprinz Karl Georg August kurz zuvor am 20. September gestorben war und die beiden nachfolgenden Söhne Georg Wilhelm Christian und August wegen ihrer Gebrechen auf die Thronfolge verzichtet hatten. Das Herzogtum Braunschweig wurde im Oktober 1806 von den Franzosen in Besitz genommen und im folgenden Jahr dem Königreich Westfalen eingegliedert.

Das Fürstentum Lüneburg

Herzog Christian Ludwig

Als 1635 das Herzogtum Braunschweig-Lüneburg in die Fürstentümer Lüneburg, Calenberg-Göttingen und Wolfenbüttel aufgeteilt wurde, erhielt Herzog Georg Calenberg und verlegte seine Residenz nach Hannover. Nach seinem Tod 1641 folgte ihm sein ältester Sohn Christian Ludwig (1622–1665). Das Fürstentum Lüneburg regierte zu dieser Zeit dessen Onkel, Herzog Friedrich (1574–1648). Sein Ableben hätte zu einer Vereinigung der Fürstentümer Lüneburg und Calenberg führen können. Dem standen jedoch Bestimmungen in Herzog Georgs Testament vom 20. März 1641 entgegen. Auf der Basis des Reverses für die Calenberger Stände vom 18. Februar 1636 sollten zu Lebzeiten zweier berechtigter männlicher Erben und deren Agnaten beide Fürstentümer nicht vereinigt, sondern der ganze Länderkomplex so aufgeteilt werden, dass hinsichtlich der Einkünfte zwei in etwa gleiche Territorien entstanden. Dem älteren Erben stand das Optionsrecht auf eines der beiden Fürstentümer zu. »Da Georg vier Söhne hatte, schien die greifbar nahe Vereinigung Calenbergs mit Lüneburg in unabsehbare Ferne gerückt.«[104] Die beiden regierenden Herzöge mussten für die Apanage ihrer jüngeren nichtregierenden Brüder aufkommen. Die Aufteilung des Erbes lag bei der 1645 eingerichteten Äquationskommission, in der es den Celler Unterhändlern gelang, Vorteile für das Fürstentum Lüneburg zu erreichen. Die Ertragskraft dieses Teilgebietes, das mit dem Fürstentum Grubenhagen, Walkenried, der Grafschaft Diepholz, der Untergrafschaft Hoya und Ämtern der Obergrafschaft Hoya verbunden wurde, war erheblich höher als der calenberg-göttingische Teil. Im Erbvertrag vom 10. Juni 1646, der zwischen Christian Ludwig und seinem nächstjüngeren Bruder Georg Wilhelm geschlossen wurde, bestätigten diese das väterliche Testament und die Ergebnisse der Kommission. Nach dem Tod Friedrichs von Lüneburg am 10. Dezember 1648, dem letzten der sieben Söhne Herzog

Wilhelms, tauschte Christian Ludwig die Herrschaft in Calenberg gegen das einträglichere Fürstentum Lüneburg mit der Residenz Celle ein, so dass Georg Wilhelm Calenberg übernehmen musste.

Unter Christian Ludwig (*25. Februar 1622) wurde Hannover endgültig die Residenzstadt des Fürstentums. Zu seinen wichtigsten innenpolitischen Maßnahmen gehörte der Aufbau eines stehenden Heeres, das in seinen letzten Regierungsjahren eine Stärke von 4000 Mann erreichte und zu dessen Unterhaltung er die Stände durch Steuern verpflichtete. Teil der militärischen Aufrüstung waren auch die Anlage von Magazinen und der Ausbau von Festungen. Dabei richtete sich seine besondere Aufmerksamkeit auf Harburg als strategisch wichtiger Stützpunkt zur Kontrolle der Elbschifffahrt und zur militärischen Sicherung des nördlichen Teils des Fürstentums Lüneburg. Unter Leitung des hamburgischen Ingenieuroffiziers Georg Friedrich von dem Berge wurde das alte Harburger Schloss in eine moderne Befestigungsanlage mit vorspringenden Bastionen und einem Außenwall mit zehn Batterien umgebaut. Starke Festungen entstanden darüber hinaus in Nienburg und gegen Proteste des Rates auf dem Kalkberg vor Lüneburg. Zusammen mit seinem Bruder Georg Wilhelm von Hannover und August von Wolfenbüttel ging Christian Ludwig 1651 militärisch gegen Lüneburg vor und setzte den städtischen Autonomiebestrebungen endgültig ein Ende. Die Umwandlung des Michaelisklosters 1656 in eine Ritterakademie sollte die städtische Wirtschaft fördern. Christian Ludwig starb am 15. März 1665.

Herzog Georg Wilhelm

Die hannoversche Zeit

Als Christian Ludwig im Sterben lag, befanden sich seine beiden jüngeren Brüder, der in Hannover residierende Georg Wilhelm und Johann Friedrich, auf Reisen. Auf die Nachricht vom bevorstehenden Ableben Christian Ludwigs eilte Johann

Friedrich nach Celle und setzte sich nach dem Tod des Herzogs »staatsstreichartig« in den Besitz des Fürstentums Lüneburg. Damit ignorierte er das im Testament Herzog Georgs festgelegte Optionsrecht seines älteren Bruders und rechtfertigte dies mit der ungerechten Aufteilung der welfischen Fürstentümer. Da Georg Wilhelm an seiner Option auf das reichere Lüneburg festhielt, drohte ein militärischer Konflikt, in den auch die Garantiemächte des Westfälischen Friedens hineingezogen wurden. Die militärische Auseinandersetzung konnte vermieden werden, weil Johann Friedrich mit Rücksicht auf den Bestand des Welfenhauses den Anspruch Georg Wilhelms auf Lüneburg anerkannte und eine Gleichstellung beider Fürstentümer hinsichtlich ihrer Einkünfte durch die Umverteilung von Landesteilen erreichte. Der Hildesheimer Rezess vom 7. August 1665 trennte Grubenhagen von Lüneburg ab und gliederte es zusammen mit dem Lüneburger Anteil am Silber des Kommunionharzes Calenberg an, das Johann Friedrich erhielt. Demgegenüber ging der Calenberger Anteil an der Grafschaft Hoya an das Fürstentum Lüneburg über. Als Dank für seine Vermittlung gab Georg Wilhelm die Grafschaft Diepholz an seinen jüngsten Bruder Ernst August ab. Das Fürstentum Lüneburg blieb mit 12 500 km^2 das größte der welfischen Territorien und besaß mit ca. 200 000 Einwohnern eine mit Calenberg vergleichbare Bevölkerungszahl.

Als Christian Ludwig 1648 die Regierung im Fürstentum Lüneburg übernahm, war Calenberg an Georg Wilhelm gefallen. Die Regierungsgeschäfte in Hannover waren ihm lästig. Seine ungebundene Lebensweise erregte den Unmut der hannoverschen Räte, die ihn drängten, die Mätressenwirtschaft aufzugeben, sesshaft zu werden und zu heiraten. Da Christian Ludwig kinderlos blieb, hatte Georg Wilhelm für den Fortbestand der Dynastie zu sorgen. Als Ehefrau zog man Kurprinzessin Sophie von der Pfalz in Betracht. Sie war am 14. Oktober 1630 als zwölftes Kind des Kurfürsten Friedrich V. von der Pfalz, des *Winterkönigs*, und Elisabeth Stuarts geboren worden. Die ersten Jahre ihrer abgeschirmten Kindheit verbrachte Sophie mit ihren zahlreichen Geschwistern in

Leiden. Mit zehn Jahren kam die geistig rege und schlagfertige Prinzessin Anfang 1641 an den durch Zuwendungen des englischen Königshauses finanzierten Exilhof ihrer Mutter in Den Haag, wo sich Fürsten, Diplomaten, Gelehrte und Künstler aufhielten und sie alle Facetten des höfischen Lebens kennenlernte. Bereits während ihres Aufenthaltes in Den Haag wurde Sophie »Objekt der ehrgeizigen Heiratspläne ihrer ahnenstolzen Mutter«[105].

Zwar brachte Sophie keine stattliche Mitgift in die Ehe ein; als Enkelin Jakobs I. stellte sie aber verwandtschaftliche Beziehungen zum englischen Königshaus her. Für die Pfälzer Familie bedeutete die Verbindung mit den Welfen als eines der ältesten Fürstengeschlechter Europas einen Prestigegewinn. Für die Prinzessin ergab sich durch die Heirat mit Georg Wilhelm die Möglichkeit, sich »der drückenden Atmosphäre am Heidelberger Hof zu entziehen«[106]. 1656 kam der Ehevertrag zwischen Georg Wilhelm und Sophie zustande. Während eines Aufenthaltes in Venedig bereute Georg Wilhelm sein Eheversprechen und suchte nach einer ehrenhaften Lösung. Hinzu kamen die Ablehnung der finanziellen Forderungen durch die Calenberger Landstände und möglicherweise auch eine später geheilte Geschlechtskrankheit, die sich der Herzog in Venedig zugezogen hatte. Ihm gelang es, seinen jüngeren Bruder Ernst August für eine Ehe mit Sophie zu gewinnen. Dies war mit einer vertraglichen Verpflichtung Georg Wilhelms vom 11./21. April 1658 verbunden, in der er als Gegenleistung für Ernst Augusts Verlobung und Heirat Ehelosigkeit versprach. Damit sicherte er seinem jüngeren Bruder und dessen Nachkommen die Erbfolge in seinem Fürstentum. In Heidelberg willigte man in diesen »Brauttausch« ein, nicht zuletzt weil sich die Heiratschancen der fast dreißigjährigen Prinzessin Sophie allmählich verringerten. Auch Sophie nahm die Regelung »mit der ihr eigenen Nüchternheit« hin, besaß doch die »standesgemäße Versorgung« Priorität in ihrem Leben.[107] Die Hochzeit erfolgte am 30. September. Bis zur Übernahme der Regierung im Fürstentum Osnabrück 1662 wohnte das

Herzogspaar zusammen mit Georg Wilhelm im Schloss in Hannover.

Ehe mit Elénore d'Olbreuse

Die Absprachen über Georg Wilhelms Ehelosigkeit und Ernst Augusts Nachfolge schienen gefährdet zu sein, als sich Georg Wilhelm im Winter 1663/64 bei einem Aufenthalt am landgräflichen Hof in Kassel in die Hugenottin Eléonore Desmier d'Olbreuse verliebte, die sich hier als Hofdame der Fürstin Emilie von Tarent-Trémoille, einer geborenen Landgräfin von Hessen, aufhielt. Eléonore war am 3. Januar 1639 als Tochter Alexanders II. Desmier d'Olbreuse, Marquis des Desmier, und dessen Ehefrau Jacquette Poussard im Poitou geboren worden. 1661 kam sie als Ehrenfräulein der Herzogin von Thouars, der Mutter des Fürsten von Tarent, an den Pariser Hof, wo sie wegen ihrer Schönheit, Anmut und ihres gewinnenden Wesens von vielen Kavalieren begehrt wurde; deren Avancen stand sie vermutlich nicht zuletzt wegen ihrer strengen calvinistischen Erziehung distanziert gegenüber. Als das Fürstenpaar wegen der Bedrängnisse der Calvinisten Frankreich verließ und sich mit seinem Gefolge in den Generalstaaten niederließ, vollzog auch Eléonore diesen Wohnortswechsel. Im Winter 1664/65 kam es in Herzogenbosch zwischen ihr und Georg Wilhelm zu einem erneuten Treffen. Obwohl Eléonore einer namhaften Familie entstammte, deren Ursprung bis ins 11. Jahrhundert zurückverfolgt werden konnte, galt eine solche eheliche Verbindung für einen Welfenherzog als nicht ebenbürtig. Da sich Georg Wilhelm weiterhin seinem Versprechen zur Ehelosigkeit verpflichtet fühlte, bot er Eléonore das Eingehen einer »Gewissensehe« an. In dem *Concubinatsvertrag*, der von den Brautleuten sowie von Ernst August und Sophie unterzeichnet wurde, gelobte er Eléonore ewige Treue und setzte ihr eine Jahresrente aus. Eléonore leistete ebenso ein Treueversprechen und verzichtete darauf, den Stand und Namen einer Gattin zu beanspruchen. Sie führte zunächst den Titel *Frau von Harburg*.

Aufgrund ihres Charmes und ihres freundlichen Wesens fand Eléonore die allgemeine Bewunderung und Hochachtung ihrer Umgebung. Unter ihrem Einfluss gab Georg Wilhelm sein unstetes Leben auf und entwickelte sich zu einem verantwortungsvollen Landesfürsten. Wenn Eléonore in den ersten Ehejahren auch keine offiziellen Verpflichtungen hatte, liefen bei ihr doch alle Fäden der Hofhaltung zusammen. Besonders achtete sie bei der Hofgesellschaft auf Sitte und Anstand; Mätressenwirtschaft wurde nicht geduldet. Sie selbst bemühte sich um eine Legalisierung ihres Verhältnisses zu Georg Wilhelm. Diese Bemühungen verstärkten sich nach der Geburt ihrer Tochter Sophie Dorothea am 10./20. September 1666. Georg Wilhelm sorgte für eine standesgemäße Versorgung seiner Frau und seiner Tochter. 1672 erwarb er die Halbinsel Stillhorn an der Elbe bei Hamburg und fasste sie mit den angrenzenden Gebieten zur Herrschaft *Wilhelmsburg* zusammen; diese wies er Eléonore als Witwensitz zu. Das kaiserliche Patent von 22. Juli 1674 erhob sie und Sophie Dorothea als *Gräfinnen von Wilhelmsburg* in den Reichsadelsstand. Damit war Sophie Dorotheas Legitimierung verbunden. Am 22. August 1675 kam ein förmlicher Ehevertrag zwischen Georg Wilhelm und Eléonore zustande, der die Zustimmung Ernst Augusts erhielt, nachdem dessen Nachfolge und die seiner Söhne noch einmal ausdrücklich bestätigt worden waren. Eléonore verzichtete auf den offiziellen Titel *Herzogin von Braunschweig und Lüneburg*. Sophie Dorothea erhielt dagegen die Erlaubnis, bei der Heirat eines Prinzen aus alteingesessenem Fürstengeschlecht den Titel *Prinzessin von Braunschweig und Lüneburg* und das welfische Wappen zu führen.

Die kirchliche Trauung Georg Wilhelms und Eléonores fand am 2./12. April 1676 in der Kapelle des Celler Schlosses statt. Gleichzeitig wurde die Verlobung Sophie Dorotheas mit dem Wolfenbütteler Erbprinzen Friedrich August bekannt gegeben, was zu erheblichen Spannungen zwischen der Osnabrücker und der celleschen Herzogsfamilie führte. Für Ernst August und Sophie schien die Erbfolge in Celle erneut gefährdet zu sein. Eléonores Aufnahme in das Kirchengebet und ihre Erhebung in den Rang einer regierenden Herzogin verletzten den Adelsstolz Sophies, die eine offene Verachtung für ihre Celler Schwägerin an den Tag legte und diese mit Bezeichnungen belegte, von denen der Ausdruck »Dieses kleine Stück Dreck«[108] noch der harmloseste war. Ein weiterer Grund für Sophies Abneigung mag die glückliche Ehe des Celler Herzogspaares gewesen sein, während ihre Verbindung mit Ernst August durch seine häufigen außerehelichen Eskapaden belastet war. Alles in allem bewies die gebildete, geistreiche spätere Kurfürstin und Aspirantin auf den englischen Thron in ihrem Verhältnis zu Eléonore einen erheblichen Mangel an Souveränität.

Der Tod des Wolfenbütteler Erbprinzen machte Sophie Dorothea nicht zuletzt wegen ihrer sehr beträchtlichen Mitgift zu einem begehrten Objekt auf dem europäischen Heiratsmarkt. Als Sieger ging unter den Bewerbern der älteste Sohn Ernst Augusts und Sophies, Erbprinz Georg Ludwig, hervor. Am 23. Juli 1680 kam ein neuer Erbvergleich zwischen Hannover und Celle zustande, in dem Eléonore der Titel einer Herzogin und die Erhöhung ihrer Wittumseinkünfte bei erneutem Verzicht auf das Celler Erbe für sich und ihre Kinder zugesichert wurden; dieser Vertrag erhielt am 14. Mai 1681 die kaiserliche Bestätigung. Das starke Engagement Sophies, die ihre Schwägerin nun mit ausgesuchter Höflichkeit behandelte und wie der gesamte hannoversche Hof auf die Mitgift der Prinzessin spekulierte, der Wunsch Georg Wilhelms nach Wiederherstellung eines guten verwandtschaftlichen Verhältnisses sowie die Aufgabe überzogener Geld- und Sachwertforderungen ermöglichten den Abschluss des Heiratskontraktes vom 24. Oktober/3. November 1682. Sophie Dorothea wurde als Allodialerbin Georg Wilhelms für dessen gesamten Privatnachlass eingesetzt, musste aber die Verwaltung des eingebrachten Vermögens, des Heiratsgutes und der künftigen Allodialerbschaft Georg Ludwig überlassen, was sie in weitgehende materielle Abhängigkeit von ihrem Ehemann brachte. Fast unbemerkt von der Außenwelt wurde die Trauung am 21. November/2. Dezember 1682 in Celle im Appartement der Prinzessin vollzogen. Erst nach Sophie Dorotheas Einzug in Hannover am 19. Dezember fand hier das Hochzeitsfest in üppiger barocker Pracht statt.

Der Ausbau Celles als Residenz

Georg Wilhelms 40-jährige Regierungszeit stellte den Höhepunkt der Celler Residenz dar. Für die wirtschaftliche und demographische Entwicklung der Stadt bot der Hof wichtige Impulse. Ihm verdankte Celle neue Infrastrukturmaßnahmen, wie die Anlage einer Wasserleitung, die zwar in erster Linie den Hof versorgte, aber auch der Stadt zugute kam. Die finanzielle Konsolidierung des Fürstentums unter Georg Wilhelm ermöglichte eine aufwendige Hofhaltung und ein umfangreiches Bauprogramm. Seine von Italienern erstellten Residenzbauten waren ein

> »durch und durch persönliches Zeugnis« für sein »Standesbewusstsein, seinen Geschmack und seine Aufgeschlossenheit für zeitgenössische Kunst. Auf Landesebene stellen sie geschichtlich und künstlerisch einen Höhepunkt dar.«[109]

Die wichtigste Baumaßnahme war unter Georg Wilhelm die Neugestaltung des Schlosses. Dieses hatte im 16. Jahrhundert unter Herzog Ernst dem Bekenner den Umbau zu einem Renaissancebau erfahren, befand sich aber bei Georg Wilhelms Regierungsantritt in einem recht baufälligen Zustand. Von der Vierflügelanlage ließ der Herzog den Süd-, West- und Nordflügel abbrechen und diese nach Lorenzo Bedognis Plänen als barocke Bauten in italienischen Formen bis 1679/80 neu aufführen; lediglich der zur Stadtseite gelegene Ostflügel mit seiner Renaissancefassade und die Schlosskapelle in der Südostecke blieben unversehrt. Die Stuckaturen in 17 Räumen waren das Werk des Venezianers Giovanni Battista Tornielli. Er führte seit 1677 auch die Stuckarbeiten in der Celler Stadtkirche aus, die saniert und barockisiert wurde und einen würdigen Rahmen als Grablege der Welfen erhielt. Torniellis Arbeiten zählen »zum Besten, was aus dem späten 17. Jahrhundert an italienischer Dekorationskunst in Niedersachsen«[110]

vorhanden ist. Für die prachtvolle Raumausstattung der Staats- und Privatgemächer im Celler Schloss, auf die Eléonore Einfluss nahm, hatte Georg Wilhelm einen Teil der Möbel aus Hannover mitgebracht, darüber hinaus aber durch seinen Agenten Francesco Maria Stechinelli weiteres Mobiliar aus Paris beschaffen lassen; hinzu kamen kostbare Tapeten aus Brabant und Flandern sowie karmesinroter Damast aus Venedig.

Wie seine welfischen Verwandten zeigte Georg Wilhelm eine große Vorliebe für Theater, Opern, Ballett und Konzerte. Zusammen mit seinen Brüdern in Hannover und Osnabrück unterhielt er seit 1667 eine französische Theatergruppe, für die ein entsprechender Aufführungssaal geschaffen werden sollte. Der Schlossneubau ermöglichte die Errichtung eines eigenen Theaters, das als »Komödiensaal« 1675 nach venezianischen Vorbildern im Nordflügel von Giuseppe Arighini eingerichtet und mit neuester Maschinerie für Bühneneffekte ausgestattet wurde. Das Celler Schlosstheater gilt als »eines der ältesten seiner Art in Deutschland«[111].

Während der Hof unter dem in seinen persönlichen Ansprüchen eher bescheidenen Christian Ludwig ein weitgehend »deutsches Gepräge« aufwies und zeitweise durch »urwüchsig-derbe Umgangsformen«[112] charakterisiert war, machte sich unter Georg Wilhelm ein neuer Stil bemerkbar. Der Hofstaat bestand aus ca. 360 Personen und verschlang in den 1680er Jahren mit über 100 000 Talern in etwa ein Drittel des Reinertrages der lüneburgischen Kammergüter. Charakteristisch für den Celler Hof war die große Zahl französischer und italienischer Hofbediensteter. Der persönliche Hofstaat des Herzogs setzte sich überwiegend, der der Herzogin, die der deutschen Sprache nicht mächtig war, ausschließlich aus Franzosen zusammen. Von den ca. 300 Mitgliedern der französisch-reformierten Gemeinde, die sich nach der Aufhebung des Ediktes von Nantes (1685) in Celle gebildet hatte, standen 90 im Hofdienst. Sie besetzten auch die höheren Positionen beim Militär und im Jagdwesen. Ihre Dominanz im Offizierskorps resultierte aus der Tatsache, dass Georg Wilhelm nach seinem Regierungsantritt in Celle die Armee neu aufbauen musste, weil die Mehrheit der früheren Offiziere Johann Friedrich nach Hannover gefolgt war. Da unter den Landeskindern nicht genügend qualifizierte Offiziere zu finden waren, griff der Herzog auf französische Militärs zurück, die aus der gut organisierten, kampferprobten Armee Ludwigs XIV. kamen und eine vorzügliche Ausbildung und Disziplin mitbrachten. Unter den am Celler Hof engagierten Künstlern waren Franzosen und Italiener fast gleich stark vertreten. So herrschten unter den Architekten und Bauleuten italienische Hofbedienstete vor, während sich die Hofkapelle unter dem Einfluss der Herzogin aus französischen Musikern zusammensetzte und »Celle zu den ersten Residenzen Deutschlands zählte, in der eine rein französische Hofkapelle musizierte«[113].

Am Celler Hof lebten auch mehrere Verwandte der Herzogin, die während der Hugenottenverfolgung Frankreich verlassen hatten, sowie der natürliche Sohn des Herzogs, Lucas de Bucco (um 1650–1725). Georg Wilhelm stattete Bucco, dessen Mutter eine venezianische Tänzerin war, mit einer Reihe von Immobilien aus. Er wurde Oberst und Befehlshaber eines Dragonerregimentes sowie herzoglicher Oberstallmeister. Kaiser Leopold I. erhob ihn in den Reichsadelsstand. Die umfangreiche Gemäldesammlung des kunstsinnigen Bucco soll Werke von Rubens, van Dyck, Veronese, Tintoretto und Rembrandt umfasst haben.

Eine der steilsten Karrieren im Dienste des Celler Herzogs als dessen »Günstling und vertrauter Ratgeber, als Handelsagent und Finanzmann«[114] machte Francesco Maria Capellini, gen. Stechinelli (1640–1694), der einem Adelsgeschlecht der Emilia entstammte. Als 15-jähriger lernte er in Rom oder Venedig Herzog Georg Wilhelm kennen, der ihn mit nach Hannover und 1665 nach Celle nahm. 1678 erfolgte seine Ernennung zum Generalpostmeister der welfischen Territorien. In diesem Amt erwarb er sich durch die Organisation des gesamten Postwesens große Verdienste. Bereits 1682 verkaufte er das einträgliche Amt an Franz Ernst Graf von Platen, den Premierminister und Oberhofmarschall Herzog Ernst Augusts.

Als Generalagent führte Stechinelli die Einkäufe für die Celler Hofhaltung durch. Aus dieser Tätigkeit entwickelte sich vermutlich sein Hauptunternehmen, das Handelsgeschäft mit Korn und ausländischen Waren, vor allem Tuche, Bier und Wein, wofür er zeitweise das Monopol im Fürstentum Lüneburg besaß. Er betätigte sich erfolgreich als Haus- und Grundstücksmakler und erwarb dabei für sich selbst große, über die welfischen Lande verteilte Liegenschaften. Als einer der bedeutendsten Geldgeber der Welfen lieh er Georg Wilhelm und Ernst August größere Summen. 1688 erhob Kaiser Leopold I. Stechinelli in den Reichsadelsstand und verlieh seiner Familie das Recht, sich »von Wickenburg« zu nennen. Als Nichtjurist und Katholik konnte Stechinelli nicht dem Geheimen Rat angehören, der seit 1689 unter dem dominierenden Einfluss des Ersten Ministers Andreas Gottlieb Graf von Bernstorff (1649–1726) stand. Dennoch wurde er häufiger in Staatsangelegenheiten herangezogen. Auf seinem Gut in Wickenberg bei Celle trafen sich die Welfenherzöge und ihre Regierungen zu Konferenzen. Die Herzöge beauftragten Stechinelli mehrmals mit diplomatischen Missionen, was möglicherweise aus einer gewissen Zurückhaltung gegenüber dem eingesessenen Adel resultierte.

Neben den auf den Hof bezogenen Gebäuden ragten unter den Bauprojekten, die während Georg Wilhelms Regierungszeit in Celle entstanden, das Waisenhaus für 100 Kinder und das Wilhelmshospital heraus, das nach dem Vorbild des *Hôtel des Invalides* in Paris und des *Chelsea Hospitals* in London 1689 vom Herzog als das erste Invalidenhaus in Deutschland eingerichtet wurde.

Die fürstliche Jagd

Einer der Hauptanziehungspunkte der Celler Residenz war die Jagd, die mehr als alles andere das Hofleben und den Rhythmus der Feste prägte. Nach dem Dreißigjährigen Krieg hatte die Jagd des Landesherrn ihren privaten Charakter verloren und gehörte zum Programm barocker Herrschaftsdarstellung. Für die Hofgesellschaft bedeuteten sie eine angenehme Unterbrechung des »Alltags«, die die strenge höfische Etikette milderte. Bereits Herzog Christian Ludwig war von einer starken Jagdleidenschaft befallen, für die er ungeheure Summen, insbesondere für den Erwerb von Falken für die Beizjagd, ausgab. Der Herzog soll mehr als 260 Tage im Jahr auf der Jagd gewesen sein. Er unterhielt einen großen Marstall von 250 bis 300 Pferden, für die er 1653 das Reithaus in Celle errichtete und die zeitweilig von mehr als 70 Personen, etwa einem Viertel des gesamten Hofpersonals, betreut wurden. Er ließ auch umfangreiche bauliche Veränderungen am Herzberger Schloss vornehmen, das sein bevorzugter Jagdaufenthalt war, begann 1653 mit dem Neubau des Jagdschlosses Weyhausen in der wald- und wildreichen Südheide und benutzte zahlreiche weitere kleinere Schlösser und Amtshäuser als zeitweiligen Aufenthaltsort, wie die Schlösser in Bruchhausen und Wienhausen oder die Schäferei westlich von Celle. Nicht minder ausgeprägt war die Jagdleidenschaft Georg Wilhelms. Bei seinem Tod hinterließ er 550 Pferde und 900 Jagdhunde.

Vom Frühjahr bis zum späten Herbst fanden fast täglich Jagdausflüge statt. Im Frühjahr begann die Schnepfenjagd. Im April folgte die Birkhahnbalz. Von Mai bis Juni befand sich der größte Teil der Hofgesellschaft in Bruchhausen zur Reiherbeize. Es folgte der Aufenthalt in Weyhausen zur Hasenjagd und zur Feldhuhnjagd im Juli und August. Den Höhepunkt stellte die Hirschbrunft zwischen September und November dar. Zu dieser Zeit hielten sich Fürst und Gefolge in der Göhrde auf, wo dann in den Wintermonaten Schwarzwild gejagt wurde. Hier entstand unter Georg Wilhelm nach dem Anfall der dannenbergischen Ämter an das Fürstentum Lüneburg (1671) eine große Schlossanlage, die in ihren repräsentativen Ausmaßen mit Herrenhausen und Salzdahlum in Konkurrenz zu treten schien. Das Jagdschloss wurde zeitweilig Ort wichtiger diplomatischer Verhandlungen. So bot der Besuch des englischen Königs, Wilhelms III. von Oranien, einem Jagdfreund Georg Wilhelms, 1698 die Möglichkeit, über die spanische und die englische Thronfolge zu sprechen.

1700 schloss Georg Wilhelm hier mit König Karl XII. von Schweden ein Bündnis gegen Dänemark. Seine endgültige Form erhielt die Anlage unter Kurfürst Georg Ludwig. Er befahl den Abbruch des alten Schlosses und beauftragte Louis Remy de la Fosse (um 1659–1726) mit einem Neubau, der 1709 im Wesentlichen beendet war; mit Gesamtkosten in Höhe von fast 48 000 Taler war er »das teuerste Bauprojekt in der Regierungszeit Georg Ludwigs bis 1714«[115].

Herzog Georg Wilhelm starb am 28. August 1705. Er hinterließ ein für die damalige Zeit gut ausgebautes und verwaltetes Fürstentum mit einer glanzvollen Residenz. Man sah in ihm einen fürsorglichen Landesherrn, der sich für einen Fürsten seiner Zeit durch außerordentliche Toleranz auszeichnete. Dies führte zur Bildung einer katholischen, reformierten und einer jüdischen Gemeinde in Celle, denen er das Religionsexerzitium einräumte. Georg Wilhelm besaß nicht die gleiche staatsmännische Begabung und den Ehrgeiz seiner jüngeren Brüder Johann Friedrich und Ernst August und war in seinen politischen Entscheidungen beeinflussbar, anfangs durchs seine Gemahlin Eléonore, später durch seinen Ersten Minister Bernstorff. Vor allem in der Außenpolitik geriet er nach der Aussöhnung mit Ernst August in dessen Abhängigkeit. Georg Wilhelm und Eléonore, die am 5. Februar 1722 starb, gelten über ihre Tochter Sophie Dorothea als Stammeltern der englischen und preußischen Dynastie; so war König Georg II. ihr Enkel und Friedrich der Große ihr Urenkel.

Nach Georg Wilhelms Tod fiel entsprechend früherer Verträge das Fürstentum Lüneburg an Hannover. Die Zusammenführung beider Territorien vollzog sich reibungslos. Die Hofhaltung in Celle wurde aufgelöst, die Verwaltung nach Hannover verlegt und das hannoversche Steuer- und Finanzsystem auf Lüneburg übertragen. Die lüneburgischen Landstände blieben erhalten ebenso das Hofgericht und die Justizkanzlei. Celle sank auf das Niveau einer mittleren Kleinstadt zurück. Als Ersatz für den Verlust des Hofes erhielt die Stadt 1711 das Oberappellationsgericht als höchsten Gerichtshof des

Kurfürstentums. Seine Richter konnten zwar vom Landesherrn versetzt oder entlassen werden; da der Fürst von diesem Recht keinen Gebrauch machte, besaßen sie weitgehende Unabhängigkeit; Hannover wurde eines der ersten deutschen Territorien, in dem der Grundsatz richterlicher Unabhängigkeit festgeschrieben wurde. 1710 wurde das Zuchthaus in Celle eingerichtet, das 1734 ein neues Gebäude an der Trift erhielt. 1735 kam das Landgestüt zur Aufzucht geeigneter Pferde für die Landwirtschaft und das Militär nach Celle.

In den Jahren 1772 bis 1775 wurde Celle noch einmal der Aufenthaltsort einer fürstlichen Persönlichkeit, als sich die dänische Königin Caroline Mathilde (*22. Juli 1751) hier niederließ. Sie war die jüngste Schwester Georgs III. und mit Christian VII. von Dänemark verheiratet, der »bereits früh Zeichen geistiger Abnormität zeigte und zu Exzessen neigte«[116]. Sein Leibarzt, Johann Friedrich Struensee (1737–1772), gewann erheblichen Einfluss auf die Regierungsgeschäfte und benutzte seine Stellung zur Durchführung einer Reihe von Reformen im Sinne der Aufklärung. Zwischen ihm und Caroline Mathilde entwickelte sich ein Liebesverhältnis, das zu Struensees Sturz beitrug. Er wurde des Hochverrats beschuldigt und am 28. April 1772 hingerichtet. Die Drohung Georgs III. mit einer militärischen Intervention, falls man gegen seine Schwester vorgehen sollte, führte zu Caroline Mathildes Exilierung nach Celle, wo sie das leer stehende Schloss bezog und aufgrund einer stattlichen Apanage einen Hofstaat von über 30 Personen einrichten und ein luxuriöses Leben führen konnte. Ihr Engagement in der Armenfürsorge verschaffte ihr bei der Bevölkerung Popularität. Sie starb am 10. Mai 1775 an den Folgen eines infektiösen Fiebers und wurde in der Celler Fürstengruft beigesetzt.

Das Fürstentum Calenberg-Göttingen und das Kurfürstentum Hannover

Herzog Johann Friedrich

Die Konversion Herzog Johann Friedrichs

In der zweiten Hälfte des 17. Jahrhunderts vollzog sich der Aufstieg Hannovers neben Brandenburg-Preußen zur zweiten Regionalmacht im Norden des Reiches. Die Erringung der Kurwürde, die bevorstehende Vereinigung der Fürstentümer Lüneburg und Calenberg-Göttingen und die Aussicht auf die englische Thronfolge trugen dazu bei, dass Hannover zum Mittelpunkt der braunschweig-lüneburgischen Territorien wurde. Wichtige Voraussetzungen für diesen Aufstieg wurden unter Herzog Johann Friedrich geschaffen, der nach dem Scheitern seines »Staatsstreiches« im Fürstentum Lüneburg am 27. September 1665 die Regierung in den Fürstentümern Calenberg-Göttingen und Grubenhagen antrat. Johann Friedrichs Herrschaftsgebiet erstreckte sich in nord-südlicher Ausdehnung von Nienburg bis (Hannoversch) Münden über eine Länge von etwa 200 km, wobei der südliche Teil durch einen ca. 30 km breiten Streifen Wolfenbütteler Territoriums vom nördlichen Landesteil getrennt wurde. Die west-östliche Breite betrug kaum mehr als 30 km, an der breitesten Stelle, zwischen Lauenförde (Weser) und Lauterberg (Harz) gut 60 km. Die Fläche des Fürstentums Calenberg-Göttingen umfasste etwa 5300 km^2 mit einer geschätzten Einwohnerzahl von 120 000 bis 130 000 Personen. Das Fürstentum Grubenhagen, das eigene Landstände sowie eine eigenständige Behördenorganisation besaß, umfasste nur 1000 km^2 mit 20 000 bis 25 000 Einwohnern. Somit gehörte Johann Friedrichs Herrschaftsgebiet, für das sich in der Folgezeit die Bezeichnung »Hannover« durchsetzte, nicht zu den ganz kleinen, aber auch nicht zu den mittleren Reichsterritorien. Der lange, stark zerklüftete Grenzverlauf machte seine Fürstentümer zu einem klassischen Durchzugsgebiet, was den Herzog veranlasste, den Weserübergang bei Hameln durch eine aufwendige Festungsanlage zu sichern.

Die Hauptstadt dieses Territoriums war Hannover. Wegen der Beengtheit der Altstadt entwickelte sich nach der Residenznahme 1636 westlich der Leine die Calenberger Neustadt, die unter Herzog Christian Ludwig in die Stadtbefestigung einbezogen wurde. 1657 umschloss ein gemeinsamer Befestigungsring Alt- und Neustadt. Die Neustadt blieb unter der Verwaltung eines landesherrlichen Vogtes rechtlich von der Altstadt unabhängig. Hier befand sich ausreichendes Baugelände für die Errichtung der wichtigsten Regierungs- und Kirchengebäude, für die Niederlassung von Adligen und Hofbediensteten sowie von Handwerkern und Gewerbetreibenden, die den Hof belieferten.

Um 1700 hatte die Neustadt etwa 3200 Einwohner. Darunter befanden sich auch Angehörige der nichtlutherischen Minderheiten, da diese sich in der Altstadt nicht niederlassen durften. Zu ihnen gehörten die ca. 100 Schutzjuden des hannoverschen Hofes, die 1688 eine kleine Synagoge errichten konnten. Seit 1689 siedelten sich Hugenotten an, die 1704/05 eine eigene Kirche erhielten, die zeitweise auch von der deutschen reformierten Gemeinde mitbenutzt wurde. 1718 konnte die von Tommaso Giusti nach den venezianischen Vorbildern *Il Redentore* und *Santa Maria della Salute* entworfene St. Clemenskirche als erstes katholisches Gotteshaus nach der Reformation eingeweiht werden. 1709 bekam die Calenberger Neustadt das »Recht der kleinen Städte« verliehen, und 1714 wurde ihre Autonomie durch die Verleihung der Landstandschaft und die Errichtung eines eigenen Stadtrates erweitert.

Neben Hannover waren allein Göttingen und Hameln Orte von einiger Bedeutung, während die anderen städtischen Siedlungen als Ackerbürgerstädte weder eine nennenswerte Kaufmannschaft, noch ein beachtliches Gewerbe aufwiesen. Die Wirtschaft des Fürstentums beruhte fast ausschließlich auf der Landwirtschaft. Lediglich die Ausbeutung der oberharzischen Bergwerke stellte ebenso wie die Zolleinnahmen auf der Weser einen wichtigen Posten des hannoverschen Staatshaushaltes dar. Neben der Metallerzeugung des Oberharzes gehörte die im Süden produzierte Wolle zu den Exportgütern.

Johann Friedrich (*25. April 1625) entwickelte stärker als seine Brüder »eine feinsinnige Empfänglichkeit für die künstlerischen Genüsse, die wissenschaftlichen Probleme und die religiösen Güter des Lebens«[117]. Die geringen Aussichten als dritter Sohn auf eine Regierungsübernahme verstärkten seine ausgedehnte Reisetätigkeit und seinen Hang zu mehrmonatigen Auslandsaufenthalten. Im Herbst 1649 brach Johann Friedrich zu seiner zweiten Italienreise auf, die ihn bis zum Frühjahr 1652 von Deutschland fernhielt. Im Oktober 1650 traf er in Rom ein, wo sich seine Konversion zum Katholizismus vorbereitete. Möglicherweise begünstigt durch seine Aufenthalte in katholischen Ländern, muss Johann Friedrich mit einer gewissen Disposition zum Glaubenswechsel nach Rom gekommen sein. Hier geriet er unter den Einfluss der Konvertiten Lucas Holstenius, dem damaligen Leiter der Vatikanischen Bibliothek, und Christoph Graf Rantzau sowie einer Reihe von Jesuiten, zu denen der spätere Ordensgeneral Gian Paolo Oliva gehörte. Dieser Personenkreis scheint ihn in der Überzeugung von der Identität der römischen mit der alten Kirche gestärkt zu haben. Bei der späteren Rechtfertigung seines Religionswechsels berief sich Johann Friedrich insbesondere auf diese Übereinstimmung von Alter und gegenwärtiger Kirche und auf die Notwendigkeit der kirchlichen Lehrautorität als einheitsverbürgendes Element. Die Faszination, die Johann Friedrich für das strenge Ordensleben empfand, das er vor allem bei den Franziskanern in Assisi kennen gelernt hatte, gab den letzten Anstoß zur Konversion. Die Bekanntschaft mit dem Franziskaner-Konventualen Joseph von Copertino (1603–1663) hinterließ bei ihm einen so tiefen Eindruck, dass er zeitweise an den Eintritt in den Orden dachte. Im Februar 1651 legte der Herzog vor Joseph von Copertino in Assisi das Glaubensbekenntnis in seiner römisch-katholischen Form ab und vollzog damit den förmlichen Übertritt zur katholischen Kirche. Anschließend pilgerte er zum Gnadenbild von Loreto, wo er die Beichte ablegte. Da ein Glaubenswechsel seine Apanage und Erbfolge gefährden konnte, die nach dem Testament Herzogs Georgs an das evangelische Bekenntnis gebunden waren, hielt Johann Friedrich seine Konversion einstweilen geheim. Von seiner Konversion konnte er keine materiellen oder politischen Vorteile erwarten; sie war das Ergebnis seiner religiösen Überzeugung und führte zu schweren Auseinandersetzungen mit seinen Familienangehörigen. Erst Ende Dezember benachrichtigte er seine Mutter und seine Brüder von seinem Glaubensübertritt.

An den Höfen in Hannover und Celle hatten sich bereits zuvor Gerüchte über eine Konversion Johann Friedrichs verbreitet; man befürchtete, dass sich sein katholisches Bekenntnis bei einem möglichen Regierungsantritt zum Nachteil des Protestantismus in den welfischen Fürstentümern auswirken könnte. Alle Bemühungen von welfischer Seite, ihn mit Hilfe von Gesandtschaften vom Glaubenswechsel abzuhalten bzw. ihn zur Rückkehr in die evangelische Kirche aufzufordern, schlugen fehl. Sein Wunsch, ihm und seinen Dienern in den welfischen Landen die Möglichkeit privater Religionsausübung einzuräumen, wurde abschlägig beschieden. Mit der »staatsstreichartigen« Besetzung des Fürstentums Lüneburg nach dem Tod Christian Ludwigs 1665 löste er durch die Schaffung von Tatsachen die Frage, ob ein Katholik nach den Ordnungen des protestantischen Welfenhauses die Landesherrschaft antreten könne.

Als regierendem Fürsten konnte man dem frommen und der katholischen Kirche eng verbundenen Johann Friedrich die private Übung seines Bekenntnisses nicht mehr versagen. Das öffentliche Religionsexerzitium, das sich u. a. in der Errichtung eines katholischen Gotteshauses äußerte, erreichte er dagegen erst nach längeren Verhandlungen mit den Landständen. Die Befürchtung, der Herzog könne nach seinem Regierungsantritt den Katholizismus begünstigen und der evangelischen Kirche Schaden zufügen, war unbegründet. Der evangelische Bekenntnisstand des Landes blieb unangetastet. Auch in seinen politischen Entscheidungen ließ sich Johann Friedrich nicht von konfessionellen Gesichtspunkten beeinflussen. Allerdings führte sein Regierungsantritt in der Residenzstadt zur Entstehung einer katholischen Gemeinde, die weitgehend aus Künstlern, Handwerkern, dem Gesandtschaftspersonal der katholischen Mächte und Bediensteten des Hofes bestand und international zusammengesetzt war. Sie wurde von Kapuzinerpatres betreut. Als kirchliches und kultisches Zentrum räumte er den Katholiken die Schlosskapelle ein. Es sprach für Johann Friedrichs Toleranz, dass er vom Hof und von seiner Beamtenschaft keinen Glaubenswechsel forderte. Die Zahl der Konversionen zum Katholizismus blieb während seiner Regierungszeit gering. Dies resultierte unter anderem aus der Tatsache, dass der Herzog keinen männlichen Nachfolger besaß und sich die Regierungsübernahme seines protestantischen Bruders Ernst August abzeichnete.

Johann Friedrich erreichte es, dass Hannover Sitz des Apostolischen Vikars für die Nordischen Missionen wurde, dem die bischöfliche Jurisdiktion über die wenigen katholischen Gemeinden in den weiten Diasporagebieten Norddeutschlands und Skandinaviens oblag. Seit 1677 hatte dieses Amt der dänische Konvertit Niels Stensen (1638–1686) inne, der aufgrund einer Reihe wichtiger Entdeckungen u. a. auf dem Gebiet der Anatomie zu den renommierten Gelehrten seiner Zeit zählte. Sein vorbildliches christliches und priesterliches Leben fand schon bei seinen Zeitgenossen über die konfessionellen Grenzen hinweg Anerkennung.

Johann Friedrich gelang es, 1676 Gottfried Wilhelm Leibniz (1646–1716) als Bibliothekar an den hannoverschen Hof zu holen, der zu den bedeutendsten Gelehrten der Neuzeit zählt. Als Mathematiker, Jurist, Historiker, Naturwissenschaftler, Techniker, Geologe, Philosoph und Theologe sparte er kaum einen Bereich menschlichen Wissens aus. Entsprechend seinem Leitspruch *Theoria cum praxi*, der die Forderung nach anwendungsbezogener Wissenschaft enthielt, betätigte er sich auch als Wissenschaftsorganisator. Unter Johann Friedrichs Nachfolgern empfand er die Diskrepanz zwischen seinem internationalen Renommee als Gelehrter, der mit den Geistesgrößen seiner Zeit korrespondierte, und seiner Position als »subalterner Beamter eines mittelgroßen Fürstenhauses«[118]; er glaubte, dass er von den Kurfürsten Ernst August und Georg Ludwig, die ihn in den Dienst der juristischen und historischen Legitimierung ihrer politischen Ansprüche stellten, in seiner Bedeutung nicht ausreichend gewürdigt wurde. Dennoch hielt er an seiner Stellung in Hannover in Ermangelung lukrativer Angebote fest.

1668 heiratete Johann Friedrich Pfalzgräfin Benedikta Henriette Philippine (1652–1730). Die Ehe brachte den Herzog in verwandtschaftliche Beziehung zum französischen Königshaus und stärkte die profranzösische Ausrichtung seiner Politik. Von den beiden Töchtern heiratete Charlotte Felicitas (1671–1710) Herzog Rinaldo III. von Este-Modena und Wilhelmine Amalie (1673–1742) den späteren Kaiser Joseph I. (1678–1711).

Die Auseinandersetzung mit den Ständen

Johann Friedrich galt als »im Grunde ehrliche und rechtschaffende Natur«.[119] Auf sein Wort war Verlass, wenn auch zeitweise ein Mangel an Entschlusskraft und eindeutiger Entschiedenheit zu seinen Schwächen gehörte. Dennoch wurde durch ihn die staatliche Entwicklung des Fürstentums im Sinne des Absolutismus vorangetrieben. Dazu gehörten neben dem Zurückdrängen des ständischen Einflusses auf die Außenpolitik und der Einrichtung eines stehenden Heeres der Ausbau des fürstlichen Hofes und die Förderung von Kunst und Wissenschaft. In diesem Zusammenhang sind die Anlage der Herrenhäuser Gärten, die Gründung der Oper sowie die Berufung herausragender Persönlichkeiten, wie Gottfried Wilhelm Leibniz und Niels Stensen, zu sehen. Die Organisation der Regierung mit dem Geheimen Rat, dem die oberste Leitung der inneren und äußeren Politik zukam, dem Konsistorium und der Justizkanzlei unterschied sich wenig von dem Behördensystem benachbarter Territorien. Hinsichtlich des Kriegs-

und Kammerwesens zeichnete sich unter Johann Friedrich eine Entwicklung zu selbstständigen Zentralbehörden ab. In der Regimentsordnung vom 21. April 1670 behielt sich der Herzog die Entscheidung in Militär- und auswärtigen Angelegenheiten, aber auch Ernennungsrechte vor. Die bedeutendste Person unter den Geheimen Räten, deren unter Georg Wilhelm gewachsene Machtvollkommenheit Johann Friedrich beschnitt, und *spiritus rector* der hannoverschen Politik war Otto Grote (1636–1693), der als einer der »fähigsten Köpfe unter den deutschen Staatsmännern«[120] seiner Zeit bezeichnet wurde und Johann Friedrich hinsichtlich seines unermüdlichen Fleißes, seiner Geschmeidigkeit und Verschlagenheit geistig verwandt war. Er war insbesondere ein wertvoller Beistand bei den herzoglichen Bemühungen um die Schwächung des Einflusses der Landstände.

Bereits Herzog Georg hatte eine »konsequente Ständepolitik«[121] betrieben, die auf einen sukzessiven Einflussverlust hinzielte und von seinen Söhnen und Nachfolgern fortgesetzt wurde. Insbesondere kamen sie unter Bezugnahme auf das Reichsrecht den ständischen Forderungen nach Auflösung des stehenden Heeres nicht nach. Christian Ludwig und Georg Wilhelm bemühten sich, die Landstände auf die Steuerbewilligung und -erhebung zu beschränken und ihnen politische Mitspracherechte zu entziehen. Diesen Kurs setzte Johann Friedrich konsequent fort, der zwar die Rechte der Landstände formal bestätigte und ihren Einfluss auf die Finanzverwaltung unangetastet ließ, aber bereits 1674 das ständische Selbstversammlungsrecht außer Kraft setzte und ihnen kein Mitspracherecht bei der Verwendung von Steuergeldern einräumte. Eine Bestätigung ständischer Privilegien knüpfte er an die Bedingung, dass diese seine Landeshoheit nicht beeinträchtigten. Unter Bezug auf Art. VIII des Westfälischen Friedens, der dem Landesherrn *superioritas territorialis* einräumte, interpretierte er ständische Forderungen auf politische Mitbestimmung als Angriffe auf seine Landeshoheit. Für die Ansprüche der Landschaft auf Mitwirkung über den Finanzbereich hinaus forderte er schriftliche Nachweise und legte ihr so die

Beweislast auf. Zu einer Steuerverweigerung rangen sich die Stände, deren Stellung als Grund- und Gerichtsherren auf der lokalen Ebene unangetastet blieb, nicht durch.

Auf Johann Friedrichs ständepolitische Erfolge konnte Ernst August aufbauen, der auf eine konsensorientierte Zusammenarbeit setzte. Er erreichte es, dass auf dem Landtag von 1686 die bis dahin temporär bewilligte Kontribution »von einer dauerhaften Verbrauchssteuer (Akzise, Licent) zwar nicht völlig ersetzt, doch weitgehend ergänzt«[122] wurde. Der Licent wurde im Wesentlichen für die Unterhaltung des Heeres verwandt, während mit den Kammereinkünften, der zweiten wichtigen Einnahmequelle des hannoverschen Haushaltes, die Hof- und Verwaltungskosten, der auswärtige Dienst, die Reichslasten und der persönliche Aufwand der Landesherrschaft bestritten wurden.

Militärpolitische Maßnahmen

Johann Friedrich, der »alles andere als eine soldatische Erscheinung und eine kriegerische Natur«[123] war, gilt wegen einer Reihe von Veränderungen im Militärwesen als der Begründer der hannoverschen Armee. Ihr Aufbau wurde zu einem zentralen Anliegen seiner Politik und machte das kleine Fürstentum zur »Vormacht des Welfenhauses« und zu einem »Faktor der hohen Politik, mit dem selbst die Großmächte zu rechnen hatten«.[124] Bereits Herzog Georg hatte während des Dreißigjährigen Krieges mit dem Aufbau eines Stehenden Heeres begonnen. Auch Christian Ludwig und Georg Wilhelm unterhielten durchgehend kleine Truppenverbände im Umfang von 2000 bis 3000 Mann. Große Bedeutung für die Entwicklung dieser stehenden Truppen hatten die staatsstreichartigen Vorgänge des Jahres 1665, in deren Verlauf Johann Friedrich mit finanzieller Unterstützung der Stände massiv aufrüstete. Nach der Beilegung der Streitigkeiten entließ er die Truppen nicht, sondern verstärkte sie, so dass er 1667 über 6000 und 1673 über 15 000 Soldaten verfügte, die allerdings niemals auf dem Schlachtfeld eingesetzt wurden. Die

Kosten für eine derartige Streitmacht wurden mit monatlich 50 000 bis 70 000 Talern veranschlagt, d. h. mit 600 000 bis 840 000 Talern jährlich; sie betrugen damit zwei- bis drei Mal so viel wie die gesamten Kammereinnahmen des Fürstentums. Die Finanzierung erfolgte durch die bereits im Dreißigjährigen Krieg eingeführte Kontribution, die monatlich allerdings nur 20 000 bis 25 000 Taler einbrachte, durch die Erhebung von Kopfsteuern und den Magazinkorn, der als Naturalabgabe oder in bar eingezogen wurde, durch Anleihen bei der Landschaft und finanzstarken Juden sowie durch Einquartierungen bei der Bevölkerung, die dann auch die Verpflegung der Soldaten zu übernehmen hatte. Hinzu kam die Überwinterung der Streitkräfte in den Territorien kleinerer benachbarter, »nicht armierter« Reichsstände, wie das Hochstift Hildesheim und die Grafschaften Bentheim, Pyrmont, Waldeck und Lippe. Der Ausbau und der Unterhalt des Heeres waren ohne ausländische Hilfe in Form von Subsidien nicht möglich. Während Georg Wilhelm und Ernst August diese vornehmlich von den Niederlanden bezogen, kamen die Unterstützungen für Johann Friedrichs Heer aus Frankreich.

Zu den weitreichenden Veränderungen im Militärwesen gehörten unter Johann Friedrich die Schaffung eines einheitlichen Militärrechts, die Einrichtung einer Kriegskasse und damit einer eigenständigen Finanzverwaltung, die sich durch eine straffe und moderne Arbeitsweise auszeichnete, sowie der Aufbau einer Infrastruktur zur Versorgung der Soldaten. Aufgrund der Regimentsordnung von 1670 behielt sich Johann Friedrich die alleinige Führung der Armee vor. Kriegsräte standen an der Spitze der zivilen Heeresverwaltung, während Kriegskommissare für die Verwaltung der einzelnen Truppenkassen und die Regelung des Proviantwesens zuständig waren. An der Spitze der Generalität stand Generalleutnant Heinrich von Podewils (1615 – 1696), der bis 1672 in Frankreich gedient hatte und unter dessen Leitung die hannoverschen Truppen auf einen guten Stand gebracht wurden.

Ernst August baute auf den von seinem Vorgänger geschaffenen Grundlagen des Militärwesens auf. In den 1680er Jahren kam es zur Errichtung der Kriegskanzlei als eigenständiger Behörde, in der die Kriegsräte fest umrissene Ressorts verwalteten, wie die Einnahmen der Militärsteuern, die Regelung der korrekten Bezahlung und die Unterbringung der Truppen, die Rechnungsführung der Kriegskasse und die Kontrolle der Festungsbauten. Das Reglement von 1683 legte eine verbindliche hierarchische Gliederung fest, definierte die einzelnen Ränge und Kommandostrukturen, regulierte die Marschordnung sowie das Exerzierwesen und die taktische Ausbildung. Durch eine Flut von Erlassen in den 1680er und 1690er Jahren wurde der Militärdienst in Kriegs- und Friedenszeiten umfassend reglementiert. Die Zahl der Soldaten stieg von 5000 (1680) auf über 15 000 (1692). Neben den Subsidien, die sich bis zum Ende der Regierungszeit Ernst Augusts auf 1,1 Mio. Taler beliefen, war die Vermietung der hannoverschen Truppen an die Republik Venedig, die mit erheblichen Mannschaftsverlusten verbunden war, eine weitere Finanzierungsquelle. Die Abhängigkeit von Subsidien trat zu Beginn der Regierungszeit Georg Ludwigs erneut mit großer Deutlichkeit hervor, als infolge des Friedens von Rijswijk (1697) die auswärtigen Zahlungen ausblieben und dies in Hannover eine förmliche Finanzkrise hervorrief. Als während des Spanischen Erbfolgekrieges die englischen und holländischen Subsidien wieder einsetzten, beendete dies die prekäre Finanzsituation des Kurfürstentums. Georg Ludwig konnte erneut aufrüsten und erreichte bis 1705 eine Truppenstärke von fast 15 000 Mann. Nach der Vereinigung von Hannover und Celle verfügte Georg Ludwig mit 22 000 Mann über eine der stärksten Armeen im Reich.

Johann Friedrich brach im November 1679 mit einem Gefolge von 93 Personen und über 100 Pferden zu seiner fünften Italienreise auf. Er erweiterte die Kompetenzen der Geheimen Räte, behielt sich jedoch die Entscheidung in wichtigen Angelegenheiten vor. Am 5. Dezember traf er in Augsburg ein, wo er einige Zeit verweilen wollte. Hier starb er am 18./28. Dezember an Herzversagen. Der Leichnam wurde in die Heimat gebracht, wo er zuerst in der Schlosskapelle auf dem Calenberg aufgebahrt wurde. Am 30. April wurde er nach Herrenhausen und dann in feierlichem Leichenzug nach Hannover überführt. Die Funeralien wurden besonders prunkvoll gestaltet; denn die Beisetzungsfeierlichkeiten waren der erste öffentliche Auftritt des Nachfolgers Ernst August, der seine Regierung mit einer mächtigen Demonstration einleiten wollte. Johann Friedrich fand seine letzte Ruhestätte in der von ihm errichteten Fürstengruft unter dem Chor der Schlosskapelle. Er hatte unter innenpolitischem Gesichtspunkt »alles in bester Ordnung hinterlassen«[125] und im Sinne des Absolutismus wesentliche politische Voraussetzungen geschaffen, auf denen sein Nachfolger aufbauen konnte.

Kurfürst Ernst August

Bischof von Osnabrück

Ernst August (* 20./30. November 1629) entwickelte sich zu einer ungewöhnlich aktiven und politisch agilen Persönlichkeit und sollte sich als der tatkräftigste und erfolgreichste der vier Söhne Herzog Georgs erweisen. Von einem unbeugsamen Machtwillen geprägt, gelang es ihm, durch persönliche Tüchtigkeit, diplomatisches Geschick, aber auch infolge einer Reihe glücklicher Umstände das welfische Teilfürstentum Calenberg-Göttingen-Grubenhagen durch die dauerhafte Verbindung mit Lüneburg in einen beachtlichen großflächigen Territorialstaat zu verwandeln und neben dem größeren Kurfürstentum Brandenburg die Stellung des mächtigsten Fürsten Norddeutschlands zu erringen. Dies fand deutlichen Ausdruck in seiner Erhebung zum Kurfürsten.

Zunächst besaß Ernst August als jüngster nachgeborener Prinz kaum realistische Aussichten auf eine eigene Landesherrschaft. Der Westfälische Frieden eröffnete ihm dann die Aussicht auf eine eigenständige Herrschaft im Hochstift Osnabrück. Art. XIII des Osnabrücker Friedensinstrumentes bestimmte ihn zum Nachfolger des katholischen Bischofs Franz Wilhelm Reichsgraf von Wartenberg; dies galt als Entschädigung für die dem Haus Braunschweig-Lüneburg verloren gegangenen Koadjutorien von Magdeburg, Bremen, Halberstadt und Ratzeburg. Nach Ernst Augusts Ableben sollte das Fürstentum abwechselnd von einem vom Domkapitel freiwählbaren katholischen und einem evangelischen Bischof aus der jüngeren Linie des Hauses Braunschweig-Lüneburg regiert werden (*successio alternativa*). Das Hochstift Osnabrück, dessen territorialer Umfang mit dem des heutigen Landkreises weitgehend identisch ist, gehörte zu den kleineren geistlichen Reichsständen. Gegen Ende des 18. Jahrhunderts hatte es etwa 120 000 Bewohner. Für Herzog Ernst August, der die Regierung am 1. März 1662 antrat, wurde es zum »Exerzierfeld für die Reichspolitik und die angestrebte fürstliche Repräsentation«[126].

Ernst Augusts Ehe mit Sophie von der Pfalz erwies sich zunächst als eine Liebesverbindung. Aus ihr gingen fünf Söhne und eine Tochter hervor, die das Kindesalter überlebten. Im Gegensatz zu ihrer Mutter zeigte Sophie großes Interesse an ihren Kindern. Erste Schatten warf Ernst Augusts häufige Abwesenheit, vornehmlich durch Italienreisen bedingt, auf die Ehe. Die Italienaufenthalte boten ihm Gelegenheit für zahlreiche außereheliche Beziehungen, die die Herzogin in stoischer Gelassenheit ertrug. Weitere Charaktereigenschaften Sophies waren ihre kulturelle und geistige Regsamkeit. Sie interessierte sich für Literatur, Musik und Theater und war am hannoverschen Hof eine der wichtigsten Gesprächspartnerinnen Leibniz'. Sie war sich ihrer hohen Abkunft stets bewusst, war auf der anderen Seite aber wenig eitel. Sophie war spottlustig gegenüber anderen; ihr fehlte es aber auch nicht an Selbstironie, wofür Passagen ihrer 1680/81 abgefassten Memoiren – eine der ersten deutschen Autobiographien einer Fürstin – Zeugnis geben. Als Jugendliche hatte sie eine streng calvinistische Erziehung erfahren; im Laufe der Jahre wurde ihre religiöse Einstellung immer mehr von Zügen eines dogmenfremden Christentums und – trotz regelmäßiger Teilnahme am Gottesdienst – durch geringere kirchliche Gebundenheit bestimmt. Der katholische Ritus blieb ihr völlig fremd und war häufig Anlass für spöttische Bemerkungen. Demgegenüber nahm sie wie ihre Celler Schwägerin lebhaften Anteil an der Entwicklung der reformierten Gemeinde in Hannover, die sie ideell und materiell unterstützte. Sophie erfreute sich einer ausgezeichneten Gesundheit und erreichte trotz komplizierter Geburten das 84. Lebensjahr.

Sophie hat Ernst Augusts Politik, insbesondere die Vereinigung der Fürstentümer Celle und Calenberg-Göttingen, voll unterstützt, wobei nicht zuletzt die standesgemäße Versorgung ihrer Kinder ein zentrales Anliegen war. Allerdings blieb sie von den konkreten politischen Entscheidungen und den Staatsgeschäften weitgehend ausgeschlossen. Größeren Einfluss konnte sie bei den verschiedenen Projekten zur Verheiratung ihrer Kinder ausüben. Dabei lag ihr das Schicksal ihrer Tochter Sophie Charlotte besonders am Herzen. Pläne einer Verbindung mit dem Dauphin, dem verwitweten Ludwig XIV. oder dem bayerischen Kurfürsten Maximilian Emanuel zerschlugen sich. Sophie Charlotte heiratete 1684 Kurprinz Friedrich von Brandenburg-Preußen.

Sophie war sich bewusst, dass ihr Status und Einfluss von der Nähe zu ihrem Ehemann abhingen; sie sah ihre Stellung nicht wesentlich bedroht, solange Ernst August Liebesbeziehungen mit verschiedenen Frauen einging und sich nicht für eine dauerhafte Mätresse entschied. Dies änderte sich Mitte der 1670er Jahre, als der Herzog Clara Elisabeth von Meisenbug (1648–1700) kennenlernte. Sie war 1671 als Hofdame nach Osnabrück gekommen und hatte 1673 Franz Ernst Freiherrn von Platen geheiratet, der bereits 1659 in die Dienste Ernst Augusts getreten war und als Kammerrat und Hofmarschall eine beeindruckende Karriere erlebte, an deren Ende die Position des Ersten Ministers in Hannover stand. Platen verdankte diesen Aufstieg seinen politischen und diplomatischen Fähigkeiten, aber auch der Duldung des Verhältnisses seiner Ehefrau zu Ernst August. Clara Elisabeth von Platen fungierte bis zum Tod Ernst Augusts als *Maitresse en titre* und übte durchaus politischen Einfluss aus.

Im Hochstift Osnabrück begann unter Ernst August die Epoche des kleinstaatlichen Absolutismus. Dies fand in der systematischen Zurückdrängung des politischen Gewichtes der Stände seinen Ausdruck, die über einen längeren Zeitraum nicht einberufen wurden. Der Herzog schränkte ihr Selbstversammlungsrecht ein und schloss sie von der Zustimmung zur Bündnis- und Außenpolitik aus. Ebenso schaltete er die Stände mit der Durchsetzung des landesherrlichen Steuermonopols von der Steuerbewilligung und -erhebung aus. Die durch Hofhaltung und stehendes Heer erhöhten Steuerforderungen wurden notfalls unter Androhung militärischer Gewalt durchgesetzt. Der Wechsel von der Personal- zur Realbesteuerung aufgrund einer differenzierteren Steuerklasseneinteilung vermehrte die landesherrlichen Einnahmen. Die erhöhten Steuerforderungen richteten sich auch gegen die Stadt Osnabrück, die durch die Einquartierung der fürstlichen Truppe außerdem belastet wurde. Anfangs betrug die Zahl der Soldaten 450 Mann; sie erhöhte sich in den folgenden Jahren zeitweise auf 2000, wodurch das Militär unter Einschluss der Familienangehörigen fast ein Drittel der Stadtbevölkerung ausmachte. Der Bau des Schlosses innerhalb der Stadtmauern unterstrich den Machtanspruch des neuen Herrschers.

Seit Anfang des 15. Jahrhunderts residierten die Osnabrücker Bischöfe in Iburg südlich von Osnabrück. Die dortige Burg war von Bischof Herzog Philipp Sigismund von Braunschweig-Lüneburg (1568–1623) im Sinne höfischer Repräsentation zum Schloss umgestaltet worden. Wartenberg ließ das im Dreißigjährigen Krieg durch niederländische und schwedische Soldaten ruinierte Schloss wieder zur Residenz ausbauen. Allerdings entsprach es nicht mehr Ernst Augusts und Sophies Repräsentationsbedürfnissen. Da der ursprünglich von den Bischöfen in der Stadt Osnabrück bewohnte Martinshof verfallen und auch zu eng war, entschied sich Ernst August für einen Schlossneubau. Er erwarb ein Grundstück am Rande der Neustadt, wodurch das Schloss nie ganz in die Stadt integriert werden konnte. In der Anlage verbanden sich die »Ideale des italienischen Palast- und Villenbaues mit denen des modernen kaiserlichen Residenzbaues in Wien«[127], besonders des Leopoldinischen Traktes der Hofburg, wodurch sie die reichspolitische Ausrichtung des Bauherrn unterstrich. Das Hauptgebäude wurde 1673 von der fürstlichen Familie und dem Hofstaat samt Dienerschaft bezogen. Gegen 1680 waren auch die Seitenflügel bewohnbar. Das Osnabrücker Schloss, der früheste Residenzbau nach dem Dreißigjährigen Krieg, dessen dreiläufige Treppenanlage offenbar zum ersten Mal im deutschen Sprachraum aufgenommen wurde, wurde nicht aus Landesmitteln erbaut, sondern aus der Privatschatulle des Herzogs bezahlt und blieb somit Privateigentum des Welfenhauses.

Für Ernst August war das Hochstift Osnabrück die Basis und der Ausgangspunkt einer kontinuierlichen Machterweiterung. Vor allem richtete sich die Aufmerksamkeit des Herzogs und seiner Frau auf die Sicherung der Nachfolge im Fürstentum Lüneburg, die der Osnabrücker Familie aufgrund des Hausvertrages mit Herzog Georg Wilhelm zustand. Außerdem war der Anfall des Fürstentums Calenberg-Göttingen-Grubenhagen nicht ausgeschlossen, solange Herzog Johann Friedrich keine männlichen Nachkommen besaß. Dennoch blieb die Aussicht auf die Nachfolge in den beiden welfischen Teilfürstentümern mit Risiken für das Osnabrücker Bischofspaar verbunden, für das jede Schwangerschaft der Schwägerinnen Anlass zur Sorge war. Die Tatsache, dass die Osnabrücker Bischofswürde nur ad *personam* verliehen und nicht vererbbar war, verschärfte das Problem einer standesgemäßen Versorgung der herzoglichen Kinder.

Regierung und Verwaltung in Hannover

Im Frühjahr 1680 siedelte die herzogliche Familie nach dem Tod Johann Friedrichs nach Hannover über, das nunmehr zu ihrer Hauptresidenz wurde. Neben dem Hochstift Osnabrück, dem die Funktion eines Nebenlandes zufiel und das Ernst August in erster Linie als »willkommene zusätzliche landesherrliche Einnahmequelle«[128] betrachtete, umfasste sein Herrschaftsgebiet die Fürstentümer Calenberg-Göttingen und Grubenhagen sowie die Grafschaft Diepholz. 1682 kamen noch die oberhoyaschen Ämter hinzu. Ernst August herrschte somit über ein Gebiet, das vom Emsland bis zum Eichsfeld reichte und, »zerlappt und zerstückelt wie es war«, dennoch gewissermaßen die Grenzen berührte, »zwischen denen sich das künftige Kurfürstentum und Königreich Hannover aufbauen sollte«.[129] Hinzu kam die Anwartschaft auf das Fürstentum Lüneburg. Dies verlieh Ernst August eine Führungsrolle im Hause Braunschweig-Lüneburg. Das Fürstentum Wolfenbüttel, das hinsichtlich der Fläche schon das kleinste der welfischen Territorien war, verlor vor dem Machtgewinn des hannoverschen Vetters noch mehr an Bedeutung.

Die Grundlage der Regierungsweise Ernst Augusts in Hannover bildete die Regimentsordnung vom 18. Februar 1680, die in ihren Grundzügen auch für das ganze 18. Jahrhundert galt. Sie war neben der Umstellung des Steuersystems von der Kontribution zum Licent die bedeutendste innenpolitische Leistung Ernst Augusts. Durch die Aufgabenzuteilung in der zentralen Regierungssphäre förderte sie die Einrichtung selbstständiger Fachbehörden. Zwar blieb der Schwerpunkt der Regierungstätigkeit im Plenum des Geheimen Rates; die Kammer, die Justizkanzlei, das Konsistorium und die Kriegskanzlei erhielten wachsendes Eigengewicht. Gleichzeitig beschritt Ernst August, der an den Sitzungen des Geheimen Rates nicht mehr teilnahm, durch die Ausgliederung einzelner mit Hilfe bürgerlicher Kabinettssekretäre behandelter Arkanangelegenheiten aus der Zuständigkeit des Geheimen Rates den Weg zur Kabinettsregierung, die ihn dem Meinungsstreit der Geheimen Räte entzog und seine Art, schnell, knapp und unwiderruflich Entscheidungen zu fällen, unterstützte.

Im Geheimen Ratskollegium waren die profiliertesten und einflussreichsten Persönlichkeiten Ludolf Hugo (1632–1704) und Graf Otto Grote, die Ernst August bei seinem Regierungsantritt in ihren Ämtern bestätigte, sowie Graf Franz Ernst von Platen. Grote und Platen waren die Hauptvertreter der auf Machterweiterung ausgerichteten Politik, konkurrierten aber um die erste Stelle im Kollegium und neutralisierten sich dadurch hinsichtlich der Einflussmöglichkeiten auf den Herzog, der keinem seiner Räte alleinigen bestimmenden Einfluss auf seine Entscheidungen einräumte. Mit dem Vorsitz im Geheimen Rat für alle Kriegs- und Finanzsachen sowie seiner Zuständigkeit für die innere Verwaltung kam Grote die Stellung eines Premierministers zu, ohne je dazu ernannt worden zu sein. Er bewährte sich aber auch in der Diplomatie; in Berlin vermittelte er die Vermählung Sophie Charlottes mit Kurprinz Friedrich, was ihm besonders dessen Gunst einbrachte und seine späteren Ausgleichsbemühungen zwischen den beiden rivalisierenden norddeutschen Staaten Hannover und Brandenburg-Preußen förderte. Sein Hauptverdienst lag in der Anbahnung der hannoverschen Kurwürde; insbesondere bei den Schlussverhandlungen in Wien übte er maßgeblichen Einfluss aus. Nach seinem Tod (5./15. September 1693) nahm Platen, der bis dahin vornehmlich die auswärtigen Angelegenheiten geleitet hatte, die erste Stelle im Geheimen Rat ein, was 1694 seine offizielle Ernennung zum Premierminister zur Folge hatte. 1696 wurde er erster Präsident der neuerrichteten Klosterkammer. Gleichzeitig entwickelten sich die Platens zur *famille régnante*, der ersten Familie unter den hannoverschen Adligen.

Die Primogeniturordnung und der Kampf um die Kurwürde

Kein anderes politisches Ziel verfolgte Ernst August mit der gleichen Beharrlichkeit und Entschiedenheit wie die Erlangung der Kurwürde. Diese bedeutete nicht nur eine Erhöhung des Ansehens seines Hauses; sie erweiterte auch die Möglichkeiten reichspolitischer Mitwirkung; hinzu kam eine Reihe von Rechten und Privilegien, wie die Kaiserwahl, der Aufbau einer autonomen Gerichtsbarkeit sowie die Unteilbarkeit der Kurlande, die nach dem Recht der Erstgeburt vererbt werden sollten. Bereits Johann Friedrich hatte sich um die Kurwürde bemüht. Die Zersplitterung der welfischen Territorien, seine relativ schmale Machtbasis, seine Konversion zum Katholizismus, die die Vorbehalte der protestantischen Fürsten stärkte, sowie die profranzösische Ausrichtung seiner Politik waren wesentliche Gründe für sein Scheitern. Demgegenüber ergaben sich für Ernst August günstigere Umstände; vor allem signalisierte der Kaiser Entgegenkommen. In der Standeserhebung der jüngeren Linie des Hauses Braunschweig-Lüneburg sah man in Wien eine Möglichkeit, in Norddeutschland einen Verbündeten zu gewinnen; sie reihte sich in die Bestrebungen Leopolds I. ein, mit politischen Mitteln die habsburgische Kaisermacht wieder aufzurichten und damit den durch den Westfälischen Frieden bewirkten Verlust an Rechten zu kompensieren.

Spätestens seit 1682 unternahm Ernst August gezielte Maßnahmen zur Erringung der Kurwürde. Die durch die Vermählung seines ältesten Sohnes Georg Ludwig mit der Celler Prinzessin Sophie Dorothea abgesicherte Vereinigung der Fürstentümer Calenberg-Göttingen und Lüneburg schuf eine ausreichende territoriale Basis. Um die Einheit dieses Territoriums zu gewährleisten, musste die Primogenitur durchgesetzt werden, die die Goldene Bulle von 1356 als Voraussetzung für die Kurwürde festgelegt hatte. Während das Erstgeburtsrecht in Braunschweig-Wolfenbüttel bereits seit 1535 galt, stand ihr in den Landen der jüngeren welfischen Linie das Testament Herzog Georgs von 1641 entgegen, das eine Aufteilung der Landesteile Lüneburg und Calenberg unter den beiden ältesten Söhnen festschrieb. Neben der Sicherung der territorialen Einheit wies die Primogenitur weitere Vorteile auf: Sie war einfach vollziehbar, überbrückte die krisenhafte Phase zwischen zwei Regentschaften und erleichterte die rechtzeitige Vorbereitung des Nachfolgers auf die Herrschaft. Sie bedeutete eine Abkehr von der traditionellen fürstlichen Versorgungspolitik und entsprach dem absolutistischen Machtstreben und dem Aufbau des frühmodernen Staatswesens.

Ernst August legte in seinem Testament vom 31. Oktober 1682, dem der Charakter eines Hausgesetzes zukam, die Unteilbarkeit seiner Lande und die Erbfolge seines ältesten Sohnes Georg Ludwig und dessen männlicher Nachkommen fest. Dies bedeutete den Ausschluss seiner fünf jüngeren Söhne von der Erbfolge. Diese Regelung wurde einstweilen geheim gehalten. Versehen mit einer ausführlichen Denkschrift des Geheimen Rates und Vizekanzlers Ludolf Hugo, einem »der bedeutendsten Staatsrechtler, die die hannoversche Verfassungsgeschichte kennt«[130], erhielt der hannoversche Gesandte in Wien, Ferdinand Friedrich von Falkenhain, den Auftrag, die kaiserliche Bestätigung des Testamentes zu erwirken. Diese erfolgte am 1. Juli 1683, beinhaltete jedoch auch eine Formel, die den jüngeren Söhnen ein Einspruchsrecht für den Fall etwaiger Nachteile einräumte. Somit war Ernst August gezwungen, das Einverständnis seiner Söhne zu der testamentarischen Verfügung einzuholen. Es begann ein erbitterter Familienstreit, der sich fast 20 Jahre hinzog. Von den nachgeborenen Söhnen gerieten lediglich Karl Philipp (1669–1690), der in kaiserlichen Diensten stand und Anfang 1690 bei Priština auf dem Amselfeld fiel, und der jüngste, Ernst August (1674–1728), der spätere Bischof von Osnabrück, mit ihrem Vater nicht in Konflikt, weil sie sich mit der ihnen zugedachten Apanage zufrieden gaben oder zu jung waren, um auf die Primogeniturordnung vereidigt zu werden.

In erster Linie war Ernst Augusts zweitältester Sohn, Friedrich August (* 3. Oktober 1661), von der Erbfolgeregelung betroffen. Ihm wurden eine Apanage von 60000 Talern, die über der seiner jüngeren Brüder lag, sowie die Grafschaft Hoya als Versorgungsbasis zugesichert. Unter Berufung auf das Testament Herzog Georgs verweigerte Friedrich August die Vereidigung auf die Primogeniturordnung, in der er eine ehrenrührige Zurücksetzung seiner Person sah. Er fand anfangs die Unterstützung des Wolfenbütteler Herzogs Anton Ulrich. Als die erhoffte Einheitsfront auswärtiger Mächte gegen die hannoversche Erbfolgeregelung nicht zustande kam, distanzierte sich der Wolfenbütteler Hof 1687 von Friedrich August. Ernst August hatte jeden Kompromiss abgelehnt und drohte mit der vollständigen Enterbung und Verstoßung seines Sohnes. Eine Aussöhnung kam bis zum Tod Friedrich Augusts nicht mehr zustande, der Ende 1690 als Generalmajor im Krieg gegen die Türken in St. Georgen in Siebenbürgen fiel.

In der Neufassung seines Testamentes vom 2. November 1688, das am 22. Juli 1689 die kaiserliche Bestätigung erhielt, bekräftigte Ernst August die Primogeniturregelung. Allerdings setzte nach Friedrich Augusts Tod die zweite Phase der Prinzenopposition ein, dessen Hauptträger der nächstjüngste Sohn, Maximilian Wilhelm (1666–1726), war. 1687 hatte er durch Eid die hannoversche Primogeniturordnung anerkannt. Als er in die Stelle des zweitältesten Sohnes rückte, ging auch er gegen seinen Ausschluss von der Landesherrschaft vor. Dabei plante er, seine Erbansprüche mit ähnlichen Mitteln wie sein verstorbener Bruder durch die Einbeziehung auswärtiger Mächte, insbesondere Wolfenbüttels, durchzusetzen. Anton Ulrich versuchte, den brandenburgischen Kurfürsten Friedrich III. für Maximilian Wilhelms Bestrebungen zu gewinnen und auch Dänemark, die Niederlande, England und Wien für diese Angelegenheit zu interessieren.

Ernst August erfuhr sowohl durch seine Tochter Sophie Charlotte aus Berlin als auch durch den hannoverschen Gesandten in Wien, Johann Christoph Limbach, von der Prinzenverschwörung und war zu einem energischen Vorgehen entschlossen, das umso dringender erschien, als zu diesem Zeitpunkt die Verhandlungen um die Kurwürde in ein entscheidendes Stadium getreten waren. Im Dezember 1691 kam es zu dramatischen Verhaftungsaktionen, denen Hinrichtungen folgten. Maximilian Wilhelm wurde in die Festung Hameln eingeliefert. Er war geständig, unterwarf sich und leistete im März 1693 erneut einen feierlichen Eid auf die Primogeniturordnung.

Ernst Augusts energisches Durchgreifen führte dazu, dass bis zu seinem Tod keine weiteren Auseinandersetzungen über die Erbfolgeregelung mehr entstanden. Dann flammte der Prinzenstreit jedoch noch einmal auf. Erneut ging Maximilian Wilhelm zusammen mit seinem Bruder Christian Heinrich (1671–1703) gegen das väterliche Testament vor und suchte wie früher die Unterstützung Wolfenbüttels, Brandenburgs, Dänemarks und sogar Frankreichs. Dem hochverschuldeten Maximilian Wilhelm ging es allerdings weniger um die Teilnahme an der Regentschaft als um die Erhöhung seiner Apanage; dabei erhielt er die Unterstützung Sophies, die bereits bei den früheren Auseinandersetzungen die Interessen ihrer nachgeborenen Söhne vertreten hatte. Infolge eines Urteils des Reichshofrates, bei dem Maximilian Wilhelm die Gültigkeit des väterlichen Testamentes erfolglos angefochten hatte, gab er seinen Widerstand auf, nachdem er eine großzügige Anerkennung seiner finanziellen Ansprüche erreicht hatte. Demgegenüber verharrte Christian Heinrich bis zu seinem Tode im Juli 1703 bei seiner Weigerung. Maximilian Wilhelm verbrachte den Rest seines Lebens in Wien, wo er ein großes Haus führte. Zu einem nicht bekannten Zeitpunkt konvertierte er zum Katholizismus und belastete damit die Verhandlungen über die englische Sukzession des Hauses Hannover.

Mit der Primogeniturordnung war eine wesentliche Voraussetzung für die Erlangung der Kurwürde erfüllt. Der Tod Kurfürst Karls II. von der Pfalz 1685, mit dem die evangelische Linie Pfalz-Simmern ausstarb, begünstigte die hannoverschen Bestrebungen; denn der katholische Zweig der Neuburger trat die Nachfolge in der Pfalz an. Dadurch erhielt die Forderung nach einem weiteren evangelischen Fürsten im Kurkolleg neue Aktualität, um dem katholischen Übergewicht entgegenzuwirken. Die »konfessionelle Schieflage im Kurkolleg«[131] thematisierte vor allem Leibniz in einer Reihe von Denkschriften. Für die Aufnahme der Welfen sprachen seiner Überzeugung nach das Alter des Hauses Braunschweig-Lüneburg, seine Kaisertreue und seine Verdienste für das Reich. Sie erschien vor dem Hintergrund, dass die rheinischen Kurfürsten unter einem starken französischen Einfluss standen, »geradezu als reichspatriotische Notwendigkeit«[132].

In Hannover war man sich bewusst, dass man durch ein verstärktes Engagement für Kaiser und Reich die Aussicht auf die Kurwürde verbesserte. Seit 1685 beteiligten sich die Welfen intensiver an den Türkenkriegen. Bei der Erklärung des Reichskrieges gegen Frankreich am 3. April 1689 gehörten 10 000 Hannoveraner und Celler unter dem Befehl Georg

Ludwigs den Reichstruppen an, während weitere 8000 Mann unter dem Kommando Ernst Augusts das Reichsheer unter Prinz Karl von Lothringen bei er Belagerung von Mainz unterstützten. Diese gegen Frankreich gerichteten Aktionen hinderten Ernst August nicht daran, am 27. November 1690 mit Ludwig XIV. den Hamburger Neutralitätsvertrag zu schließen, nach dem sich der Herzog gegen französische Subsidienzahlungen zur vollständigen Neutralität verpflichtete, seine Truppen aus den Spanischen Niederlanden zurückzog und nicht mehr gegen Frankreich einsetzen durfte. Ein Jahr später, als die Verhandlungen mit Wien um die Kurwürde in ihre letzte Phase traten, zog sich Ernst August von diesem Neutralitätsvertrag wieder zurück und schwenkte auf die Linie des Kaisers ein.

Nachdem Hannovers Bemühungen um die Kurwürde publik geworden waren, fanden sich deren Gegner vornehmlich unter den katholischen Reichsständen; insbesondere waren dies die geistlichen Kurfürsten von Mainz, Köln und Trier, die um das katholische Übergewicht im Kurkolleg fürchteten und in ihrem Widerstand von der Kurie gestärkt wurden. Um die Vorbehalte dieser Seite abzubauen, deutete Ernst August eine mögliche Konversion zum Katholizismus an, wie er es früher in Osnabrück getan hatte, um das Fürstbistum für seine Familie zu sichern.

Den härtesten Widerstand gegen die Kur leistete Herzog Anton Ulrich. Sein Engagement in der »Prinzenverschwörung« erscheint lediglich als ein Vorspiel für seinen Kampf gegen die Verleihung der Kurwürde an Hannover. Er versuchte, deren Anerkennung durch die Reichsorgane, insbesondere das Fürstenkolleg, zu verhindern. Die Kur stand seiner Meinung nach der älteren Linie des Hauses Braunschweig-Lüneburg zu; sie verletzte sein Rechtsgefühl und sein fürstliches Selbstbewusstsein; er verurteilte sie als eine »Veränderung der Reichsverfassung«[133]. Dabei war die Lüneburgische Frage der eigentliche Grund für Anton Ulrichs Machenschaften; die hannoversche Kurwürde und die sie mitbegründende Primogeniturordnung zementierten die Zusammenführung der Fürstentümer Calenberg-Göttingen und Lüneburg und zerstörten jede Hoffnung auf einen Gewinn Lüneburgs. Zeitweise geriet auch Herzog Georg Wilhelm wegen der Kurwürde mit seinem Bruder Ernst August in Konflikt. Als Senior des Hauses Braunschweig-Lüneburg forderte er sie für seine Person. Ernst August einigte sich mit ihm Ende 1691, indem Georg Wilhelm für sich auf die Kurwürde verzichtete, während Ernst August das 1689 erworbene Herzogtum Sachsen-Lauenburg ihm überließ.

Mit dieser Einigung war ein wesentliches Hindernis für den erfolgreichen Abschluss der Verhandlungen mit dem Kaiser beseitigt. Das Ergebnis war der Kurkontrakt vom 22. März 1692. Danach sagte der Kaiser die Übertragung der neunten Kur und ein dazugehörendes Erzamt Ernst August und seinen Nachkommen zu. Als Gegenleistung stellte der neue Kurfürst zwei Jahre lang 6000 Mann cellescher und hannoverscher Truppen für den Krieg in Ungarn; danach sollten sich die welfischen Herzöge mit 2000 Mann am Krieg beteiligen, falls aber Frieden mit den Türken geschlossen wäre, mit 6000 Mann im Westen. Außerdem verpflichtete sich Ernst August zur Zahlung von 500 000 Gulden Subsidien, womit er sich auch von der angebotenen Abtretung des Fürstentums Osnabrück freikaufte. In einem weiteren Vertrag schlossen Ernst August und Georg Wilhelm eine »Ewige Union« mit dem habsburgischen Kaiserhaus. Sie wollten dem Kaiser, besonders für den Fall der Spanischen Erbfolge, mit 2000 Mann auf eigene Kosten innerhalb des Reiches zur Verfügung stehen und die Wiedereinführung der böhmischen Kurstimme fördern. Außerdem versprach Ernst August für sich und seine Nachkommen, bei allen künftigen Kaiserwahlen die Stimme dem Erzhaus zu geben. In einem Separatartikel gestand er den Katholiken die freie Religionsübung und den Bau einer Kirche in der Stadt Hannover und nach Georg Wilhelms Tod in Celle zu.

Die eigentliche Übertragung der Kurwürde, die »Belehnung«, vollzog sich am 19. Dezember 1692, als Kammerpräsident Otto Grote im Auftrag Ernst Augusts den Kurhut in

Wien entgegennahm. Damit war aber die hannoversche Kurangelegenheit noch nicht »perfektioniert«; es fehlte noch die Einführung des neuen Kurfürsten in das Kurkolleg. Der Kaiser hatte bei der Unterzeichnung des Kurkontraktes zugesagt, die Zustimmung der Kurfürsten und die Einführung in das Kurkolleg nach Kräften zu befördern. Sein Interesse in dieser Frage ließ jedoch nach, als sich die hannoverschen Truppen im Mai 1692 am Kampf in Ungarn beteiligten. Die endgültige Erledigung der Kursache, die ein zentraler Bestandteil hannoverscher Politik und Diplomatie wurde, sollte noch fast 20 Jahre in Anspruch nehmen. Ernst August erlebte sie nicht mehr. Ein Grund für die Verzögerung war die Weigerung einiger Kurfürsten, den neuen Kollegen anzuerkennen, bevor nicht eine Reihe von Fragen hinsichtlich der konfessionellen Zusammensetzung des Kurkollegs geklärt war. Bei der Abstimmung des Gremiums über die Einführung Hannovers am 17. Oktober 1692 sprachen sich Mainz, Bayern, Sachsen und Brandenburg dafür, Köln, Trier und Pfalz dagegen aus. Die katholischen Kurfürsten forderten Ersatzkuren für jede den Katholiken künftig verlorengehende Kurstimme. Gegen die kaiserliche Bedingung der Wiederzulassung Böhmens (*readmissio Bohemiae*) leisteten Bayern und Köln energischen Widerstand, so dass das Kurkolleg für mehrere Jahre nicht zusammentrat und dadurch die Einführung Hannovers in weite Ferne rückte.

Noch lebhafterer Widerspruch gegen die neue Kurwürde erhob sich in den Reihen des Reichsfürstenstandes. Der offizielle Einwand war die Missachtung seines Mitspracherechts. Zu den stärksten Opponenten zählten Reichsstände, wie Württemberg und Hessen-Kassel, die ebenfalls die Aufnahme ins Kurkolleg anstrebten und sich durch Hannovers Vorpreschen zurückgesetzt fühlten; einige hannoversche Nachbarn befürchteten Expansionsbestrebungen des neuen Kurfürstentums. Anführer der reichsfürstlichen Opposition war wiederum Herzog Anton Ulrich, der die Union »korrespondierender Fürsten« gegen die neue Kurwürde zustande brachte. Ihr gehörten 16 bis 18 Reichsstände an, deren Zahl sich durch Mitläufer und Beobachter auf etwa 25, d. h. ein Viertel der Mitglieder des Fürstenrates, erhöhen konnte. Die Vertreter der Fürstenunion drohten mit der Anrufung Frankreichs als Garantiemacht des Westfälischen Friedens. Allerdings waren Anton Ulrichs Versuche, die Fürstenopposition in der Form eines rheinbundähnlichen Verbandes an Frankreich heranzuführen, nur bedingt erfolgreich, weil immer deutlicher wurde, dass für den Herzog die Verhinderung der Vereinigung der Fürstentümer Calenberg-Göttingen und Lüneburg wichtiger war als die der neunten Kur. Außerdem deutete der Kaiser an, dass er die Fürsten am weiteren Vorgehen in der hannoverschen Angelegenheit beteiligen wolle. Die ersten Anzeichen des Spanischen Erbfolgekrieges verstärkten unter den Reichsständen die antifranzösische Stimmung. Anton Ulrich war politisch weitgehend isoliert und suchte vor dem Hintergrund der von ihm betriebenen Einheirat seiner Großtochter Elisabeth Christine in das Kaiserhaus, die er nicht gefährden durfte, die Einigung mit Hannover. Der Braunschweiger Reunions- und Permutationsrezess vom 17. Januar 1706 bedeutete das Ende seiner Bestrebungen; er legte u. a. fest, dass die Kurwürde beim Aussterben der hannoverschen Linie im Mannesstamm auf Wolfenbüttel übergehen sollte. Anton Ulrich, der Hauptbetreiber der Opposition gegen die Rangerhöhung Hannovers, erschien nach diesem für Wolfenbüttel dürftigen Ergebnis als Hauptverlierer.

Mit Anton Ulrichs Ausscheiden aus der Opposition gegen die neunte Kur brach auch der Widerstand seiner früheren Verbündeten zusammen; der Weg für Ernst Augusts Nachfolger Georg Ludwig ins Kurkolleg wurde frei. Die Einführung erfolgte am 7. September 1708. Als Erzamt, das dem Kurfürsten nach der Goldenen Bulle zustand, wurde dem Hannoveraner das Erzschatzamt verliehen. Der neue Kurstaat wurde schon bald »Kurhannover« genannt, obwohl die offizielle Bezeichnung »Kurfürstentum Braunschweig-Lüneburg« war. Mit dem Utrechter Frieden von 1713, der den Spanischen Erbfolgekrieg beendete, erkannten die europäischen Mächte Kurhannover an. Die Kosten für den Erwerb der Kurwürde, die

die Subsidien an den Kaiser, aber auch »Handsalben« für Minister und Gesandte umfassten, wurden insgesamt auf 2,5 Mio. Taler geschätzt; das war etwa der fünffache Betrag des hannoverschen Jahresbudget.[134]

Die Ehetragödie des Erbprinzenpaares

Die Bemühungen um die Aufnahme Hannovers in das Kurkollegium wurden durch die Ehetragödie des Erbprinzenpaares, Georg Ludwig und Sophie Dorothea, belastet. Nach der Vermählung im Dezember 1682 schien sich ihre Ehe als zufriedenstellend zu gestalten. Am 30. Oktober/10. November 1683 erfolgte die Geburt des Thronfolgers Georg August. Am 16./26. März 1687 kam Prinzessin Sophie Dorothea zur Welt. Bald setzte jedoch eine Entfremdung zwischen den Ehepartnern ein, die nicht zuletzt in ihren unterschiedlichen Charakteren begründet lag. Während Georg Ludwig als verschlossen, steif und kühl erschien, gab sich Sophie Dorothea impulsiv, lebenslustig und temperamentvoll. Aufgrund des Erbvertrages befand sich die Prinzessin in materieller Abhängigkeit von ihrem Gemahl; ihr war der Zugriff auf ihr in die Ehe eingebrachtes Vermögen entzogen. Ende der 1680er Jahre war das Verhältnis der beiden so sehr zerrüttet, dass es nur noch eines Anstoßes zum vollständigen Bruch bedurfte. Georg Ludwig, dessen außereheliche Eskapaden bekannt waren, lernte in dieser Zeit Ehrengard Melusine von der Schulenburg (1667–1743) kennen; sie war eine Hofdame Herzogin Sophies und wurde die offizielle Mätresse des Kronprinzen, dem sie zeitlebens in Treue verbunden blieb.

Sophie Dorothea erfreute sich in Hannover der allgemeinen Bewunderung der Hofkavaliere. Zu diesen gehörte der Schwede Philipp Christoph Graf von Königsmarck (1665–1694). 1689 trat er in hannoversche Dienste. Als Hauptmann hatte er ungehinderten Zugang zum Schloss. Er war eine blendende Erscheinung, geistreich und temperamentvoll. Königsmarck verliebte sich in Sophie Dorothea und gestand ihr in einer Vielzahl von Briefen seine Zuneigung. Die Kronprinzessin reagierte anfangs zurückhaltend, erwiderte schließlich aber seine Liebesgefühle. Die Beziehung blieb nicht platonisch und konnte auf Dauer nicht geheim gehalten werden. Als Königsmarck ein Angebot Kurfürst Friedrich Augusts, dem er freundschaftlich verbunden war, zum Eintritt in die sächsische Armee erhielt, entwarf er zusammen mit der Prinzessin einen Fluchtplan. Dieser wurde bekannt; in hannoverschen Regierungskreisen glaubte man, ihn aus Gründen der Staatsräson verhindern zu müssen. Als sich Königsmarck am 1./11. Juli 1694 auf dem Weg in Sophie Dorotheas Gemächer befand, wurde er von vier Hofkavalieren abgefangen. Dabei versetzte ihm möglicherweise Graf Nicolò Montalban eine tödliche Stichwunde. Königmarcks Leiche wurde in die Leine geworfen und niemals gefunden.

Wer die Anweisung zum Vorgehen gegen Königsmarck gegeben hatte und ob eine Ermordung geplant war, ist nicht eindeutig zu klären. Ohne Kenntnis und Zustimmung des Kurfürsten Ernst August wäre die Aktion nicht möglich gewesen; dagegen hatte der sich zum Zeitpunkt des Mordes in Berlin aufhaltende Kurprinz Georg Ludwig wahrscheinlich keinen direkten Anteil an dem Geschehen. Der eingeleitete Gerichtsprozess zielte auf Ehescheidung und Verbannung der Prinzessin. Es lag im Interesse des hannoverschen Hauses, dass ihr die alleinige Schuld zugewiesen wurde; allerdings durfte kein Schuldgeständnis hinsichtlich Ehebruchs erfolgen. Mit Hinblick auf die Verhandlungen über die Kurwürde und die sich andeutende englische Sukzession musste Georg Ludwigs Vaterschaft des Thronfolgers über alle Zweifel erhaben sein. Das Gericht erkannte als Scheidungsgrund die Weigerung Sophie Dorotheas, je wieder ihrem Gemahl Georg Ludwig beizuwohnen, und sprach am 28. Dezember 1694/7. Januar 1695 die Ehescheidung aus. Dies bedeutete für die Prinzessin den offiziellen Ausschluss aus der Familie und das Verbot, zu heiraten und ihre Kinder wiederzusehen, über deren Erziehung fortan Kurfürstin Sophie wachte. Sie wurde auf das Wasserschloss in Ahlden bei Fallingbostel verbannt, dessen Umgebung sie nicht verlassen durfte. Hier war sie bei einem jährlichen Einkommen von rund 28 000 Taler materiell ausreichend abgesichert; sie verfügte über einen Hofstaat von ca. 80 Personen, die aber wohl in erster Linie zu ihrer Beobachtung bestellt waren. Nach dem Tod ihrer Mutter erbte Sophie Dorothea deren restituierte Güter in Frankreich, womit ihr ein ziemlich großes Privatvermögen zur Verfügung stand. Das Leben in Ahlden kam einer Gefangenschaft gleich, die dem hannoverschen Hof als notwendig erschien, um zu verhindern, dass die Prinzessin an einem anderen Aufenthaltsort zum Ansatzpunkt oppositioneller Bestrebungen wurde. Diese Befürchtungen waren nicht ganz unbegründet; denn die Gegner der hannoverschen Thronfolge in England versuchten, politisches Kapital aus ihrer Person zu schlagen, und bezichtigten Georg Ludwig, Auftraggeber des Mordes an Königsmarck gewesen zu sein. Sophie Dorothea blieb bis zu ihrem Tod in Ahlden. Sie starb am 13. November 1726 und wurde in der Fürstengruft der Celler Stadtkirche ohne jede Art von Zeremonien beigesetzt.

Hofleben und Hofbauten

Wie die Höfe im Zeitalter des Absolutismus gestaltete sich auch der hannoversche als Machtinstrument und Mittel der fürstlichen Repräsentation. Unter Ernst August erhielt er eine spezifische Ausrichtung auf die Kurwürde; er war ein Mittel, den Anspruch auf diese zu untermauern und nach der Verleihung sie zu rechtfertigen. Schon vor Ernst Augusts Erhebung zum Kurfürsten zählte der hannoversche Hof zu den glänzendsten in Deutschland und versuchte zeitweise, mit den größten europäischen Höfen zu konkurrieren. Wichtige Mittel, die ihm besonderen Glanz verliehen, waren die Oper, das Theater, die Musik, der Karneval und die Sommerresidenz Herrenhausen. Die Regierungszeit Ernst Augusts bezeichnet man wegen ihrer künstlerischen und kulturellen Leistungen als die »Goldenen Tage von Herrenhausen«. Unter Georg Ludwig fand diese Glanzzeit, wenn aus Sparsamkeitsgründen auch in abgeschwächter Form, ihre Fortsetzung. Dies alles war mit erheblichen finanziellen Aufwendungen verbunden. Die Kosten für den Hofstaat, der 1696 aus ca. 300 Personen bestand, und das Hofleben wuchsen von 227 000 Taler (1692/93) auf 267 000 Taler (1696/97) und verschlangen fast die Hälfte der Kammereinkünfte.[135]

Der Hof wurde völlig von der Aristokratie beherrscht. Dabei handelte es sich in vielen Fällen um landfremde Adlige und nicht um Angehörige des landsässigen Geburtsadels, der Ernst August in der zweiten Landtagskurie zeitweise Opposition bot; deshalb versuchte ihn der Fürst vom Hof fernzuhalten und ihm keinen politischen Einfluss auf die Regierungstätigkeit zu gewähren. Im Gegensatz zu Celle, wo unter dem Einfluss der Herzogin Eléonore d'Olbreuse gegen Ende des 17. Jahrhunderts das französische Element wuchs, und zu Wolfenbüttel, »wo Ausländer im Hofdienst nur spärlich« auftraten, bot Hannovers Hof »ein höchst buntscheckiges Bild von Vertretern der verschiedensten Nationen«. [136]

»Höhepunkt des hannoverschen Hoflebens«[137] war unter Ernst August der Karneval, der sich bereits in den 1660er Jahren während der Regierungszeit Georg Wilhelms nachweisen lässt. Er dauerte vom Jahresanfang bis zum Beginn der Fastenzeit, zog viele auswärtige Teilnehmer an und war mit pompösen Opern- und Schauspielaufführungen verbunden. Mit besonderem Aufwand wurde er 1693, unmittelbar nach dem Erwerb der Kurwürde, veranstaltet; er soll mit über 34 000 Taler den Jahresertrag des Fürstentums Göttingen verschlungen und mehr als die Errichtung des Opernhauses gekostet haben.[138] Der hannoversche Karneval erlangte eine noch größere Bedeutung und war mit einem höheren Aufwand verbunden, nachdem Ernst August Ende der 1680er Jahre seine Italienreisen eingestellt hatte.

Die Italienfahrten waren ein wichtiger Bestandteil der Lebensgestaltung Ernst Augusts und seiner Brüder. Sie fühlten sich vor allem von Venedig angezogen, wo der Herzog neben einer Reihe von Logen in den Theatern und Opernhäusern den Palazzo Foscari am Canal Grande gemietet hatte, der zeitweise als eine Art Ableger des heimischen Hofstaates erschien. Venedig bot die Möglichkeit eines Ausbrechens aus zeremoniellem Zwang und einer Flucht aus der Langeweile in ein ungezwungenes Leben. Mit der raschen Folge von festlichen Veranstaltungen, Bällen, Regatten und Ausflügen auf die *Terra ferma* bot insbesondere die Zeit des Karnevals Gelegenheiten zum Amüsement und zu amourösen Abenteuern. Während Georg Wilhelm nach seiner Hochzeit die Venedigfahrten einstellte, unternahm sie Ernst August auch als Ehemann mit einer gewissen Regelmäßigkeit (1669/70, 1671/72, 1679/80, 1680/81, Januar bis September 1685, Dezember 1685 bis August 1686). Den Palazzo Foscari behielt auch Georg Ludwig in Dauermiete, obwohl er sich nicht mehr nach Venedig begab.

Zu den großen fürstlichen Projekten in Hannover gehörten der Ausbau des Leineschlosses in der Altstadt und die Anlage der Sommerresidenz und des Großen Gartens in Herrenhausen. Das Leineschloss entwickelte sich aus dem mittelalterlichen Minoritenkloster, das in der Reformation aufgehoben worden war; es wurde seit 1637 zur Residenz des hannoverschen Landesherrn umgebaut und erweitert. Bis 1642 entstanden ein dreigeschossiger Fachwerkbau um einen mittleren Hof, ein Kammerflügel als Sitz der Regierung im Westen und zwei Wirtschaftsflügel im Osten. Teile der alten Klosterkirche wurden ins Schloss einbezogen, der Rest als Schlosskirche verwendet. In einer zweiten Bauphase von 1667 bis 1677, der vor allem Pläne Geronimo Sartorios zugrunde lagen, ließ Herzog Johann Friedrich einen der Wirtschaftsflügel ersetzen und im neuen Leinstraße-Flügel das Kapuzinerkloster zur Betreuung der katholischen Gemeinde unterbringen. Die Schlosskirche erhielt 1668 die Fürstengruft als Grablege der Welfen und war der Aufbewahrungsort des Welfenschatzes. Von 1674 bis 1677 folgte die Errichtung des Theaterpavillons, der das Kleine Schlosstheater beherbergte, das gut 400 Personen fasste. Dieses orientierte sich am Vorbild des Celler Schlosstheaters, das einige Jahre zuvor errichtet worden war. In der dritten Bauphase (1680–1693) schuf man durch den Abbruch etlicher Häuser gegenüber der

Leinefront einen Vorplatz als »Schlossfreiheit«, den Leinepavillon (1685–1687) mit öffentlicher Durchfahrt und Brücke sowie im östlichen Querflügel den Rittersaal (1685–1688). Dieser galt als der schönste Festsaal des Schlosses und war mit Stuckarbeiten der Italiener Dossa Grana und Giacomo Perinetti († 1716) ausgestattet. In Konkurrenz zu den Braunschweig-Wolfenbütteler Theaterbauten entstand von 1687 bis 1689 das Große Schlosstheater oder Opernhaus, das von Sartorio begonnen und von Johann Peter Wachter († 1690) vollendet wurde; bis zu seinem Abbruch 1854 galt es als eines der größten und prunkvollsten Europas. Es orientierte sich an italienischen Vorbildern, wies fünf das Parkett halbkreisförmig umfassende Ränge auf und bot 1300 Personen Platz. Wenn es auch kleiner als die Dresdener (2000) und die Wiener Oper (bis zu 5000 Zuschauer) war, war sein Bühnenraum mit 28 m Länge überproportional groß. Es wurde am 30. Januar 1689 eröffnet.

1638 kaufte Herzog Georg einige Höfe im westlich der Altstadt Hannovers gelegenen Dorf Haringehusen an und vereinigte sie zur Versorgung der Residenz zu einem Vorwerk. Johann Friedrich erhob Haringehusen unter dem Namen »Herrenhausen« 1666 zur Sommerresidenz, nachdem bereits im Vorjahr mit dem Umbau zu einem »Lusthaus« nach dem Vorbild venezianischer Villenanlagen begonnen worden war. Die ersten Arbeiten erfolgten unter der Aufsicht und wahrscheinlich auch nach den Plänen Lorenzo Bedognis. Als dieser Herzog Georg Wilhelm nach Celle folgte, trat an seine Stelle in Hannover Geronimo Sartorio als Hofarchitekt. Bis 1685 arbeitete er am Schloss und an den Wasserkünsten; vermutlich stammen von ihm auch Entwürfe für den Großen Garten. Er baute das »Lusthaus« zu einer dreiflügeligen Schlossanlage um; diese erhielt zwischen 1704 und 1708 eine Erweiterung durch Giacomo Querini. Zwischen 1694 und 1698 entstand das benachbarte Galeriegebäude, ein Saalbau zwischen zweigeschossigen Eckpavillons, das anfangs als Orangerie gedacht war, seit 1696 mit einem Festsaal und Wohnräumen ausgestattet wurde. Die Bauleitung lag bei Tommaso Giusti, der seit

1689 als Theatermaler und Bühneningenieur in Hannover tätig war und Fest- und Raumdekorationen anfertigte. Bei der Errichtung des Galeriegebäudes brachte er die »ganze Raffinesse italienischer Raumkunst«[139] ein. Das bezog sich nicht nur auf die Stuckarbeiten Pietro Rossos und Dossa Granas, sondern auch auf Giustis Freskomalerei, unter der der Aeneas-Zyklus im Mittelsaal einen Höhepunkt darstellte. Diese Freskenfolge »gehört nach Größe und Idee zu den bedeutendsten, was italienische Freskanten auf deutschem Boden geschaffen haben«[140], und kann sich hinsichtlich ihres »Aufwandes mit Ausmalungen in Italien messen«.[141] Zwischen 1720 und 1723 wurde das neue Orangeriegebäude aufgeführt, das infolge der Überführung der Bestände der Osnabrücker (1686) und der Celler Orangerie (1705) ca. 600 Stämme aufnahm.

Südlich an diese Gebäude schloss sich der Große Garten an, der zwischen 1660 und 1714 in drei Stufen seine heutige Ausdehnung erhielt. Ein erster Lustgarten wurde unter Johann Friedrich durch den in Celle tätigen Hofgärtner Henri Perronet und den Gartenmeister Anton Heinrich Bauer (1627–1689) erweitert und nach den Gestaltungsprinzipien des klassischen französischen Gartens angelegt. Seit 1696 erfolgte eine Vergrößerung dieses Areals auf das Doppelte; die Anlage wurde von Hainbuchenhecken, Lindenalleen und der Graft, einen dreiseitig außen umlaufenden Kanal, umschlossen. Die jüngere Gartenhälfte, der Neue Garten, bestand aus 32 dreieckigen Boskets, die zu vier Quadraten mit vier Fontänen zusammengefasst waren; den Mittelpunkt bildete die Große Fontäne mit einer damaligen Steighöhe von 36 m. Diese Erweiterung des Großen Gartens war das Werk Martin Charbonniers (um 1655–1720), der 1677 in den Dienst des zu diesem Zeitpunkt noch in Osnabrück residierenden Fürstenpaares Ernst August und Sophie getreten war und den dortigen Schlossgarten gestaltet hatte. Sein Nachfolger als Hofgärtner in Herrenhausen wurde 1717 sein ältester Sohn Ernst August (1677–1747), der 1726/27 mit der langen Allee eine repräsentative Zufahrt von der Stadt nach Herrenhausen anlegte.

Zu den herausragenden Einrichtungen des Großen Gartens gehören das 1689 von Marinus Cadart begonnene und von Wachter vollendete Gartentheater, das als ältestes Heckentheater des Barock gilt, sowie die beiden Rundpavillons an den Ecken der Graft. Sie wurden 1707/08 von Louis Remy de la Fosse ausgeführt und als »die reizvollsten und qualitativ höchststehenden Werke« bezeichnet, »die die Baukunst in Herrenhausen hinterlassen hat«.[142] Mit Remy de la Fosses Berufung 1706 verringerte sich der italienische Einfluss auf die Architektur der Kurlande; denn er führte die »Typen der französischen Baukunst des Spätbarocks in Nordwestdeutschland ein«.[143] Neben einer Reihe repräsentativer Bauwerke in Hannover, wie das Ständehaus (1709–1716), das Lusthaus »Fantaisie« für die Gräfin Sophie Charlotte von Kielmannsegg, das Pagenhaus in Herrenhausen (1711/12), der Neue Marstall (1712) und das Reithaus (1714), gehen auf ihn die Pläne für das Archivgebäude zurück, das einer »der frühesten Zweckbauten für ein Archiv in Deutschland«[144] war.

Die »anspruchsvolle Pflege der Musik« spielte im Barockzeitalter eine »zentrale Rolle in der Prachtentfaltung der höfischen Kultur«.[145] Die welfischen Fürsten, insbesondere Johann Friedrich, zeichneten sich durch Musikliebe und -verständnis aus. Dabei entsprach die hochentwickelte italienische, vor allem venezianische Tonkunst dem romanischen Lebensgefühl des Hofstaates an der Leine.[146] Johann Friedrich berief 1666 mit dem in Venedig geborenen Antonio Sartorio (ca. 1620–1681), einem Bruder des Architekten Geronimo Sartorio, den ersten festangestellten Hofkapellmeister. Sartorio und sein Nachfolger Vincenzo de Grandis (1631–1708) bauten eine meist aus Italienern bestehende Hofkapelle von »hohem künstlerischen Rang«[147] auf, der die musikalische Gestaltung des katholischen Gottesdienstes in der Schlosskapelle oblag. De Grandis, mit dem die ersten Opernaufführungen in Hannover verbunden sind, wurde nach Ernst Augusts Regierungsantritt zusammen mit seinen Mitarbeitern entlassen. Die Hofkapelle erhielt eine stärkere profane, instrumentale und französische Prägung.[148] Sie wurde nach dem

Vorbild der *Petite bande*, des Orchesters Jean Baptiste Lullys (1632–1687), des Hofkomponisten Ludwigs XIV., geschaffen. Die Leitung der Instrumentalmusik übernahm bis zur Übersiedlung des Hofes nach London der Franzose Jean Baptiste Farinel (1655–1720).

Neben der Instrumentalmusik erreichte die italienische Oper während der Regierungszeit Ernst Augusts eine hohe Bedeutung. Die das hannoversche Musikleben in den 1690er Jahren bestimmende Persönlichkeit war Agostino Steffani (1654–1728). Aufgrund zahlreicher musikalischer Kompositionen, Orchestersuiten, Kammerduette und Opern genoss er bereits in den 1680er Jahren während seiner Tätigkeit am kurfürstlichen Hof in München einen »europäischen Ruf«[149] und zählt auch heute noch zu den bedeutendsten italienischen Komponisten seiner Zeit. 1688 übernahm er in Hannover das Amt des Hofkapellmeisters. Mit ihm gewann man nicht nur einen Musiker »mit höchstem künstlerischen Potential, sondern auch eine Persönlichkeit mit außergewöhnlicher Intelligenz, Vielseitigkeit und weitem Bildungsradius«.[150]

Während der hannoverschen Zeit komponierte Steffani in fast jährlichem Rhythmus acht Opern auf Libretti des Hofpoeten Ortensio Mauro (1634–1725). Unter Steffani wurde Hannover für einige Jahre »eine musikalische Werkstatt Europas an der Schwelle und zur Gestaltung der spätbarocken Tonkunst«.[151] Er übte beträchtlichen Einfluss auf die musikalische Entwicklung in Deutschland aus. Seine besondere Leistung war die Synthese des von Lully geprägten französischen Musikstils der *Tragédie Lyrique* und der italienischen Operntradition. 1709 ernannte Papst Klemens XI. Steffani zum Leiter des »Vikariates von Ober- und Niedersachsen«, das die Territorien des Kurfürsten von Pfalz-Neuburg, des Kurfürsten von Brandenburg und der Herzöge von Braunschweig-Lüneburg umfasste; in diesen Gebieten übte er mit der Residenz in Hannover die bischöfliche Jurisdiktion über die wenigen Katholiken aus.

Georg Ludwig stellte den höfischen Opernbetrieb mit seinem Amtsantritt ein. In Hannover gab es nur noch Gastspiele durchreisender Ensembles. Demgegenüber erweitere der Kurfürst die Hofkapelle und legte die Grundlage zu einem Barockorchester. Dieses stand seit 1710 unter der Leitung Georg Friedrich Händels (1685–1759), der vermutlich durch Vermittlung Steffanis an den hannoverschen Hof kam. Die fehlenden Möglichkeiten zur Realisierung seiner Opernpläne veranlassten ihn 1712 zum definitiven Umzug nach London.

Besondere Aufmerksamkeit wandte Georg Ludwig dem Schauspiel zu. Davon profitierte vornehmlich das französische Hoftheater. Die 1668 auf gemeinsame Kosten der welfischen Höfe in Hannover, Celle und Osnabrück engagierte Gruppe französischer Berufsschauspieler wurde 1681 in neuer Zusammensetzung nur noch von Ernst August unterhalten und völlig auf den Etat des hannoverschen Hofes übernommen; sie bestand bis 1758. Diese französische Hofbühne war »die erste ihrer Art in Deutschland und hat von allen die längste Lebensdauer gehabt«.[152] Als »stehendes Theater« trug sie entscheidend zum Übergang des »heimatlosen, vagabundierenden Komödiantentums zur offiziell anerkannten Kunst«[153] bei. Die Leitung des Ensembles lag bei Auguste Pierre Pâtissier de Châteauneuf († 1717), der »36 Jahre das Schicksal der französischen Hofbühne geteilt und sicher nicht unwesentlich an ihrer traditionsreichen Entwicklung mitgearbeitet«[154] hat.

Kurfürst Georg Ludwig

Politik vor der Thronbesteigung in England

Infolge ihrer Verwicklung in den Prinzenstreit hatte Sophies Position am hannoverschen Hof Schaden genommen. In den letzten Lebensjahren Ernst Augusts kam es wieder zur vollständigen Aussöhnung mit seiner Ehefrau. Nach einer Reihe von Schlaganfällen war der Kurfürst zunächst gehbehindert, dann halbseitig gelähmt und unfähig, sich deutlich zu artikulieren. Während die Beziehung zu seiner Mätresse von Platen an Intensivität verlor, wollte er nur noch Sophie um sich haben, die ihn bis zu seinem Tod am 2. Februar 1698 aufopferungsvoll pflegte. Als Georg Wilhelm nach dem Ableben seines Vaters die Regierung antrat, fiel Sophie wegen seiner geschiedenen Ehe die Stellung der Ersten Dame am hannoverschen Hof zu. Die in Aussicht stehende englische Sukzession verlieh ihr verstärktes Gewicht und erweiterte ihren politischen und diplomatischen Aktionsradius.

Georg Ludwig war auf die Regierungsübernahme gut vorbereitet, da er seit 1694 wegen Ernst Augusts wachsender Hinfälligkeit an den Amtsgeschäften beteiligt worden war und diese schließlich weitgehend selbstständig geführt hatte. Mit seinem Hang zur Sparsamkeit und zur bürokratischen Perfektion, seiner Ordnungsliebe und unermüdlichen Arbeitskraft besaß er wichtige Eigenschaften für die Regierungstätigkeit. Er wohnte mit ziemlicher Regelmäßigkeit den Sitzungen des Geheimen Rates bei, wodurch das Gefühl gegenseitiger Verbundenheit geschaffen und das »Emporkommen eines Günstlingswesens« erschwert wurde, »das es in der Tat im Bereich der damaligen hannoverschen Staatsführung nicht gegeben hat«.[155] Der Schwerpunkt seiner Regierung lag jedoch eindeutig im Kabinett, wo unter der Mitarbeit des Geheimen Rates Johann Hattorf (1637?–1715) die unmittelbaren Weisungen und Erlasse entstanden. Der Kurfürst respektierte die Existenz der Landstände, holte häufig ihr »ratsames Gutachten« ein und zeigte Neigung, in wichtigen Landesangelegenheiten mit ihnen zu verhandeln. Dennoch erließ er viele Verordnungen, die traditionell im Bereich des ständischen Mitspracherechts lagen, ohne landständische Mitwirkung.

In der Außenpolitik führte Georg Ludwig Ernst Augusts Linie fort; dies betraf vor allem die Loyalität gegenüber dem Kaiser, was in seiner Reichstreue, aber auch in der noch ausstehenden endgültigen Erledigung der Kurangelegenheit begründet lag. Gleichzeitig bemühte sich der Kurfürst um eine Intensivierung der Beziehungen zu Brandenburg-Preußen; in diesem Zusammenhang war die Vermählung seiner Tochter Sophie Dorothea mit dem Kronprinzen und späteren König Friedrich Wilhelm I. zu sehen.

Die englische Sukzession

Das herausragende Ereignis der Regierungszeit Georg Ludwigs war die Thronbesteigung des Hauses Hannover in England. Sie verschaffte den Welfen weltpolitische und weltgeschichtliche Bedeutung. Den Thronanspruch erhob Kurfürstin Sophie als Enkelin des Stuartkönigs Jakob I. Ursprünglich stand Sophie an 57. Stelle der Erbfolge. Todesfälle und die Konversion von Familienangehörigen zum Katholizismus führten dazu, dass die hannoversche Kurfürstin 1700 die einzige Thronanwärterin geworden war. Eine wesentliche Voraussetzung war die *Glorious Revolution* von 1688/89. 1685 hatte Jakob II. den englischen Thron bestiegen, der 1668/69 als Herzog von York im Geheimen zur Katholischen Kirche übergetreten war und 1672 den Bekenntniswechsel öffentlich vollzogen hatte. Seine Weigerung, die Beschneidung der königlichen Gewalt, die das Parlament unter seinem Vorgänger und Bruder, Karl II., bei der Restauration der Monarchie vorgenommen hatte, anzuerkennen, sowie die Bevorzugung von Katholiken im Staatsdienst und seine profranzösische Politik riefen den Widerstand des Parlamentes hervor. Ging man anfangs wegen seines hohen Alters von einer Übergangsregierung aus, verschärfte sich die Situation 1688 mit der Geburt des Thronfolgers Jakob Eduard Stuart, der der Ehe des Königs mit Maria Beatrice d'Este (1658–1718) entstammte und katholisch erzogen wurde. Das schien die katholische Thronfolge in England zu verfestigen. Im Juli 1688 wurde Jakobs II. protestantischer Schwiegersohn, der Statthalter der Generalstaaten, Wilhelm III. von Oranien, der mit Jakobs Tochter Maria verheiratet war und sich als erklärter Feind Frankreichs und Verteidiger des protestantischen Glaubens verstand, von den Führern der Tories und Whigs zur Übernahme der Herrschaft in England aufgefordert. Wilhelm war über seine Mutter, eine Schwester Karls II. und Jakobs II., ebenfalls mit den Stuarts verwandt.

Nach Wilhelms Landung an der englischen Südküste bei Torbay Anfang November und dem Übertritt von Jakobs zweiter Tochter Anna und ihres Gemahls, Prinz Georg von Dänemark (1653–1708), auf die Seite der Aufständischen floh der König nach Frankreich. Diese Flucht interpretierte das neugewählte Konventionsparlament, das die Herrschaft Wilhelms III. absichern sollte, als Abdankung. Diese juristisch anfechtbare Hypothese ließ die Frage nach dem Recht des legitimen Thronfolgers, Jakobs (III.), einstweilen ungelöst. Die Installierung Wilhelms III. war der Versuch, die Entthronung eines rechtmäßigen Herrschers mit der Rettung des legitimen Königtums in Einklang zu bringen. Die gesetzliche Regelung, die ihren Niederschlag in der *Declaration of Rights* vom 23. Februar 1689 und deren endgültiger Fassung in der *Bill of Rights* (16. Dezember 1689) fand, verband »auf paradoxe Weise Wahrung des dynastischen Erbrechts mit dem revolutionären Anspruch auf Erfüllung parlamentarischer Grundforderungen«[156].

Die *Bill of Rights* stellte eines der zentralen Elemente der englischen Verfassungsentwicklung dar. Sie bestätigte wesentliche Parlamentsrechte zu Lasten der königlichen Gewalt; dazu gehörten u. a. die Sicherung des parlamentarischen Steuerbewilligungsrechtes, das Verbot eines stehenden Heeres, die Abschaffung der königlichen Dispensrechte, wonach ungesetzliche Ausnahmeregelungen für einzelne Personen möglich waren, freie Parlamentswahlen und die Redefreiheit im Parlament. Gesetze waren nur gemeinsam vom König, von den Lords und Commons zu erlassen. Das Königtum erhielt damit »eine konstitutionell umschriebene Grundlage«[157]. Darüber hinaus enthielt die *Bill* wesentliche Bestimmungen über die Thronfolge. Diese wurde auf die protestantischen Mitglieder des Hauses Stuart beschränkt; ausgeschlossen blieben alle katholischen, zum Katholizismus konvertierenden oder mit einem katholischen Partner verheirateten Mitglieder der Dynastie. Die Thronfolge fiel auf die Nachkommen Wilhelms III. und Marias und, falls diese ausblieben, auf Prinzessin Anna und ihre Kinder aus der Ehe mit Georg von Dänemark sowie schließlich auf die Nachkommen einer möglichen zweiten Ehe Wilhelms III. Den weiteren Gang der Thronfolge ließ die *Bill of Rights* offen. Da aus Wilhelms Ehe mit Maria keine Kinder hervorgegangen waren und der König eine zweite Ehe nach Marias Tod nicht einging, zeichnete sich die Thronfolge für Prinzessin Anna und ihre Nachkommen ab. Anna hatte 17 Kinder geboren, die allerdings alle tot zur Welt kamen oder nach kurzer Zeit starben. Anfang 1689 wurde Wilhelm, Herzog von Gloucester, geboren, dem eine längere Lebenszeit vergönnt war.

Nachdem das Unterhaus die von hannoverscher Seite geforderte namentliche Aufführung Sophies und ihrer Nachkommen in der Thronfolgeordnung zurückgewiesen hatte, entwickelte Ernst August nur geringe Aktivität in der englischen Sukzessionsangelegenheit, vermutlich weil eine Thronbesteigung seiner Ehefrau eine gewisse Degradierung seiner Person bedeutet hätte; in England hätte er lediglich die Position eines Prinzgemahls einnehmen können. Auch Georg Ludwig schien anfangs nur geringes Interesse an der englischen Thronfolge zu zeigen. Er hatte Vorbehalte gegen die Revolution von 1688/89; sein absolutistisches Herrschaftsverständnis stand im Gegensatz zu den englischen Verfassungsverhältnissen. Er war sich bewusst, dass man in England außerordentlich sensibel auf ausländische Interventionen reagierte; deshalb wollte er jeden Anschein einer Einmischung in innerenglische Angelegenheiten vermeiden und keine Angriffsfläche für jakobitische Propaganda geben. So resultierte sein zurückhaltendes Agieren aus dem Bestreben, die englische Sukzession des Hauses Hannover nicht zu gefährden. Prinzipiell hielt er am hannoverschen Erbanspruch fest. Eindeutige Verfechter der Thronfolge waren der Celler Herzog Georg Wilhelm und Sophie als unmittelbar Betroffene. Dabei befand sich die Kurfürstin in einer moralisch schwierigen Lage. Sie empfand Sympathie für Jakob II., dem sie aufgrund gemeinsamer Abstammung immer verbunden blieb, und sah die Thronbesteigung Wilhelms III. und Marias als Usurpation an. Auf der anderen Seite hielt sie eine Rückkehr zur katholischen Thronfolge in England für nicht erstrebenswert; die Aussicht auf Erhöhung ihrer eigenen Familie war ein wichtiges Motiv für ihr wachsendes Engagement. Unter dem

Einfluss von Leibniz, einem »eifrigen Befürworter der hannoverschen Sukzession«[158], wurde sie vor allem nach dem Regierungswechsel in Hannover zu immer energischeren Schritten veranlasst. Dabei konnte sie sich im großen Ganzen auf die Argumentation des hannoverschen Geheimen Rates stützen. Die Räte wiesen darauf hin, dass die englische Thronfolge den Widerstand gegen die Kurwürde in Deutschland abschwächen und eine territoriale Vergrößerung des Kurfürstentums erleichtern könnte; ihre Ablehnung beschädigte ihrer Meinung nach das Ansehen Hannovers und erschwerte den Empfang von Subsidien.

Der Tod des Herzogs von Gloucester 1700 veränderte die Situation. Das Haus Hannover rückte in die unmittelbare Thronfolge auf. Vor dem Hintergrund des bevorstehenden Spanischen Erbfolgekrieges sah man auch in England die Notwendigkeit, die Thronfolge festzuschreiben. Der *Act of Settlement* vom 23. Juni 1701 regelte die englische Sukzession in einem für die hannoversche Familie befriedigenden Sinn, indem Sophie und ihre protestantischen Nachkommen als Thronfolger für den Fall genannt wurden, dass weder Wilhelm III. noch Anna Erben hinterließen. Diese persönliche Nennung war notwendig, um einen katholischen Stuart auszuschließen, der zum Protestantismus konvertierte. Aufgrund der Erfahrungen, die man in England mit ausländischen Herrschern wie Wilhelm III. gemacht hatte, führte der *Act of Settlement* eine Reihe von Bedingungen auf, die eine parlamentarische Bindung der Krone bedeuteten. Danach durfte kein Ausländer Mitglied der Regierung werden oder Krongüter als Geschenk erhalten. Es durften keine englischen Truppen in Kriegen zum Schutz fremder, dem Landesherrn unterstehender Territorien eingesetzt werden.

In einer pompösen Zeremonie überreichte Generalmajor Charles Gerard Earl of Macclesfield, begleitet von 70 bis 80 Personen, am 15. August 1701 Sophie die Sukzessionsurkunde in ihrem Audienzgemach in Herrenhausen, über die man sowohl Befriedigung als auch wegen des parlamentarischen Selbstbewusstseins Befremden empfand. Trotz der gesetzlichen

Regelung blieb die hannoversche Thronfolge in England nicht unumstritten. Von den politischen Gruppierungen gaben sich die Whigs wegen ihrer dezidierten Ablehnung der Stuarts am stärksten hannoverfreundlich, während man in den Reihen der Tories aus legitimistischen Gründen durchaus Sympathien für sie empfand; besonders in Schottland als ihrem Herkunftsland und in Irland besaßen die Stuarts weiterhin eine beträchtliche Anzahl von Anhängern.

Mit dem Tod Wilhelms III. am 19. März 1702 änderte sich das Verhältnis zwischen dem englischen und dem hannoverschen Herrscherhaus. Zwar hatte auch Wilhelm III. keine herzlichen Beziehungen zu den Welfen entwickelt; jedoch waren sie diplomatisch-höflich und weitgehend spannungsfrei gewesen. Die Beziehungen der Hannoveraner zu seiner Nachfolgerin, Königin Anna, waren erheblichen Belastungen ausgesetzt. Anna machte unmissverständlich deutlich, dass sie während ihrer Regierungszeit keinen Welfen in Großbritannien sehen wollte, weil sie befürchtete, dass dieser mit der Opposition zusammenwirken könnte. »Genau dieses Projekt eines eigenen Etablissements in London«[159] verfolgte Sophie energisch mit tatkräftiger Hilfe ihres Beraters Leibniz, um den hannoverschen Anspruch abzusichern; sie unterstützte teilweise Maßnahmen, die zu diplomatischen Verwicklungen zwischen London und Hannover führten und Georg Ludwig veranlassten, ihr jedwede Aktivität in der Thronangelegenheit ohne seine Genehmigung zu untersagen.

Mit dem *Act of Naturalisation* und dem *Act of Regency* vom 11. April 1706 gelangen den Whigs weitere Maßnahmen zur Sicherung der hannoverschen Thronfolge. Das erste Gesetz erklärte Sophie und ihre Nachkommen zu gebürtigen Engländern; man wollte damit späteren Einwänden gegen die Welfen als »Ausländer« vorbeugen. Allerdings sah die Kurfürstin in dem Gesetz einen Affront, weil ihrer Ansicht nach das englische Parlament ihr nicht etwas verleihen konnte, was sie aufgrund ihres Geblütsrechtes bereits besaß. Das zweite Gesetz regelte die Ausübung der Regierung beim Eintritt des Erbfalles vor der förmlichen Thronbesteigung. Die Regierungsgewalt fiel während dieser Karenzzeit an einen Regentschaftsrat. Der *Act of Union* vom 1. Mai 1707 schuf die verfassungsmäßige Zusammenführung Englands und Schottlands, die bis dahin lediglich in der Form einer Personalunion verbunden waren; er wirkte sich ebenfalls zugunsten der Hannoveraner aus. Bis dahin war die welfische Thronfolge in Schottland nicht gesichert gewesen. Als Reaktion auf den *Act of Settlement*, der ohne Zustimmung des schottischen Parlamentes zustande gekommen war, hatte dieses 1704 den *Act of Security* verabschiedet, in dem es sich nach Annas Tod bei fehlender Nachkommenschaft die freie Wahl unter den protestantischen Abkömmlingen der schottischen Könige vorbehielt. Mit dem *Act of Union* wurden diese Vorbehalte hinfällig. Ein weiterer Vorstoß der Whigs führte zum *Act of Precedence* (20. Februar 1712), nach dem Sophie, Georg Ludwig, Georg August, der seit 1706 den Titel eines Herzogs von Cambridge führte, und ihre protestantischen Nachkommen im Protokoll nach der regierenden Königin den höchsten Rang vor den Pairs des Königreiches erhielten.

Als 1710 die Tories an die Macht gelangten, erschien eine Vereitelung der hannoverschen Thronfolge zwar als ziemlich unwahrscheinlich, jedoch häuften sich die Anlässe für Irritationen im Verhältnis von London und Hannover. Unterschiedliche Standpunkte traten im Spanischen Erbfolgekrieg auf. Georg Ludwig hielt bis zum Ende des Krieges an der antifranzösischen Allianz fest und fühlte sich von England, das 1711 den Friedensschluss mit Frankreich anbahnte und seinen Verbündeten keine Militärhilfe mehr leistete, im Stich gelassen. In Hannover blieb die Furcht vor einem möglichen Ausschluss von der Thronfolge virulent und führte in den letzten Jahren vor Königin Annas Tod zu schweren Spannungen mit London, weil Sophie immer energischer auf eine Übersiedlung des Kronprinzen nach England drang und Anna wachsenden Widerstand dagegen leistete. Diese Spannungen erreichten mit den »bösen Briefen« Annas an Sophie, Georg Ludwig und Georg August ihren Höhepunkt, in denen die Königin vor der Gefahr einer jakobitischen Rebellion warnte; diese Warnung konnte als Drohung verstanden werden und machte die Übersiedlung des Kronprinzen praktisch unmöglich. Kurz nach dem Eintreffen der Schreiben starb Sophie am 8. Juni 1714 in Herrenhausen. Ob Annas Briefe ihren Tod beschleunigten, lässt sich nicht sagen. Annas Ableben acht Wochen später bedeutete das Ende der Tory-Regierung. Der Regentschaftsrat rief am 1./12. August Georg Ludwig als Sophies Erben zum König aus. Dieser betrat am 29. September bei Greenwich englischen Boden; zwei Tage später erfolgte der feierliche Einzug in London. Am 3. Oktober legten Georg Ludwig als Georg I. und der Kronprinz den Eid auf die Gesetze und die Union Englands und Schottlands ab. Die Krönung in Westminster Abbey fand am 20./31. Oktober statt.

Könige von Großbritannien

Die politische und wirtschaftliche Situation in Großbritannien

Während der Regierungszeit der hannoverschen Könige zwischen 1714 und 1837 wurden wesentliche Grundlagen für die Weltmachtstellung gelegt, die Großbritannien im Viktorianischen Zeitalter erreichte. Aus den Auseinandersetzungen der europäischen Mächte im 18. Jahrhundert ging England als die »überlegene See-, Kolonial- und Handelsmacht« hervor. »Die Seeverbindung nach Nordamerika und die weltweiten Handelsrouten rückten es in das Zentrum weltumspannender Beziehungen.«[160] Um sich den Rücken für maritim-koloniale Expansion freizuhalten, verfolgte es in Europa die Politik der *Balance of Power*, die das Hegemonialstreben kontinentaler Mächte, insbesondere Frankreichs, einzudämmen und ein Gleichgewicht unter den großen europäischen Staaten zu schaffen versuchte. Der Friede von Paris 1763, der den Siebenjährigen Krieg beendete, schränkte Frankreichs europäische Hegemonialbestrebungen ein und verhinderte seine Entwicklung zu einer kolonialen Weltmacht, während Großbritannien durch den Gewinn des französischen Besitzes in Nordamerika und seinen verstärkten Einfluss in der Karibik und in Indien seine weltweite Vorrangstellung absichern konnte. Der Wiener Kongress (1814/15) räumte ihm eine führende Rolle auf den Weltmeeren ein, die nicht zuletzt das Ergebnis seiner rasanten wirtschaftlichen Entwicklung infolge der Industriellen Revolution war. Innenpolitisch gelang es Großbritannien, vor dem Hintergrund wirtschaftlicher und gesellschaftlicher Veränderungen sowie eines rapiden Bevölkerungsanstiegs durch eine Reihe von Reformmaßnahmen das politische System den Entwicklungen anzupassen und trotz erheblicher sozialer Spannungen revolutionäre Situationen zu verhindern.

Zu Beginn des 18. Jahrhunderts lag die Bevölkerungszahl in England und Wales zwischen 5,3 und 5,83 Mio. Zur Jahrhundertmitte hatte sie 6,44 Mio. erreicht, belief sich aufgrund der ersten offiziellen Volkszählung von 1801 auf ca. 9 Mio. und stieg bis 1831 auf 14 Mio. In Schottland lebten um 1700 etwa 1 Mio. Menschen; ihre Anzahl hatte sich bis 1831 mehr als verdoppelt. In Irland stieg die Bevölkerungszahl von etwa 2,5 Mio. (1701) auf 7,8 Mio. (1831).[161] Gleichzeitig setzte die das 19. Jahrhundert prägende Urbanisierung in England ein. Lebten 1700 lediglich 16 % der Bevölkerung in Städten mit über 5000 Einwohnern, so waren es 1800 27 %. Anfang des 18. Jahrhunderts gab es neben London nur sieben Städte mit mehr als 10000 Einwohnern. Um die Jahrhundertmitte waren es schon 14 Städte, darunter die zukünftigen industriellen Zentren Birmingham, Manchester und Sheffield. Zwei Drittel der städtischen Bevölkerung lebten zu diesem Zeitpunkt in London, dem Politik-, Handels- und Finanzzentrum des Landes. London war nicht nur die größte Stadt Englands, sondern der ganzen damaligen Welt. Sie nahm in der zweiten Hälfte des 18. Jahrhunderts eine rasante demographische Entwicklung. Ihre Einwohnerzahl wird für den Beginn des 17. Jahrhunderts auf ca. 200 000 geschätzt. 100 Jahre später lebten hier 570 000 Menschen; ihre Zahl stieg bis 1750 auf 675 000 und erreichte zu Beginn des 19. Jahrhunderts die Millionengrenze.[162]

Ein Grundzug der englischen Gesellschaft im 18. Jahrhundert war ihre »krasse soziale Ungleichheit«.[163] Während die Masse der Bevölkerung, die Unterschicht, deren Anteil im Laufe des 18. Jahrhunderts zunahm, ungesichert und in Armut lebte, blieb der gesellschaftliche und politische Führungsanspruch des Hochadels und der *Gentry,* der Verschmelzung des niederen Adels mit einer schmalen Schicht wohlhabender bürgerlicher Landbesitzer, unangefochten. Erst gegen Ende des Jahrhunderts machte sich der Anspruch von Vertretern der Finanzbourgeoisie und des Industriekapitalismus auf politische Partizipation verstärkt geltend. Die Herrschaft der Aristokratie und der *Gentry* basierte auf Grundbesitz, dessen Anteil im Laufe des Jahrhunderts noch erweitert werden konnte.

Der relative Wohlstand Großbritanniens beruhte auf dem Außenhandel und auf der Steigerung der landwirtschaftlichen Produktion, die trotz des Bevölkerungswachstums keine Engpässe in der Versorgung aufkommen ließ. England war ein landwirtschaftliches Überschussgebiet; um 1750 wurden 25 % der Getreideernte exportiert. Voraussetzung war die Modernisierung der Landwirtschaft, die als »Agrarrevolution« zu bezeichnen ist. Sie umfasste die bessere Ausbeutung der Böden, die Ausweitung der Anbaufläche durch Trockenlegung, den Fruchtwechsel sowie Innovationen verschiedenster Art, wie den Einsatz von Pferden als Pflugtiere anstatt von Ochsen. Die Landwirtschaft wurde nach den Grundsätzen kapitalistischer Unternehmen geführt. Im Laufe des 18. Jahrhunderts stieg die Agrarproduktion um 61 % und erbrachte um 1800 noch rund ein Drittel des Volkseinkommens. Für den englischen Außenhandel blieb der europäische Kontinent weiterhin ein wichtiger Absatzmarkt, büßte aber gegenüber den Handelsbeziehungen mit Amerika, Afrika, Indien und Fernost relativ an Bedeutung ein. Der Außenhandel, bei dem traditionelle Güter wie Wollprodukte im Laufe des 18. Jahrhunderts von Fertigwaren wie Metall- und Baumwollerzeugnissen abgelöst wurden, nahm eine globale Dimension an und war Grundlage und Integrationsmoment des englischen Überseereiches. Zentrum dieses Reiches waren die Kolonien an der Ostküste des amerikanischen Festlandes, die bis zum Abfall vom Mutterland im letzten Drittel des 18. Jahrhunderts den größten zusammenhängenden überseeischen Besitz darstellten. Den Siedlungskolonien in der westlichen Hemisphäre standen Handelsstationen in der Karibik, Westafrika und Indien gegenüber; diese waren von Handelskompanien, wie der Ostindischen Kompanie oder der Kgl. Afrikanischen Kompanie, errichtet und ausgebaut worden und wurden zum Ausgangspunkt für ein künftiges Herrschaftsgebiet. Die Beziehungen zwischen dem Mutterland und den Kolonien wurden nach merkantilistischen Gesichtspunkten gestaltet, wonach England die wirtschaftliche Vorrangstellung zukam und es sich zum »europäischen Stapelplatz für begehrte Kolonialwaren«[164] entwickelte.

Die *Glorious Revolution* und die *Bill of Rights* von 1689 waren grundlegend für die Verfassungsentwicklung Englands; sie sicherten das parlamentarische System und den Vorrang des Parlaments vor der Krone. Die Exekutive lag zwar weiterhin in den Händen des Königs, der aber seines Gottesgnadentums und seiner extensiven überkommenen Prärogativrechte beraubt und lediglich als Inhaber eines Staatsamtes gesehen wurde. Allerdings unternahm das Parlament keinen ernsthaften Versuch, die Regierungsgeschäfte an sich zu ziehen. Die Ausübung seiner Rechte war dem König nur möglich, wenn ihm das Parlament hierfür die erforderlichen Finanzmittel bewilligte. Das Parlament entwickelte sich seit dem Ende des 17. Jahrhunderts zum eindeutigen Machtzentrum des Staates. Es entschied über Gesetzgebung und Besteuerung. Insbesondere errang das Unterhaus eine Monopolstellung in Steuer- und Finanzfragen. Denn alle Anträge auf Bewilligung von Geld mussten vom Unterhaus eingebracht werden; das Oberhaus konnte dessen Vorschlag zwar ablehnen, aber nicht modifizieren. Mit zunehmender Staatstätigkeit wuchsen die finanziellen Bedürfnisse, was dem Unterhaus die Möglichkeit und das Recht verlieh, alle Fragen der nationalen Politik zu diskutieren und zu überwachen. Trotz der finanziellen Abhängigkeit der Krone vom Parlament besaßen König und Regierung vielfältige Möglichkeiten, Einfluss auf das Ober- und das Unterhaus und die dortigen Abstimmungen zu nehmen. Neben der Loyalität der Parlamentsmitglieder gegenüber der Krone konnten König und Regierung durch ein umfangreiches System der Patronage, durch Ämtervergabe und Geldzuwendungen eine Anhängerschaft aufbauen.

Das Parlament war »mehr Hüter etablierter Interessen (*property*) als Ausdruck des Volkswillens«.[165] Es war ein Herrschaftsinstrument der sozialen Oberschicht, die den Kern der »politischen Nation« bildete, und schloss die Masse der Bevölkerung von der Teilnahme an politischen Debatten und Entscheidungen aus. Im Oberhaus saßen neben den 26 englischen Erzbischöfen und Bischöfen die Oberhäupter der Aristokratie. Nach der Vereinigung mit Schottland kamen 16 Pairs hinzu, die vom König oder Minister ernannt wurden. Nicht zuletzt infolge des königlichen Ernennungsrechtes bestand eine enge Verbindung zwischen dem Oberhaus und der Krone, was eine ernsthafte Opposition gegen die königliche Regierung eindämmte.

Das Unterhaus, dessen Legislaturperiode ursprünglich drei, seit 1716 sieben Jahre betrug – was die Mitwirkungsmöglichkeiten der Wählerschaft erheblich reduzierte – bestand aus 558 Mitgliedern, die mehrheitlich der *Gentry* angehörten und nach unterschiedlichen Bestimmungen gewählt wurden. Seit der Union von 1707 kamen 45 schottische Abgeordnete hinzu. Das aktive Wahlrecht lag bei gut 300 000 männlichen Erwachsenen und war an Einkommen und Steuer gebunden; es war damit ein Privileg der besitzenden Schichten. Zur Ausübung des passiven Wahlrechtes war seit 1711 in den Grafschaften ein Jahreseinkommen von 600 Pfund und in den *Boroughs* von 300 Pfund Voraussetzung, was bei einem durchschnittlichen normalen Jahreseinkommen von 20 Pfund den Kreis der Kandidaten erheblich einschränkte.[166]

Die Auseinandersetzungen über die Frage des Ausschlusses Jakobs II. von der Thronfolge hatten Ende der 1670er Jahre im Unterhaus zu zwei politischen Gruppierungen geführt, die sich hinsichtlich ihrer politischen Philosophie, der Beurteilung der königlichen Prärogative, der Einstellung zu den Nonkonformisten und ihrer sozialen Basis unterschieden. Die »Tories« hielten als königstreue Hofpartei am Thronanspruch Jakobs II. fest und bekundeten auch nach der *Glorious Revolution* starke Sympathien für die Stuart-Dynastie. Außerdem zeichneten sie sich durch besondere Nähe zur Anglikanischen Kirche und die Abwehrhaltung gegen den Nonkonformismus aus. Ihre soziale Basis fanden sie beim kleinen Landadel und niederen Klerus. Demgegenüber verstanden sich die »Whigs« als Vertreter des Widerstandsrechtes gegen den monarchischen Absolutismus und des modernen Englands, das sich auf die *Glorious Revolution* berief. Sie fanden ihren Rückhalt bei der grundbesitzenden Aristokratie und beim Großbürgertum. Beiden Parlamentsgruppen fehlten eine dauerhafte Organisation, ein fester Mitgliederstamm und ein verbindliches Programm. Der zeitliche Abstand zur *Glorious Revolution* und die Konsolidierung der Herrschaft der hannoverschen Könige ebneten die ursprünglichen Gegensätze zwischen den Parteigruppierungen ein. Während die Namen erhalten blieben, bezeichneten sie nach Beginn der Personalunion Gruppierungen, die in einem unterschiedlichen Verhältnis zu Hof und Regierung standen. Da sich die Tories durch die Ablehnung der hannoverschen Thronfolge diskreditiert hatten, waren sie von Hof- und Regierungsämtern lange Zeit ausgeschlossen und bildeten ein Gegengewicht zum Hof und den Whig-Politikern in der Regierungszentrale.

Die Ernennung der Regierungsmitglieder gehörte zur Prärogative des Königs. An der Spitze der Regierung stand der *First Lord of the Treasury*, der Erste Lord des Schatzamtes. Er war der Verbindungsmann zum Parlament, dessen finanzielle Bewilligungen Politik erst ermöglichten. Dies führte ihn in eine Schlüsselstellung in der Regierung und im Unterhaus. Während der langen Amtszeit Robert Walpoles (1715–1717, 1721–1742) kam die Bezeichnung »Premierminister« für den Lordschatzmeister auf. Walpole füllte dieses Amt durch die Formulierung der politischen Grundlinien mit Inhalt. Weitere herausragende Regierungsmitglieder waren die beiden *Secre-*

taries of State, die alle Fragen der Außen- und Innenpolitik, mit Ausnahme der Steuergesetzgebung, behandelten und somit noch kein Ressortministerium im modernen Sinne leiteten. Allerdings gab es eine gewisse Festlegung der außenpolitischen Zuständigkeiten. Der *Secretary of State for the Northern Department* war für die Beziehungen Großbritanniens zu den Niederlanden, Deutschland, Polen und Skandinavien zuständig, während der *Secretary of State for the Southern Department* für die Politik gegenüber den übrigen europäischen Staaten verantwortlich war. Erst gegen Ende des 18. Jahrhunderts kam es zur Errichtung des Innenministeriums und des *Foreign Office* als klassische Ressortministerien.

Die unterschiedlichen verfassungsrechtlichen Gegebenheiten in Großbritannien und Hannover waren der Grund für eine Reihe von Konflikten, die die hannoverschen Könige in England hervorriefen. In Hannover verfügte der Kurfürst als *primus absolutus* über eine herausragende Machtposition. Er beriet zwar die politischen Fragen mit den Geheimen Räten, besaß aber im Zweifelsfall die Entscheidungskompetenz. In Großbritannien war der Monarch im politischen Entscheidungsprozess auf die Mitwirkung des Ober- und des Unterhauses angewiesen, mit denen er in allen wichtigen Fragen einen Konsens finden musste. Auch bei der Wahl seiner Minister war er nicht völlig frei, weil diese die Unterstützung im Parlament besitzen mussten, was ihnen auf der anderen Seite eine eigenständige Machtbasis gegenüber dem König verschaffte. Während in Hannover eine direkte Kritik am Kurfürsten oder an der Regierung Sanktionen nach sich ziehen konnte, herrschte in England eine lebhafte öffentliche Diskussion politischer Fragen vor, die kritische Äußerungen über die Person des Monarchen nicht ausschloss.

König Georg I.

Georgs I. Aufnahme in England seitens der Bevölkerung und die Beurteilung seiner Regierungszeit in der englischen Geschichtsschreibung waren zwiespältig. Eine Reihe charakterlicher Eigenschaften und politischer Maßnahmen trugen zum negativen Bild des Königs bei. Lange Zeit herrschte der Verdacht vor, dass er englische Politik zugunsten seines Kurfürstentums betreibe. Die fast 100 Deutschen im königlichen Hofstaat, deren Zahl im Laufe der Jahre jedoch abnahm, die Einflussmöglichkeiten der in London weilenden hannoverschen Minister Hans Kaspar von Bothmer und Andreas Gottlieb von Bernstorff sowie die Verleihung irischer und englischer Adelstitel an seine Mätresse Melusine von der Schulenburg, die er 1716 zur *Duchess of Munster* und drei Jahre später zur *Duchess of Kendal* erhob, stärkten diese Befürchtungen.

Georg I. absolvierte pflichtbewusst seine öffentlichen Auftritte, achtete aber streng auf die Wahrung seiner Privatsphäre. In der Öffentlichkeit gab er sich wortkarg und verschlossen, was den Eindruck der Arroganz und Herablassung hervorrief. Er trat kaum als Mäzen hervor und beschränkte Baumaßnahmen auf das notwendigste. Ein gewisses Interesse zeigte er an der Musik; dies führte zur Förderung Georg Friedrich Händels. Irritationen rief auch der sparsame Gebrauch der englischen Sprache hervor. Neben Deutsch war Georg I. des Lateinischen, Französischen und Italienischen mächtig und sprach auch leidlich Englisch, benutzte als Hauptsprache seiner Korrespondenz – auch mit den kurfürstlichen Beamten in Hannover – Französisch.

Eine Herausforderung seiner ersten Regierungsjahre in England stellten Umsturzversuche der Jakobiten dar. Die Stuarts besaßen eine nicht unbedeutende Anhängerschaft im Norden Englands und in Schottland, wo die Union von 1707 immer noch auf Vorbehalte stieß. Im September 1715 sammelte John Erskine, Earl of Mar (1675–1732), mehrere tausend Aufständische aus Nordostschottland und den Highlands um sich und versuchte, Georg I. zu stürzen und an seiner Stelle Jakob Stuart, den Sohn Jakobs II., als König zu etablieren. Die Aufständischen wurden in den folgenden Monaten durch königliche Truppen unter John Campbell, Herzog von Argyll (1678–1743), vollständig aufgerieben, was zur Flucht Erskines und des Prätendenten, der sich für kurze Zeit in Schottland aufgehalten hatte, nach Frankreich führte. Gegen die Rebellen ging man mit harten Strafmaßnahmen, wie Konfiszierung von Besitz und Verkauf in die Sklaverei, vor. Ein weiterer Aufstand der Jakobiten 1719, in dessen Verlauf Jakob Stuart mit spanischer Hilfe den britischen Thron erobern wollte und in Eilean Donan an der schottischen Westküste zeitweise eine Gegenregierung errichtete, scheiterte ebenfalls an den überlegenen britischen Streitkräften, so dass die Jakobiten während der restlichen Regierungszeit Georgs I. keine ernsthafte Bedrohung mehr darstellten. Eine Folge dieser Aufstandsversuche war der Aufbau eines weitverzweigten Spionagesystems, um das Ausmaß jakobitischer Umtriebe zu erforschen. Außerdem stärkten sie bei Georg I. die Abneigung gegen die Tories wegen der ihnen unterstellten Sympathien für die abgesetzte Dynastie.

Aufgrund der stuartfreundlichen Tendenzen der Tories ließ sich Georgs I. ursprüngliches Konzept, als König über den Parteien zu stehen, nicht verwirklichen. So setzte sich seine erste Regierung vornehmlich aus hannoverfreundlichen Whigs zusammen, deren Vorherrschaft 50 Jahre andauern sollte. In den ersten Regierungsjahren Georgs I. war James Stanhope (1673–1721) die dominierende Kraft im Kabinett. Als Staatssekretär für den Süden (1714–1716) und für den Norden (1716–1717, 1718–1721) übte er entscheidenden Einfluss auf die Außenpolitik Georgs I. aus, der die auswärtigen Angelegenheiten als seine ureigene Domäne betrachtete und sich letzte Entscheidungen vorbehielt. Stanhopes Hauptziel war eine Allianz mit Frankreich zur Sicherung des Friedens und zur Verringerung ausländischer Unterstützung für die Jakobiten. 1717 kam es zur Bildung der Trippleallianz aus Großbritannien, Frankreich und den Niederlanden, die im folgenden Jahr um Österreich erweitert wurde; sie verfolgte das Ziel, die Ansprüche des spanischen Königs Philipp von Anjou auf den französischen Thron zurückzuweisen. Aufgrund des energischen Widerstandes der europäischen Mächte fanden die Ambitionen Philipps ein rasches Ende. Im Nordischen Krieg gelang es Stanhope, den Einsatz der Flotte mit der Sicherung des englischen Handels mit dem Baltikum zu rechtfertigen, Expansionstendenzen Dänemarks und Russlands einzudämmen und gleichzeitig, dem Wunsch des englischen Königs entsprechend, den Erwerb der schwedischen Herzogtümer Bremen und Verden für das Kurfürstentum Hannover zu garantieren.

Eine schwerwiegende Diskreditierung erfuhr die englische Regierung durch den *Southsea Bubble*, den Südseeschwindel, einen der ersten großen Börsenkräche der europäischen Geschichte; er stürzte Hunderte von Geschäftsleuten und Aristokraten in den Ruin und bedeutete für Stanhope als politisch Verantwortlichen das Ende seiner Regierungstätigkeit. Auch der König und der Hof hatten große Summen in das Unternehmen investiert, vor dem Sturz der Aktien ihre Anteile aber wieder verkauft. Eine politische Krise konnte trotz der Verwicklung von König und Regierung durch das geschickte parlamentarische Taktieren Robert Walpoles (1676–1745), der auf dem Höhepunkt der Unternehmungen vor dem Ausufern der Spekulation gewarnt hatte, verhindert werden.

Georg I. hatte Walpole, der sich für den hannoverschen Monarchen eingesetzt hatte, 1715 das Amt des Ersten Schatzlords übertragen. In dieser Position führte er das System des *Sinking Fund* ein, einen Plan zur Tilgung der Nationalschuld. Danach sollten jährlich bestimmte Einnahmen zur Rückzahlung verwandt werden. Dies stärkte das Vertrauen von Gläubigern in Staatsanleihen als sichere und profitable Kapitalanlage und trug erheblich zum Wachstum des englischen Kredits bei. Im Streit um die englische Intervention in den Nordischen Krieg verließ Walpole zwei Jahre später die Regierung, kehrte allerdings 1720 ins Kabinett zurück. Von 1721 bis 1742 war er erneut Erster Schatzlord und Schatzkanzler und erlangte während dieser Zeit einen Einfluss wie kein Regierungsmitglied vor ihm. Mit Hilfe der Ämterpatronage, zu der noch der Kauf von Wahlkreisen kam, konnte er die Position der Whigs festigen und seine eigene Macht ausbauen. Er veranlasste Georg I., die außenpolitische Perspektive seiner britischen Minister anzunehmen. Dies fand seinen Niederschlag in der Allianz von Hannover vom April 1725, die zwischen Großbritannien, Frankreich und Preußen geschlossen wurde und eine antikaiserliche Tendenz beinhaltete, was im Gegensatz zur traditionellen Politik des hannoverschen Kurstaates stand.

Diskrepanzen zwischen britischen und hannoverschen Belangen führten Georg I. zu dem Plan einer Auflösung der Personalunion. Für eine gedeihliche Entwicklung des Kurfürstentums hielt er die dortige Anwesenheit des Fürsten für erforderlich, während die Beendigung der Personalunion in England die jakobitische Propaganda gegen eine landfremde Dynastie schwächen würde. Das Testament Georgs I. von 1716, das 1720 mit einem Kodizill versehen wurde, sah die Trennung beider Länder vor. Bei mehr als zwei Söhnen sollte der älteste die britische Königskrone, der zweite die Kurfürstenwürde erhalten. Beim Fehlen eines zweiten Sohnes sollte das Kurfürstentum an die ältere welfische Linie, das Haus Braunschweig-Wolfenbüttel, übergehen. Eine positive Resonanz fand das Testament, das ein Zeugnis »eines patrimonialen Herrschaftsverständnisses«[167] war, bei den hannoverschen Ratgebern, die befürchteten, Hannover könne zu einer britischen Kolonie herabsinken, während englische Minister Rechtsbedenken äußerten und den Verlust von Handelsvorteilen sahen. Nach Georgs I. Tod gelang Georg II. eine Unterdrückung des Testamentes, ohne dass die Gründe eindeutig zu ermitteln sind; er trug damit zur Sicherung der Personalunion bei.

Georg I. starb während seines sechsten Kontinentaufenthaltes am 22. Juni 1727 an einem Schlaganfall in Osnabrück und wurde auf Veranlassung seines Nachfolgers in der Schlosskapelle zu Hannover beigesetzt. Der reibungslose Übergang in der Thronfolge war ein Indiz für die Konsolidierung der hannoverschen Sukzession in England.

König Georg II.

Familienangelegenheiten

Die Krönung des zweiten englischen Königs aus dem Haus Hannover fand am 11. Oktober 1727 in Westminster Abbey statt. Auch Georg II. wurde wie sein Vater, zu dem er lange Zeit in einem äußerst gespannten Verhältnis gestanden hatte, in der englischen Publizistik und Geschichtsschreibung ungünstig beurteilt. Man warf ihm Jähzorn, Eigensinn, Habgier, Eitelkeit, Prachtsucht und Unbeständigkeit sowie die einseitige Bevorzugung seiner hannoverschen Stammlande vor. Hinzu kamen eine »geradezu manische Pünktlichkeit« und eine »unangemessene Sparsamkeit«.[168] Demgegenüber erkannte man seine soldatische Tapferkeit und das Bemühen an, sich stärker als sein Vater der englischen Sprache, die er vorzüglich beherrschte, zu bedienen und sich den englischen Eigentümlichkeiten zu widmen. Zu Georgs II. positiven Eigenschaften gehörten Offenheit und Ehrlichkeit, Gerechtigkeitssinn und Wahrheitsliebe; er hatte Humor und frönte im Gegensatz zu vielen seiner fürstlichen Zeitgenossen weder der Trunk-, Spiel- noch der Verschwendungssucht. Seinen zahlreichen Mätressen räumte Georg II. keinen Einfluss auf die Politik ein.

Georg August war seit 1705 mit Karoline (1683–1737), einer Tochter des Markgrafen Johann Friedrich von Brandenburg-Ansbach, verheiratet, die als Vollwaise am Berliner Hof durch Kurfürstin Sophie Charlotte eine standesgemäße Erziehung erhalten hatte. Sie war ihrem Gemahl intellektuell überlegen, ließ ihn ihre Überlegenheit aber nicht fühlen; sie schickte sich in die Rolle der ergebenen Gattin und ertrug seine Launen und Kränkungen. Nach Georg Augusts Thronbesteigung wuchs ihr Einwirken auf politische Entscheidungen, so dass sie als »politisch einflussreichste Königin des Hauses Hannover«[169] bezeichnet wurde. Aus ihrer Ehe gingen acht Kinder hervor, zu denen Georg II. keine enge emotionale Beziehung hatte. In heftige Auseinandersetzungen geriet er mit dem Kronprinzen Friedrich Ludwig (1707–1751), was an das konfliktreiche Verhältnis zu seinem eigenen Vater erinnerte. Streitigkeiten zwischen Vater und ältestem Sohn schienen sich im Haus Hannover zur »Familientradition«[170] zu entwickeln.

Innen- und außenpolitische Probleme

Trotz seiner Zuneigung zu den Stammlanden versuchte Georg II., deren Interessen mit denen Großbritanniens in Einklang zu bringen, was ihm im Laufe der Zeit immer weniger gelang. Der Vorwurf, er habe sich wenig um die Regierungsgeschäfte gekümmert, erscheint als ungerechtfertigt. Er erwies sich als arbeitsam und zeigte besonderes Interesse an der Militär- und der Außenpolitik, wobei sein Augenmerk vornehmlich auf den Belangen Kontinentaleuropas und insbesondere Deutschlands lag. Demgegenüber befasste er sich weniger intensiv mit den überseeischen Handels- und Kolonialinteressen, deren Behandlung er weitgehend den Ressortleitern überließ. Er versuchte die Möglichkeiten, die ihm die britische Verfassung einräumte, auszuschöpfen; er erkannte aber auch die Begrenzung seiner Macht an und fügte sich, wenn zuweilen auch widerwillig, dem Rat seiner leitenden Minister. Damit trug er zur Stabilisierung des politischen Systems Großbritanniens erheblich bei.

Nach der Regierungsübernahme beabsichtigte Georg II., Walpole wegen seiner einflussreichen Stellung unter Georg I. zu entlassen. Vermutlich auf das Einwirken Karolines hin beließ er ihn trotz dauerhafter persönlicher Abneigung im Amt, wobei Walpoles Aushandlung einer großzügigen Zivilliste in Höhe von 800 000 Pfund nicht ohne Einfluss auf die Entscheidung des Königs war. Walpole sicherte seine herausragende Stellung in der Regierung nicht zuletzt durch seine Fähigkeit, seine Vorschläge so zu formulieren, dass Georg II., der kaum Widerspruch ertragen konnte, diese als seine eigenen ansah. Eine Grundlinie der Außenpolitik Walpoles war es, kriegerische Auseinandersetzungen abzuwenden, wobei er sich im Allgemeinen auf das Unterhaus und auf die Öffentlichkeit stützen konnte. So gelang es ihm, Georg II. von einer Teilnahme am Polnischen Erbfolgekrieg abzuhalten. Der Tod Königin Karolines am 20. November/1. Dezember 1737, die konstruktiv mit ihm zusammengearbeitet hatte, und die wachsende Opposition des Prinzen von Wales schwächten seine Stellung. Er verlor Einfluss im Parlament, als er sich gegen den Krieg gegen Spanien 1739 aussprach, den viele Engländer für notwendig hielten, um die nationale Ehre zu retten. Die Unterhauswahlen von 1741 stärkten die Kriegspartei, was zu Walpoles Rücktritt im folgenden Jahr führte. Bis zu seinem Tod am 18. März 1745 fungierte er aber weiterhin als Berater Georgs II.

Im Österreichischen Erbfolgekrieg (1740–1748) traten die Unterschiede zwischen englischen und hannoverschen Interessen erneut auf. Auf der Grundlage der *Balance-of-Power*-Politik versuchte England, sich durch ein Bündnissystem auf dem Kontinent abzusichern, um seine außenhandels- und kolonialpolitischen Interessen innerhalb und außerhalb Europas verfolgen zu können. Georg II. erwartete von der Personalunion ein Engagement Großbritanniens für die Sicherheit und territoriale Unversehrtheit Hannovers. Entsprechend dem Kurkontrakt von 1692 trat nach dem Einmarsch Friedrichs des Großen in Schlesien der Bündnisfall zugunsten der Habsburger ein. Um einen Einmarsch preußischer und französischer Truppen in das Kurfürstentum und damit einen Zweifrontenkrieg zu vermeiden, willigte Georg II. in das sogenannte »Neustädter Protokoll« vom 12. Oktober 1741 ein, in dem Frankreich versprach, Hannover nicht anzugreifen; demgegenüber verpflichtete sich das Kurfürstentum, seine Truppen nicht gegen französische Verbündete einzusetzen und seine Stimme bei der Kaiserwahl dem bayerischen Kurfürsten Karl Albrecht zu geben. Dieses Nachgeben Kurhannovers, das der Tradition des hannoverschen Hauses widersprach, machte den Weg zur einstimmigen Wahl Karl Albrechts zum Kaiser am 24. Januar 1742 in Frankfurt frei, löste aber in Großbritannien wegen der Begünstigung Frankreichs große Empörung aus. Unter John Carterets (1690–1763) Einfluss, der nach Walpoles

Rücktritt die bestimmende Kraft in der Regierung wurde und für ein aktives Eingreifen zugunsten der Habsburger eintrat, gab Georg II. das Neustädter Protokoll auf und schloss am 6. Juli 1742 als König von England einen Subsidienvertrag mit Österreich. Die englische Regierung nahm 16 000 Hannoveraner in Sold und legte damit den Grundstein für die Pragmatische Armee, die sich Mitte September in Richtung Frankreich in Bewegung setzte. Am 27. Juni 1743 wurden die französischen Truppen bei Dettingen von der Pragmatischen Armee unter dem Oberbefehl Georgs II. geschlagen, der als letzter britischer König auf dem Schlachtfeld anwesend war. Die Schlacht war nur von begrenzter militärischer Bedeutung; sie blieb vor allem durch Georg Friedrich Händels *Dettinger Te deum* in Erinnerung. Als Preußen im folgenden Jahr eine neue Offensivallianz mit Frankreich schloss, drang die britische Regierung auf eine Aussöhnung zwischen Österreich und Preußen, die auf Vermittlung Georgs II. am 25. Dezember 1745 im Frieden von Dresden zustande kam. Der Frieden von Aachen vom 18. Oktober 1748 beendete den Österreichischen Erbfolgekrieg auf der Grundlage des *Status quo*. England und Frankreich erstatteten sich die jeweiligen Eroberungen in den Kolonialgebieten zurück; Frankreich erkannte erneut die hannoversche Thronfolge an und verpflichtete sich, den Stuart-Prätendenten in Zukunft nicht mehr zu unterstützen. Während des Österreichischen Erbfolgekrieges hatten die Jakobiten mit Unterstützung Frankreichs einen neuen Aufstandsversuch unternommen. Der Sohn des *Old Pretender*, Karl Eduard Stuart (1720–1788) (*Bonnie Prince Charlie*), traf im Juli 1745 in Schottland ein und musste nach Siegen bei Prestonpans (21. September) und Falkirk (17. Januar 1746) wegen mangelnder französischer Unterstützung am 16. April in der von ihm geforderten Entscheidungsschlacht bei Culloden eine vernichtende Niederlage durch die britischen Regierungstruppen unter dem Oberbefehl Wilhelm Augusts von Cumberland (1721–1765) einstecken. Karl Eduard floh nach der Schlacht, der letzten auf britischem Boden, nach Frankreich, während die Rebellen gefangen genommen und viele von ihnen exekutiert wurden. Damit hatte die jakobitische Gefahr für das Haus Hannover ein Ende gefunden.

Der Siebenjährige Krieg

Der Siebenjährige Krieg stellte die Verbindung zweier Konfliktfelder dar. Für Preußen und Österreich wiederholte sich der Kampf um Schlesien, an dem sich die anderen europäischen Großmächte beteiligten. Auch nach dem Frieden von Dresden war die Rückgewinnung Schlesiens, das eine der reichsten Provinzen der Habsburger Monarchie gewesen war und dessen Erwerb Preußen in die Reihe der europäischen Großmächte geführt hatte, ein zentrales Ziel österreichischer Politik; in Wien wollte man Preußen auf seinen ursprünglichen Status zurückführen. Das zweite Konfliktfeld resultierte aus den Auseinandersetzungen zwischen England und Frankreich um die Kolonien, insbesondere in Nordamerika und Indien. In Nordamerika hatte seit Jahrzehnten die Rivalität zwischen beiden Staaten zu gelegentlichen Scharmützeln geführt, zu denen seit 1754/55 die Konflikte zwischen französischen und englischen Siedlern im Ohio-Becken gehörten. Die kolonialen Auseinandersetzungen zwischen den westeuropäischen Großmächten ließen den Siebenjährigen Krieg schon bei den Zeitgenossen als »kleinen Weltkrieg« erscheinen, der auch auf außereuropäischen Kampfplätzen stattfand, Rückwirkungen auf den Verlauf des Krieges in Europa hatte und insbesondere seinen Ausgang bestimmte. Am Vorabend des Krieges hatten sich Koalitionen zwischen den europäischen Großmächten gebildet, die vom traditionellen europäischen Bündnissystem abwichen. Im Januar 1756 sicherten sich Preußen und England gegenseitig zu, sich für die Erhaltung des Status quo in Deutschland einzusetzen; dies beinhaltete das Versprechen Englands, Schlesien für Preußen zu garantieren. Friedrich der Große beabsichtigte mit der Konvention eine Isolierung Österreichs; er wollte ein Bündnis Englands mit der Habsburger Monarchie wie im Österreichischen Erbfolgekrieg ausschließen. Außerdem wollte er sich gegen Russland absichern und einen möglichen Zweifrontenkrieg verhindern. Georg II. und Thomas Pelham-Holles, Herzog von Newcastle (1693–1768), der 1754 seinen Bruder Henry Pelham im Amt des Premierministers abgelöst hatte, sahen im preußischen König ein effizientes Werkzeug im Kampf gegen Frankreich. Georg II., der seine traditionellen Vorbehalte gegen die Hohenzollern überwinden musste, wollte darüber hinaus durch ein Bündnis mit Friedrich dem Großen einen preußischen Angriff auf Hannover abwenden. Für die Öffentlichkeit wurde die Konvention mit der Solidarität der protestantischen Staaten gegen Habsburg und Frankreich gerechtfertigt und der preußische König als *Great Protestant Defender* hingestellt. Diese Argumentation schien durch das Neutralitäts- und Defensivbündnis von Versailles an Glaubwürdigkeit zu gewinnen, das Frankreich und Österreich am 1. Mai 1756 schlossen und im folgenden Jahr zu einem Offensivbündnis ausbauten. Vor dem Hintergrund des seit Beginn der Frühen Neuzeit bestehenden Gegensatzes zwischen Habsburg und Frankreich bedeutete das von Staatskanzler Wenzel Fürst von Kaunitz zustande gebrachte Bündnis einen *renversement des alliances*, eine Umkehrung der Allianzen. Dieser Kriegskoalition schlossen sich Russland, Schweden und die Mehrzahl der Reichsstände an, während Hannover, Braunschweig und Hessen-Kassel nach dem Angriff Friedrichs des Großen auf das neutrale Sachsen im August 1756 einen Kurs bewaffneter Neutralität verfolgen wollten. Wie zu Beginn des Österreichischen Erbfolgekrieges hielt Kurhannover an seinen Vorbehalten gegen die englische Politik anfangs fest und bekundete noch auf dem Regensburger Reichstag am 10. Januar 1757 seine Treue zum Kaiser, der zu diesem Zeitpunkt jedoch Norddeutschland weitgehend preisgegeben hatte. Aus Sorge um sein Kurfürstentum ließ Georg II. zu Beginn des Jahres 1757 eine Observationsarmee von etwa 47 000 Mann aufstellen, die von England finanziert und dem Oberkommando Herzog Wilhelm Augusts von Cumberland unterstellt wurde. Diese Kriegsrüstung veranlasste Österreich und Frankreich, Kurhannover als Kriegsteilnehmer anzusehen.

Die Entwicklungen auf dem Kontinent, die Niederlage der Observationsarmee bei Hastenbeck und die Konvention von Zeven, trugen zum Aufstieg William Pitts (1708–1778) bei, der die Konvention als eine Schande für England bezeichnet hatte. Hinzu kam, dass der Verlust Menorcas, die Schwierigkeiten der Briten in Ostindien und die Niederlage Friedrichs des Großen bei Kolin den nationalen Behauptungswillen in England stärkten. Pitt sah den Krieg ausschließlich unter englischen Gesichtspunkten, ohne die Interessen der hannoverschen Erblande zu berücksichtigen. Seiner Meinung nach sollten die kriegerischen Auseinandersetzungen auf dem Kontinent Frankreichs Kräfte binden, um Englands Überlegenheit auf den kolonialen Kampfplätzen zu sichern. Er empfahl Georg II., das Bündnis mit Preußen aufrechtzuerhalten, und drängte das englische Parlament, Mittel zur Unterstützung Preußens und zur Aufstellung einer neuen Observationsarmee zu billigen. Diese konnte unter dem Oberbefehl Herzog Ferdinands von Braunschweig am 1. August 1759 bei Minden und im folgenden Jahr bei Krefeld entscheidende militärische Erfolge gegen die Franzosen erringen.

Das Ende des Siebenjährigen Krieges wurde im Wesentlichen durch die Annäherung Englands und Frankreichs bestimmt. Nach dem Tod Georgs II. drängte das Parlament auf eine Einstellung der Kampfhandlungen, besonders nachdem aufgrund der Siege in Amerika, wo 1759 Quebec und Montreal eingenommen worden waren und im folgenden Jahr die Franzosen eine vollständige Niederlage erlitten hatten, der Krieg für England an Bedeutung verloren hatte. In England nahm man keine Rücksicht auf den Verbündeten Friedrich den Großen und auf Hannover und stellte die Subsidien an Preußen ein. Nach dem Sturz Pitts im Oktober 1761, der für die Fortsetzung des Krieges eingetreten war, leitete Lord John Stuart, Earl of Bute (1713–1792), mit dem ein den Tories nahestehender Premierminister der Regierung vorstand, Verhandlungen mit Frankreich ein; diese mündeten in den Präliminarfrieden von Fontainebleau (3. November 1762) ein. Der definitive Frieden wurde am 10. Februar 1763 in

Paris geschlossen und bestätigte Großbritannien als eigentlichen Gewinner des Siebenjährigen Krieges. Frankreich behielt zwar seine indischen Kolonien, musste aber seine Besitzungen in Nordamerika, Kanada und Louisiana an England abtreten, das außerdem noch Florida von Spanien erhielt. Die englisch-französische Übereinkunft wirkte sich auf das kontinentale Kriegsgeschehen aus; das isolierte Österreich konnte die Kriegsanstrengungen allein nicht mehr tragen und schloss am 15. Februar 1763 mit Preußen den Frieden von Hubertusburg, der den *Status quo* der Vorkriegszeit anerkannte. Auch die deutschen Verbündeten Großbritanniens, Hannover, Braunschweig und Hessen-Kassel, gingen trotz der ungeheuren Lasten ohne Gewinn aus dem Krieg hervor.

Georg II. war am 25. Oktober 1760 im Palast von Kensington an den Folgen eines Schlaganfalls gestorben und wurde am 11. November in Westminster Abbey neben seiner Frau Karoline beigesetzt.

König Georg III.

Familie und Krankheit

Neben Königin Viktoria übte Georg III. die längste Regierungszeit unter den englischen Monarchen aus. Sie war mit epochalen Veränderungen verbunden und wurde zum Symbol nationaler Stabilität und Identität. Während seiner Herrschaft trennten sich die amerikanischen Kolonien vom Mutterland und erfolgten der Aufbau des Kolonialreiches in Indien sowie die Kolonisation Australiens und Neuseelands. Ebenso fielen in diese Periode der Beginn und die erste Hochphase der Industriellen Revolution in England sowie die Verschmelzung von Großbritannien und Irland, die bis dahin in Personalunion verbunden waren, zum Vereinigten Königreich. Auch für das Kurfürstentum Hannover bedeutete die Regierungszeit Georgs III. einen deutlichen Einschnitt. Als Erster der Könige aus dem Haus Hannover war Georg III. in England geboren worden; seine Muttersprache war Englisch, und im Unterschied zu seinen Vorgängern besuchte er niemals das Stammland der Dynastie. Die traditionelle Auffassung, Georg III. habe die Angelegenheiten des Kurfürstentums vernachlässigt, ist nicht aufrechtzuerhalten. Er nahm jedoch eine klare Trennung der hannoverschen und der britischen Politik vor.

Georg III. wurde am 4. Juni 1738 in London geboren. Durch den frühen Tod seines Vaters, Friedrich Ludwig von Wales (1751), wurde eine Generation in der Regierung übersprungen. Georg III. war nur unzureichend auf die Herrschaft vorbereitet; er verfügte weder über hohe Intelligenz, noch große geistige Beweglichkeit und Weltläufigkeit. Er wurde in Naturwissenschaften unterrichtet und zeigte sein Leben lang ein intensives Interesse an Astronomie. Dies führte zur Einrichtung eines Observatoriums in Windsor mit einem von Wilhelm Herschel konstruierten Teleskop. Stärker als seine Vorgänger trat er als Büchersammler in Erscheinung und beteiligte sich an der Errichtung der britischen Nationalbibliothek. In der Förderung der Künste sah Georg III. eine nationale Aufgabe. Er unterstützte die Gründung der *Royal Academy of Art*. Als erster britischer Monarch nahm er eine Trennung zwischen offiziellem Amtssitz und privatem Wohnsitz vor. 1762 erwarb er Buckingham House, das er für seine wachsende Familie in den folgenden Jahren ausbauen ließ. In den 1770er Jahren erfolgte die Umgestaltung und Erweiterung von Windsor Castle, das seit Königin Anna nicht mehr benutzt worden war.

Am 8. September 1761 heiratete Georg III. Charlotte von Mecklenburg-Strelitz (1744–1818). Neben gemeinsamen Interessen, insbesondere Musik und bibliophile Sammelleidenschaft, verbanden ein ausgeprägtes Pflichtgefühl und ein tiefer Glaube beide Ehepartner. Charlotte hielt sich von einer Einmischung in politische Angelegenheiten weitgehend zurück. Das Familienleben Georgs III., der keine Beziehungen zu Mätressen unterhielt, galt als vorbildlich und wies geradezu bürgerlich-viktorianische Züge auf. Der König ging in seinen Pflichten als Landesvater auf; er gab sich leutselig und ohne

Standesdünkel; dies war mit einer Abneigung gegen das repräsentative Hofleben verbunden, was zusammen mit seinem Interesse an der Landwirtschaft bereits zu seinen Lebzeiten zu der Benennung *Farmer George* führte. Georgs III. Lebensführung unterschied sich vorteilhaft von der Verschwendungssucht und Unmoral des Kronprinzen und anderer Söhne und trug zur Popularität des Königs bei. Seine Beliebtheit wuchs im Laufe seiner Amtszeit, während er gleichzeitig an Einfluss auf die Regierungsgeschäfte verlor. Vor allem nach dem Ausbruch der Französischen Revolution war eine starke Hinwendung der Briten zu ihrem Monarchen zu konstatieren, der als Garant und Symbol der bestehenden Ordnung erschien.

Während dieser Zeit machten sich bei Georg III. Symptome von Porphyrie bemerkbar, einer erblich bedingten Stoffwechselkrankheit; sie war mit erheblichen Schmerzen und Verwirrungszuständen verbunden. Diese Krankheit tritt in Schüben auf, die häufig durch physische und psychische Belastung ausgelöst werden. Bei Georg III. setzte eine erste Phase im Sommer 1788 ein und dauerte bis zum folgenden Frühjahr an; sie begann mit Magenkrämpfen, Seh- und Hörstörungen und veränderte das Verhalten des Königs. Der eher prüde Monarch ließ sich in Obszönitäten aus, belästigte Hofdamen und verhielt sich hin und wieder gewalttätig, insbesondere gegenüber dem Kronprinzen. Weitere Schübe folgten im Frühjahr 1801 und 1810, wenige Tage nach seinem 50-jährigen Krönungsjubiläum. Danach trat keine Erholung mehr ein; die Krankheit ging in anhaltende Altersverwirrung über. Georg III. lebte bis zu seinem Tod am 29. Januar 1820 blind und taub auf Schloss Windsor.

Der Amerikanische Unabhängigkeitskrieg

Die erste Regierungsphase Georgs III. war durch das Bemühen gekennzeichnet, die Monarchie als Machtfaktor im Verfassungsgefüge Großbritanniens zu stärken. Dabei strebte er keine verfassungswidrige Stellung der Krone an; vielmehr wollte er ihr Gewicht in der Exekutive insbesondere durch den Wechsel von Whigs und Tories in der Regierung und die überparteiliche Vergabe von Ämtern zur Geltung bringen. 1770 berief er mit Frederick North, Earl of Guilford (1732–1792), einen den Tories nahestehenden Premierminister.

Das die Regierungszeit Norths beherrschende Thema war der Amerikanische Unabhängigkeitskrieg. Die Auseinandersetzungen zwischen den Kolonisten und dem Mutterland verschärften sich nach dem Siebenjährigen Krieg, der die Notwendigkeit des Schutzes der Kolonien gegen die Franzosen durch englische Truppen deutlich gemacht hatte. England drang in der Nachkriegszeit auf eine Beteiligung der amerikanischen Siedler an den wachsenden Kosten für Verwaltung und Militär und führte neue Steuern ein, die die Kolonisten erst nach der Gewährung politischer Mitbestimmung im englischen Parlament zu leisten bereit waren. Der Konflikt eskalierte, als 1763 auf Anordnung Georgs III. eine Ausdehnung der Kolonien westlich der Appalachen eingeschränkt wurde. Durch die Schließung der bis dahin offenen Westgrenze wollte man den kostspieligen Einsatz englischer Truppen gegen die Indianer unterbinden. London verschärfte den Konflikt durch neue Einfuhrabgaben, Verwaltungsvorschriften, verstärkte Truppenpräsenz und Militäreinsatz. Dies hatte Proteste, Boykotte und Aufruhr der Kolonisten zur Folge, die im Dezember 1773 in der *Boston Tea Party* sinnfälligen Ausdruck erhielten. Ein Treffen von Vertretern der einzelnen Kolonien im September und Oktober 1774 bereitete ein Handelsembargo gegen England vor. Nachdem es im Frühjahr in Massachusetts zu ersten Kämpfen zwischen Milizen und englischen Truppen gekommen war, und Georg III. im August 1775 den Zustand der Rebellion festgestellt hatte, die es niederzuwerfen galt, erklärten die amerikanischen Kolonien am 4. Juli 1776 ihre Unabhängigkeit von Großbritannien.

Die Kolonien gewannen die Unterstützung Frankreichs und Spaniens. Nachdem am 17. Oktober 1777 den britischen Truppen unter General John Burgoyne bei Saratoga (N. Y.) eine Niederlage zugefügt worden war, die zu einer entscheidenden Wende im Unabhängigkeitskrieg führte, bedeutete die

Kapitulation der britischen Südarmee unter Lord Charles Cornwallis am 19. Oktober 1781 in Yorktown (Virg.) das Ende der Kampfhandlungen. Ein Antrag auf Verzicht der gewaltsamen Unterwerfung der amerikanischen Rebellen fand am 27. Februar 1782 in Westminster eine knappe Mehrheit; er führte zum Rücktritt Lord Norths und war die Voraussetzung für die Friedensverhandlungen in Paris, die am 3. September 1783 mit der Anerkennung der Unabhängigkeit der Kolonien, der Abtretung Floridas an Spanien und Tobagos an Frankreich endeten.

Georg III. übte einen aktiven Einfluss auf die Amerikapolitik aus, besonders nachdem die Protestbewegung der Kolonisten den Charakter einer offenen Rebellion angenommen hatte. Er trat für die Fortsetzung des Krieges ein, auch als dieser immer höhere Kosten verschlang und die Niederlagen zunahmen. Der König befürchtete, dass ein Abfall Amerikas auch den Verlust der westindischen Inseln, sogar Irlands zur Folge haben werde und somit die Großmachtstellung Englands gefährdete. Deshalb lehnte er Kompromisse ab und bestand auf der Unterwerfung der amerikanischen Rebellen. Zeitweise drohte er bei einem Entgegenkommen gegenüber den Kolonien mit Abdankung. Letztlich musste er sich der auf Friedensverhandlungen drängenden Parlamentsmehrheit und nach Norths Rücktritt der Bedingung des neuen Premierministers, Charles Watson-Wentworth, Marquess of Rockingham (1730–1782), beugen, kein königliches Veto gegen die Unabhängigkeit Amerikas einzulegen.

Der Unabhängigkeitskrieg bedeutete das Ende des älteren englischen Empire, in dem die amerikanischen Kolonien den Kern gebildet hatten. Er hatte die außenpolitische Isolierung Englands deutlich gemacht, das keine Unterstützung bedeutender europäischer Mächte erhielt. Diese Situation sollte sich erst wieder nach der Französischen Revolution ändern. Georgs III. verfehlte Amerikapolitik bewirkte eine Schwächung der Krone im englischen Verfassungsgefüge.

Innenpolitische Probleme

Neben seiner Krankheit führte 1784 die Ernennung William Pitts d.J., der sich als aktiver, reformbereiter Chef der Regierung und Verwaltung erwies, dazu, dass Georgs III. frühere Bestrebungen hinsichtlich eines stärkeren persönlichen Regimentes unterbunden wurden. Pitt (1759–1806) war der zweite Sohn des früheren Premierministers William Pitt d.Ä. Er hatte sich im Unterhaus der von seinem Vater geführten Whig-Partei angeschlossen und gegen den amerikanischen Krieg ausgesprochen sowie wesentlich zum Sturz des Ministeriums North beigetragen. Ende 1783 wurde er nach dem Rücktritt des Ministeriums Portland zum jüngsten Premierminister der britischen Geschichte ernannt. Aufgrund vorgezogener Wahlen konnte sich Pitt seit 1784 auf eine überwältigende Mehrheit im Unterhaus stützen, wo er eine neue Tory-Partei um sich sammelte. Während ihm eine Neuordnung des zerrütteten Finanzwesens nach dem Vorbild Walpoles durch die Einführung von Tilgungsfonds zur Hebung des öffentlichen Kredits und die Abschaffung von Sinekuren und politischen Pensionen gelang, scheiterten seine Bemühungen um die Neugestaltung des veralteten Wahlrechts. Während der ersten Krankheitsphase Georgs III. geriet Pitt wegen der Regelung der Regentschaft mit Charles James Fox (1749–1806) als einem der Führer der Opposition in heftige Auseinandersetzungen. Während Fox die Rechte des Prinzen von Wales auf die Regentschaft geltend machte, wollte Pitt die Entscheidung dem Parlament vorbehalten. Durch die Gesundung des Königs wurde der Konflikt einstweilen gegenstandslos. Vor dem Hintergrund der Französischen Revolution näherte sich Pitt immer mehr konservativen Positionen an und versuchte, durch die zeitweilige Suspendierung des Habeas-Corpus-Act (1794/95 und 1798–1801) und die Einschränkung des Vereins- und Versammlungsrechtes sowie der Pressefreiheit der Verbreitung revolutionärer und demokratischer Vorstellungen in England entgegenzutreten. In einen Konflikt mit dem König geriet er wegen der Irlandfrage.

Irland, das im Laufe des 18. Jahrhunderts ebenfalls ein gewaltiges Bevölkerungswachstum und einen wirtschaftlichen Aufschwung erlebt hatte, wurde von einer dünnen protestantischen Herrenschicht dominiert, während die katholische Mehrheit als Bürger zweiter Klasse erhebliche politische und gesellschaftliche Nachteile erfuhr. Vor dem Hintergrund der Aufklärung und der Unruhen in Amerika mehrten sich die Stimmen, die eine Aufhebung dieser Benachteiligungen forderten. Zu den ersten Zugeständnissen gehörte der *Catholic Relief Act* (1778), der Beschränkungen des Erbrechtes und des Grundbesitzes aufhob. 1793 erhielten die Katholiken bei entsprechenden Besitzqualifikationen das aktive, aber nicht das passive Wahlrecht zum irischen Parlament, das zehn Jahre zuvor weitgehend autonom geworden war. Dennoch nahmen gegen Ende der 1790er Jahre nach einem gescheiterten Landungsversuch der Franzosen die Unruhen der katholischen Bevölkerung zu, die häufig von Priestern angeführt wurde. Diese Aufstände wurden mit Hilfe einheimischer protestantischer Orangisten brutal niedergeschlagen. Das irische Parlament wurde mit seiner Zustimmung aufgehoben und seine Abgeordneten in das Parlament von Westminster einbezogen. 1801 trat die Realunion von Großbritannien und Irland in Kraft. Pitt wollte diese politische Entwicklung durch Toleranzgesetze und die staatsbürgerliche Gleichstellung der Katholiken absichern, scheiterte aber am Widerstand Georgs III., der diese Politik als »jakobitisch« ablehnte und sich auf seinen Krönungseid berief, der ihn auf den Schutz des Protestantismus in Großbritannien verpflichtet hatte. Am 14. März 1801 erfolgte daraufhin Pitts Rücktritt.

Die Napoleonischen Kriege

Das zentrale außenpolitische Problem der Amtszeit Pitts war die Auseinandersetzung Großbritanniens mit der Französischen Revolution und sein Engagement in den Napoleonischen Kriegen. Nachdem Preußen und Österreich 1792 aufgrund der französischen Kriegserklärung die Kampfhandlungen aufgenommen hatten, versuchte Pitt, England möglichst aus den militärischen Auseinandersetzungen auf dem Kontinent herauszuhalten und auch nach der Kriegserklärung Frankreichs vom 1. Februar 1793 Optionen für einen Frieden offenzuhalten. Erst nach dem Ausscheiden Preußens aufgrund des Baseler Friedens (1795) und Österreichs infolge des Friedens von Campo Formio (1797), als auch eine direkte Bedrohung der britischen Inseln durch die siegreichen französischen Armeen nicht mehr ausgeschlossen war, wurde ein stärkeres militärisches Engagement Großbritanniens unabdingbar, das sich bis dahin weitgehend auf Subsidienzahlungen an mittlere und größere europäische Staaten beschränkt hatte. Das englische Engagement blieb im Ersten Koalitionskrieg zurückhaltend, weil Großbritannien zwar über eine starke Flotte verfügte, jedoch kein adäquates Landheer besaß. Die grassierende Wirtschaftskrise machte die Einführung einer allgemeinen Einkommensteuer unumgänglich, die bei der britischen Bevölkerung unpopulär war und die Bereitschaft zum Friedensschluss verstärkte. Dieser wurde im März 1802 unter Pitts Nachfolger Henry Addington in Amiens geschlossen und enthielt den Verzicht Englands auf die während des Krieges eroberten kolonialen Gebiete mit Ausnahme Ceylons und Trinidads, während sich die Franzosen aus Ägypten zurückzogen. Wegen der Besetzung des Kurfürstentums Hannovers und der Aufstellung einer zur Landung in England bestimmten Armee in Boulogne erklärte Großbritannien bereits im Mai 1803 Frankreich den Krieg und eröffnete zusammen mit Russland, Österreich, Schweden und Neapel den Dritten Koalitionskrieg. Dieser erreichte einen Höhepunkt in der Seeschlacht bei Trafalgar am 21. Oktober 1805, in der der britische Admiral Horatio Nelson (1758–1805) die vereinigte französisch-spanische Flotte vernichtend schlug und England die uneingeschränkte Seeherrschaft sicherte. Eine französische Invasion der britischen Insel war nun nicht mehr möglich; Napoleon versuchte nach der Niederlage, England mit Hilfe der Kontinentalsperre zu bezwingen. Zwar traten infolge der Kontinentalsperre wirtschaftliche

Krisensymptome auf, die 1810/11 ihren Höhepunkt erreichten und durch das Ansteigen der Getreidepreise aufgrund von Missernten noch verschärft wurden. Dennoch litt England weniger unter der Blockade als die von Napoleon abhängigen Staaten auf dem Kontinent. Es gelang Großbritannien, durch den Ausbau der Flotte die Verbindung zu den Kolonien enger zu gestalten und aus dem nordamerikanischen Kolonialbesitz und den eroberten französischen und holländischen Kolonien ein neues Wirtschaftsimperium aufzubauen sowie in die Märkte des von Spanien und Portugal beherrschten Südamerika einzubrechen. Hinzu kam, dass durch umfangreichen Schmuggel der Absatz englischer Produkte auf dem Kontinent nicht vollständig unterbrochen wurde.

Die militärischen Auseinandersetzungen in Spanien, wo Arthur Wellesley, der spätere Herzog von Wellington (1769–1852), am 21. Juni 1813 bei Vitoria den entscheidenden Sieg über das französische Hauptheer unter Joseph Bonaparte errang, und das Scheitern des Russlandfeldzuges, das zur Auflösung der *Grande Armée* führte, leiteten Napoleons Niedergang ein. Die endgültige Niederlage erlitt der französische Kaiser in der Schlacht bei Belle-Alliance oder Waterloo im Juni 1815, in der die aus britischen, deutschen und niederländischen Truppen bestehende Armee unter Wellington und die preußischen Truppen unter Gebhard von Blücher (1742–1819) sein letztes aufgestelltes Heer vernichteten. Napoleon ergab sich den Engländern und wurde nach St. Helena verbannt.

England hatte sich während der Napoleonischen Kriege als der entscheidende und nicht besiegbare Gegner erwiesen. Neben seiner Insellage und der maritimen Vorherrschaft trugen dazu seine Vorrangstellung als Industrie- und Handelsmacht und die damit verbundene finanzielle Überlegenheit bei. Hinzu kamen ein nationaler Durchhaltewille und die Überzeugung, den Kampf gegen die Revolution als nationale Aufgabe führen zu müssen. Diese Vorstellung verlieh den Tories eine neue ideologische Grundlage und ebnete den Weg zur Bildung einer konservativen Partei. Die Umstellung der Wirtschaft auf die Friedenssituation war in England mit einer schweren Wirtschaftskrise verbunden, die sich in hoher Arbeitslosigkeit und Teuerung äußerte. Dies stand im Gegensatz zu dem üppigen Lebensstil des Prinzregenten, der im Unterschied zu seinem Vater, Georg III., schonungslose Kritik und Verachtung auf sich zog.

König Georg IV.

Georg IV. (*12. August 1762) war eine der schillerndsten und umstrittensten Gestalten unter den Monarchen aus dem Haus Hannover. Die heftige Kritik seiner Zeitgenossen fand in der historischen Forschung ihre Fortsetzung. Wie bei den vorangegangenen Generationen war das Verhältnis zu seinem Vater, Georg III., von schweren Konflikten geprägt. Diese resultierten nicht nur aus dem ausschweifenden Lebenswandel und der permanenten Verschuldung des Kronprinzen, sondern auch aus seiner engen Beziehung zu Charles James Fox als dem Führer der Whig-Opposition. Das Verhältnis zu Georg III. verschlechterte sich, als dieser die für den Kronprinzen vom Parlament vorgesehene großzügig bemessene Apanage in Höhe von 100 000 Pfund beim Eintreten der Volljährigkeit auf die Hälfte reduzierte. Sein vorzeitiger Griff nach der Krone beim ersten Krankheitsanfall des Königs verstärkte die Spannungen. Georg III. schloss den Prinzen von Wales von den Staatsgeschäften aus. Hinzu kamen seine zahlreichen Affären, von denen die Verbindung mit der verheirateten Schauspielerin Mary Robinson 1781 fast zu einem öffentlichen Skandal geriet. Schwerwiegende Komplikationen entstanden aufgrund der Beziehung des Prinzen zu Maria Anna Fitzherbert, einer zweifach verwitweten, katholischen Bürgerlichen, die aufgrund strenger Moralvorstellungen ihre Liaison durch eine Heirat legitimieren wollte. Die Trauung fand heimlich am 15. Dezember 1785 durch einen anglikanischen Geistlichen statt. Damit verletzte der Kronprinz sowohl den *Royal Marriage Act* von 1772, nach dem die Zustimmung des Königs bei der Heirat von Mitgliedern der königlichen Familie bis zum 25. Lebensjahr erforderlich war, als auch den *Act of Settlement* von 1701, der Ehen von Dynastieangehörigen mit Katholiken verbot. Nicht zuletzt um die Erhöhung seiner Apanage zu erreichen, die das Parlament bei einer standesgemäßen Hochzeit und der Sicherung der Thronfolge gewährte und die Georg aufgrund seiner Schuldenlast dringend benötigte, trennte er sich von Maria Anna Fitzherbert und unterwarf sich den königlichen Heiratsplänen. Eine Vermählung erschien umso dringender, als seine Brüder in Liaisons lebten, aus denen kein legitimer Thronfolger hervorgehen konnte. Die Wahl fiel auf Karoline von Braunschweig-Wolfenbüttel (1768–1821), eine Nichte Georgs III. Die Trauung fand am 8. April 1795 in London statt; die Ehe wurde zu einem Desaster. Nach der Geburt der Tochter Charlotte Augusta (1796–1817), die die Thronfolge sicherte, trennte sich das Paar.

Bedeutender als seine politischen Aktivitäten war Georgs Wirken als *Trendsetter*; er setzte als Gentleman gesellschaftliche Maßstäbe, insbesondere in Bezug auf Mode und Mobiliar. Georg galt als ausgezeichneter Kunst- und Literaturkenner, bereicherte die königlichen Kunstsammlungen vor allem durch sein Interesse an der niederländischen Malerei des 17. Jahrhunderts, erteilte Aufträge an die bedeutendsten englischen Maler, mit Ausnahme William Turners, und legte den Grundstock für die britische Nationalgalerie. Seine Regentschaft wurde zum Namensgeber der Kunstepoche *Regency*, die sich in der Form eines stilistischen Eklektizismus besonders auf Architektur und Raumdekoration erstreckte und ihren bedeutendsten Ausdruck im *Royal Pavilion* in Brighton fand, das sich zum bevorzugten Badeort der englischen Gesellschaft entwickelte. Hier errichtete Georg in den Jahren 1815 bis 1822 eine Sommerresidenz. Der Architekt des *Pavilion*, John Nash (1752–1835), orientierte sich an den indischen Mogulpalästen und schuf ein Fantasieschloss mit chinesischen, gotischen und maurischen Elementen. Als Muster der Eleganz galt zu Beginn des 19. Jahrhunderts das palastähnliche *Carlton House* in London, das Georg 1783 bezog und das ihm nach aufwendigem Umbau und kostbarer Ausstattung als Hauptwohnsitz diente.

Nach einem neuerlichen Krankheitsschub Georgs III. wurde dem Prinzen von Wales am 5. Februar 1811 die Regentschaft übertragen. Sowohl als Regent als auch als König trat er politisch selten hervor und wusste aufgrund von Lethargie und Passivität seinen eingeschränkten Handlungsspielraum kaum zu nutzen. Als einziges verstand sich Georg IV. auf Repräsentation, wovon die bombastischen Krönungsfeierlichkeiten am 19. Juli 1821 beredten Ausdruck gaben. Georg überließ den Ministern weitgehend die selbstständige Führung der Geschäfte und gab bei Konflikten in der Regel nach. Ein Beispiel hierfür waren die Auseinandersetzungen um die Katholikenemanzipation, gegen die Georg IV. unter dem Einfluss seines Bruders Ernst August von Cumberland heftig opponiert hatte.

Die Frage der Aufhebung der gesetzlichen Diskriminierung der Katholiken hatte infolge der Gründung der *Catholic Association* durch den Dubliner Rechtsanwalt Daniel O'Connell (1775–1847) 1823 neue Aktualität gewonnen. Als Fernziel verfolgte O'Connell die Aufhebung der Union Irlands mit England. Mit Hilfe seiner Massenorganisation und durch die Unterstützung des Klerus gelang ihm trotz zeitweiligen Verbots seiner Organisation die Politisierung der katholischen Iren. Um die Gefahr von Aufständen in Irland abzuwenden und die Union zu retten, riet das eindeutig konservative und protestantische Kabinett unter Wellington zur sofortigen Gleichstellung der Katholiken. Georg IV., der sich zeitweise mit dem Gedanken eines Rückzugs nach Hannover trug, gab seinen hartnäckigen Widerstand erst nach der Rücktrittsdrohung der Minister auf. Das Gesetz vom 13. April 1829 räumte den Katholiken nicht nur das passive Wahlrecht ein, sondern ermöglichte ihnen auch den Zugang zu den öffentlichen Ämtern, mit Ausnahme der höchsten Staatsämter, die in engem Kontakt zur Monarchie standen. Damit stellte die Katholikenemanzipation eine Abkehr von der ursprünglich als unverzichtbar erachteten protestantischen Tradition Großbritanniens dar und bedeutete einen Schritt auf dem Weg zu staatsbürgerlicher Gleichheit und Demokratie. Georg IV.

musste gegenüber dem parlamentarisch verantwortlichen Kabinett nachgeben und förderte damit die Entwicklung, die Krone auf repräsentative Funktionen zu beschränken.

Georg IV. verbrachte die letzten Jahre seines Lebens zusammen mit seiner Favoritin Lady Elizabeth Conyngham (1769–1861) zurückgezogen in Windsor. Hier starb er, geplagt von Gicht und vermutlich wie sein Vater an Porphyrie erkrankt, am 26. Juni 1830. Die Trauer über seinen Tod überschritt nicht das vorgeschriebene Maß. Unter ihm hatte die Monarchie den Tiefpunkt der Popularität erreicht. Die Tatsache, dass weder Volk noch Land trotz seiner Unzulänglichkeiten wesentlichen Schaden erlitten hatten, war ein Zeichen für den politischen Bedeutungsverlust der Krone. Da Prinzessin Charlotte, seine Tochter und potentielle Nachfolgerin, die 1816 Herzog Leopold von Sachsen-Coburg-Saalfeld, den späteren belgischen König, geheiratet hatte, bereits im November 1817 ohne Nachkommen gestorben war, fiel die Thronfolge an Georgs jüngeren Bruder Wilhelm, Herzog von Clarence und St. Andrews (*21. August 1765).

König Wilhelm IV.

Bereits bei seinen Zeitgenossen galt Wilhelms Regierungszeit als Übergang. Sie umfasste jedoch eine Reihe tiefgreifender innen- und außenpolitischer Ereignisse. Dazu gehörten die revolutionären Bewegungen im Zuge der Julirevolution von 1830 in Frankreich und Belgien, die erste große englische Wahlreform (1832) und die Kommunalreform, die als Konsequenz der Wahlreform über 200 Korporationen auflöste, 179 neue Gemeinden schuf und das Selbstverwaltungsrecht stärkte. Hinzu kamen erste Lösungsversuche der Sozialen Frage durch eine Fabrikgesetzgebung, die die Kinderarbeit in Fabriken regelte und Fabrikschulen einrichtete, und das Armengesetz (1834); dieses leistete eher einen Beitrag zur Stigmatisierung von Armut, übertrug aber die Verantwortung für die Armenfürsorge von den Gemeinden auf Distrikte, die unter der Aufsicht einer staatlichen Zentralbehörde standen. Damit war ein erster Schritt zur staatlichen Intervention auf sozialem Gebiet und in den Bereich der modernen Industriewirtschaft getan. Kennzeichen all dieser Reformen war kein Systemwechsel, sondern der Versuch, das Bestehende zu verbessern.

Wilhelm IV. besaß die gleichen moralischen Defizite wie seine Brüder; er führte ein ausschweifendes Leben, hatte ständig neue Liebschaften und verschuldete sich durch große Verluste beim Spiel. Von seinen älteren Brüdern unterschied er sich durch seine schlechten Umgangsformen, Schroffheiten und Unhöflichkeit. Seit 1778 stand er im Dienst der Marine und brachte es zum Kapitän (1786), Konteradmiral (1790) und Großadmiral (1811). Wegen mangelnder Führungsqualitäten übertrug ihm die Admiralität keine umfassende militärische Verantwortung. Noch seine Ernennung zum *Lord High Admiral* (1827), die ihm formal den Oberbefehl über die Marine verlieh, hatte den Anschein der Verleihung einer Sinekure und sollte ihn aus dem Kabinett fernhalten. 1818 heiratete er Adelheid von Sachsen-Meiningen (1792–1849), die auf Wilhelm einen positiven Einfluss im Sinne einer Milderung seiner derben, unliebenswürdigen Eigenschaften ausübte. Der nicht unglücklichen Ehe blieb die erhoffte Nachkommenschaft versagt.

Als König, zu dem er am 8. September 1831 gekrönt wurde, unterschied sich Wilhelm IV. durch sein unprätentiöses Benehmen von seinem Vorgänger. Er lehnte Luxus und Prunk ab, hatte aber auch keine Beziehung zu den schönen Künsten. Er suchte die Nähe zum Volk, machte die königlichen Gärten in London und Windsor der Öffentlichkeit zugänglich und nahm wenig Rücksicht auf monarchische Konventionen. Im Unterschied zu Georg IV. hatte er sich vor seiner Thronbesteigung für die Katholikenemanzipation ausgesprochen, wodurch er den Ruf eines toleranten Staatsmannes erwarb. Bei der unter dem Whig-Ministerium Charles Grey 1830 einsetzenden Reformpolitik spielte Wilhelm IV. allerdings keine aktive Rolle; er behinderte sie aber trotz gelegentlicher Vorbehalte auch nicht. So ging von ihm keine Initiative zur Wahlrechtsreform aus; aber seine Mitwirkung war notwendig, um diese nicht zu vereiteln oder entscheidend zu erschweren.

Die Wahlen nach dem Thronwechsel von 1830 waren unter der Parole der Parlamentsreform geführt worden und hatten den Reformern eine Mehrheit gebracht, die nach erneuten Wahlen im folgenden Jahr ausgebaut werden konnte. Dieser Erfolg konnte als ein Plebiszit für die Wahlreform gedeutet werden, die insbesondere die Neugliederung der Wahlkreise entsprechend den demographischen und wirtschaftlichen Veränderungen und eine Ermäßigung des Zensus zum Inhalt haben musste. Das Oberhaus lehnte mehrere Reformgesetzesvorlagen ab und konnte erst durch die Drohung mit dem Pairsschub, zu der sich Wilhelm IV. vor dem Hintergrund eines ständig wachsenden landesweiten Protestes bisher unbekannten Ausmaßes veranlasst sah, im Frühsommer 1832 zum Einlenken gezwungen werden. Aufgrund des Wahlgesetzes vom 7. Juni 1832 verloren 57 *Boroughs* wegen zu geringer Wählerzahl ihren Sitz im Unterhaus, 30 weitere einen ihrer beiden Abgeordneten. Die neuen Wahlbezirke berücksichtigten in einem stärkeren Maße das städtische Element, das neben das *Landed Interest* trat, ohne dass dieses entscheidend geschwächt wurde. Das alte Patronagesystem erfuhr eine erhebliche Einschränkung, die Unabhängigkeit der Wähler verstärkte sich. Die Wahlberechtigung wurde erweitert und erhöhte die Zahl der Wähler von ca. 500 000 auf 813 000, was in etwa einem Dreißigstel der Gesamtbevölkerung entsprach. Man war noch weit von der Einführung eines demokratischen Wahlrechtes entfernt; vor allem blieben die sich bildende Arbeiterschaft und die wachsende Bedeutung von Industrie und Handel unberücksichtigt; dennoch waren weitere Veränderungen nicht ausgeschlossen. Die Reform stärkte die Position des Parlamentes und förderte die Herausbildung moderner Parteien. Dies erfuhr Wilhelm IV. während der Regierungskrise von 1834/35, als er versuchte, eine Tory-Regierung unter Robert Peel und Wellington gegen den Willen der Unterhausmehrheit einzusetzen. Nach dem Scheitern seiner Bemühungen sah er sich im April 1835 zur Berufung des Whig-Ministeriums unter William Lamb, Viscount Melbourne, gezwungen.

Wilhelm IV. starb am 20. Juni 1837 in Windsor. Mit ihm ging aufgrund der unterschiedlichen Thronfolgeordnungen die Personalunion zwischen Großbritannien und Hannover zu Ende.

Das Kurfürstentum Hannover während der Personalunion

Territoriale, wirtschaftliche und gesellschaftliche Verhältnisse

Um 1700 umfasste das Kurfürstentum ca. 7000 km² und hatte 150 000 bis 200 000 Einwohner. Es bestand zu diesem Zeitpunkt aus den Fürstentümern Calenberg-Göttingen und Grubenhagen und den damit verbundenen Gebieten: den Grafschaften Diepholz und Hohnstein, dem Einseitigen Harz mit den Bergstädten Clausthal, Andreasberg und Altenau, den Orten Lauterberg und Elbingerode sowie dem hannoverschen Anteil am Kommunionharz, der gemeinschaftlich mit der Wolfenbütteler Linie verwaltet und ausgebeutet wurde. Zu den territorialen Gewinnen der ersten Hälfte des 18. Jahrhunderts gehörten das Fürstentum Lüneburg und die Grafschaft Hoya sowie das Herzogtum Sachsen-Lauenburg, das 1689 an die Celler Linie gefallen war und 1705 mit dieser durch Erbgang an Kurhannover kam. Hadeln, ein lauenburgisches Nebenland, geriet 1689 unter kaiserliches Sequester und gelangte 1731 an Hannover. Während des Nordischen Krieges gewann Hannover das schwedische Herzogtum Bremen-Verden; es ging 1712 durch Eroberung an Dänemark, das es 1715 an das Kurfürstentum verkaufte. Schweden trat es einschließlich des Dombezirkes in der Stadt Bremen 1719/20 formal an Hannover ab, das 1741 von Bremen noch das Amt Blumenthal erhielt. Zu diesem Zeitpunkt war das Kurfürstentum auf 28 000 km² angewachsen und hatte ca. 700 000 Einwohner. Hinsichtlich der Fläche und Bevölkerungszahl stand es weit hinter der Habsburger Monarchie und auch Preußen, seinem wichtigsten politischen Konkurrenten in

Norddeutschland, war aber gleichbedeutend mit Sachsen und Bayern.

Das kurhannoversche Territorium war geographisch ziemlich kompakt; lediglich im Süden waren der Harzer Anteil, Göttingen und das Fürstentum Grubenhagen durch das Hochstift Hildesheim und einen braunschweig-wolfenbüttelschen Streifen vom Hauptteil getrennt. Verfassungsrechtlich stellte das Kurfürstentum dagegen nur bedingt eine Einheit dar. Es bestand im Wesentlichen aus sieben Landesteilen; diese unterschieden sich hinsichtlich ihres regionalen Selbstverständnisses, ihrer Überlieferungen und Privilegien. Sie verfügten über eigene ständische Organisationen, den Landschaften, einen eigenen Haushalt und eine begrenzte Gesetzgebung.

Die Hauptstadt Hannover war mit ihren 12 000 Einwohnern (1740) bei weitem die bedeutendste Stadt des Kurfürstentums. Es folgten Lüneburg mit 9500 und Göttingen mit 8500 Einwohnern. Die Städte hatten sich von dem politischen und wirtschaftlichen Niedergang des 17. Jahrhunderts noch nicht erholt. Kurhannover war ein reines Agrarland mit dem Schwergewicht auf Ackerbau, Schaf- und Pferdezucht. Auch in den vielen Kleinstädten herrschte das Ackerbürgertum vor. Einen Sonderfall stellte der Harz dar, dessen Erzgruben im Vergleich zum 16. Jahrhundert viel von ihrer Bedeutung eingebüßt hatten. Die Mehrheit der Bauern war persönlich frei, aber grundherrschaftlich gebunden. Sie besaßen ihren Grund und Boden nach dem Meierrecht, eine Erbpacht, die Dienste und Abgaben an den Grundherrn einschloss. Die wichtigsten Grundherren waren der Kurfürst als Inhaber der Domänen, der Adel und geistliche Körperschaften. Nicht zuletzt mit Rücksicht auf die Steuerpflichtigkeit der Bauern betrieb der Landesherr eine Bauernschutzpolitik, die u. a. in der Wiederbesetzungspflicht wüster Höfe und der Fixierung der Meiergefälle bestand. Dennoch blieb die Lage der Bauern wegen der Vielzahl an Lasten und Steuern nicht sehr günstig; vor allem war ihnen politischer Einfluss verwehrt.

Die gesellschaftlich und politisch führende Schicht war der Adel. Seine materielle Grundlage stellten die Rittergüter dar, die allerdings nur eine mittlere Größe aufwiesen, so dass zur Sicherung des standesgemäßen Lebensunterhaltes weitere Einnahmequellen, vor allem der Staatsdienst, notwendig waren. Tonangebend war der Adel in den Landschaften, die aus den drei Kurien der Ritterschaft, der Prälaten und der Städte bestanden. Aufgrund einer Reihe wichtiger Mitbestimmungs- und Mitwirkungsrechte hauptsächlich im Bereich des Steuerwesens und der Gesetzgebung sowie aufgrund von Präsentationsrechten zum Oberappellationsgericht und zum Hofgericht konkurrierten in den einzelnen Territorien die Landstände mit der landesherrlichen Regierung. Die Mitgliedschaft in der ritterschaftlichen Kurie beruhte auf dem Besitz eines in der Matrikel eingetragenen Rittergutes. Obwohl sein Erwerb auch Nichtadeligen möglich war, blieb die Zahl der bürgerlichen Rittergutsbesitzer in Hannover gering; zudem besaßen sie meist nicht die vollen Landtagsrechte.

Die Vorherrschaft des Adels in den Landständen bot ihm nicht nur die Möglichkeit, zahlreiche ständische Ämter, die oftmals nur gut dotierte Sinekuren waren, mit seinen Standesgenossen zu besetzen; sie räumte ihm auch einen entscheidenden Anteil an der Provinzialverwaltung ein. Darüber hinaus sicherte eine Reihe weiterer Vorrechte seine Stellung als herrschender Stand. Diese Privilegien reichten von der Steuerfreiheit, dem privilegierten Gerichtsstand und der Patrimonialgerichtsbarkeit bis zur Bevorzugung bei Beförderungen und bei der Besetzung von Minister- und Ratsstellen, der Gesandtschaftsposten und Hofchargen. Die höchsten, einfluss- und ertragreichsten Posten im Staatsdienst, vornehmlich die Ministerstellen, waren einer Gruppe von etwa 30 adeligen Familien vorbehalten, denen auch auf den Landtagen die Führung des Adels zukam und die man somit als die im eigentlichen Sinne regierende Aristokratie bezeichnen kann.

Die Facharbeit in den Zentralbehörden wurde von einem wissenschaftlich gebildeten und administrativ erfahrenen Beamtentum geleistet, dessen Mitglieder der »Sekretariokratie«, einem ebenfalls begrenzten Kreis von Familien des gehobenen Bürgertums, entstammten. Diese Schicht zwischen Bürgertum und Adel verschmolz durch planmäßige, ebenbürtige Versippung zu einem neuen zweiten Stand. Sie besaß ein ausgeprägtes Standesbewusstsein und übte Distanz zur nichtadeligen Untertanenschaft. Die dienstlichen und menschlichen Beziehungen zwischen diesen Beamten und den altadeligen Amtsinhabern waren gut, wenn auch beide Schichten gesellschaftlich getrennt blieben und ein Aufstieg von der unteren in die obere Klasse nach 1730 praktisch nicht erfolgte.

Regierung und Verwaltung

Der Staatsaufbau Kurhannovers war auf die Person des Herrschers ausgerichtet. Jedoch trugen der Antritt der englischen Thronfolge und die dadurch bedingte Abwesenheit des Herrschers dazu bei, dass der Ausbau des monarchischen Absolutismus im Kurfürstentum Hannover im 18. Jahrhundert unterbunden wurde. Hier wurden der Prozess der Zentralisierung und Vereinheitlichung sowie die politische Entmachtung der Stände nicht so weit vorangetrieben wie in anderen deutschen Staaten. Die Durchführung von Regierung und Verwaltung während der Abwesenheit des Landesherrn beruhte auf dem Reglement vom 29. August 1714, das wiederum auf der Regimentsordnung Herzog Ernst Augusts von 1680 aufbaute. Georg I. wollte an den Grundzügen der traditionellen Regierungstätigkeit und -organisation wenig ändern. Da er eine Rückkehr nach Hannover nicht völlig ausschloss, haftete dem Reglement der Charakter des Provisorischen an. Es enthielt eine Vielzahl unklarer Bestimmungen und nahm in vielen Fällen keine eindeutige Kompetenzzuweisung vor. Die zentralen Regierungsbehörden, das Geheime Ratskollegium, das Kammerkollegium, die Justizkanzlei, das Konsistorium und die Kriegskanzlei, blieben im Wesentlichen unverändert bestehen. Die Geheimen Räte erhielten jedoch die Bezeichnung »Königlich Großbritannische zur Kurfürstlichen Braunschweig-Lüneburgischen Regierung verordnete heimgelassene Geheime Räte«. Der Kurfürst behielt sich die Entscheidung in allen wichtigen und außerordentlichen Angelegenheiten vor; insbesondere reservierte er sich die *Militaria* und übertrug sie dem ihm direkt unterstellten Oberkommandierenden; die eigentliche Militärverwaltung blieb bei der Regierung. Weiterhin nahm der Kurfürst das Recht der Ernennung von Beamten wahr. Der Geheime Rat übte neben der Erledigung der laufenden Geschäfte durch die Unterzeichnung aller Landesverordnungen weitgehende Vollmachten bei der Gesetzgebung aus. Seine Bedeutung in außenpolitischen Fragen fand darin Ausdruck, dass die diplomatischen Berichte nach Hannover und nur in Kopie nach London gingen. Ihm oblag das Bestätigungsrecht bei Strafurteilen, während das Begnadigungsrecht beim Landesherrn blieb.

Die hannoverschen Minister nutzten die z. T. unklaren und undeutlichen Bestimmungen des Reglements von 1714 nicht bis zum letzten zu ihren Gunsten aus. Zeitweise verhielten sie sich wenig entschlussfreudig, was mehr Anfragen in London veranlasste, als notwendig waren. Bis zum Ende der Personalunion 1837 wurden mehrere zehntausend Korrespondenzen zwischen Hannover und London ausgetauscht. Im Laufe des 18. Jahrhunderts wurden gestalterische Initiativen des Ministeriums immer seltener; es beschränkte sich auf Verwaltungsvorgänge, was Friedrich den Großen veranlasste, die Geheimen Räte als »Perücken von Hannover«[171] zu bezeichnen. Das Geheimratskollegium bestand aus bis zu zehn Mitgliedern, von denen einige als Gesandte an fremden Höfen tätig waren. Der Vorsitz, mit dem keine Vorrechte verbunden waren, lag beim ältesten Mitglied. Franz Ernst Graf von Platen, Andreas Gottlieb Graf von Bernstorff und Gerlach Adolf Freiherr von Münchhausen führten zeitweise den Titel »Premierminister«, was in ihrer gleichzeitigen Funktion als Kammerpräsident begründet lag. Seit 1730 entstammten die Geheimen Räte, die bis zu ihrem Tod das Amt versahen, aus dem alten Adel; sie besaßen ein ausgeprägtes Standesbewusstsein und waren konservativ in ihrer Lebensgestaltung. Ihr Diensteinkommen belief sich auf 4000 Taler und war für deutsche Verhältnisse hoch. Korruption und Vetternwirtschaft hielten sich in Hannover in Grenzen. Materien von Bedeutung sowie alle auswärtigen Angelegenheiten und Harzsachen wurden im Plenum behandelt, während in den immer zahlreicher werdenden Spezialdepartements ein Minister allein entschied. Diese Spezialdepartements waren noch keine fest umrissenen Ressorts, und die Departementsverteilung erfolgte ziemlich willkürlich. Die konkrete Arbeit erfolgte in der Geheimen Kanzlei, dem Büro des Geheimen Rates, unter der Leitung von zwei bis drei Wirklichen Geheimen Räten durch mehrere Sekretäre, die die Vorträge, Vota und Konzepte für die Ausgänge erarbeiteten. Die Überordnung des Geheimen Rates fand darin Ausdruck, dass er seine Zustimmung auch bei Angelegenheiten von besonderer Bedeutung gab, die bei den anderen Zentralbehörden ressortierten.

Die Verbindungsstelle zwischen dem König/Kurfürsten und der Regierung in Hannover war die »Deutsche Kanzlei« in London. Diese Bezeichnung setzte sich seit 1721 durch. Die Kanzlei bestand aus einem Minister als Leiter sowie ein bis zwei Wirklichen Geheimen Sekretären, dem Geheimen Kanzleisekretär, und mehreren Kanzlisten und hatte ihren Sitz in der Nähe des Königs im St. James Palace. Georg I. war bei seiner Übersiedlung nach London von den Ministern Andreas Gottlieb Bernstorff und Friedrich Wilhelm von Goertz begleitet worden. Zusammen mit dem hannoverschen Gesandten Hans Kaspar von Bothmer waren sie die wichtigsten Ratgeber des Königs in Fragen der hannoverschen Politik. Versuche von Goertz' und Bernstorffs, auch Einfluss auf die englische Politik zu gewinnen, führten 1716 bzw. 1720 zu ihrer Ausweisung aus England. Die hannoverschen Angelegenheiten wurden bis 1730 von Bothmer wahrgenommen, der seinen Dienstsitz in Westminster, Downing Street 10, hatte und den die englische Regierung lediglich als hannoverschen Gesandten betrachtete. Mit seinem Nachfolger Johann Philipp Hattorf (bis 1737)

> »begann die lange Reihe der Männer, die als einzige *Minister bei der Allerhöchsten Person*, als nächste, unmittelbarste Berater des Monar-

chen, ganz natürlich einen entscheidenden Einfluss auf den Lauf der Geschäfte ausüben konnten«.[172]

Ob sich die Kanzlei zum Zentrum der hannoverschen Regierung bildete, hing von der Autorität ihres Leiters ab. Unter Bernstorff, Bothmer und Ernst Herbert Graf zu Münster war dies ohne Zweifel der Fall, während sich unter dem 1728 in den Geheimen Rat berufenen Gerlach Adolf Freiherr von Münchhausen (1688–1770), einem der profiliertesten hannoverschen Minister des 18. Jahrhunderts, die Bestimmung der politischen Grundlinien wieder ins Ministerium nach Hannover verlagerte; gestützt auf das Vertrauen des Monarchen, das ihm auch in kritischen Zeiten nicht entzogen wurde, bestimmte er über vier Jahrzehnte hinweg maßgeblich die hannoversche Politik. In London beschränkte sich während dieser Zeit der Minister als Bevollmächtigter seiner hannoverschen Kollegen darauf, deren Beschlüsse und Gutachten dem König vorzulegen und dessen Befehle zu übermitteln, während er sich einer Einmischung in die einzelnen Ressorts enthielt.

Innen- und außenpolitische Probleme unter Georg I. und Georg II.

Mit der Übersiedlung nach London schien die Existenzberechtigung des Hofes und seiner Einrichtungen in Hannover fraglich geworden zu sein. Dennoch unterhielt man die Schlösser in Hannover, in Herrenhausen, die Jagdschlösser in Linsburg und in der Göhrde sowie die Hofhaltung und den Hofstaat in der Weise, als wenn der Landesherr noch anwesend wäre. Trotz des großen Personalbestandes und der Anwesenheit des Kronprinzen Friedrich Ludwig bis 1728 verlor das Hofleben an Glanz und lebte lediglich bei den Festlandsaufenthalten Georgs I. und Georgs II. wieder auf. Georgs I. Besuche fielen in die Jahre 1716, 1719, 1720, 1723, 1725 und 1727. Diese Aufenthalte begannen im Frühsommer und endeten meist im November oder Dezember. Georg II. unternahm zwischen 1728 und 1755 nicht weniger als zwölf Reisen nach Hannover; er verbrachte insgesamt 50 Monate in seinem Kurfürstentum. Diese Aufenthalte waren mit einer Reihe festlicher Veranstaltungen und Jagden verbunden, dienten aber auch der Inspizierung der Truppen und waren Anlass zu ausgedehnten Informationsreisen; sie ermöglichten es den Königen, unmittelbar auf den Gang der hannoverschen Politik einzuwirken.

Zu den innovatorischen Maßnahmen im 18. Jahrhundert gehörte die Gründung der Universität Göttingen, die Münchhausen gegen erhebliche Vorbehalte seiner Ministerkollegen durchsetzte. Der Niedergang der Landesuniversität Helmstedt, deren Direktion und Verwaltung zwischen den Häusern Hannover und Wolfenbüttel wechselten, war nicht mehr aufzuhalten. Die meisten hannoverschen Studenten zogen ein Studium im Ausland vor, wobei sich die 1694 eröffnete Universität Halle als besonders attraktiv erwies. Sie war das Vorbild für Münchhausens Universitätsgründung. Dabei fand er die ungeteilte Unterstützung Königin Karolines. Hauptaufgabe der Universität war die Ausbildung von Staatsbeamten. Sie sollte aber auch für ausländische Studenten attraktiv sein, wovon sich der Minister finanzielle Einnahmen erhoffte. Um ihre Anziehungskraft zu stärken, wurde der neuen Universität Lehr- und Zensurfreiheit sowie eine eigene Gerichtsbarkeit eingeräumt. Mit der Wahl Göttingens als Standort wollte man einen Beitrag zur Überwindung der wirtschaftlichen Folgen des Dreißigjährigen Krieges leisten, unter denen die Stadt noch immer litt.

Das kaiserliche Universitätsprivileg datierte vom 13. Januar 1733. Im Herbst des folgenden Jahres fanden die ersten Vorlesungen statt. Die offizielle Eröffnung erfolgte am 17. September 1737. Die Göttinger Universität entwickelte sich in kürzester Zeit zu einer der modernsten und angesehensten akademischen Institutionen Deutschlands und führenden Hochschulen Europas. Der Schwerpunkt lag anfangs auf den Staats- und Kameral- sowie den empirischen Wissenschaften. Münchhausen bewies bei den Berufungen der Professoren großes Geschick. Unter diesen ragten im späten

18. Jahrhundert der Naturwissenschaftler und Mediziner Albrecht von Haller, der Jurist Johann Stephan Pütter, die Historiker Johann Christoph Gatterer, August Ludwig von Schlözer und Ludwig Timotheus Spittler, die Philologen Johann Matthias Gesner und Christian Gottlob Heyne sowie der Physiker und Philosoph Georg Christoph Lichtenberg hervor. Bestimmt von Weltoffenheit und Toleranz wurde Göttingen das »Einfallstor« für moderne Ideen aus Großbritannien; so fand die wirtschaftsliberale Lehre Adam Smiths u. a. über Göttingen Verbreitung in Deutschland.

Wesentlichen Einfluss übte Münchhausen auf die auswärtigen Angelegenheiten Hannovers aus. Mit Rücksicht auf die exponierte Lage des Kurfürstentums verfolgte er im Einklang mit seinen Ministerkollegen eine Linie vorsichtiger Zurückhaltung, wodurch das Kurfürstentum aus den Auseinandersetzungen der Großmächte herausgehalten werden sollte. Diese Absicht konnte aber mit Rücksicht auf die Interessenlage Englands in vielen Fällen nicht verwirklicht werden. Nicht zuletzt aufgrund des Kurvertrages war man zu besonderer Treue gegenüber dem Kaiserhaus und dem Reich verpflichtet, während sich der Gegensatz zu Preußen verschärfte, das immer vehementer eine Vormachtstellung in Norddeutschland anstrebte. Die Distanzierung zu Preußen entwickelte sich unter Georg II. zu einer Grundlinie hannoverscher Außenpolitik. Dies wirkte der britischen Politik entgegen, die Preußen nach dem Niedergang Polens und Schwedens als Gegengewicht zum aufsteigenden Russland immer mehr Bedeutung zuwies und damit dessen Hegemonialansprüche indirekt förderte. Preußen konnte seine Einflussnahme auf die kleineren norddeutschen Höfe und Staaten ausbauen, ohne dass die hannoversche Regierung dem viel entgegenzusetzen vermochte. Der preußische Erwerb Ostfrieslands 1744 nach dem Aussterben des dortigen Grafengeschlechtes Cirksena bedeutete im Ringen um die Gestaltung Norddeutschlands eine schwere diplomatische Niederlage für Hannover, das seine Ansprüche auf die Grafschaft auf einen Erbvertrag von 1691 gründen konnte.

Die hannoversche Außenpolitik musste sich häufig, nicht zuletzt aufgrund finanzieller Abhängigkeit, englischen Interessen unterordnen. Dies wurde während des Österreichischen Erbfolgekrieges deutlich. Die hannoversche Regierung versuchte unter Münchhausens Einfluss zu Beginn der Kampfhandlungen den Kurs bewaffneter Neutralität zu verfolgen, um einen französisch-preußischen Zangenangriff zu verhindern. Als sich in England Regierung und Parlament 1742 zur Unterstützung Maria Theresias entschlossen, wurde auch Hannover zur Stellung von Truppen für die Pragmatische Armee und zum Kampf gegen Frankreich gezwungen. Hannover überstand den Krieg zwar unbeschadet; es hatte aber die Gefährdung durch den preußischen Nachbarn und das Ausgeliefertsein an englische Interessen deutlich zu spüren bekommen.

Im Siebenjährigen Krieg musste man in Hannover die Erfahrung machen, dass die Feinde Englands im Kurfürstentum so etwas wie dessen »Achillesferse« sahen; man glaubte, Großbritannien durch Angriffe auf Hannover an seiner verwundbaren Stelle treffen zu können. Der Neutralitätskurs des hannoverschen Ministeriums ließ sich auf den Druck Englands hin, das mit Preußen gegen Österreich und Frankreich verbündet war, wiederum nicht verwirklichen. Hannover geriet während der Auseinandersetzungen in die Rolle eines Spielballs der Großmächte. Nach der Schlacht bei Hastenbeck (26. Juli 1757) kam es unter französische Besatzung, die sich als Schreckens- und Leidenszeit tief in das Gedächtnis der Bevölkerung einprägte. Nach der siegreichen Schlacht bei Minden (1. August 1759) wurde die Besatzung weitgehend aufgehoben; jedoch verließen die letzten feindlichen Truppen erst nach dem Pariser Frieden das Land. Dieser sah für Hannover den *Status quo* vor; territoriale Gewinne, wie die Stifte Osnabrück, Paderborn und Hildesheim, die die hannoversche Regierung während des Krieges zeitweise erhofft hatte, blieben aus. Das Kurfürstentum sank endgültig zu einem Nebenland Großbritanniens herab. Das Verhalten der englischen Regierung in der Endphase des Krieges, die Einstellung der Subsidien an Preußen und die Friedensverhandlungen mit Frankreich, verstärkten das Misstrauen Friedrichs des Großen gegen England-Hannover; in seinem Politischen Testament von 1768 bekundete er die Absicht, im Falle eines neuen Krieges das Kurfürstentum sofort zu annektieren.

Hannover unter Georg III.

Der Regierungsantritt Georgs III. (1760) bedeutete einen Einschnitt in der hannoverschen Geschichte. Georg III. war der erste »rein britische« König aus dem Haus Hannover; ihm fehlte die emotionale Bindung seiner Vorgänger an das Stammland. Während seiner langen Regierungszeit fand kein Besuch des Kurfürstentums statt. Die Ansicht, ihn habe die Lage und der Zustand Hannovers nicht interessiert, ist zu differenzieren. Er behandelte das Kurfürstentum in der »Art väterlichen Wohlwollens«[173]. Verbindungen zu den Stammlanden versuchte Georg III. durch die Anwesenheit von Familienangehörigen aufrechtzuerhalten. Mit Ausnahme des Kronprinzen sandte er seine Söhne für kürzere oder längere Zeit ins Kurfürstentum, wo sie Kenntnisse über die hannoversche Armee und Verwaltung erhalten oder ein Studium in Göttingen aufnehmen sollten.

Das hannoversche Regierungssystem erfuhr unter Georg III. keine wesentliche Änderung. Vielmehr konnten die Geheimen Räte ihre Selbstständigkeit ausbauen und verhältnismäßig autonom handeln. Dies wurde dadurch begünstigt, dass die eher mittelmäßigen Minister in London den König nicht zu eigenständigen Initiativen veranlassten. Die konservative Richtung der hannoverschen Politik, die von den Standesinteressen des Adels bestimmt wurde, verstärkte sich noch, so dass auswärtige Beobachter, wie Karl Freiherr vom und zum Stein, den Kurstaat als das »China Europas« bezeichnen konnten. Nach Münchhausens Tod (1770) verfügte das hannoversche Ministerium über keine profilierte Persönlichkeit mehr. Begünstigt durch die Abwesenheit des Landesherrn war die innere Politik des Kurfürstentums geradezu erstarrt.

Zwar nahm die Landesverwaltung ihren geregelten Lauf. Traditionsbewusstsein, Festhalten am Gewohnten, aber auch Ängstlichkeit führten dazu, dass man Probleme vor sich herschob und vor innovativen politischen Maßnahmen zurückschreckte. Die Minister gerierten sich immer mehr als reine Administratoren. Diese Entwicklung stärkte das Gewicht der Geheimen Sekretäre, von denen nach 1786 Wilhelm August Rudloff (1747–1823) zeitweise als »Graue Eminenz« der hannoverschen Regierung fungierte und als Verantwortlicher für die Reichs- und Auswärtigen Angelegenheiten wesentlichen Einfluss ausübte.

Stagnation kennzeichnete auch weite Bereiche des wirtschaftlichen Lebens. Die Abwesenheit des Herrschers verhinderte eine zielstrebige Politik im Zeichen des Merkantilismus. Das Manufakturwesen war auf einige Städte beschränkt. Von der Einrichtung des Kommerzkollegiums 1786 gingen nur schwache Impulse auf das Gewerbe aus. Wirtschaftliche Bedeutung kam weiterhin den Bergwerken am und im Harz zu, der bis 1789 als Kommunionharz unter der gemeinsamen Verwaltung beider welfischer Staaten stand. Als Nebenerwerb gewann auch die exportorientierte Leinenherstellung in einigen Landesteilen an Gewicht, deren Qualität seit 1775 durch Leggeanstalten, den amtlichen Einrichtungen zur Kontrolle der in den Handel gebrachten Leinenwaren, überwacht wurde. Trotz der günstigen Lage an der See fand, von den traditionellen Handelsbeziehungen der Kaufleute abgesehen, keine bemerkenswerte Entwicklung von Schifffahrt und Handel statt. Verbesserungen der Infrastruktur begannen 1768 mit dem Chausseebau zwischen Hannover und Göttingen, der zur Förderung des südhannoverschen Leinenhandels und der Universität Göttingen beitragen sollte und 1779 fertiggestellt war. Versuche, den Harburger Hafen als Konkurrenz zu Hamburg auszubauen, scheiterten ebenso wie das Projekt einer privaten Seehandlung; dieser erteilte die Regierung keine Genehmigung, um den hannoverschen Binnenmarkt für Landesprodukte zu sichern.

Allein auf dem Gebiet der Landwirtschaft konnten Erfolge erzielt werden, wobei sich nicht nur englische Vorbilder und Einflüsse, sondern auch das dezidierte Interesse Georgs III. auswirkten, der aus landesherrlicher Fürsorge den wirtschaftlichen Wiederaufschwung nach dem Siebenjährigen Krieg fördern wollte. Zwar blieb die rechtliche Lage der grundherrenpflichtigen bäuerlichen Bevölkerung im Wesentlichen unverändert; lediglich gegen Ende des Jahrhunderts zeigten sich auf königliche Initiative hin auf den Domänen erste Ansätze einer Bauernbefreiung. Nach langer Vorbereitungszeit kam 1802 ein Gesetz über die Gemeinheitsteilung zustande, das von weitreichender Bedeutung war, weil sich vier Fünftel des Bodens in Gemeinbesitz befanden; es wurde als erstes Gesetz seiner Art zum Vorbild für andere Staaten. Zu den bemerkenswerten Entwicklungen gehörten darüber hinaus die Gründung der »Königlich-Großbritannisch und Churfürstlich-Braunschweig-Lüneburgischen Landwirtschafts-Gesellschaft« und umfangreiche Versuche zur Erweiterung der Kulturflächen. Diese betrafen vor allem die Moorkolonisation im Herzogtum Bremen-Verden, dessen treibende Kraft Moorkommissar Jürgen Christian Findorff (1720–1792) war. Unter seiner Leitung wurden zwischen 1759 und 1789 über 51 000 Morgen Moorland urbar gemacht; es entstanden 55 neue Dörfer mit über 4600 Einwohnern. Die Ausgaben für das Unternehmen wurden in kürzester Zeit durch die Einnahmen gedeckt. Die Absicht Georgs III., auch in der Lüneburger Heide Ödland zu kultivieren, scheiterte an der Zurückhaltung der Geheimen Räte.[174]

Die Landwirtschaftsgesellschaft, in der man eine der bedeutendsten agrarpolitischen Initiativen des Königs sehen kann, wurde nach dem Vorbild der *Society for the Encouragement of Arts, Manufactures and Commerce* 1764 in Celle gegründet. Ideengeber und erste Mitglieder waren der Leiter der Deutschen Kanzlei in London, Burghardt Christian von Behr, und der hannoversche Postmeister und Pächter des Klostergutes Marienwerder, Jobst Anton von Hinüber (1718–1784). Ihr Ziel war die Propagierung neuer Anbaumethoden, wie den Fruchtwechsel, und die

Verbesserung der Agrarverfassung zur Steigerung der landwirtschaftlichen Produktion. Dabei kam der Gesellschaft in dem Bestreben, Einfluss auf Politik und Öffentlichkeit zu nehmen, der Charakter einer frühen Lobby zu. Der Durchbruch neuer Auffassungen war in besonderer Weise dem Celler Arzt Albrecht Thaer (1752 – 1828) zu verdanken, der seit 1784 dem Zentralausschuss der Landwirtschaftsgesellschaft angehörte und ihr eigentlicher Leiter wurde. Seine Vorstellungen, die die Anwendung der Naturwissenschaften in der Landwirtschaft, die Einführung des Ackerfutterbaus in der Fruchtfolge sowie die Förderung von Kartoffelanbau und Schafzucht umfassten, veröffentlichte er in über 400 Publikationen. Er wurde zum Begründer der modernen Agrarwissenschaft.

Zukunftsweisende Einrichtungen waren das Landgestüt in Celle, das 1735 nicht zuletzt aus merkantilistischen Gründen eingerichtet wurde und den Geldabfluss zur Remontierung der Kavallerie und Dragoner verhindern sollte. Das Gestüt, das 1800 einen Bestand von 100 Hengsten aufwies, trug zum Ruf Hannovers als »Pferdeland« bei. Auf die Initiative des Loccumer Abtes Georg Ebell (1696 – 1770) entstand nach dem Vorbild der hochentwickelten Versicherungsinstitute Englands 1750 die »Brand-Assecurations-Societät für die Fürstentümer Calenberg-Göttingen-Grubenhagen«, bei der alle landwirtschaftlichen Gebäude zwangsversichert wurden; in den anderen hannoverschen Landesteilen wurden in den folgenden Jahren ähnliche Institute eingerichtet. Mit der Gründung der Tierarzneischule in Hannover 1778, die die erste deutsche und eine der frühesten veterinärmedizinischen Einrichtungen Europas war, wurde die Grundlage für die nachmalige Tierärztliche Hochschule geschaffen, die über Deutschland hinaus Bedeutung erlangte.

Die Periode nach dem Siebenjährigen Krieg bis zum Beginn des 19. Jahrhunderts war für das Kurfürstentum Hannover eine Zeit ohne militärische Auseinandersetzungen auf seinem Boden. Hannoversche Truppen wurden nicht im Amerikanischen Unabhängigkeitskrieg eingesetzt; sie kämpften jedoch in englischem Sold auf zwei entfernten Kriegsschauplätzen. 1779 ersetzten sie englische Verbände in Gibraltar und auf Menorca; von 1782 bis 1792 kämpften sie in Indien und trugen so zum Aufbau des britischen Kolonialreiches bei.

Die hannoversche Außenpolitik kennzeichnete eine wachsende Distanz zu Österreich; demgegenüber verstärkte sich die Überzeugung, dass Norddeutschland immer mehr zur Einflusssphäre Preußens wurde. Die aggressive Reichspolitik Josephs II. stieß in Hannover auf Widerstand. Dieser zeigte sich bereits 1778/79 im Bayerischen Erbfolgekrieg gegen die Versuche des Kaisers, durch den Erwerb Bayerns Österreichs Stellung im Reich zu stärken. Als Joseph II. 1785 ähnliche Pläne eines Tausches Bayerns gegen die österreichischen Niederlande wieder aufgriff, bildete Hannover zusammen mit Preußen und Kursachsen den Fürstenbund zur Sicherung der Reichsverfassung gegen die kaiserlichen Übergriffe, dem in rascher Folge weitere, auch geistliche Fürsten, wie der Mainzer Erzbischof, beitraten. Hannover versuchte, in die Rolle des Wortführers einer »dritten Kraft«, eines Zusammenwirkens der mittleren und kleineren Reichsstände, hineinzuwachsen. Nach der Vereitelung der österreich-bayerischen Tauschpläne trat es für eine Machtbalance zwischen den beiden deutschen Großmächten ein und sah in der Aufrechterhaltung der Reichsverfassung einen wirksamen Schutz gegen die preußischen Hegemonialbestrebungen in Norddeutschland. An den Revolutionskriegen der 1790er Jahre waren hannoversche Truppen beteiligt, obwohl sich das Kurfürstentum nicht direkt im Kriegszustand mit Frankreich befand. 1793 vereinigten sich etwa 13000 in englischem Sold stehende Soldaten mit 6000 Hessen und 5000 Engländern unter dem Oberbefehl Herzog Friedrichs von York, des Bischofs von Osnabrück; der Oberbefehl ging später auf Graf Ludwig von Wallmoden-Gimborn (1736–1811) über. Der Baseler Frieden von 1795 setzte den Kampfhandlungen ein Ende.

Aufgrund dieses Friedens wurde Hannover in die norddeutsche Neutralitätszone einbezogen, die unter dem Protektorat Preußens stand. Preußen war zur Besetzung Hannovers verpflichtet, wenn dieses die Neutralität nicht respektierte.

Das Kurfürstentum trat damit in einen Gegensatz zu London, da Georg III. die Neutralitätspolitik ablehnte und als König von Großbritannien an der Seite Österreichs weiterkämpfte. Hannover, das von England kaum zu verteidigen war, erschien als »hilfloses Objekt im Kräftespiel der Großmächte«[175] und geriet praktisch unter »preußische Sequesterverwaltung«[176].

Aufgrund dieser Gegebenheiten war es für Hannover unmöglich, umfangreiche Gewinne aus der territorialen Umgestaltung des Reiches im Zuge von Säkularisation und Mediatisierung zu Beginn des 19. Jahrhunderts zu erzielen. Traditionelle welfische Expansionsziele, wie das Hochstift Hildesheim, Teile von Paderborn und Münster sowie das Eichsfeld und die Reichsstadt Goslar, ließen sich nicht realisieren; diese Gebiete fielen an Preußen. Lediglich das Fürstbistum Osnabrück, das aufgrund der *successio alternativa* hannoversches Einflussgebiet war, konnte sich der Kurstaat einverleiben.

Hannover als Teil des Königreiches Westfalen

Der Bruch des Friedens von Amiens und die Wiederaufnahme der Kampfhandlungen zwischen Frankreich und England führten im Sommer 1803 zum Einfall französischer Truppen unter General Édouard Mortier (1768–1835) in das Kurfürstentum. Dem Einmarsch wurde kein nennenswerter Widerstand entgegengesetzt; die Landesverteidigung befand sich in einem desolaten Zustand. Die militärische Unterstützung Englands blieb aus. Am 3. Juni 1803 erfolgte die Kapitulation der hannoverschen Armee, die auch ein Ergebnis mangelnder Kooperation und des Kompetenzenwirrwars von Deutscher Kanzlei, König, überaltertem Generalstab und Ministerium war. Die Konvention von Artlenburg (5. Juli) bewirkte die völlige Auflösung des hannoverschen Heeres und die endgültige Besetzung des Kurfürstentums durch die Franzosen. Ein großer Teil der abgemusterten Soldaten floh nach England und bildete unter dem nominellen Oberbefehl Herzog Adolf Friedrichs von Cambridge den Kern der »Königlich Deutschen Legion« (*King's German Legion*), die in der Folgezeit trotz drastischer Strafandrohung der französischen Besatzungsbehörden durch den ständigen Zuzug junger Hannoveraner aufgefüllt wurde und 1812/13 15000 Mann, darunter auch Soldaten anderer deutscher Staaten, umfasste. Die Legion wurde nicht als geschlossene Einheit im Kampf gegen Napoleon eingesetzt, sondern Truppenteile wurden nach Bedarf englischen Verbänden auf den verschiedenen Kriegsschauplätzen zugewiesen. Von 1803 bis 1813 kämpften Hannoveraner u.a. in Irland, vor Kopenhagen, auf Sizilien und insbesondere auf der Iberischen Halbinsel, wo sie Wellingtons Operationen deckten und sich in den mit äußerster Härte und Grausamkeit geführten Feldzügen durch Tapferkeit auszeichneten.

Die Mehrzahl der hannoverschen Minister hatte sich zu Beginn der Besetzung außer Landes begeben. Aus Verärgerung über dieses Verhalten nahm Georg III. eine umfassende Umbesetzung vor. Im Spätsommer 1805 erfolgte die Berufung des hannoverschen Gesandten in St. Petersburg, Ernst Herbert Graf zu Münster (1766–1839), zum Leiter der Deutschen Kanzlei in London und damit zum Ersten Minister. Er wurde die bestimmende Persönlichkeit in der hannoverschen Politik; als einer der hartnäckigsten Gegner Napoleons war er nicht ohne Einfluss auf seine englischen Ministerkollegen. Er trat vehement für die Fortsetzung des Krieges gegen Frankreich ein und hielt den Geist des Widerstandes auf dem Kontinent am Leben.

Nach der Dreikaiserschlacht von Austerlitz (2. Dezember 1805) überließ Napoleon im Vertrag von Schönbrunn (15. Dezember) Preußen als Ausgleich für den Verlust von Wesel, Neuenburg, Ansbach und Bayreuth das Kurfürstentum Hannover. Damit wollte er einen ständigen Gegensatz zwischen Preußen und England schaffen. Am 1. April 1806 nahm Preußen den Kurstaat in Besitz, musste ihn aber im gleichen Jahr nach der Niederlage bei Jena und Auerstedt wieder an die Franzosen abtreten. Hannover wurde in die französischen Raumordnungspläne für Norddeutschland einbezogen, die auf der Grundlage des zwischen Napoleon und Zar Alexander abgeschlossenen Friedens von Tilsit vom Sommer 1807 beruhten und zur Gründung des Königreiches Westfalen führten. Dieses wurde Mitglied des von Frankreich abhängigen Rheinbundes; es setzte sich im Wesentlichen aus preußischen Gebieten westlich der Elbe, den hannoverschen Fürstentümern Göttingen und Grubenhagen, dem Herzogtum Braunschweig und Kurhessen zusammen und erhielt in Kassel seine Haupt- und Residenzstadt. Napoleon übertrug diesen »Kunststaat« seinem jüngeren Bruder Jérôme. 1810 wurde Westfalen durch Gebiete des bis dahin unter französischer Militärverwaltung stehenden mittleren und nördlichen Hannover bis zur Nordsee vergrößert, musste aber gegen Ende des Jahres die Teile nördlich der Linie Minden-Lauenburg-Lübeck zur besseren Durchführung der Kontinentalsperre an das Kaiserreich Frankreich wieder abtreten.

Neben dem Großherzogtum Berg sollte Westfalen nach Napoleons Vorstellungen den Charakter eines »Modellstaates« erhalten. Der Kaiser wies ihm die Aufgabe zu, sein Herrschaftssystem im rechtsrheinischen Deutschland militärisch und materiell abzusichern, ohne den französischen Hegemonialanspruch über Mitteleuropa zu deutlich hervortreten zu lassen. Die nach dem Grundsatz der Rechtsgleichheit und Freiheit ausgestalteten inneren Verhältnisse Westfalens sollten ein Vorbild für andere Rheinbundstaaten sein, aber auch seine konfessionell und regional heterogene Bevölkerung integrieren und deren Loyalität gegenüber den alten Fürsten vergessen lassen. Die von Napoleon diktierte und oktroyierte Westfälische Verfassung vom 15. November 1807 verankerte eine Reihe liberaler Prinzipien und konstitutioneller Einrichtungen. Besonders auffällig traten die Reformen auf dem Gebiet der Verwaltung hervor, die zentralistisch und hierarchisch aufgebaut und mit klar abgegrenzten Kompetenzbereichen versehen wurde. Dass viele Reformen nicht zur vollen Auswirkung kamen, hatte seinen Grund nicht nur in den inneren Widersprüchen des westfälischen Systems, wie der Spannung zwischen der Abschaffung geburtsständischer Privilegien und der faktischen Begünstigung des Adels im Rahmen der napoleonischen Rearistokratisierungspolitik, sondern vor allem in den schweren finanziellen und militärischen Belastungen, die Napoleon dem Königreich auferlegte. Wachsender Steuerdruck, steigende Kriegskontributionen, Zwangsrekrutierungen – das Königreich Westfalen stellte unter den Rheinbundstaaten pro Kopf der Bevölkerung eine der höchsten Raten an Soldaten und leistete einen besonders hohen Blutzoll in den Napoleonischen Kriegen – und Truppenstationierungen, verbunden mit den wirtschaftlich nachteiligen Auswirkungen der Kontinentalsperre und den Ausgaben für eine »luxuriös-verschwenderische Hofhaltung in Kassel«[177], machten aus dem »Modellstaat« Westfalen einen französischen »Satellitenstaat«. Dies waren die Voraussetzungen für eine Reihe von Unmutsäußerungen, Steuerverweigerungen und vereinzelten, regional begrenzten gewalttätigen Ausschreitungen.

In den welfischen Territorien fanden die Streifzüge des preußischen Majors Ferdinand von Schill (1776–1809) und des braunschweigischen Herzogs Friedrich Wilhelm Resonanz in der Bevölkerung. Schill fiel im Mai 1809 ins Königreich Westfalen ein und lieferte sich mit den Franzosen bei Magdeburg ein verlustreiches Gefecht. Er selbst starb Ende des Monats vor Stralsund. Die meisten seiner Offiziere wurden gefangen genommen, einige in Wesel hingerichtet. Herzog Friedrich Wilhelm, der 1806 von seinem Vater Karl Wilhelm Ferdinand zum Nachfolger in Braunschweig bestimmt worden war, aber die Regierung nicht antreten konnte, verbündete sich im Krieg von 1809 mit Österreich und stellte eine eigene Truppe von 2000 Mann auf, die nach der Farbe ihrer Uniform »Schwarze Schar« genannt wurde; er selbst erhielt den Beinamen »Schwarzer Herzog«. Nach dem französisch-österreichischen Waffenstillstand setzte er auf eigene Faust den Kampf fort und führte seine Truppen von Zwickau nach Norddeutschland. Nach verlustreichem Kampf nahm er Halberstadt ein und begab sich in sein Herzogtum, wo er bei seinem Marsch von Wolfenbüttel nach Braunschweig von einer begeisterten Menge begleitet wurde, wenn auch der erhoffte bewaffnete Aufstand ausblieb. Ein Gefecht bei Ölper nordwestlich von Braunschweig gegen eine westfälische Division verlief nicht erfolgreich; Friedrich Wilhelm zog nach Norden und setzte bei Brake und Elsfleth nach England über, wo er sich bis 1813 aufhielt, während sich seine Truppe der Deutschen Legion anschloss. Dieses Unternehmen verschaffte dem Schwarzen Herzog noch jahrzehntelang eine begeisterte Verehrung in seinem Herzogtum.

Das »lange« 19. Jahrhundert

Das Königreich Hannover

Politische, wirtschaftliche und gesellschaftliche Entwicklungen im Königreich Hannover

Der verlustreiche Russlandfeldzug und die Niederlage in der Völkerschlacht bei Leipzig (16.–19. Oktober 1813) leiteten das Ende der napoleonischen Herrschaft ein. Das französische System in Deutschland wurde unhaltbar, der Rheinbund fiel auseinander, und das Königreich Westfalen löste sich auf. Am 26. Oktober 1813 verließ König Jérôme Kassel; zwei Tage später rückten hannoversche Truppen in das Kurfürstentum ein. Die alte Regierung nahm die Geschäfte wieder auf. Prinzregent Georg ernannte seinen jüngsten Bruder Herzog Adolf Friedrich von Cambridge zum Militärgouverneur und drei Jahre später zum Generalgouverneur Hannovers. Diese Ernennung war auf Betreiben Münsters zustande gekommen, der damit die Bestellung des ultrakonservativen Herzogs Ernst August von Cumberland verhindern wollte. Adolf Friedrich, der sich in seinem Lebenswandel von den Skandalen seiner älteren Brüder unterschied, galt als pflichtbewusst und liebenswürdig und ohne weitreichende politische Ambitionen. Er gab sich volksnah, was ihm die Sympathie der Bevölkerung sicherte.

Die bestimmende Persönlichkeit der hannoverschen Politik wurde für die nächsten 15 Jahre der Staats- und Kabinettsminister beim König in London, Ernst Herbert Graf zu Münster. Auf dem Wiener Kongress, zu dem er ohne eine offizielle Instruktion reiste, erreichte er die territoriale Vergrößerung Hannovers und übte erheblichen Einfluss auf die Gestaltung Norddeutschlands aus. Dabei profitierte er von den engen, während der napoleonischen Herrschaft und der Befreiungskriege aufgebauten Beziehungen zu europäischen Staatsmännern. Hinzu kamen die diplomatische und finanzielle Unterstützung Großbritanniens sowie die Tatsache, dass Hannover im Unterschied zu etlichen deutschen Mittelstaaten nicht mit Napoleon paktiert hatte. Für Münster konnte es bei der territorialen Neuordnung Deutschlands nicht um die einfache Wiederherstellung des alten Kurfürstentums gehen, mit dem infolge der Säkularisation seit 1802 das Fürstentum Osnabrück und aufgrund einer Pfandschaft seit 1753 die Grafschaft Bentheim verbunden waren. Er verlangte eine Vergrößerung Hannovers. Durch Arrondierungen sollte die ungünstige territoriale Situation erheblich verbessert werden. Denn durch die Fürstentümer Halberstadt und Minden wurde das Kurfürstentum seit dem 17. Jahrhundert von Preußen zangenartig umklammert, durch den preußischen Erwerb der ehemaligen geistlichen Territorien Hildesheim, Münster, Paderborn und des kurmainzischen Eichsfeldes seit 1802 auch vom Süden Deutschlands abgeschnürt. Münster rechtfertigte die Vergrößerungswünsche mit den Bedrängnissen, die Hannover während der Fremdherrschaft erlitten hatte, und mit seinen Leistungen im Kampf gegen Napoleon. Da die süddeutschen Staaten im Besitz großer Teile ihrer während der Rheinbundzeit gewonnenen Gebiete verbleiben sollten, befürchtete Münster den Verlust der Rangstellung für das welfische Haus, wenn nicht auch Hannover in den Genuss beträchtlicher Territorialgewinne kam.

Der Sicherung der Rangstellung unter den deutschen Mittelmächten diente auch die Erhebung des Kurfürstentums zum Königreich Hannover. In dem von Münster entworfenen Patent vom 26. Oktober 1814 erklärte der Prinzregent, dass der König von Großbritannien für seine deutschen Lande die Königswürde annehme. Als Begründung dieses Schrittes wurde angegeben, dass nach der Auflösung der alten Reichsverfassung und dem Wegfall des Reichsoberhauptes der kurfürstliche Titel seinen Sinn verloren habe. Außerdem nahm das Patent auf Hannovers Verbindung zum britischen Königreich Bezug. Neben Preußen und Österreich erkannten die meisten deutschen und außerdeutschen Staaten Hannovers Erhebung zum Königreich unmittelbar nach der Verkündigung des Patents an.

Der englisch-preußische Bündnis- und Subsidienvertrag von Reichenbach vom Juni 1813 hatte in einem Geheimartikel Hannover nach der Niederwerfung Napoleons einen Gebietszuwachs mit einer Bevölkerung von 250 000 bis 300 000 Menschen zugesagt; darunter sollte sich in jedem Fall das Fürstentum Hildesheim befinden. Für weitere Gebietszuweisungen blieb ein erheblicher Spielraum. Münster konzentrierte sich auf eine Westausdehnung Hannovers bis an die holländische Grenze. Damit kam er durchaus englischen Interessen entgegen; denn man sah darin die Möglichkeit, Preußen von der Nordseeküste fernzuhalten. Aufgrund des preußisch-hannoverschen Vertrags vom 29. Mai, der in die Wiener Kongressakte vom 9. Juni 1815 aufgenommen wurde, erhielt Preußen neben dem Recht auf zwei Militärstraßen auf den Linien Halberstadt-Minden und Gifhorn-Minden das Herzogtum Lauenburg und trat Ostfriesland, Hildesheim, Goslar und Teile Lingens an Hannover ab, das auch Bentheim, die Herzogtümer Arenberg und Looz-Corswarem mediatisieren durfte. Aufgrund einer Nachbesserung des preußisch-hannoverschen Gebietsaustausches verzichtete Preußen im September 1815 auf die Ämter Neuhaus, Elbingerode, Lindau und Gieboldehausen sowie auf das Gericht Duderstadt. Das Königreich Hannover umfasste 38 000 km^2 mit 1,5 Mio. Einwohnern (1821), von denen knapp 13 % in Städten wohnten. Dem Umfang nach war es der viert-, der Bevölkerungszahl nach der fünftgrößte Staat des Deutschen Bundes.

Zu den wichtigsten Aufgaben des Königreiches gehörte die verfassungsrechtliche und verwaltungsmäßige Zusammenfassung der verschiedenen Landesteile. Ein erster Schritt auf dem Weg der Vereinheitlichung des Staates war die Einberufung eines Allgemeinen Landtages am 12. August 1814. Dieser setzte sich aus acht Prälaten, 48 Vertretern der Ritterschaft, 38 der Städte und acht des freien Bauernstandes zusammen und knüpfte damit an die historischen Stände an. Im Landtag bildete sich bald eine Adelsopposition um Georg von Schele (1771–1844), die Widerstand gegen weitere Vereinheitlichungsmaßnahmen und den Übergang zum liberal-konstitutionellen System ankündigte. Einen Erfolg erzielte die Opposition 1818 mit der Wiedereinrichtung der Provinziallandschaften, die den Allgemeinen Landtag in seinen Wirkungsmöglichkeiten einschränkten. Schele gewann Münster, der zwar am Gedanken einer staatlichen Gesamtrepräsentation festhielt, aber sich restaurativen Vorstellungen annäherte, für die Einführung des Zweikammersystems. Das königliche Patent vom 7. Dezember 1819 gab der Ständeversammlung eine neue Verfassung und versuchte, einen »Kompromiss zwischen dem überlieferten Ständestaat und dem modernen Repräsentativprinzip«[178] zu schaffen. Die Erste Kammer setzte sich aus den Prälaten, den Standesherren und 42 von den provinziellen Ritterschaften gewählten adeligen Deputierten zusammen, die ca. 900 Rittergüter vertraten. Die Zweite Kammer stellte die Vertretung der städtischen Bevölkerung dar, deren Deputierte durch die Magistrate ernannt wurden. Die bäuerliche Bevölkerung, die über 80 % der Einwohnerschaft des Königreiches ausmachte, war vorerst nicht vertreten. Nach Münsters Vorstellungen sollte die Erste Kammer ein Gegengewicht gegen fortschrittliche Tendenzen in der Zweiten Kammer bilden. Bis 1848 bewahrte sie ihren adligen Charakter; in einem stärkeren Maße als in anderen deutschen Staaten mit einem Zweikammersystem wurde der Dualismus zwischen Adel und Bürgertum, zwischen konservativen und liberal-fortschrittlichen Kräften in Hannover verfassungsrechtlich verankert; dem Adel war die Möglichkeit gegeben, ihm nicht genehme Gesetzeswerke zu verhindern oder ihre Verabschiedung hinauszuzögern. Im Unterschied zu den ostelbischen Gebieten Preußens war die wirtschaftliche Grundlage des hannoverschen Adels nicht der Großgrundbesitz; die hannoverschen Rittergüter wiesen nur eine mittlere Größe auf; Anfang der 1830er Jahre zählten zu ihnen lediglich 5,5 % des

Kulturlandes. Aus den wirtschaftlichen Gegebenheiten ließ sich somit eine Rechtfertigung der politischen Privilegierung des Adels schwerlich herleiten. Die hannoversche Verfassungsgeschichte wurde in der Folgezeit wesentlich vom Kampf des Adels um die Aufrechterhaltung seiner politischen Privilegien, vor allem seiner bevorzugten Vertretung in der Ständeversammlung und in den Provinziallandschaften, bestimmt.

Die französische Julirevolution von 1830 und die Braunschweiger Unruhen griffen auch nach Hannover über, wo es zu örtlich begrenzten Revolten, u. a. in Osterode und an der Göttinger Universität, kam. Dabei richtete sich der Unmut nicht gegen den Landesherrn, König Wilhelm IV., sondern vor allem gegen Münster als Repräsentant des altständischen Systems. Eine Vielzahl von Petitionen an die Regierung forderte eine angemessene Volksvertretung, die Abschaffung der Adelsprivilegien, Pressefreiheit, Aufhebung des Zehnten und die Öffentlichkeit der Ständeversammlung. Herzog Adolf Friedrich, dessen Ernennung zum Vizekönig am 22. Februar 1831 eine Aufwertung seiner Stellung bedeutete, sprach sich, unterstützt von einem Teil der hohen Bürokratie, für einen entschiedenen Systemwechsel aus und forderte in einer Denkschrift vom 3. Februar 1831 unter Bezugnahme auf die Petitionen Reformen. Am 12. Februar erfolgte die Entlassung Münsters; sein Nachfolger wurde Ludwig von Ompteda (1767–1854), der allerdings nicht über denselben Einfluss wie Münster verfügte.

1833 erlangten zwei grundlegende Neuerungen Gesetzeskraft: das Staatsgrundgesetz und die maßgeblich von dem Osnabrücker Rechtsanwalt Carl Bertram Stüve (1798–1872) gestaltete Ablösungsordnung. Diese beruhte auf dem Ablösungsgesetz vom 10. November 1831. Im Unterschied zu Preußen wurden die Grundherren für die Aufhebung der bäuerlichen Lasten und Abgaben nicht mit Land, sondern durch Geld entschädigt. Dies verhinderte die unangemessene Vergrößerung der Güter und sicherte den Bestand der freiwerdenden Höfe und damit ein leistungsfähiges Bauerntum. Für die Aufbringung der Ablösungsgelder wurde 1840 die

Landeskreditanstalt eingerichtet. Die ländlichen Unterschichten profitierten von der Ablösungsordnung nicht. Die Aufhebung der Marken und Allmenden verschaffte ihnen keinen Landbesitz und ließ sie vielfach in gedrückten Verhältnissen. Ihre Abwanderung in die Industrie wurde durch deren langsame Entwicklung, durch die Einschränkung der Freizügigkeit aufgrund der Domizilordnung und die industriefeindliche Politik der Regierung erschwert.

Seit dem Frühjahr 1831 arbeitete eine Kommission aus königlichen und ständischen Vertretern den Entwurf eines Staatsgrundgesetzes aus, an dem u. a. der Göttinger Historiker und Staatswissenschaftler Friedrich Christoph Dahlmann (1785–1860) und Stüve entscheidenden Anteil hatten. Der Entwurf wurde im März 1833 von beiden Kammern angenommen und erhielt nach weiteren sechs Monaten die königliche Genehmigung, wobei in 14 Punkten Änderungen vorgenommen worden waren. Das Staatsgrundgesetz, das den »Charakter eines konservativ-liberalen Kompromisses besaß«[179], trat am 26. September 1833 in Kraft. Die Verfassung hielt am Zweikammersystem fest. Die Erste Kammer blieb eine Adelsvertretung. Neben mehreren persönlich Berechtigten, wie den königlichen Prinzen, den Standesherren und den Bischöfen, bestand sie aus 35 gewählten und sechs ernannten Mitgliedern. Die Zweite Kammer setzte sich aus 37 städtischen und 38 Vertretern der Grundbesitzer zusammen. Hinzu kamen drei Deputierte der Stifte, ein Deputierter des Hildesheimer Domkapitels, zwei der evangelischen Konsistorien und einer der Universität Göttingen. Der König ernannte drei Mitglieder. Die Wahlen zur Zweiten Kammer waren indirekt, öffentlich und beruhten auf einem Zensus. Der Landtag verfügte über die Gesetzgebungs-, Steuer- und Budgetgewalt; es bestand eine beschränkte Ministerverantwortlichkeit, jedoch kein Misstrauensvotum. Die Verfassung sah die Vereinigung der ständischen Generalkasse, in die die Steuereinnahmen flossen, und der sich aus den Erträgen der Domänen speisenden Königlichen Kammerkasse vor; ihre Einnahmen und Ausgaben unterstanden der Kontrolle des Landtages. Aus dem

Dominium wurden 500 000 Taler für den Unterhalt des Hofes und der königlichen Familie abgesondert. Das Staatsgrundgesetz enthielt einen Grundrechtekatalog und schränkte die Adelsprivilegien durch die Aufhebung der Steuerfreiheit für die Rittergüter und den gleichen Zugang zu den Staatsämtern ein. Hannover fügte sich in die Reihe der konstitutionellen deutschen Staaten ein.[180]

König Ernst August

Vor der Thronbesteigung

Ernst August gilt als der umstrittenste der Söhne Georgs III. Er wurde am 5. Juni 1771 im Buckingham Palast geboren. Von Juli 1786 bis Januar 1791 hielt er sich mit seinen jüngeren Brüdern August Friedrich und Adolf Friedrich zu Studienzwecken und zum Erlernen der deutschen Sprache in Göttingen auf. Während dieser Zeit trat er als Rittmeister in das 9. hannoversche Kavallerieregiment ein und begann seine militärische Karriere, die ihn zum Generalleutnant (1788) und schließlich zum Feldmarschall (1801) und General (1803) führen sollte. Das entscheidende politische Ereignis in seinem Leben war die Französische Revolution. Von 1791 bis zum Baseler Frieden kämpfte er zeitweise unter dem Oberbefehl seines Bruders Friedrich von York auf den verschiedenen Schlachtfeldern in Flandern und Holland gegen die französische Revolutionsarmee und zeichnete sich als hervorragender Reiter und Schütze aus. In der Schlacht von Tournai (Mai 1794) wurde er schwer verwundet; dies hinterließ nicht nur entstellende Narben auf der linken Wange, was er später durch üppige Koteletten zu verbergen suchte, sondern beeinträchtigte auch seine Sehkraft. Militärische Züge bestimmten auch in den folgenden Jahren sein Auftreten; gefürchtet war sein Sarkasmus.

1799 erfolgte Ernst Augusts Ernennung zum Herzog von Cumberland und Teviotdale und Earl of Armagh, was mit einer eher bescheidenen Apanage und der Aufnahme ins britische

Oberhaus verbunden war. Im Gegensatz zu seinen Brüdern, die zeitweise mit den Whigs sympathisierten, trat Ernst August als Führer der Hochtories und Vertreter der Ultrakonservativen auf, die jegliche politische Neuerung zu verhindern suchten. Zudem war er ein vehementer Gegner der rechtlichen Gleichstellung der irischen Katholiken. Mehrmals verweigerte ihm das Parlament in der Folgezeit die Erhöhung seiner Apanage. Die Bevölkerung unterstellte ihm alle möglichen Übeltaten, die bis zu Mordplänen gegen Prinzessin Viktoria reichten.

Ernst August nahm an den Befreiungskriegen teil und begab sich nach dem Ende der französischen Besatzung 1813 sofort nach Hannover, wo er begeistert empfangen wurde. Wahrscheinlich aus Enttäuschung darüber, dass nicht er, sondern sein jüngerer Bruder Adolf Friedrich von Cambridge zum hannoverschen Generalgouverneur ernannt wurde, ließ er sich im folgenden Jahr in Berlin nieder. Hier heiratete er 1815 die verwitwete Friederike Solms zu Braunfels (1778–1841), die Schwester der preußischen Königin Luise, die auf eine bewegte Vergangenheit zurückblicken konnte. 1793 war Friederike die Ehe mit Prinz Friedrich Ludwig von Preußen (1773–1796), dem Bruder des späteren Königs Friedrich Wilhelm III., eingegangen. Nach dem Tod des Prinzen und einer kurzzeitigen Verbindung mit Herzog Adolf Friedrich von Cambridge heiratete sie wegen einer Schwangerschaft überstürzt 1799 Friedrich von Solms-Braunfels, was ihre Versetzung in das preußische Ansbach zur Folge hatte. Scheidungsverhandlungen mit Solms hatten bereits begonnen, als dieser 1814 starb. Friederikes Vermählung mit Herzog Ernst August war eine Liebesheirat; beide Eheleute bewahrten einander bis an ihr Lebensende eine innige Zuneigung.

Nach der Hochzeit siedelten Ernst August und Friederike nach London über. Die Tatsache, dass sich Königin Charlotte weigerte, ihre Nichte Friederike bei Hof zu empfangen, sowie die häufigen Streitigkeiten Ernst Augusts mit dem Parlament veranlassten die Rückkehr des Herzogspaares nach Berlin, wo Ernst August enge Beziehungen zum König und zum Kronprinzen unterhielt. Die herzogliche Familie wechselte in den folgenden 20 Jahren mehrmals ihren Wohnsitz. Bis zum Sommer 1829 lebte sie in Berlin, dann bis 1833 in London, um anschließend erneut in die preußische Hauptstadt zu ziehen. Das Palais Cumberland »Unter den Linden« entwickelte sich zu einem der geistigen Mittelpunkte des damaligen Berlin, wo auch liberal gesinnte Persönlichkeiten, wie die Gebrüder Humboldt oder die Schriftstellerin Rahel Varnhagen, verkehrten. Einen Teil des Jahres verbrachte Ernst August weiterhin in London, um an den Sitzungen des Oberhauses teilzunehmen. Besonders entschieden kämpfte er Ende der 1820er Jahre gegen die Katholikenemanzipation und trat damit in einen deutlichen Gegensatz zu den Whigs und der Mehrzahl der Tories, zu seinen eigenen Brüdern und selbst zu den anglikanischen Bischöfen. Ebenso lehnte er die englische Wahlreformgesetzgebung von 1832 ab, in der er eine Auswirkung der Ideen der Französischen Revolution sah.

Mit dem Tod König Wilhelms IV. am 20. Juni 1837 endete die englisch-hannoversche Personalunion aufgrund der unterschiedlichen Thronfolgeordnungen. Da in England Frauen thronberechtigt waren, wenn auch unter Geschwistern der jüngere Bruder vor der älteren Schwester den Vorrang hatte, folgte hier die am 24. Mai 1819 geborene Prinzessin Viktoria; sie war das einzige Kind des 1820 verstorbenen vierten Sohnes Georgs III., des Herzogs Eduard von Kent, aus seiner Ehe mit Prinzessin Marie Luise Viktoria von Sachsen-Coburg-Saalfeld. Mit Viktorias Thronbesteigung begann ein neuer Abschnitt in der Geschichte Englands. Im Königreich Hannover regelte sich die Thronfolge gemäß der Bestimmung des welfischen Hausgesetzes, die als Art. 11 auch in das Staatsgrundgesetz von 1833 aufgenommen worden war. Danach war die Teilung des Landes ausgeschlossen. Die Krone kam zunächst dem Mannesstamm aus rechtmäßiger, ebenbürtiger und hausgesetzlicher Ehe zu. Die Ordnung der Thronfolge wurde durch die Lineal-Erbfolge nach dem Erstgeburtsrecht bestimmt. Beim Erlöschen des Mannesstammes der hannoverschen Linie ging die Thronfolge auf den Mannesstamm der herzoglich braunschweig-wolfenbüttelschen Linie und erst nach deren Erlöschen auf die weibliche Linie über. Somit fiel die Thronfolge 1837 auf Ernst August von Cumberland, Georgs III. fünften Sohn.

Der Staatsstreich in Hannover

Die wichtigsten innenpolitischen Ereignisse während der Regierungszeit Ernst Augusts als König von Hannover waren die Auseinandersetzungen um das Staatsgrundgesetz von 1833 und die Revolution von 1848/49. Bereits vor seiner Thronbesteigung hatte er seine Gegnerschaft gegen die Verfassung angekündigt, als Thronfolger dagegen protestiert und sich alle Rechte vorbehalten. Die Gründe für seine Haltung lagen in grundsätzlichen Vorbehalten gegen konstitutionelle Reformen, besonders gegen die Einrichtung einer Allgemeinen Ständeversammlung; für ihn waren die historischen Provinziallandschaften die einzig legitimen ständischen Organe. Er sah im Staatsgrundgesetz eine Beeinträchtigung königlicher Rechte; insbesondere galt ihm die Kassenvereinigung, die die Domänen quasi verstaatlichte, als ein Angriff auf die Besitzrechte der Krone. Die Verkündigung der Verfassung fasste er »geradezu als persönlichen Affront«[181] auf. Versuche, ihn auf das Staatsgrundgesetz zu verpflichten, misslangen.

Ernst August betrat am 27. Juni 1837 bei Nordhorn hannoverschen Boden und wurde auf seiner Reise in die Residenzstadt allerorten mit Jubel begrüßt. Dennoch betrachteten auch Teile der Bevölkerung die Ankunft des neuen Königs mit »gemischten Gefühlen«[182]. Bereits am Abend seines Einzuges in Hannover, am 28. Juni, beriet sich Ernst August mit Georg von Schele, der den König zur Auflösung der Ständeversammlung drängte. Am folgenden Tag ernannte er Schele zum Staats- und Kabinettsminister ohne bestimmte Aufgaben, aber mit Sondervollmachten und übertrug ihm die Leitung der Regierung. Um das obligatorische Verfassungsgelöbnis zu umgehen, vertagte Ernst August am 29. Juni die Stände und leitete mit der Verweigerung des Verfassungseides die Aufhebung des Staatsgrundgesetzes ein. In einem Patent vom 5. Juli erklärte er, dass das Staatsgrundgesetz für ihn weder in formeller noch in materieller Hinsicht bindend sei und man prüfen müsse, ob eine Novellierung ausreiche oder die Wiederherstellung des Organisationsstatuts von 1819 notwendig sei. Während sich das Staatsministerium mit Ausnahme Scheles am 17. Juli für die Rechtsgültigkeit der Verfassung aussprach, die nur auf verfassungsmäßigem Wege geändert werden könne, wurde ein Rechtsgutachten des Direktors der Justizkanzlei in Stade, Justus Christoph Leist (1770–1858), ausschlaggebend. Seine Argumentation ging in das königliche Patent vom 1. November 1837 ein, das das Staatsgrundgesetz für ungültig erklärte und die Reaktivierung des Statuts von 1819 festlegte. Formal begründete das Patent die Ungültigkeit der Verfassung mit ihrem Zustandekommen, bei dem man vom Grundsatz des einhelligen Zusammenwirkens von König und Ständeversammlung abgegangen sei, als Wilhelm IV. nachträgliche Änderungen an dem von den Kammern bereits verabschiedeten Entwurf vorgenommen habe. Außerdem verstoße das Staatsgrundgesetz gegen die Wiener Schlussakte von 1820, die mit der Bestimmung des Art. 56, nach dem bestehende landständische Verfassungen nur auf verfassungsmäßigem Wege geändert werden durften, dem Verfassungsstatut von 1819 eine Bestandsgarantie verliehen habe. In materieller Hinsicht wurde die Aufhebung des Staatsgrundgesetzes mit der Kränkung der agnatischen Rechte begründet. Danach galten auch staatliche Herrschaftsrechte als Fideikommiss, das der Verfügungsgewalt des einzelnen Fürsten entzogen war und eine Rechtsveräußerung nur mit Zustimmung der Agnaten ermöglichte. Kritiker des königlichen Vorgehens setzten dagegen, dass die Argumentation feudalrechtliche Vorstellungen auf staatsrechtliche Gegebenheiten übertrage und das monarchische Prinzip und die monarchische Souveränität verletze, wonach die volle Regierungsgewalt dem regierenden Herrscher zustand. Damit entfalle die von Ernst August geltend gemachte Zustimmungspflicht. Hinsichtlich der formalen Begründung gegen die Gültigkeit des Staatsgrundgesetzes wies man darauf hin, dass sich sein Inkrafttreten ohne Widerspruch der beteiligten Parteien vollzogen habe und somit die nachträgliche stillschweigende Billigung durch die Ständeversammlung vorliege.

Die hannoversche Bevölkerung empfand in »ihrer weit überwiegenden Mehrheit die Aufhebung des Staatsgrundgesetzes durchaus nicht als einen Gewaltakt der Krone«[183]. Die Tragweite des Ereignisses wurde vielen erst durch das Vorgehen der hannoverschen Regierung gegen sieben Göttinger Professoren bewusst; die Verfassungsangelegenheit erhielt eine Bedeutung, die weit über das Königreich hinausgriff, und trug erheblich zur politischen Sensibilisierung in Deutschland bei. Das Patent vom 1. November enthielt die ausdrückliche Entbindung der hannoverschen Beamten von ihrem auf das Staatsgrundgesetz geleisteten Eid, die unter logischen Gesichtspunkten gegenstandslos war. Denn, wenn das Patent die Verfassung rechtmäßig und rechtswirksam außer Kraft gesetzt hatte, erübrigte sich eine Entbindungsklausel; im entgegengesetzten Fall hatte das Patent keine Auswirkung auf den geleisteten Eid. Die Göttinger Professoren gingen von der Rechtswirksamkeit der Verfassung aus, so dass der Verfassungseid der Beamten fortgelte und diese verpflichtet seien, dem königlichen Verfassungsbruch Widerstand entgegenzusetzen. Bei den Professoren handelte es sich ausnahmslos um herausragende Wissenschaftler: Es waren der Jurist Wilhelm Eduard Albrecht, ein ausgezeichneter Lehrer des deutschen Staats- und Privatrechts, der Staatsrechtler und Historiker Friedrich Christoph Dahlmann, der eigentliche Verfasser des Staatsgrundgesetzes, der Literaturhistoriker Georg Ottfried Gervinus, dessen »Geschichte der deutschen Dichtung« ein Standardwerk seiner Zeit war, die Brüder Jakob und Wilhelm Grimm, die zu den Begründern der deutschen Sprachwissenschaft zählten, der Physiker Wilhelm Weber, der durch seine elektrodynamischen Arbeiten hervorgetreten und zusammen mit Carl Friedrich Gauß an der Erfindung des elektrischen Telegraphen beteiligt war, sowie der Orientalist Heinrich Ewald, in dem man einen der bedeutendsten Philologen und Exegeten des 19. Jahrhunderts erblicken darf. Ihr Bekenntnis zur fortdauernden Gültigkeit legten die Professoren in einer Protesterklärung vom

18. November 1837 an das Universitätskuratorium, der leitenden Behörde für Universitätsangelegenheiten in Hannover, nieder. Sie verweigerten die Teilnahme an Wahlen und die Annahme eines Mandates, wenn die Ständeversammlung nicht auf der Grundlage des Staatsgrundgesetzes beruhe, und erklärten alle von der neuen Ständeversammlung ausgehenden Staatsakte für illegal. Das Kuratorium wollte diese Rechtsverwahrung als vertrauliche Mitteilung behandeln; sie gelangte jedoch in die Presse und zur Kenntnis des Königs, der sie als Provokation empfand und sich zu schärfsten Maßregelungen entschloss. Am 11. Dezember erfolgte die Entlassung der Professoren gemäß Art. 2 des Bundes-Universitätsgesetzes von 1819. Ihnen wurde Pflichtvergessenheit gegenüber dem König als alleinigem Dienstherrn, Missbrauch ihrer Stellung sowie die Verbreitung von Lehren vorgeworfen, die die öffentliche Ruhe und Ordnung gefährdeten. Wegen Veröffentlichung der Protestschrift hatten Dahlmann, Gervinus und Jakob Grimm innerhalb von drei Tagen das Königreich Hannover zu verlassen. Die Amtsenthebung der Professoren und die Landesverweisungen führten zu Solidaritätsaktionen und Sympathiekundgebungen einer größeren Zahl Göttinger Studenten jenseits der Grenzen Hannovers; sie erregten, wie der königliche Verfassungsbruch generell, großes Aufsehen nicht nur in Deutschland, sondern auch in Großbritannien und Frankreich.

In Hannover entstand eine breite staatsgrundgesetzliche Oppositionsbewegung, die ihre Hochburgen vornehmlich in den größeren Städten und den neuhannoverschen Gebieten, wie Osnabrück, Hildesheim und Ostfriesland, besaß und an deren Spitze Stüve stand. Beeinflusst von den politischen und gesellschaftlichen Vorstellungen seines Osnabrücker Landsmannes Justus Möser (1720–1794), war Stüve Vertreter eines konservativen Liberalismus. Er betonte die Bedeutung vorstaatlicher Einrichtungen, wie Familie und Gemeinde, denen weitreichende Selbstbestimmung einzuräumen war. Die Staatsgewalt war konstitutionell zu beschränken, der König in die Verfassung eingebunden. Dem Prinzip der Volkssouveränität, das u. a. in allgemeinen und gleichen Wahlen seinen Ausdruck fand, stand Stüve dagegen skeptisch gegenüber.

Die Oppositionsbewegung kämpfte auf zwei Ebenen: durch Obstruktion der nach den Bestimmungen von 1819 einberufenen Ständeversammlung und durch die Anrufung der Frankfurter Bundesversammlung. In dem Anfang 1838 einberufenen neuen Landtag fand sich aufgrund von Abstimmungsverweigerung, Mandatsniederlegungen und Ausschluss von Deputierten seitens der Regierung, die die Wahl unter Vorbehalt angenommen hatten, keine Mehrheit, die sich auf die Beratung eines neuen Verfassungsgesetzes eingelassen hätte; die Zweite Kammer war vorübergehend arbeitsunfähig. Schließlich fasste sie den Inkompetenzbeschluss, dem zufolge das Staatsgrundgesetz nur unter Zustimmung der von ihm begründeten Landesvertretung außer Kraft gesetzt werden könne, und lehnte den von der Regierung vorgelegten Verfassungsentwurf ab. Gleichzeitig initiierte Stüve eine Beschwerde der Stadt Osnabrück an den Deutschen Bund mit dem Antrag, dieser möge geeignete Mittel anwenden, um das Staatsgrundgesetz wieder in Wirksamkeit zu setzen. Eine Mehrheit des Bundestages wies die Beschwerde der Stadt Osnabrück wegen mangelnder Legitimation im September 1838 zurück. Im März 1839 wandten sich 29 hannoversche Abgeordnete und auch die Stadt Hannover mit der Forderung nach Wiederherstellung des Staatsgrundgesetzes an den Bund und ließen damit Zweifel an den beruhigenden Erklärungen der hannoverschen Regierung aufkommen. Als Hannover am 27. Juni 1839 erklärte, dass die Verfassung von 1819 wieder in anerkannte Wirksamkeit getreten sei und als Beweis das Zusammentreten der Ständeversammlung auf der Grundlage dieser Verfassung anführte, beschloss der Bundestag auf Betreiben Österreichs und Preußens am 5. September 1839 mit einer Mehrheit von zehn zu sechs Stimmen, dass der Bund keine begründete Veranlassung zur Intervention in der hannoverschen Verfassungsfrage habe. Obwohl der Bundestag betonte, dass dieser Beschluss keine Äußerung zur Rechtsfrage bedeute, stellte ihn die hannoversche Regierung als Anerkennung der Aufhebung des Staatsgrundgesetzes dar; das Unterlassen einer Intervention wurde als Sanktionierung des königlichen Verfassungsbruches interpretiert. Ausschlaggebend für das Verhalten Preußens und Österreichs in der hannoverschen Verfassungsfrage waren weniger bundesrechtliche als politische Motive; sie wollten jegliche Verletzung der monarchischen Autorität verhindern; ihr oberstes politisches Ziel war die Sicherung von Ruhe und Ordnung, die gegen Ende der 1830er Jahre in Hannover gewährleistet zu sein schienen. Die Entscheidung des Bundes bewirkte eine schwere Verletzung seiner Autorität, da er seiner Pflicht, eine in anerkannter Kraft stehende Verfassung zu schützen, nicht nachgekommen war. Das »Versagen des Bundes im hannoverschen Verfassungskonflikt« erscheint als »eine der wesentlichen Etappen auf dem Weg zur nationaldemokratischen Revolution der Jahre 1848/49«.[184]

Die Stellungnahme des Bundes schwächte die staatsgrundgesetzliche Opposition in Hannover, wo die Bereitschaft wuchs, auf den Verfassungsentwurf der Regierung einzugehen. Im Sommer 1840 erfolgte seine Annahme durch die Ständeversammlung, die aufgrund von Wahlmanipulationen und der Abwesenheit oppositioneller Deputierter von einer regierungsfreundlichen Mehrheit beherrscht wurde. Am 6. August 1840 trat das neue Landesverfassungsgesetz in Kraft, das die königliche Souveränität betonte, aber den Grundrechtekatalog weitgehend beibehielt. Es beschränkte die Gesetzgebungskompetenz der Stände, indem es ihnen das Initiativrecht nahm; es hielt jedoch an der Zusammensetzung der Ständeversammlung entsprechend dem Staatsgrundgesetz fest. Die Ministerverantwortlichkeit wurde aufgehoben und die Trennung der Kassen wiedereingeführt; damit waren die finanziellen Mittel für den Hof nicht mehr verfassungsmäßig festgesetzt und begrenzt. Die Geschäftsordnung der Ständeversammlung vom September 1840 hob die Öffentlichkeit der Verhandlungen auf. Trotz dieser Änderungen fiel das Königreich nicht in einen vorkonstitutionellen Zustand zurück, sondern blieb Verfassungsstaat. Allerdings haftete ihm wegen der Verfassungsstreitigkeiten nach Ernst Augusts Regierungsantritt in der öffentlichen Meinung Deutschlands der Ruf an, »Hort der Reaktion« zu sein. Als die Bundesversammlung 1842 die Rechtmäßigkeit des Landesverfassungsgesetzes feststellte, waren alle legalen Mittel für die staatsgrundgesetzliche Opposition ausgeschöpft. Diese hatte vornehmlich Kreise des Bürgertums erfasst, während sich die ländliche Bevölkerung weitgehend passiv verhielt. Hier gelang es Ernst August sogar, Popularität zu gewinnen, die durch seine Reisen durch das Königreich gestärkt wurde. Gerade während der Verfassungsdebatten unternahm der König diese Reisen mit dem Ziel, sich dem Volk zu zeigen, das Land kennenzulernen und sich über den Verbreitungsgrad der Opposition zu informieren.

Die Blindheit des Kronprinzen

Im Dekret vom 1. November 1837 konnte ein Grund für die Aufhebung des Staatsgrundgesetzes nicht genannt werden; dieser betraf die Blindheit des Kronprinzen Georg. Georg war am 27. Mai 1819 in Berlin geboren worden. Er galt als geistig aufgeweckt und hoch begabt; allerdings war seine Kindheit durch häufige Erkrankungen belastet, die die Ärzte auf eine skrophulöse Veranlagung und die daraus sich ergebende schwache Konstitution zurückführten. Vor allem litten seine Augen unter häufigen Entzündungen. Möglicherweise rührte dieses Leiden von einer erblichen Disposition der welfischen Familie her. König Georg III. erblindete im Alter; und auch Ernst Augusts Sehfähigkeit verminderte sich im Jahr 1826 zunehmend als Folge eines Grauen Stars. Eine erfolgreiche Operation durch den anerkannten Berliner Augenarzt Ferdinand von Graefe (1787–1840) bewahrte den Herzog vor einer totalen Erblindung.

Im Februar 1829 erkrankte Georg an einer schweren Lungenentzündung. Da er zur Heilung mehrere Wochen in einem verdunkelten Raum zubrachte, blieb die skrophulöse Entzündung seines rechten Auges unbemerkt. Erst nach der Genesung zeigte sich, dass dieses Auge erblindet war. Der versehentliche Schlag einer mit schweren goldenen Quasten verzierten Geldbörse auf sein gesundes Auge führte 1832 zum völligen Verlust der Sehkraft.

Georgs Erblindung löste eine Diskussion über seine Regierungsfähigkeit aus. Zu den Änderungen des Landesverfassungsgesetzes von 1840 gehörten deshalb auch die Bestimmungen über die Thronfolge und das Eintreten einer Regentschaft. Das Staatsgrundgesetz hatte eine Regentschaft bei der Minderjährigkeit des Königs und für den Fall vorgesehen, dass dieser »sonst an der eignen Ausübung der Regierung verhindert« sei (§ 14). Zu den Ausschließungsgründen konnten demnach geistige oder körperliche Defekte gehören. Demgegenüber war nach dem Landesverfassungsgesetz die Einsetzung einer Regentschaft neben der Minderjährigkeit nur dann erforderlich, wenn der Herrscher »in einem solchen geistigen Zustand Sich befindet, welcher Ihn zur Führung der Regierung unfähig macht« (§ 17).[185] Körperliche Gebrechen galten nicht mehr als Hinderungsgrund für die Thronfolge. Neben Gutachten, die Ernst August u. a. bei dem renommierten Staatsrechtler Karl Friedrich Eichhorn in Auftrag gab und nach denen weder das Reichs- noch das Landesrecht die Sukzessionsfähigkeit des Kronprinzen wegen seiner Blindheit in Frage stellten, untermauerte der König die Regierungsnachfolge Georgs durch eine Reihe weiterer Maßnahmen. Er ließ ihn an den Beratungen über das Landesverfassungsgesetz und seit 1843 regelmäßig an den Kabinettssitzungen teilnehmen. Bei längerer Abwesenheit des Königs fiel dem Kronprinzen dessen Stellvertretung mit dem Recht zur Ausübung der vollen Regierungsgewalt zu. Das königliche Patent vom 3. Juli 1841 regelte den Vollzug der Unterschrift des zukünftigen Königs unter amtliche Dokumente.

Hannover als Residenzstadt

Mit Ernst Augusts Regierungsantritt 1837 wurde Hannover wieder »zum echten Staatsmittelpunkt und Sitz des regierenden Herrschers und seines Hofes«.[186] Dies hatte vielfältige wirtschaftliche, gesellschaftliche, kulturelle und architektonische

Auswirkungen auf die Stadt. Der Hof wurde zu einem Mittelpunkt des gesellschaftlichen Lebens, was seinen Ausdruck in einer vermehrten Zahl von Hoffesten, Konzerten und Theateraufführungen fand, wenn von ihm auch »kein lebendiger Glanz und keine überregionale Wirkung«[187] wie zur Zeit des Barocks mehr ausgingen. Waren unter dem Herzog von Cambridge lediglich der Geburtstag des Königs und das Kapitel des Guelphenordens offizielle Gelegenheiten für höfische Feierlichkeiten, so kamen unter Ernst August die Geburtstagsfeiern der Königin und der Mitglieder der königlichen Familie, Hochzeiten und Neujahrsempfänge, Konzerte und Diners sowie Tanzgesellschaften im Residenzschloss hinzu. An großen Festen nahmen 400 bis 500, an Tanzveranstaltungen etwa 250 Personen teil. Diese Aktivitäten fanden vornehmlich in der ersten Jahreshälfte statt; denn in den Sommermonaten Juni bis September waren der König und der Kronprinz in der Regel abwesend. Ernst August begab sich in die Bäder Rehburg und Ems, der Kronprinz mit seiner Familie für zwei bis drei Monate nach Norderney. Im letzten Drittel des Jahres führte man Jagden in der Göhrde oder im Saupark bei Springe durch.

Der hannoversche Hof behielt unter Ernst August und seinem Nachfolger seinen exklusiven Charakter. Die leitenden Hofpositionen blieben, von wenigen Ausnahmen abgesehen, Mitgliedern des hannoverschen Uradels mit großem Vermögen vorbehalten; allerdings mussten sie über eine Ausbildung verfügen, die sie für den höheren Staatsdienst befähigte. Gegenüber einer Ausweitung der Hoffähigkeit, die im Wesentlichen noch auf dem Rangreglement des ausgehenden 17. Jahrhunderts beruhte, übte man Zurückhaltung. So blieb bürgerlichen Aufsteigern, z. B. aus der Unternehmerschaft, der Zugang zum Hof verwehrt. Wenn dennoch gegen Ende des Königreiches die Zahl der nichtadeligen Hoffähigen zunahm, so resultierte dies aus dem Aufstieg von Bürgerlichen in den Staatsämtern, mit denen die Hoffähigkeit verbunden war.

Das höfische Zeremoniell, das zur Abgeschlossenheit der Hofgesellschaft beitrug, wurde von Ernst von Malortie (1804–1887), dem »Hofmann par excellence«[188], (seit 1851 Oberhofmarschall) bis zur Perfektion entwickelt. Seine Schrift »Der Hof-Marschall. Handbuch zur Einrichtung und Führung eines Hofhalts« (1842) wurde ein Standardwerk. Dabei orientierte sich Malortie am absolutistisch-barocken Hof, dessen Ordnung nur geringfügige Modifikationen benötigte, um im 19. Jahrhundert bestehen zu können. Der Hof blieb auch während der Zeit des Konstitutionalismus im Königreich Hannover ein wichtiges monarchisches Repräsentationszentrum, wenn er auch seinen Charakter als alleiniges politisches Machtzentrum verloren hatte.

Um Hannover wieder eindeutigen Residenzcharakter zu verleihen, war der Um- und Neubau einer Reihe von Schlössern und Palais notwendig. Dabei kam Georg Ludwig Friedrich Laves (1788–1864) eine herausragende Rolle zu; durch ihn erreichte der Klassizismus in Hannover einen späten Höhepunkt und endete mit seiner Wirkungszeit. Eines seiner ersten großen Bauvorhaben war der Umbau des Leineschlosses, des Hauptschlosses in der Residenzstadt, dessen Portikus mit sechs korinthischen Säulen nach dem Vorbild von *Carlton House* in London entstand. Während die Vereinheitlichung der Fassade gelang, blieb Laves' Konzept einer symmetrischen Schlossanlage unausgeführt. Zu den bedeutenden Raumschöpfungen gehörten die Schlosskirche (1836–1839) in englisch-neugotischen Formen und der Thronsaal. Durch einen unterirdischen Gang war das Leineschloss mit dem Alten Palais auf der gegenüberliegenden Seite der Leinestraße verbunden, das Mitte des 18. Jahrhunderts erbaut und 1830 vom Herzog von Cambridge für die Krone erworben worden war. Es diente sowohl dem Herzog als auch nach seinem Umbau durch Laves ab 1837 Ernst August und Friederike als Wohnsitz. Der Stadtwohnsitz Georgs V. war ab 1852 das ebenfalls von Laves zwischen 1829 und 1833 errichtete Wangenheim-Palais in der Nähe des Leineschlosses. Ab 1862 residierte Georg V. in Herrenhausen; auch hier versah Laves das Schloss und das Galeriegebäude mit klassizistischen Fassaden.

Laves' letztes Hauptwerk war das in spätklassizistischer Form zwischen 1845 und 1852 errichtete Hoftheater an der Georgstraße, das das alte barocke Theater im Seitentrakt des Leineschlosses ersetzte; es bot in vier Rängen 1600 Besuchern Platz. Der die Stadt beherrschende Bau entsprach nicht nur dem Repräsentationsbedürfnis der hannoverschen Könige, sondern entsprang auch ihrem intensiven Interesse an Musik und Theater. Georg V. und seine Familie wohnten häufig öffentlichen Aufführungen bei. Es mag das Ziel des musikalisch dilettierenden Königs gewesen sein, Hannover zur führenden deutschen Musikstadt auszubauen.

Die Revolution von 1848/49

Die von Frankreich ausgehende revolutionäre Bewegung, die Deutschland im März 1848 erfasste, führte im Königreich Hannover zu keinen radikalen Ausschreitungen. Diese wurden nicht zuletzt durch Zugeständnisse König Ernst Augusts verhindert. Bereits Anfang März erschienen in verschiedenen Städten erste Resolutionen und Petitionen an den König, die insbesondere die Aufhebung der Zensur und eine Volksvertretung beim Deutschen Bund forderten. Ernst August behandelte sie anfangs hinhaltend. Erst als sich die Erregung steigerte und eine Bürgerversammlung in Hannover am 16. März 1848 eine neue Resolution beschloss, die die Forderung nach Presse- und Versammlungsfreiheit, Schwurgerichten, Volksbewaffnung mit freier Wahl der Führer, Öffentlichkeit der Ständeversammlung, Autonomie der Gemeinden, Trennung von Verwaltung und Justiz, Novellierung der Gewerbeordnung, Beschränkung der Polizeigewalt, Glaubensfreiheit und Nationalrepräsentation beim Bundestag enthielt, gab der König vor dem Hintergrund der erfolgreichen Revolution in Wien und Berlin seine Zurückhaltung auf und gestand als erstes am 18. März die Aufhebung der Zensur, Koalitionsfreiheit und eine Amnestie für politische Gefangene zu. Dem folgten am 16. April die Genehmigung zur Bildung von Bürgerwehren und vier Tage später das Versprechen, die Verfassung von 1833 wiederherzustellen.

Die Maßnahme, die möglicherweise am wirkungsvollsten den revolutionären Elan eindämmte, war die Berufung eines gemäßigt liberalen Ministeriums am 22. März 1848 unter der Leitung Alexander Graf von Bennigsens (1809–1893) als Ministerpräsident und Außenminister. Das profilierteste Mitglied des Kabinetts war Stüve; die Berufung eines seiner schärfsten Kritiker zum Minister war nicht nur auf taktische Überlegungen des Königs zurückzuführen. Ernst August und Stüve verbanden zwei gleiche Ziele: Einmal ging es um die Begrenzung der revolutionären Bestrebungen; dabei konnte sich Ernst August der »monarchischen Gesinnung und der streng legitimistischen Denkweise des Osnabrücker Bürgermeisters« sicher sein.[189] Zum anderen räumten der König und sein Minister vor dem Hintergrund der nationalen Bewegung der Sicherung der Eigenstaatlichkeit Hannovers höchste Priorität ein.

Als Minister konzentrierte sich Stüve auf innerstaatliche Reformen, wie den Ausbau des konstitutionellen Systems, die Stärkung rechtsstaatlicher Elemente und die Ausweitung kommunaler Autonomie. Bereits am Tag der Berufung trat das neue Ministerium mit einem Reformprogramm an die Öffentlichkeit, das in vielen Punkten mit der hannoverschen Resolution vom 16. März übereinstimmte. Dieses Programm wurde in Zusammenarbeit mit der Ständeversammlung in den folgenden Monaten im Wesentlichen realisiert und kulminierte im Verfassungsändernden Gesetz vom 5. September 1848, das das Staatsgrundgesetz von 1833 »zwar nicht der Form, wohl aber der Sache nach«[190] wieder in Kraft setzte und die »Märzerrungenschaften« absicherte, wie Presse- und Versammlungsfreiheit, Abschaffung von Adelsprivilegien, Glaubensfreiheit, Ausbau der gemeindlichen Selbstverwaltung, Ausweitung des Budgetrechts und Initiativrecht für die Stände, die Ministerverantwortlichkeit sowie die erneute Vereinigung der beiden Landeskassen. Besonders auffällig waren die veränderte Zusammensetzung der Ständeversammlung und die Ausweitung des Wahlrechts. Man hielt zwar am Zweikammersystem fest. Die Erste Kammer verlor jedoch ihren Charakter als Adelsvertretung und setzte sich u. a. aus Repräsentanten aus Handel und Gewerbe, Kirche, Schule und Justiz sowie des großen Grundeigentums zusammen, während die Zweite Kammer aus Abgeordneten der Städte und der ländlichen Gemeinden bestand, die nach einem Verfahren gewählt wurden, das sich dem allgemeinen Wahlrecht annäherte. Im Unterschied zum Staatsgrundgesetz versäumte man nicht, die Zustimmung des Thronfolgers, Prinz Georg, zu den Verfassungsänderungen einzuholen, die dieser wegen seiner strengkonservativen Gesinnung anfangs ablehnte. Er gab seinen Widerstand erst auf, nachdem Bennigsen ihm bedeutet hatte, dass eine Novellierung der Verfassung in Zukunft nicht ausgeschlossen war; daraufhin versprach Georg, Änderungen nur auf verfassungsmäßigem Wege vornehmen zu wollen.

Den deutschlandpolitischen Kurs des Ministeriums hatte Stüve am 17. Mai 1848 in seiner Rede in der Zweiten Kammer dargelegt. Er bekannte sich zur Reform des Bundes, sprach sich aber klar gegen den Souveränitätsanspruch der Frankfurter Nationalversammlung in der Verfassungsangelegenheit aus und betonte das Vereinbarungsprinzip. An dieser Linie hielt die hannoversche Regierung in den folgenden Monaten während der Frankfurter Verfassungsberatungen fest. Zum öffentlichen Konflikt zwischen der Regierung und der Einheitsbewegung kam es in der Frage der Annahme der Grundrechte. Die hannoversche Ständeversammlung, die in ihrer neuen Zusammensetzung am 1. Februar 1849 eröffnet wurde, forderte die Regierung auf, die am 27. Dezember vom Reichsverweser als Gesetz verkündeten Grundrechte unverzüglich in der hannoverschen Gesetzessammlung zu veröffentlichen. Die Regierung lehnte ein derartiges Ansinnen ab; neben Vorbehalten gegen einige Grundrechte war die Verfahrensweise der National- und der Ständeversammlung ausschlaggebend, die als eine Verletzung der einzelstaatlichen und der königlichen Souveränitätsrechte erschien. Das starre Festhalten des Ministeriums und vor allem der Zweiten Kammer an ihren jeweiligen Standpunkten führte zur Vertagung der Stände, um einen Misstrauensantrag zu verhindern, und schließlich zu ihrer Auflösung.

Am 28. März 1849 nahm die Frankfurter Nationalversammlung die Verfassung an, die auf der Grundlage der kleindeutschen Lösung den König von Preußen als »Kaiser der Deutschen« benannte. Die Ablehnung der Kaiserkrone durch Friedrich Wilhelm IV. ließ das Verfassungswerk scheitern und führte zur Auflösung der Nationalversammlung. Die deutsche Frage war damit wieder offen und ihre Lösung der Initiative der Einzelstaaten überlassen. Mit dem »Dreikönigsbündnis« vom 26. Mai 1849 unternahmen Preußen, Sachsen und Hannover den Versuch, die nationale Frage im kleindeutschen Sinne zu lösen. Hannover und Sachsen hatten als Bedingung für ein Wirksamwerden des Bündnisses den Anschluss aller deutschen Staaten mit Ausnahme Österreichs gestellt. Bayerns Weigerung zum Beitritt führte zum Scheitern des Bundes, aus dem Hannover im Februar 1850 definitiv austrat. Dies führte zu erheblichen Spannungen mit Preußen, das zeitweise seinen Gesandten aus Hannover abzog. Die hannoversche Regierung konnte die Union verlassen, weil zu diesem Zeitpunkt kein erheblicher Widerstand der Ständeversammlung mehr zu erwarten war.

Während Preußen mit dem Dreikönigsbündnis und der Erfurter Union von 1850, einem Zusammenschluss deutscher Staaten unter preußischer Führung, auf die kleindeutsche Lösung der Nationalfrage hinzielte, versuchte Österreich, den Deutschen Bund wieder ins Leben zu rufen. Zu einer kriegerischen Auseinandersetzung zwischen beiden deutschen Großmächten schien es infolge des hessischen Verfassungskonfliktes zu kommen, nachdem der Kurfürst nach Streitereien mit der Ständeversammlung aus Hessen geflohen und sich um Hilfe an Österreich und den Deutschen Bund gewandt hatte, der zu diesem Zeitpunkt von Preußen noch nicht anerkannt worden war. Ein militärischer Konflikt konnte in letzter Minute durch den Regierungswechsel in Berlin verhindert werden. Mit Hilfe Russlands zwang Österreich im Olmützer Vertrag vom 29. November 1850 Preußen zur Rückkehr zum Deutschen Bund in seiner alten Form und zum Verzicht auf die Union. Die beginnende Reaktionszeit fand einen deutlichen Ausdruck in dem Beschluss beider Großmächte, wonach die in den Einzelstaaten seit 1848 erlassenen Verfassungen und

Gesetze auf ihre Übereinstimmung mit der Bundesakte von 1815 überprüft werden sollten. Dieser Beschluss ermöglichte die Revision der Errungenschaften der Revolution.

Der kurhessische Verfassungskonflikt führte in Hannover zur Entlassung des Ministeriums Bennigsen-Stüve am 26. Oktober 1850. Während König Ernst August mit einer Bundesintervention in Hessen sympathisierte, hatten die Minister einen strengen Neutralitätskurs verfolgt. Im Vergleich zu anderen deutschen Märzministerien hatte sich das hannoversche am längsten gehalten. Dies war eine Folge des strengen konstitutionellen Handelns von König und Minister, die nie den Boden der Verfassung verlassen hatten. Die neue Regierung unter dem ehemaligen Geheimen Kabinettsrat Alexander von Münchhausen (1813–1886) setzte die Reformpolitik im Wesentlichen fort.

Die Politik der hannoverschen Regierung seit Beginn des Jahres 1849 hatte bei den deutschen Großmächten Irritationen hervorgerufen. Österreich verübelte Hannover die Weigerung, an der Intervention in Kurhessen teilzunehmen, und lehnte die liberalen Elemente in der hannoverschen Verfassung ab. Die Beziehungen zu Preußen waren durch Hannovers Verhalten in der Unionsfrage belastet. Allerdings kam es infolge der erfolgreichen Verhandlungen über Hannovers Anschluss an den Zollverein bald wieder zu einer Annäherung beider Staaten. Der Zollvertrag, der für Preußen ein erster großer diplomatischer Erfolg nach der »Erniedrigung von Olmütz« war und der Hannover erhebliche finanzielle Vorteile verschaffte, wurde am 7. September 1851 unterzeichnet und vier Tage später ratifiziert. Der preußisch-hannoversche Ausgleich hatte noch den Nebenerfolg, dass Preußen jegliche Einwände gegen die Regierungsfähigkeit des blinden Kronprinzen Georg aufgab – eine Drohung, mit der auch Österreich zuweilen Druck auf Hannover auszuüben versuchte.

In Ausführung des Verfassungsändernden Gesetzes vom 5. September 1848 kam es zur Verabschiedung einer Reihe fortschrittlicher Gesetze in Hannover. Das Reformgesetz über die Provinziallandschaften (1. August 1851) schaffte die Vorrechte des Adels in diesen Körperschaften ab und machte aus ihnen Instrumente regionaler Selbstverwaltung. Die Städteordnung vom 1. Mai 1851 erweiterte die kommunale Selbstverwaltung, hielt aber an der Unterscheidung zwischen Bürger und Einwohner fest. In ähnlicher Weise erweiterte das Gesetz über die Verwaltung der Landgemeinden (4. Mai 1852) die politische Partizipation der Landbevölkerung. Nach dem Staatsdienergesetz (8. Mai 1852) durfte es keinen Vorzug der Geburt mehr geben. Tiefgreifend war die Neugestaltung des Justizwesens. Es kam zur Bildung von Schwurgerichten und zur Einführung des mündlich-öffentlichen Gerichtsverfahrens (24. Dezember 1849). Das Gesetz über die Gerichtsverfassung (8. November 1850) trennte Rechtspflege und Verwaltung und hob die Patrimonialgerichte auf. Diese Gesetze führten dazu, dass das hannoversche Justizwesen in Deutschland als vorbildlich galt.

König Ernst August starb am 18. November 1851 in Hannover. Er wurde in dem von Laves errichteten Mausoleum im Herrenhäuser Berggarten beigesetzt, das er für die 1841 verstorbene Königin Friederike hatte erbauen lassen. Nach den Turbulenzen seines Regierungsantritts hatten nicht zuletzt sein Realitätssinn und Pragmatismus, die er in der Revolution von 1848 gezeigt hatte, zur Konsolidierung seiner Herrschaft beigetragen. Seine Geradlinigkeit verschaffte ihm gegen Ende seiner Regierungszeit »Achtung in ganz Deutschland, vor allem aber die Verehrung und Zuneigung der meisten seiner Untertanen«[191].

König Georg V.

Reaktionäre Innenpolitik

Nach Ernst Augusts Tod vollzog sich der Thronwechsel reibungslos. Preußen und Österreich waren übereingekommen, dem neuen König bei etwaigen Unruhen Beistand zu leisten. Im Patent vom 18. November 1851 versprach Georg V., unverbrüchlich an der Landesverfassung festzuhalten. Durch die Teilnahme an den Regierungsgeschäften während der Kronprinzenzeit schien der König gut auf sein zukünftiges Amt vorbereitet zu sein. Auch im persönlichen Bereich kam er den an ihn gestellten Erwartungen nach. Am 18. Februar 1843 hatte er Prinzessin Marie von Sachsen-Altenburg geheiratet. Aus der harmonisch geführten Ehe gingen drei Kinder hervor: Kronprinz Ernst August (*21. September 1845), Prinzessin Friederike (1848–1926) und Prinzessin Mary (1849–1904). Georg war seinen Kindern in väterlicher Liebe zugetan; das Privatleben der kronprinzlichen Familie hatte eher einen bürgerlichen Zuschnitt. Georg war tief religiös und umfassend gebildet; er verfügte über ein phänomenales Gedächtnis. Im persönlichen Umgang zeichnete er sich durch Liebenswürdigkeit aus; bekannt war seine Freigebigkeit gegenüber Bittstellern.

Wie in anderen deutschen Staaten setzte auch in Hannover unter Georg V. die Reaktionszeit ein, während der Errungenschaften der Revolution von 1848/49 annulliert wurden. Bereits Zeitgenossen, die den König aus der Nähe beobachten konnten, waren davon überzeugt, dass der Verlust des Augenlichts bei ihm »weit gravierendere Folgen gehabt habe als nur die bedauerliche physische Beeinträchtigung«; die Erblindung habe sich »prägend auf den gesamten Charakter Georgs« ausgewirkt und ihn daran gehindert, »die Realität der Umwelt zu erfassen«; dies habe zur Entwicklung einer »ganz eigenen, wirklichkeitsfremden Vorstellungswelt« beigetragen.[192] Man führte seine ultrakonservativen Vorstellungen und seine reaktionäre Politik auf seinen physischen Defekt mit zurück. Möglicherweise verstärkte die Erblindung ein latentes Misstrauen; im Laufe der Jahre steigerten sich seine Befürchtungen, auf offiziellem Wege nicht ausreichend informiert zu werden. Dies förderte das Intrigenwesen und die Günstlingswirtschaft in der Umgebung des Königs. Inoffizielle Ratgeber, wie der stadthannoversche Generalpolizeidirektor und spätere Hildesheimer Landdrost Karl Georg Ludwig Wermuth und Regierungsrat Oskar Meding, der nach dem Untergang des Königreiches Hannover auf die preußische Seite wechselte, bildeten als »hannoversche Kamarilla« eine Art »Nebenregierung«, was die Position der zuständigen Minister schwächte.

Wesentliche Elemente seiner politischen Vorstellungen ergaben sich aus Georgs unerschütterlichen Glauben an sein Gottesgnadentum und aus einem extremen Sendungsbewusstsein. Er bewunderte und idealisierte die Vergangenheit des welfischen Hauses als eine der ältesten europäischen Dynastien. Ihrer Tradition fühlte er sich verpflichtet und glaubte, sich ihr würdig erweisen zu müssen. Er war davon überzeugt, dass die Vorsehung seiner Familie auch eine große Zukunft zuteilwerden lasse. Die Stärkung der Stellung Hannovers im Rahmen des Deutschen Bundes war ein zentraler Bestandteil seiner Politik. Dabei fehlte es ihm an einer realistischen Beurteilung der Möglichkeiten des Königreiches als deutscher Mittelstaat; insbesondere täuschte er sich über das Machtpotential des benachbarten Preußen. Hinsichtlich seines Amtes erlaubte Georg V. keine Einschränkung der monarchischen Souveränität. Unbeirrt hielt er an einer übersteigerten Idee des »monarchischen Prinzips« fest, wonach der Herrscher als alleiniger Träger der Staatsgewalt galt. Einer Volksvertretung in Form der Ständeversammlung waren keine entscheidenden Befugnisse einzuräumen. Ebenso wuchs im Laufe der Jahre Georgs Abneigung gegen ein eigenverantwortlich handelndes Ministerium. Während seiner Regierungszeit kam es zu mehrfachen Ministerwechseln und zur Bildung von nicht weniger als sechs verschiedenen Kabinetten. In den liberalen, demokratischen und nationalen Tendenzen der Zeit sah er eine Gefährdung der Grundlagen des Welfenstaates.

In seinem Bestreben, dem monarchischen Prinzip in Hannover wieder uneingeschränkte Geltung zu verschaffen, gelang dem König mit Hilfe des Deutschen Bundes die Aufhebung einer Reihe liberaler Errungenschaften des Revolutionsjahres, besonders die Revision des Verfassungsändernden Gesetzes vom 5. September 1848. Der Ansatzpunkt waren Versuche, dem Adel in der Ersten Kammer erneut eine dominierende Position zu verschaffen und die Ritterschaften in den Provinziallandschaften wiederherzustellen. Das von Georg V.

berufene Ministerium, das von dem bisherigen Bundestagsgesandten Eduard Freiherr von Schele (1805–1875) geleitet wurde und dem Ludwig Windthorst (1812–1891) als Justizminister angehörte, war in seiner Mehrheit von der Notwendigkeit einer maßvollen Verfassungsrevision überzeugt, wollte diese aber auf verfassungsmäßigem Wege ohne Intervention des Bundes zustande bringen. Die gemäßigten Minister konnten Georg V. mit dem Hinweis, dass eine Bundesintervention die königlichen Souveränitätsrechte beeinträchtigte, gegen ihre interventionsfreundlichen Kollegen Finanzminister Adolf Graf von der Decken (1807–1886) und Innenminister Wilhelm Graf von Borries (1802–1883) einstweilen auf ihre Seite ziehen. Als ihre Vorlage über die Verfassungsrevision, die den ritterschaftlichen Forderungen hinsichtlich der Zusammensetzung der Ersten Kammer Rechnung trug, am 21. Juni 1853 in der Zweiten Kammer keine Mehrheit fand, war der Rücktritt des Ministeriums Schele besiegelt.

Mit dem folgenden Kabinett unter Ministerpräsident Eduard von Lütcken (1800–1865) begann Ende 1853 die eigentliche Reaktionszeit in Hannover. Das Ministerium war zur Anrufung des Bundes in der Verfassungsfrage entschlossen; eine von Regierungsrat Gustav Zimmermann (1808–1874) ausgearbeitete Denkschrift vom 16. November 1854 forderte das Eingreifen des Bundestages. Dieser erklärte am 12. April 1855 Art. 33 des Verfassungsändernden Gesetzes vom 5. September 1848 und das in seinem Vollzug erlassene Gesetz vom 1. August 1851 für verfassungswidrig und unwirksam; danach musste den Ritterschaften die Vertretung in der Ersten Kammer wieder eingeräumt werden. Nach einer zweiten Entscheidung des Bundestages vom 19. April 1855 stand das hannoversche Verfassungsändernde Gesetz in vieler Hinsicht mit den Grundgesetzen des Bundes in offenem Widerspruch. Der Bundestag forderte die hannoversche Regierung auf, das hannoversche Verfassungsrecht mit dem Bundesrecht wieder in Einklang zu bringen; dies konnte durch einseitige landesherrliche Maßnahme, auf dem Wege der Oktroyierung, geschehen. Da Lütcken der Auffassung war, dass die Regierung zwar berechtigt, aber nicht verpflichtet sei, eine totale Verfassungsrevision vorzunehmen, und für eine Einigung mit den Ständen hinsichtlich des Umfanges der Novellierung eintrat, kam es zum Bruch des radikale Maßnahmen befürwortenden Königs mit dem Ministerium, das am 29. Juli 1855 seinen Rücktritt einreichte.

Das neue Kabinett, für das kein offizieller Ministerpräsident ernannt wurde, weil sich Georg V. die Leitung selbst vorbehalten wollte, gehörte der äußersten Rechten an. Der geschäftsführende Vorsitz lag beim bisherigen hannoverschen Bundestagsgesandten Eduard Graf von Kielmannsegg (1804 – 1879); über entscheidenden Einfluss verfügte aber Borries, der erneut zum Innenminister ernannt worden war und extremere Staatsvorstellungen als der König vertrat. Die Verordnung vom 1. August 1855 hob unter Berufung auf den Bundesbeschluss vom 19. April die als bundeswidrig beanstandeten Vorschriften des Gesetzes vom 5. September 1848 auf. Der vormärzliche Verfassungszustand wurde weitgehend wiederhergestellt. Eine Reihe weiterer Maßnahmen, deren Inhalt wesentlich von Borries bestimmt wurde, sollte das monarchische Regiment festigen und den Ausbau des bürokratisch-absolutistischen Systems vorantreiben. Die rückständigen Verfassungszustände der Jahre 1855 bis 1859, die auch in der Änderung der Städte- und der Landgemeindeordnung, des Staatsdienergesetzes und der Aushöhlung der Trennung von Justiz und Verwaltung ihren Ausdruck fanden, bewirkten, dass gerade in »Hannover der nationale Liberalismus neu erstarkte« und dass »der Nationalverein von hier seinen Ausgang nahm«.[193]

Der Nationalverein hatte sich das Ziel gesetzt, unter Anknüpfung an die kleindeutsch-erbkaiserliche Lösung der Frankfurter Verfassung von 1849 deutsches Nationalbewusstsein zu wecken und zu stärken und auf die deutsche Einigung unter preußischer Führung hinzuwirken. Die hannoverschen Mitglieder des Vereins, zu denen Rudolf von Bennigsen (1824–1902) und Johannes Miquel (1828–1901) als die profiliertesten zählten, erwarteten von der Einigung Deutschlands unter der Führung eines liberalen Preußen eine Rückwirkung auf ihren Heimatstaat, insbesondere die Behebung der verfassungsrechtlichen Missstände und die Erweiterung des persönlichen Freiheitsraumes. Damit wurde nicht nur die Verbindung zwischen liberalen Forderungen und nationalen Bestrebungen geschaffen, sondern auch die Sympathien für Preußen gestärkt, was sich 1866 katastrophal auswirken sollte.

Das Ende des Königreiches Hannover

Georg V. und sein Außenminister Adolf Graf von Platen-Hallermund (1814–1889), der dieses Amt seit 1855 innehatte, hatten ursprünglich die hannoversche Außenpolitik auf einen mittleren Kurs zwischen den beiden deutschen Großmächten Österreich und Preußen festzulegen versucht, wenn auch die persönlichen Sympathien des Königs und der Mehrheit seiner Minister beim Habsburger Reich lagen. »Im Gegensatz zu seinem preußenfreundlich gesinnten Vater« war Georgs V. Haltung »von einer bis an Radikalität grenzenden Abneigung gegen alles Preußische gekennzeichnet«.[194] Leitlinien seiner Außenpolitik waren das Festhalten am Deutschen Bund und die Sicherung der Bundesverfassung, die ein Höchstmaß an einzelstaatlicher Souveränität zu garantieren schien und deren Änderung er in jeder Hinsicht ablehnte. Der deutschen Einheitsidee stand Georg V. verständnislos gegenüber. Das Ansinnen, der König von Hannover solle einen Teil seiner Souveränitätsrechte zugunsten einer fremden Vormacht oder einer Volksvertretung aufgeben, »erschien ihm geradezu als Sakrileg«.[195] Auf dem Frankfurter Fürstentag von 1863 unterstützte Georg V. zwar formal den österreichischen Plan zur Bundesreform, tat dies aber lediglich unter der Bedingung, dass auch Preußen ihm zustimmte. Da die preußische Opposition allgemein bekannt war, zielte Georgs Forderung auf die Torpedierung der Bundesreform.

In der preußisch-österreichischen Auseinandersetzung der Jahre 1865/66 verfolgte Hannover lange Zeit einen Kurs des Lavierens, neigte dann aber immer mehr Österreich zu, das nach Bekanntgabe des Bismarckschen Antrags auf Reform des

Deutschen Bundes als Bewahrer der Bundesverfassung auftrat. Georg V. glaubte, Neutralitätsbestrebungen jeglicher Art aufgrund der preußischen Sommation vom 15. Juni 1866 aufgeben zu müssen; diese Sommation forderte in ultimativer Form ein Bündnis mit Preußen, die Reduzierung der hannoverschen Streitkräfte auf den Friedensstand, die Anerkennung des preußischen Oberbefehls über die Truppen der verbündeten Staaten sowie die Unterstützung der preußischen Bundesreformpläne, die die Einberufung eines gesamtdeutschen Parlamentes und die kleindeutsche Lösung beinhalteten. Im Gegenzug sicherte Preußen die Integrität des Königreiches Hannover und seine Souveränität im Rahmen der Reformvorschläge zu. Die Ablehnung des Ultimatums bedeutete die Entscheidung für Österreich; sie zog die preußische Kriegserklärung nach sich und führte letztlich zum Verlust der hannoverschen Eigenstaatlichkeit. Am Vorabend des Deutschen Krieges beging Georg V. den folgenschweren Fehler, kein formelles Bündnis mit Österreich abzuschließen und sich auch nicht mit den süddeutschen Staaten auf eine gemeinsame Strategie zu verständigen, während man in den Kriegszustand mit Preußen hineingeriet.

Unmittelbar nach der Ablehnung der Sommation rückten preußische Truppen von Minden und Harburg her auf Hannover vor, während sich König Georg V. zusammen mit dem Kronprinzen nach Göttingen begab, wo sich die hannoversche Armee sammelte, um von hier aus nach Süden zu marschieren und sich mit den Bundestruppen zu vereinigen. Der mangelhaft ausgerüsteten hannoverschen Armee gelang es, nachdem ein erneutes Bündnisangebot Wilhelms I., das die territoriale Integrität Hannovers gewährleistete, zurückgewiesen worden war, am 27. Juni 1866 bei Langensalza in Thüringen unter hohen Verlusten ein zahlenmäßig unterlegenes preußisches Korps zu schlagen. Sie wurde am folgenden Tag von starken preußischen Verbänden umstellt und war aufgrund von Munitionsmangel und Erschöpfung zu weiteren Kampfhandlungen nicht mehr imstande. Am 29. Juni kapitulierte die hannoversche Armee; bis zum 5. Juli war ihre Auflösung vollzogen. Für das Schicksal des Königreiches Hannover war der preußische Sieg über Österreich in der Schlacht bei Königgrätz am 3. Juli entscheidend.

Obwohl preußische Regierungskreise bereits vor 1866 eine Angliederung ganz Hannovers oder eine Teilannexion nicht für ausgeschlossen hielten, um das preußische Staatsgebiet zu arrondieren, verfügte Bismarck als Leiter der preußischen Politik bei Kriegsbeginn noch über kein festes Annexionsprogramm. Erst nach dem Sieg bei Königgrätz entschied er sich für die Vollannexion Hannovers und anderer norddeutscher Staaten; er hatte die für Preußen günstige politische Gesamtlage, vor allem die Zurückhaltung des Auslandes, erkannt und wollte sie ausnutzen. Für Bismarck bedeuteten die Annexionen nicht nur eine politische, militärische und wirtschaftliche Machtsteigerung Preußens und damit die Sicherung seiner Großmachtstellung. Sie bildeten eine wichtige Vorbedingung, um den Prozess der deutschen Einigung voranzutreiben. Die Einverleibung Hannovers erschien als unerlässlich, weil sich hier ein ausgeprägtes Souveränitätsbewusstsein und eine proösterreichische Haltung geltend gemacht hatten. Auf starken Widerstand stießen die Annexionspläne beim preußischen König Wilhelm I.; die Entthronung von Dynastien und die Auflösung ihrer Staaten widersprachen seinen legitimistischen Auffassungen und seinem Rechtsgefühl. Gemäß traditionellem Satisfaktionsdenken forderte er Gebietsabtretungen von Österreich und seinen Bundesgenossen. In den dramatischen Auseinandersetzungen am 24. und 25. Juli gelang es Bismarck mit Hilfe des preußischen Kronprinzen Friedrich Wilhelm, den König zum Verzicht auf den Erwerb von Gebietsteilen Österreichs und der süddeutschen Staaten zu bewegen und dafür die Zustimmung zu den Vollannexionen in Norddeutschland zu erhalten. Noch einmal traten in der Kronratssitzung vom 15. August die Meinungsverschiedenheiten offen zutage; der König wich vor der Argumentation Bismarcks, der Minister und des Kronprinzen zurück, die sich auf die erwartungsvolle öffentliche Meinung und die Stimmung in der siegreichen Armee beriefen. In der königlichen Botschaft an den preußischen Landtag vom 16. August 1866 gab Wilhelm I. seinen Entschluss bekannt, das Königreich Hannover, das Kurfürstentum Hessen, das Herzogtum Nassau und die Freie Reichsstadt Frankfurt zu annektieren. Am 7. September wurde das Annexionsgesetz mit überwältigender Mehrheit im Abgeordnetenhaus und vier Tage später mit einer Gegenstimme im Herrenhaus angenommen. Am 20. September fertigte Wilhelm I. das Gesetz aus. Auf dieser Grundlage beruhte das königliche Patent vom 3. Oktober, das die Besitznahme und Einverleibung der annektierten Länder verfügte und am 6. Oktober in Hannover verkündet wurde.

Neben der Legalität und Legitimität des preußischen Vorgehens hat die Frage einer möglichen Abwendung der Annexionen schon bei den Zeitgenossen teilweise leidenschaftliche Kontroversen ausgelöst. Man diskutierte die Frage, ob die Haltung Georgs V. nach Kriegsbeginn mit zur Auflösung seines Staates beigetragen habe. Georg lehnte nach den Schlachten von Langensalza und Königgrätz Verhandlungen mit Preußen ebenso ab wie eine Abdankung zugunsten des Kronprinzen, zu der ihm Königin Marie riet. Bei den preußisch-österreichischen Friedensverhandlungen setzte sich Kaiser Franz Joseph erfolgreich für den Fortbestand des Königreiches Sachsen ein, zeigte aber kein Interesse an der Weiterexistenz Hannovers. »Nun rächte es sich, dass man kein förmliches Bündnis mit Österreich eingegangen war.«[196] Georg V. musste sich auf einen an alle europäischen Höfe gesandten Protest gegen die Annexion beschränken (23. September 1866), ohne wirksamen Beistand zu finden.

Georgs V. Verhalten während der Krise des Jahres 1866, die Distanz zu Preußen und die Nähe zu Österreich sowie das Vermeiden einer förmlichen Parteinahme, führte zum Untergang des Königreiches Hannover; es lässt sich aus seiner Überzeugung von der Unantastbarkeit des Bundesrechtes und aus seinen erfolglosen Bemühungen erklären, alles Mögliche zur Sicherung der Eigenständigkeit und territorialen Integrität seines Staates zu unternehmen. In diesem Bestreben befand er sich vermutlich in Übereinstimmung mit der Mehrheit der hannoverschen Bevölkerung. Wesentliche Voraussetzungen für das Ende des Königreiches schuf Georg V. selbst durch seine autokratische Regierungsweise und reaktionäre Innenpolitik, die die hannoversche Bevölkerung spaltete, die Monarchie diskreditierte und seine eigene Herrschaft schwächte.

König Georg V. im Exil

Aufgrund der Kapitulationsbestimmungen vom 29. Juni durfte Georg V. sein Königreich nicht mehr betreten. Als landloser Flüchtling war er auf die Gastfreundschaft verwandter oder befreundeter Fürsten angewiesen. Nach einem kurzen Aufenthalt in dem altenburgischen Jagdschloss »Zur fröhlichen Wiederkunft« bei Hummelshain – was Georg V. als gutes Omen interpretierte – bezog er eine Villa im Wiener Vorort Hietzing, die Herzog Wilhelm von Braunschweig 1854 erworben hatte und nun seinem Verwandten zur Verfügung stellte. Hier richtete der entthronte König eine Art »Exilregierung« ein, in der lange Zeit der ehemalige hannoversche Außenminister von Platen und Regierungsrat Oskar Meding als engste Vertraute fungierten und einen zum Teil verhängnisvollen Einfluss auf ihn ausübten.

Um Herzog Wilhelm nicht ständig zur Last zu fallen, sah sich Georg V. nach einem repräsentativen Gebäude als neue Unterkunft um. Er fand sie im Palais Lothringen im heutigen Wiener Stadtteil Penzing, direkt gegenüber von Schloss Schönbrunn. Der Bau stammte aus der Mitte des 18. Jahrhunderts und war der Stadtwohnsitz des jüngeren Bruders Kaiser Franz I. Stephans, Karl Alexanders von Lothringen (1712–1780), gewesen. Nach dem Kauf von Nachbargrundstücken und des kaiserlichen Jägerhauses ließ Georg V. das Palais zur Stadtresidenz und zum Exilsitz umbauen. Hier befanden sich zeitweise die aus Hannover mitgenommenen Kunstschätze; der »Welfenschatz« wurde 1869 dem Österreichischen Museum für Kunst und Industrie in Wien als Leihgabe übergeben.

Durch eine Reihe von Maßnahmen bemühte sich die preußische Regierung, den Integrationsprozess der neuen Provinz Hannover in den preußischen Gesamtstaat voranzutreiben. Eine günstige Wirkung versprach sich Bismarck von der Regelung der vermögensrechtlichen Verhältnisse des depossedierten hannoverschen Königshauses. In den Verhandlungen zwischen der preußischen Regierung und dem hannoverschen König, dessen Unterhändler Ludwig Windthorst und der ehemalige Finanzminister Karl Erxleben waren, musste aufgrund des hartnäckigen Widerstandes der hannoverschen Seite die von Preußen gewünschte Klausel eines Thronverzichtes aufgegeben werden; dennoch setzte sich Bismarck weiterhin für den Vertragsabschluss ein, weil dieser als eine faktische Anerkennung der Annexion interpretiert werden konnte. Der am 29. September 1867 unmittelbar vor dem Inkrafttreten der preußischen Verfassung in Hannover zustande gekommene Abfindungsvertrag räumte Georg V. das Eigentum am Schloss Herrenhausen und an der Domäne Calenberg sowie eine jährliche Rente ein. Diese Rente bestand aus den Zinsen eines Abfindungskapitals in Höhe von 16 Mio. Taler für die verlorenen Einnahmen aus Domänen, Forsten und oberlehnsherrlichen Rechten sowie als Ersatz für Schlösser, Gärten und Grundeigentum. Als Gegenleistung erstattete Georg V. hannoversche Staatsgelder in Höhe von 19 Mio. Taler zurück, die er 1866 nach England hatte bringen lassen.

Die Erwartung, dass die reichlich bemessene Abfindung Georg von der öffentlichen Geltendmachung seiner Ansprüche auf Hannover abhalten würde, erfüllte sich nicht. Anlässlich seiner Silberhochzeit kündigte er erneut die baldige Wiederherstellung des Welfenstaates an. Die preußische Regierung entschloss sich aufgrund derartiger Erklärungen, den Vollzug des Abfindungsvertrages zu sistieren. Mittels einer königlichen Notverordnung (2. März 1868) wurde das Vermögen des entthronten Königshauses vorläufig sequestriert. Die Erträgnisse des beschlagnahmten Kapitals, die um die Revenuen aus dem sequestrierten Vermögen des hessischen Kurfürsten vermehrt wurden und sich damit auf eine jährliche

Summe von ca. 1 Mio. Taler beliefen, flossen in einen der parlamentarischen Kontrolle entzogenen Dispositionsfonds der Regierung, den Welfenfonds. Die Mittel des Welfenfonds dienten in der Folgezeit nicht nur zur Bekämpfung der welfischen Agitation, sondern wurden u. a. auch zur Beeinflussung der Presse im regierungsfreundlichen Sinn und für Zwecke des *Centralen Nachrichtenbüros*, der damaligen Zentrale der politischen Polizei, verwandt; nach der Reichsgründung stieg der vom Auswärtigen Ressort beanspruchte Anteil erheblich an. Die Beschlagnahme des welfischen Vermögens wurde von den Anhängern des hannoverschen Königshauses, der welfischen Opposition, als Thema für die antipreußische Propaganda aufgegriffen und auch von Kreisen, die dem entthronten König nicht nahestanden, als ein offenkundiges Unrecht empfunden.

Die preußische Regierung rechtfertigte die Sequestration mit den antipreußischen Widerstandsaktionen, zu denen sowohl die welfische Presseagitation in Hannover und Frankreich als auch die Bildung einer militärischen Einheit zählten. Um in dem erhofften Krieg Frankreichs gegen Preußen als Mitkämpfer auftreten zu können, billigte Georg V. Pläne hinsichtlich heimlicher Rekrutierungen hannoverscher Freiwilliger, die sich zur »Welfenlegion« zusammenschlossen und seit Januar 1868 in Frankreich aufhielten. Das Ausbleiben der kriegerischen Auseinandersetzung und die Einstellung der finanziellen Unterstützung durch Georg V. nach der Beschlagnahme seines Privatvermögens führten Anfang 1870 zu ihrer Auflösung. Die Legion stellte wegen ihrer geringen Effektivstärke von 700 bis 800 Mann zu keiner Zeit eine ernsthafte Bedrohung für den preußischen Staat dar; lediglich als Symbol des welfischen Widerstandes gegen die preußische Annexion gingen von ihr nach Bismarcks Ansicht Gefahren aus.

Nach dem Deutsch-Französischen Krieg (1870/71) und der Reichsgründung zog sich Georg V. mehr und mehr auf ein privates Dasein zurück. Er gab die Hoffnung auf eine Wende der Dinge nicht auf und unterhielt weiterhin enge Kontakte zu den Anhängern des Welfenhauses in Hannover. Trotz der

Beschlagnahme des königlichen Privatvermögens und erheblicher finanzieller Verluste durch Fehlspekulationen verfügte er über ausreichende Mittel, um sich einen seiner Stellung angemessenen Lebensstil leisten zu können. Er hielt sich anfangs in Wien und in der Villa Thun in Gmunden (Oberösterreich), in der zweiten Hälfte der 1870er Jahre nach der Erkrankung an Knochentuberkulose wegen des milden Klimas in den südfranzösischen Bädern Barrèges und Biaritz sowie im Winter in Paris auf. Während dieser Zeit entstand das in welfischen Kreisen verbreitete idealisierte Bild seiner Person. Sein persönliches Schicksal und die Haltung, mit der er es trug, verschafften ihm auch die Anerkennung ehemaliger Kritiker seiner Politik.

Georg V. starb nach langer Krankheit am 12. Juni 1878 morgens gegen 6 Uhr in Paris. Mit Erlaubnis Königin Viktorias wurde sein Leichnam am 22. Juni nach England überführt und am folgenden Tag in der *St. George's Chapel* von Schloss Windsor bestattet. Obwohl einer Beisetzung in Herrenhausen nichts im Wege stand, hatte sich Georgs Sohn, Herzog Ernst August von Cumberland, auf Anraten von Anhängern der welfischen Bewegung für eine Bestattung in England entschieden. Georg V. sollte die Aura des Vertriebenen erhalten; jedes Anzeichen sollte vermieden werden, er habe seinen Frieden mit Preußen gemacht und die von diesem Staat geschaffenen politischen Gegebenheiten anerkannt.

Herzog Ernst August von Cumberland

Wie sein Vater Georg V. hielt auch der Kronprinz zeit seines Lebens den Anspruch auf Hannover aufrecht. Ernst August galt als »leutselig, eher weich und nachgiebig, verbindlich, bisweilen auch kauzig, jedenfalls ohne energische Härte und Ehrgeiz, ohne den ersthaften Willen zur Macht«.[197] Mit Schreiben vom 10. Juli 1878 notifizierte er den europäischen Höfen den Tod seines Vaters; er hielt alle Rechte und Titel, insbesondere auf das Königreich Hannover, aufrecht; da der Ausübung dieser Rechte tatsächliche Hindernisse entgegenstanden, beabsichtigte er, für die Dauer dieser Behinderung den Titel eines Herzogs von Cumberland, Herzog zu Braunschweig und Lüneburg mit dem Prädikat »Königliche Hoheit« zu führen. Der Titel »Herzog von Cumberland« war der englischen Krone Mitte des 17. Jahrhunderts zugefallen und wurde seitdem jüngeren Mitgliedern der königlichen Familie verliehen. 1799 hatte Ernst Augusts Großvater, der spätere König Ernst August von Hannover, ihn erhalten. In einem weiteren Schreiben an den Vorsitzenden der Deutschhannoverschen Partei, Bechthold Graf von Bernstorff, distanzierte sich der Herzog eindeutig von der Hoffnung auf ausländische Interventionen zugunsten seiner Rechtsansprüche und wies seinen hannoverschen Anhängern den verfassungsmäßigen Weg zur Erreichung ihres Zieles, der Wiederherstellung des Königreiches Hannover.

Seit 1878 war Ernst August mit der dänischen Prinzessin Thyra (1853–1933) verheiratet. Sie war als Tochter König Christians IX. und seiner Ehefrau Luise von Hessen-Kassel als fünftes von sechs Kindern geboren worden. Ihr ältester Bruder Friedrich (1843–1912) folgte 1906 seinem Vater als König von Dänemark. Prinzessin Alexandra Karoline (1844–1925) heiratete Prinz Eduard von Wales. Wilhelm (1845–1913) bestieg 1863 den griechischen Thron, während Prinzessin Dagmar (1847–1928) den späteren Zaren Alexander III. von Russland heiratete. Ernst August war somit mit wichtigen europäischen Herrscherhäusern verschwägert und verband dies mit der Hoffnung auf Unterstützung seiner Erbansprüche hinsichtlich Hannovers. Seine Vermählung mit Thyra wurde vor allem von der Königin Luise betrieben, die in Ernst August den sorgenden Ehepartner ihrer Tochter sah. Prinzessin Thyra war eine »Frau mit Vergangenheit«; 1871 war sie vermutlich Mutter einer außerehelichen Tochter geworden, deren Vater ein bürgerlicher Leutnant war, und hatte damit ihre Chancen, in eine regierende Dynastie einzuheiraten, weitgehend verspielt. Aus Furcht vor einer Verschlechterung der dänisch-deutschen Beziehungen sprach sich die dänische Regierung öffentlich gegen Thyras Vermählung mit Ernst August aus, ohne diese verhindern zu können. Ebenso machte Königin Viktoria von Großbritannien Vorbehalte geltend.

Dem Herzogspaar, das anscheinend eine glückliche Ehe führte, wurden sechs Kinder geboren: Marie Luise (1879–1948), Georg Wilhelm (1880–1912), Alexandra (1882–1962), Olga (1884–1958), Christian (1885–1901) und Ernst August (1887–1953). Von den Töchtern blieb Olga unverheiratet; Marie Luise heiratete Prinz Max von Baden (1867–1929) und Alexandra Großherzog Friedrich Franz IV. von Mecklenburg-Schwerin. Die Tatsache, dass die Prinzessinnen nicht in herausragende europäische Herrscherhäuser einheirateten, machte den Bedeutungsverlust der hannoverschen Familie deutlich.

Zum Lebensmittelpunkt der hannoverschen Familie entwickelte sich Gmunden. Die Villa Thun war der Witwensitz Königin Maries, wo sie in eher beengten Verhältnissen mit ihrer jüngeren unverheirateten Tochter Mary lebte. Das Herzogspaar wohnte anfangs in der »Villa Clusemann«. 1882 begann man mit dem Bau des Schlosses Cumberland am Rand des Ortes, das als »der größte und bedeutendste Schlossbau des Historismus in Oberösterreich«[198] galt. Es konnte 1886 bezogen werden und diente als Wohnsitz und zur Repräsentation. Der Herzog richtete einen Hofstaat mit über 170 Funktionsträgern ein; es entwickelte sich ein Hofleben, das dem eines regierenden Hauses ähnlich war.

Die finanzielle Lage der hannoverschen Familie verbesserte sich, als ein Gesetz vom 10. April 1892 die Vermögensbeschlagnahme durch den preußischen Staat aufhob. Damit wurde Ernst August wieder in den Genuss der Zinsen aus seinem Vermögen gesetzt, während die Ausgleichssumme einstweilen als Schuldbuchforderung des Hauses Braunschweig-Lüneburg an den preußischen Staat eingetragen wurde und die Freigabe des gesamten Vermögens einer späteren Abmachung vorbehalten blieb. Der Zustand vor dem Erlass des Beschlagnahmegesetzes war im Wesentlichen wiederhergestellt; einen ausdrücklichen Verzicht auf Hannover hatte die preußische Seite nicht verlangt. Für Ernst August war damit der Lebensstil eines Grandseigneurs gesichert; er konnte sich seiner Familie widmen und den Freuden der Jagd hingeben. Dass die hannoversche Familie nach der Jahrhundertwende anlässlich der Thronbesteigung von Prinz Ernst August in Braunschweig erneut ins politische Rampenlicht trat, war nicht das Ergebnis einer zielgerichteten Politik des Herzogs von Cumberland.

Das Herzogtum Braunschweig

Regierung und Absetzung Herzog Karls II.

Ende 1813 erfolgte die Befreiung des Herzogtums Braunschweig von der französisch-westfälischen Herrschaft. Herzog Friedrich Wilhelm setzte die Provisorische Regierungskommission als oberste Leitung der Verwaltung ein. Am 1. März 1814 trat an ihre Stelle das Fürstliche Geheimratskollegium als Vorläufer des Staatsministeriums. Einige Reformen der westfälischen Zeit wurden übernommen, wie die Aufhebung der Vorrechte des Adels hinsichtlich der Steuerbefreiung und der Patrimonialgerichtsbarkeit. Demgegenüber wurde die Gewerbefreiheit aufgehoben, aber keine Wiederherstellung der Zünfte durchgeführt.

Auf dem Wiener Kongress vertrat der Geheime Rat Wilhelm Justus Schmidt-Phiseldeck (1769–1851) das Herzogtum. Ihm gelang die Wiederherstellung Braunschweigs in den alten Grenzen; er erreichte aber keinen Landzuwachs. Ähnlich wie Hannover richteten sich die braunschweigischen Territorialinteressen auf das Fürstentum Hildesheim, das die beiden getrennt liegenden Hauptbestandteile des Herzogtums verbunden hätte. Die eindeutigen Absichten und das stärkere Durchsetzungsvermögen des benachbarten Welfenstaates, aber auch Preußens machten den Landerwerb illusorisch. Hinzu kamen die Abneigung Herzog Friedrich Wilhelms, der sich zeitweise in Wien aufhielt, gegen jede Art von Seelenschacher und das Fehlen disponibler Gebiete, so dass das Herzogtum Braunschweig ohne Zugewinn blieb.

Herzog Friedrich Wilhelm fiel am 16. Juni 1815 an der Spitze der von ihm befehligten braunschweigischen Truppen in der Schlacht von Quatrebras, zwei Tage vor der Schlacht vor Waterloo. Die Kämpfe von Quatrebras hatten die napoleonische Armee lange genug aufgehalten, um es Wellington zu ermöglichen, wohlvorbereitet die Schlacht von Waterloo anzunehmen. Gemessen an der Kleinheit seines Landes hatte der Herzog von Braunschweig einen beachtlichen Anteil an der Niederwerfung Napoleons.

Friedrich Wilhelm hinterließ zwei unmündige Söhne, Karl und Wilhelm. Als nächster Agnat und auf ausdrücklichen Wunsch des gefallenen Herzogs übernahm der Prinzregent und nachmalige König Georg IV. die Vormundschaft, mit der die Regentschaft für den späteren Herzog Karl II. verbunden war. Georg überließ die Regierung weitgehend dem hannoverschen Minister in London, Graf Münster, der die Aufsicht über den braunschweigischen Geheimen Rat ausübte, wo Schmidt-Phiseldeck die leitende Stellung zufiel.

Die wichtigste politische Maßnahme während der Regentschaft war der Erlass der gemäßigt liberalen »Erneuerten Landschaftsordnung« vom 25. April 1820, die zeitgemäße Fortbildung der alten Landschaftsordnung von 1770. Sie schuf einen gemeinsamen Landtag aus den bis dahin getrennten Landschaften des Herzogtums Braunschweig und des Fürstentums Blankenburg, der sich in zwei gleichberechtigte Kammern (Sektionen) teilte. Der ersten Sektion gehörten die meist adeligen Eigentümer von 78 Rittergütern sowie sechs Prälaten an. Die zweite Sektion wies ebenfalls sechs Inhaber geistlicher Ämter sowie 19 Vertreter der Städte und 21 Deputierte der Schrift- und Freisassen, der freien Bauern, auf, während die bäuerlichen Hintersassen ausgeschlossen blieben.[199] An die Stelle des alten Schatzkollegiums trat das dem Landesherrn und den Ständen verpflichtete und von beiden zu besetzende Landessteuerkollegium, das für die gesamte Finanzverwaltung zuständig war und zwischen den Landtagssessionen tagte.

Gestützt auf das Testament Friedrich Wilhelms verlängerte Georg IV. eigenmächtig die Regentschaft über die Vollendung des 18. Lebensjahres Prinz Karls hinaus, der die Übernahme der Regierung beanspruchte und sich auf die Primogeniturordnung Heinrichs d. J. von 1535 berief. Durch Metternichs Vermittlung wurde die Vormundschaft um ein Jahr bis 1823 verlängert, endete aber faktisch erst 1826, weil sich Karl bis dahin auf Reisen nach Italien, England und Frankreich begeben sollte. Der Prinz (*30. Oktober 1804) galt als gefühlskalt, krankhaft empfindlich, kleinlich und nachtragend, verschwendungssüchtig in eigenen Angelegenheiten, geizig gegenüber der Umwelt und ohne politischen Weitblick. Im Patent, das er am 10. Mai 1827 kurz nach seiner Rückkehr nach Braunschweig erließ, erkannte er die während der Regentschaft gefassten Regierungsbeschlüsse und erlassenen Verordnungen nur bedingt an. Dies bedeutete eine Kränkung Georgs IV., dem die Usurpation von Regierungsrechten vorgeworfen wurde. Karl verfolgte mit dieser Erklärung die Absicht, sich freie Hand gegenüber der Landschaftsordnung von 1820 zu verschaffen, auf die er die verfassungsmäßig vorgeschriebene Eidesleistung ablehnte.

> »Mit der zunächst nur verhüllt erklärten Nichtanerkennung der Verfassung von 1820 begab Herzog Karl sich als erster Landesherr der Epoche des deutschen Frühkonstitutionalismus auf den Weg des Verfassungsbruchs.«[200]

Das Patent von 1827 führte zu einem bis vor den Bundestag in Frankfurt getragenen diplomatischen Konflikt zwischen England-Hannover und Braunschweig. Dieser wurde durch das Vorgehen Karls gegen die braunschweigischen Beamten, die dem Regenten gedient hatten, und insbesondere gegen Schmidt-Phiseldeck verschärft, der nach vielen Querelen im April 1827 Braunschweig verließ und in den hannoverschen Staatsdienst eintrat. Karl II. forderte seine Auslieferung und leitete gegen ihn ein Untersuchungsverfahren ein, weil Schmidt-Phiseldeck möglicherweise während seiner Tätigkeit als Geheimer Rat hannoversche und nicht braunschweigische Interessen vertreten hatte. Der Bundestag, den Hannover angerufen hatte, entschied am 20. August 1829 gegen den

Herzog. Er forderte ihn auf, das Patent von 1827 zu widerrufen und Regierungsmaßnahmen der Regentschaft anzuerkennen sowie ein Entschuldigungsschreiben an Georg IV. zu senden. Die braunschweigischen Beschwerden hinsichtlich der Nichtauslieferung Schmidt-Phiseldecks, der Verlängerung der Regentschaft und der Einführung der Landschaftsordnung von 1820 wurden zurückgewiesen. Erst nachdem auf Antrag Hannovers hin der Bund mit der Bundesexekution gegen Braunschweig gedroht hatte, erkannte Karl II. den Bundesbeschluss an und hob das Patent auf. Georg IV. verzichtete auf das Entschuldigungsschreiben.

Parallel zu den Streitigkeiten zwischen England-Hannover und Braunschweig wurde vor dem Bundestag der Konflikt zwischen dem Herzog und den Landständen über die Gültigkeit der Landschaftsordnung von 1820 ausgetragen. Durch kleinliche Sparmaßnahmen, Bespitzelungen und Bevorzugung zwielichtiger Personen vor dem einheimischen Adel hatte Karl II. das Verhältnis zu den tonangebenden Schichten des Herzogtums erheblich belastet. Die Stände wandten sich am 23. März 1829 mit der Bitte an den Bund, die Rechtsgültigkeit der Landschaftsordnung anzuerkennen und sie unter seine Garantie zu stellen. Karl II. erklärte, dass er lediglich die Landschaftsordnung von 1770 für gültig halte. Obwohl die Reklamationskommission des Bundestages den Standpunkt der Stände übernahm, zögerte der Bund auf Initiative Österreichs, das einen Sieg der Landstände über den Landesherrn verhindern wollte, die definitive Entscheidung hinaus. Der Ausbruch der Julirevolution in Frankreich stärkte die österreichische Position. Das Zögern des Bundes trug aber zur revolutionären Situation in Braunschweig bei, die durch die Erbitterung der oberen Schichten über die fürstliche Willkür und der unteren Schichten über soziale und wirtschaftliche Notlagen geschürt wurde.

Karl II. hatte in Paris die Julirevolution und auf seiner fluchtartigen Rückreise in Brüssel den Ausbruch der belgischen Revolution miterlebt. Bei seiner Ankunft in Braunschweig lehnte er die Einberufung der Landstände ab und ließ vor der St. Aegidienkirche Artillerie auffahren, die den Platz vor dem Schloss beschützen konnte. Am 6. September 1830 kam es zu ersten Tumulten. Die Kutsche des Herzogs wurde mit Steinen beworfen. Am folgenden Abend versammelte sich eine Menge vor dem Schloss am Bohlweg, erstürmte das Gebäude, wobei die anwesenden Truppen kaum Widerstand leisteten, plünderte es und steckte es in Brand. Dem Herzog gelang die Flucht; er begab sich in den Schutz des englischen Königs. Die Mehrheit der Aufständischen bestand aus Kleinbürgern, Handwerkern und Arbeitern, die allerdings beim Adel sowie bei den Beamten und der Bürgerschaft, den eigentlichen Nutznießern der revolutionären Ereignisse, auf Sympathie stießen. Der Braunschweiger Aufstand war die erste revolutionäre Erhebung in einem deutschen Land, die zur Absetzung des Landesherrn führte.

Während das Staatsministerium sich weitgehend passiv verhielt, verhinderten das energische Auftreten des Braunschweiger Magistratsdirektors Wilhelm Julius Bode (1779–1854), der für kurze Zeit die einzige Autorität im Land war, und das entschlossene Handeln des Großen Ausschusses des Landtages eine Ausweitung der Revolution. Bode trat für eine Übernahme der Regierung durch Karls Bruder, Prinz Wilhelm, ein, um das Entstehen eines Machtvakuums im Herzogtum und ein Eingreifen des Bundes zu verhindern. Das gleiche Ziel verfolgte der Große Ausschuss, der sich am 9. September in Permanenz erklärte und sich damit als interimistisches Regierungsorgan konstituierte. Er sandte einen Bevollmächtigten nach Berlin und Hannover und bat Wilhelm um die Übernahme der Regierungsgeschäfte. Trotz der formalrechtlich zweifelhaften Legalität dieses Vorgehens kam Wilhelm dem Ruf der braunschweigischen Stände nach und traf am 10. September, aus Berlin kommend, wo er als Major in preußischen Diensten stand, in Braunschweig ein. Er übernahm die Regierungsgewalt, nachdem er sich der preußischen Unterstützung versichert hatte. Die auf Vorschlag Bodes in das Staatsministerium aufgenommenen gemäßigten Liberalen Wilhelm Freiherr von Schleinitz (1794–1856) und

Friedrich Schulz (1795–1864) verschafften der Regierung eine neue politische Ausrichtung, obwohl die alten Minister weiterhin im Amt blieben.

Obwohl sich in Braunschweig ein Umsturz vollzogen hatte, sah der Bundestag einstweilen von einer Intervention ab, setzte aber am 15. Oktober 1830 eine Untersuchungskommission ein. Die Frage der Legalität der Herrschaft Herzog Wilhelms blieb in der Schwebe. Eine provisorische Legalisierung erfuhr die Situation, als Herzog Karl II. auf Betreiben des englischen Königs Wilhelm IV. am 20. September seinem Bruder eine widerrufliche Regierungsvollmacht erteilte und ihn als Generalgouverneur mit der vorläufigen Ausübung der Regierungsgewalt beauftragte. Gleichzeitig erging seitens des Landtages an Herzog Wilhelm die Aufforderung, die volle Regierungsgewalt zu ergreifen. Im Patent vom 28. September 1830 erklärte Wilhelm, bis auf weiteres die Regierung zu übernehmen. Dabei stützte er sich auf das Thronfolgerecht und erwähnte die ihm von Karl erteilte Vollmacht, um weitere Unruhen in Braunschweig zu verhindern. Wilhelm erhielt die Rückendeckung Hannovers und Preußens; rechtlich war sein Bezug auf das Thronfolgerecht problematisch, denn Karl II. hatte formal nicht abgedankt. Lediglich bot er seinem Bruder das Amt des Generalgouverneurs auf Lebenszeit an und behielt sich damit das Erbrecht für seine Nachkommen vor.

Die Braunschweiger Thronfolgefrage wurde weniger auf rechtlichem als auf faktischem Weg gelöst. Karl II. beging einen schweren politischen Fehler, als er Mitte November die Vollmacht für Wilhelm widerrief und gegen Ende des Monats mit unzulänglichen militärischen Kräften im Vertrauen auf die Unterstützung Österreichs bei Ellrich im Harz in sein Land zurückzukehren versuchte, was am Widerstand des Militärs scheiterte. Karl II. setzte sich durch diese Aktion bei den deutschen Regierungen vollends ins Unrecht.

Am 4. November 1830 fällte der Bundestag eine Entscheidung im anhängigen Verfassungsstreit. Gegen die Stimmen Österreichs, Kurhessens und der 16. Kurie erklärte er die Landschaftsordnung von 1820 als in anerkannter Wirksamkeit bestehend, die nur auf verfassungsmäßigem Wege zu ändern sei. Damit war in der Hauptsache keine Lösung gefunden, welchem der beiden Herzöge die Regierungsgewalt in Braunschweig rechtmäßig zustehe. Eine Vorentscheidung fiel am 2. Dezember, nach der Herzog Wilhelm die Regierung bis auf weiteres ausüben sollte; das definitive Urteil sollten die Agnaten fällen und ihren Spruch dem Bundestag zur Anerkennung vorlegen. Damit lag die Entscheidung bei König Wilhelm IV. und Herzog Wilhelm von Braunschweig, der in eigener Sache zu urteilen hatte, was weitere rechtliche Probleme heraufbeschwören konnte. Nach dem Votum der Agnaten vom 10. März 1831 war Karl II. regierungsunfähig; die Regierung im Herzogtum galt als erledigt und ging an Herzog Wilhelm als nächsten männlichen Verwandten über. Man kann davon ausgehen, dass dieser Beschluss von der braunschweigischen Bevölkerung mit Befriedigung aufgenommen wurde.

Wilhelm trat am 20. April 1831 die Herrschaft in Braunschweig definitiv an. Die Armee leistete ihm den Fahneneid. Am 25. April folgte der Huldigungseid der Stände und der Beamten. Der Herzog hatte die Anerkennung der Entscheidung der Agnaten durch den Bundestag nicht abgewartet, sondern diesen vor vollendete Tatsachen gestellt. Dies löste den Protest des österreichischen Bundestagsgesandten aus, der Bedenken gegen die bundesrechtliche Sanktion des Thronwechsels in Braunschweig äußerte. Vor allem Metternich wollte nicht anerkennen, dass die Bevölkerung den Thronwechsel gewaltsam herbeigeführt hatte. Wegen des österreichischen Widerstandes blieb die bundesrechtliche Anerkennung des Beschlusses der Agnaten in der Schwebe. Der Bund nahm bei der knappen Entscheidung von neun zu acht Stimmen am 11. Mai 1831 die Herrschaftsübernahme durch Herzog Wilhelm zur Kenntnis, wollte jedoch die Rechte der Nachkommenschaft Karls II. nicht präjudizieren. Eine indirekte Anerkennung der Legalität des Thronwechsels konnte man in der Tatsache sehen, dass der braunschweigische Bundestagsgesandte, den Herzog Wilhelm als souveräner Herrscher und nicht als Regent nach Frankfurt schickte, hier zugelassen wurde. Die Frage des Thronwechsels blieb juristisch ungelöst. Sowohl Karl als auch Wilhelm gingen keine standesgemäße Ehe ein und hatten keine legitimen Nachkommen. Die unklare rechtliche Lage beeinträchtigte vermutlich Wilhelms Heiratschancen. Denn keine ebenbürtige Familie wollte sich durch die Heirat einer Prinzessin mit dem Braunschweiger Herzog in künftige Erbfolgestreitigkeiten verwickeln lassen. Die dilatorische Behandlung des Thronfolgeproblems trug somit zum Aussterben der braunschweigischen Linie des Welfenhauses bei.

Nach seiner Flucht aus Braunschweig führte Karl ein abenteuerliches Leben. Er hielt sich vorzugsweise in Paris und London, für kurze Zeit auch in Spanien auf. Seinen Thronanspruch gab er nicht auf, erhielt jedoch von den europäischen Regierungen keine Unterstützung, auch nicht von Kaiser Napoleon III., dem Karl vor dessen Staatsstreich finanziell geholfen hatte. Durch erfolgreiche Börsengeschäfte konnte er sein Vermögen vermehren, das er zu einem guten Teil in Diamanten anlegte. Vor dem Hintergrund des Deutsch-Französischen Krieges zog Karl 1870 nach Genf, wo er am 18. August 1873 starb. Er vermachte sein großes Vermögen der Stadt unter der Bedingung, dass sie ihm ein pompöses Grabmal errichtete.

Herzog Wilhelm

Das Herzogtum Braunschweig nahm unter Herzog Wilhelm eine ruhige Entwicklung. Es galt in der ersten Hälfte des 19. Jahrhunderts als einer der am besten verwalteten und regierten deutschen Staaten. Die bedeutendste Gesetzesmaßnahme der vormärzlichen Zeit war die Landschaftsordnung vom 12. Oktober 1832, die aufgrund einer Übereinkunft von Landesherrn und Ständen zustande kam und den Grundzügen des deutschen Frühkonstitutionalismus entsprach. Die Landschaft bestand aus einer Kammer, deren Zusammensetzung auf einem Zensuswahlrecht beruhte, das ca. 40 % der männlichen Bevölkerung erfasste. Die Kompetenzen der Kammer, deren

Mitglieder Immunität und ein freies Mandat besaßen, umschlossen die Gesetzgebung und das Finanzwesen. Fortschrittlich waren die Gesetzesinitiative des Landtages und sein Recht auf Ministeranklage. In einem Finanzgesetz verzichtete der Herzog gegen eine Zivilliste in Höhe von 237 000 Taler auf die Einnahmen aus den herzoglichen Domänen und Forsten. Aus der regen gesetzgeberischen Tätigkeit unter Herzog Wilhelm ragten die Gemeindeordnung (1832), die sich um eine Hebung des Landarbeiterstandes bemühte, die Ablösungs- und Gemeinheitsteilungsordnung (1834) sowie die Städte- (1834) und die Landgemeindeordnung (1850) mit der Zuweisung eines hohen Maßes an Selbstverwaltung heraus.

1841 schied Braunschweig aus dem von Hannover dominierten Steuerverein aus und schloss sich dem Zollverein an. 1838 erfolgte der Bau der ersten Eisenbahn von Braunschweig nach Wolfenbüttel; wie in Hannover war die Eisenbahn in staatlichem Besitz. Konflikte zwischen der Regierung und der Ständeversammlung deuteten sich 1845 an, als der von den Liberalen dominierte Landtag den Militäretat verringern wollte, wozu die Regierung ihre Zustimmung verweigerte. Der Konflikt wurde drei Jahre später zugunsten der Landesvertretung gelöst. Im Allgemeinen schienen die politischen Probleme der Vormärzzeit im Herzogtum Braunschweig weniger gravierend gewesen zu sein als in anderen Teilen Deutschlands.

Die größte Baumaßnahme dieser Zeit war der Bau des Braunschweiger Schlosses. Auf Landeskosten entstand anstelle des zerstörten barocken Residenzschlosses seit März 1833 bis in die 1840er Jahre ein neues Gebäude nach den Plänen des braunschweigischen Hofbaumeisters Carl Theodor Ottmer (1800–1843), einem Schüler Krahes. Der dreiflügelige, auf u-förmigem Grundriss errichtete Bau orientierte sich an dem Grund- und Aufrissschema der Schlösser des französischen und preußischen Hochbarocks, wobei die Fassadenformen im klassizistischen Sinn vereinfacht und in ihrer Wirkung noch gesteigert wurden. Im Unterschied zum Vorgängerbau waren die seitlichen Trakte der Stadtseite abgewandt. Dies betonte die

Hauptfront, die durch kubische, mit wuchtigen Säulen besetzte Risalite an den Seiten und in der Mitte gegliedert wurde. Zum Bohlweg hin sollten offene Kolonaden nach dem Vorbild des römischen Petersplatzes die Rahmenfunktion eines Ehrenhofes übernehmen. Jedoch blieb dieser Plan unausgeführt, so dass der Anlage die städtebauliche Anbindung fehlte. Als weiteres größeres Objekt ließ Wilhelm nach den Plänen Ottmers im Richmondpark 1833 bis 1838 zusätzliche Schlossbauten in englischer Neugotik errichten, *Williams Castle* und die Herzogliche Villa.

Die 1848er Revolution nahm in Braunschweig einen ruhigen Verlauf. Nach einigem Zögern kam Herzog Wilhelm den Märzforderungen nach, die u. a. vom Braunschweigischen Bürgerverein vorgetragen wurden und Pressefreiheit, Volksbewaffnung, Öffentlichkeit und Mündlichkeit der Rechtspflege, Schwurgerichte sowie eine Nationalvertretung beim Bundestag und die deutsche Zolleinigung zum Inhalt hatten. Die letzte Forderung hatte für das Herzogtum wegen seiner Zerstückelung und seiner Lage an der Grenze zwischen dem Steuer- und dem Zollverein besonderes Gewicht. Die Forderung nach Veränderung der Verfassung und der Wahlrechtsordnung wurde nicht gestellt, was für die allgemeine Akzeptanz der Landschaftsordnung von 1832 sprach. Auch kam es in Braunschweig zu keiner Neubildung, sondern lediglich zu einer Umbildung des Ministeriums. Schleinitz trat an die Spitze des Kabinetts und war einer der wenigen deutschen Minister, die sich 1848 im Amt behaupten konnten. Braunschweig blieb in den Revolutionsjahren von schweren Krisen und Konflikten frei.

Trotz Abneigung und Misstrauen gegenüber der benachbarten Großmacht setzte Wilhelm die preußenfreundliche Politik fort. Braunschweig trat dem Dreikönigsbündnis und der Erfurter Union bei und wurde erst nach Olmütz wieder Mitglied des reaktivierten Deutschen Bundes. Die realpolitische Einstellung des Herzogs sicherte dem Herzogtum über die Auseinandersetzungen des Jahres 1866 hinaus seine Eigenständigkeit. Braunschweig unterstützte den österreichischen

Antrag auf Bundesexekution gegen Preußen nicht und trat in letzter Minute der preußischen Allianz bei. Dabei wurden die braunschweigischen Truppen längere Zeit vom Einsatz zurückgehalten, damit sie nicht in Kampfhandlungen mit der hannoverschen Armee verwickelt wurden. Für das Fortbestehen des Herzogtums war Bismarcks Absicht ausschlaggebend, durch die Aufrechterhaltung einer Reihe von Kleinstaaten dem Norddeutschen Bund ein föderatives Aussehen zu geben. Alles in allem stand Herzog Wilhelm der Nationalstaatsgründung wegen des Bedeutungsverlustes der Einzelstaaten distanziert gegenüber. Als einziger Fürst des Norddeutschen Bundes weigerte er sich, mit Preußen eine formale Militärkonvention abzuschließen, um die Reste seiner Militärhoheit zu bewahren. Damit bewies er eine »beachtliche Nervenstärke und Furchtlosigkeit gegenüber dem übermächtigen Nachbarstaat«.[201] Obwohl Braunschweig 1866 seine Eigenständigkeit retten konnte, schwebte die Gefahr einer preußischen Annexion wie ein Damoklesschwert weiterhin über dem Herzogtum. Dies lag an seiner geographischen Lage, umgeben von preußischen Territorien, die eine Arrondierung Preußens verhinderte. Außerdem brachte die ungewisse Thronfolge wegen der Kinderlosigkeit des Herzogs Gefahren mit sich.

Die braunschweigische Thronfolgefrage

Erbberechtigt war nach dem Thronfolgerecht beim Aussterben der älteren (braunschweigischen) die jüngere (hannoversche) Linie der Dynastie, mithin Georg V. und seine Nachkommen. Der Anfall des Herzogtums an die königliche Linie war durch eine Reihe von Gesetzen sanktioniert worden; dazu gehörten die Landschaftsordnung von 1832, das Hausgesetz für das Königreich Hannover vom November 1836 und der braunschweigisch-hannoversche Hausvertrag vom 4. Februar 1863. Das Festhalten Georgs V. und seines Nachfolgers, Herzog Ernst Augusts von Cumberland, am Widerspruch gegen die preußische Annexion Hannovers und damit wenigstens indirekt gegen die Gründung des Norddeutschen Bundes (1867) und des Deutschen Reiches (1871) begründete nach preußischer Auffassung ihre Unfähigkeit zur Thronfolge in Braunschweig. Die preußische Regierung versuchte nach 1866, die Thronbesteigung eines Vertreters der königlichen Linie in Braunschweig von einem offiziellen Verzicht auf Hannover abhängig zu machen. Mit Hilfe eines Regentschaftsgesetzes bemühte man sich in Braunschweig, nach dem Tod des kinderlosen Herzogs Wilhelm die Gefahr einer Mediatisierung durch Preußen abzuwenden. 1873 unternahm die Landesversammlung einen ersten Versuch. Solange dem Regierungsantritt des erbberechtigten Thronfolgers Hindernisse entgegenstanden, sollte die Regentschaft bei dem mit dem welfischen Haus verbundenen Großherzog von Oldenburg liegen. Das Gesetz scheiterte am Widerspruch des Kaisers, der keine reichsgesetzliche Garantie für dieses Verfahren und die Eigenständigkeit Braunschweigs geben wollte.

Neue Aktualität gewann die Regentschaftsfrage nach dem Tod Georgs V. 1878. Die Landesversammlung wollte klare Verhältnisse schaffen; gleichzeitig mussten der Kaiser und Bismarck überzeugt werden, dass man mit einem Regentschaftsgesetz nicht die Rechtsansprüche des hannoverschen Thronprätendenten absichern wollte, obwohl die Mehrheit der Bevölkerung des Herzogtums mit der Nachfolge Ernst Augusts sympathisierte. Auch Herzog Wilhelm befürwortete eine derartige Regelung und versuchte, wenn auch erfolglos, den Kaiser in diesem Sinn zu beeinflussen. Nach dem braunschweigischen Regentschaftsgesetz vom 16. Februar 1879 gingen die landesherrlichen Rechte beim Eintritt des Erbfalls im Fall einer Behinderung des Thronfolgers vorläufig auf einen fünfköpfigen Regentschaftsrat über; dieser bestand aus den drei Ministern, dem Oberlandesgerichtspräsidenten und dem Landtagspräsidenten. Sollte die Regierungsnachfolge innerhalb eines Jahres nach Erledigung des Thrones nicht geregelt sein, war die Landesversammlung befugt, einen Regenten aus der Mitte der volljährigen Prinzen der deutschen Fürstenhäuser zu wählen.

Herzog Ernst August von Cumberland hatte in seinem Notifikationsschreiben vom 10. Juli 1878 nach dem Tod Georgs V. den Anspruch auf Hannover, aber auch auf die Thronfolge in Braunschweig nach dem Tod Herzog Wilhelms aufrechterhalten. Die Tatsache, dass dieses Schreiben zwar an den »König von Preußen«, nicht aber an den »Deutschen Kaiser« gerichtet war und die hannoverschen Ansprüche weiterhin geltend machte, interpretierte die preußische Regierung als Nichtanerkennung der Reichsverfassung und als fehlende Bereitschaft zur Aussöhnung mit Preußen. Damit erhielt Bismarck die Möglichkeit, gegen die Erbfolge Ernst Augusts in Braunschweig vorzugehen. Bismarck wollte die Sukzession verhindern, um die Gefahr auszuschließen, dass die »reichsfeindliche« welfische Bewegung Rückhalt an einem Reichsfürsten erhielt. Die Thronfolge in Braunschweig machte er deshalb nicht nur von Ernst Augusts eindeutigem Verzicht auf Hannover, sondern auch von einer öffentlichen Distanzierung von der welfischen Bewegung abhängig. Für den Herzog von Cumberland waren derartige Bedingungen nicht annehmbar. Unter Ludwig Windthorsts Einfluss fand er sich jedoch Anfang 1879 zu einer grundsätzlichen Anerkennung der Reichsverfassung bereit.

Am 18. Oktober 1884 starb Herzog Wilhelm. Seine über 50-jährige Regierungszeit wurde von der Bevölkerung im Allgemeinen positiv bewertet, nicht zuletzt aufgrund der Tatsache, dass sich die Reaktionszeit in Braunschweig nur in begrenztem Maße geltend gemacht hatte. Dennoch galt der Herzog aufgrund seiner Distanz zu den Untertanen nicht als populär. Die längste Zeit des Jahres verbrachte er außerhalb des Landes, meist in Blankenburg, in Hietzing bei Wien oder auf Schloss Sibyllenort in seinem niederschlesischen Herzogtum Oels. Keine Berücksichtigung fanden in seinem Testament Stadt und Land Braunschweig, was sein Andenken in der Bevölkerung trübte.

Am Todestag Herzog Wilhelms gab Ernst August von Cumberland in einer Proklamation seinen Regierungsantritt in Braunschweig bekannt, ohne Wirkung zu erzielen. Kaiser

Wilhelm und Bismarck hielten an ihrem Standpunkt fest, dass er zur Erbfolge nicht befähigt sei, solange er nicht in aller Form auf Hannover verzichtet und die Reichsverfassung anerkannt habe. Der Regentschaftsrat, der die Regierungsgeschäfte übernommen hatte, überließ in der Thronfolgefrage Preußen die Entscheidung. Hier wurden Überlegungen angestellt, Braunschweig zu einer Sekundogenitur des Hohenzollernhauses zu machen. So liebäugelte Kronprinz Friedrich mit der Vorstellung, die Regentschaft für seinen Sohn Heinrich (1862–1929) zu erwerben. Bismarck bemühte sich dagegen um eine authentische Regelung der Erbfolgefrage durch den Bundesrat. Dieser entschied am 2. Juli 1885 unter preußischem Einfluss mehrheitlich, den Herzog von Cumberland vom Regierungsantritt in Braunschweig auszuschließen, weil er sich »in einem dem reichsverfassungsmäßig gewährleisteten Frieden unter Bundesgliedern widerstreitenden Verhältnisse zu dem Bundesstaate« Preußen befinde und seine Regierung in Braunschweig wegen der »von ihm geltend gemachten Ansprüche auf Gebietsteile dieses Bundesstaats, mit den Grundprinzipien der Bündnisverträge und der Reichsverfassung nicht vereinbar sei«.[202] Neben der rechtlichen Fragwürdigkeit des Beschlusses sah man vor allem in den Mittelstaaten im preußischen Vorgehen einen Präzedenzfall, der auch ihren eigenen Bestand gefährdete.

Entsprechend dem braunschweigischen Regentschaftsgesetz wählte die Landesversammlung am 21. Oktober 1885 Prinz Albrecht von Preußen (1837–1906) zum Regenten, der dieses Amt bis zu seinem Tod am 13. September 1906 innehatte. Albrecht, ein Neffe Kaiser Wilhelms I., war von 1873 bis zu seiner Berufung nach Braunschweig General des X. Armeekorps in Hannover gewesen. Er nahm seine Regentenpflichten ohne große innere Teilnahme wahr, beschränkte seinen Aufenthalt in Braunschweig auf ein Mindestmaß und erfreute sich bei der Bevölkerung nur geringer Popularität. Die Regierung führte er in preußenfreundlicher Weise und fand dabei die Unterstützung Minister Albert von Ottos (1836–1922), der die Thronfolgefrage im antiwelfischen Sinne behandelte. Eine seiner ersten Regierungsmaßnahmen war der Abschluss der von Herzog Wilhelm verweigerten Militärkonvention mit Preußen, die den braunschweigischen Verzicht auf ein selbstständiges Truppenkontingent beinhaltete. Ansonsten entfaltete Prinz Albrecht keine großen Regierungsaktivitäten.

Durch den Tod des Prinzen Albrecht wurde die braunschweigische Sukzessionsfrage wieder aktuell. Der Landtag drang auf eine endgültige Lösung und schloss die welfische Thronfolge prinzipiell nicht aus. Im Regentschaftsrat neigten die Geheimen Räte August Trieps und Adolf Hartwieg (1849–1914) der welfischen Seite zu. Dies war die Voraussetzung für ein Schreiben Ernst Augusts vom 2. Oktober 1906 an den Kaiser, in dem er seinen Verzicht und den seines ältesten Sohnes Georg Wilhelm auf die Thronfolge in Braunschweig zugunsten seines jüngeren Sohnes Ernst August mitteilte; dabei setzte man im Fall der Regierungsübernahme durch Prinz Ernst August dessen Verzicht auf Hannover voraus. Ernst Augusts Pläne liefen auf die Gründung einer jüngeren Linie des Welfenhauses hinaus, die in Braunschweig regieren sollte. Der Vorschlag des Herzogs wurde von der Reichsleitung nicht akzeptiert. Auf ihr Betreiben stellte der Bundesrat in einem einstimmigen Beschluss vom 28. Februar 1907 fest, dass die Thronfolge eines Mitglieds des welfischen Hauses in Braunschweig von dem vollständigen Verzicht aller Mitglieder dieses Hauses auf Hannover abhängig sei; da ein derartiger Verzicht nicht vorliege, sei »eine entscheidende Änderung der in dem Beschlusse des Bundesrats vom 2. Juli 1885 [...] zu Grunde liegenden Sach- und Rechtslage nicht eingetreten«.[203] Die Landesversammlung wählte daraufhin am 28. Mai 1907 Herzog Johann Albrecht von Mecklenburg-Schwerin (1857–1920) zum Regenten und nahm damit wegen der wachsenden antipreußischen Stimmung in Braunschweig von der Wahl eines preußischen Prinzen Abstand. Im Unterschied zu seinem Vorgänger hielt sich Johann Albrecht die meiste Zeit in Braunschweig auf und gewann Sympathien in der Bevölkerung; seine Regierung nahm »fast landesväterliche Züge«[204] an. Er verstand seine Stellung als Statthalter für die erbberechtigte welfische Dynastie. Gegen Staatsminister von Otto setzte er 1909 die immer wieder abgelehnte Fürbitte für das Welfenhaus im allgemeinen Kirchengebet durch.

Herzog Ernst August

Mit Hilfe der Heiratspolitik versuchte der Gmundener Hof die braunschweigische Frage im prowelfischen Sinn zu beeinflussen. 1900 heiratete Prinzessin Marie Luise Prinz Max von Baden. 1904 erfolgte die Vermählung des Großherzogs Friedrich Franz IV. von Mecklenburg-Schwerin mit Prinzessin Alexandra. Max von Baden unternahm mehrere Versuche mit dem Ziel eines Ausgleiches zwischen den Hohenzollern und den Welfen; er besaß einen nicht unerheblichen Einfluss auf den Kaiser, der hinsichtlich der Braunschweiger Frage zusehends verunsichert wurde. Der Eintritt des Prinzen Ernst August in die Königlich Bayerische Armee und die Leistung des Fahneneides signalisierten seine Bereitschaft, als deutscher Offizier die Reichsverfassung zu respektieren. In Berlin folgte auf Reichskanzler Bernhard von Bülow, dem Vertreter eines harten Kurses in der braunschweigischen Frage, 1909 der konziliantere Theobald von Bethmann Hollweg. Durch den Tod des Prinzen Georg Wilhelm erfuhr die Braunschweiger Angelegenheit eine Wende. Der Erbprinz war am 20. Mai 1912 auf dem Weg von Berlin nach Kopenhagen bei Nackel in der Mark Brandenburg bei einem Autounfall ums Leben gekommen. Der Kaiser entsandte unverzüglich zwei seiner Söhne an die Totenbahre, ordnete die Stellung einer Ehrenkompanie sowie einer Geleiteskadron zur Überführung der Leiche an und bekundete in einem Beileidstelegramm an das Herzogspaar seine Anteilnahme. Den persönlichen Dank für diese kaiserliche Beileidsbezeugung stattete Prinz Ernst August in Berlin ab, auf dessen Person sich jetzt alle welfischen Anwartschaften vereinigten, weil auch der zweite Sohn des Herzogs, Prinz Christian, bereits 1901 gestorben war. Während seines Berlinaufenthaltes lernte Prinz Ernst August die Tochter des Kaisers, Victoria Luise, kennen. Unter Vermittlung des Prinzen Max von Baden wurde die Verlobung zwischen Ernst August und Victoria Luise am 10. Februar 1913 in Karlsruhe ermöglicht. Ihr folgte am 24. Mai die Vermählung, an der u. a. der englische König Georg V. und der russische Zar Nikolaus II. mit ihren Gemahlinnen teilnahmen. Die Hochzeit sollte die »letzte glanzvolle ›Friedensgala‹ des europäischen Hochadels in Berlin«[205] sein. Zur Zeremonientafel waren 1100 Personen geladen. Die Zahl der Besucher in Berlin wurde auf über 1 Mio. geschätzt. Der Wert der Hochzeitsgeschenke belief sich auf über 10 Mio. Mark. In diesem Ereignis fand die Aussöhnung des Welfenhauses mit den Hohenzollern deutlichen Ausdruck. Bereits einige Wochen vor seiner Hochzeit war Prinz Ernst August in die preußische Armee eingetreten und hatte den Treueid gegenüber dem Kaiser und dem preußischen König abgelegt.

In einem Schreiben an den Reichskanzler vom 20. April 1913, dessen Wortlaut zwischen Bethmann Hollweg und dem Herzog von Cumberland vereinbart worden war, gab Prinz Ernst August den Verzicht seines Vaters auf den braunschweigischen Thron zu seinen Gunsten bekannt; er beantragte die Aufhebung der Bundesratsbeschlüsse von 1885 und 1907, nachdem sich durch seine Eidesleistung als preußischer Offizier und seine persönliche Verbindung mit dem preußischen Königshaus die Rechtslage geändert habe. Einen offiziellen Verzicht auf die Krone Hannovers enthielt der Brief nicht. Jedoch konnte der Hinweis des Prinzen, dass in seinem Eid das Versprechen liege, nichts zu tun und nichts zu unterstützen, was den Besitzstand Preußens verändere, als ein Verzicht auf Hannover und eine Anerkennung seiner aufgehobenen Staatlichkeit interpretiert werden. Die preußische Regierung gab sich mit dieser Loyalitätserklärung zufrieden. Bethmann Hollweg befürwortete in der Sitzung des preußischen Staatsministeriums vom 16. Oktober 1913 die Thronfolge des Prinzen Ernst August, weil dies und seine Heirat mit der preußischen Prinzessin die welfische Agitation in der Provinz Hannover schwächen würden, und erhielt die Zustimmung seiner Kollegen. Am 11. Oktober beantragte die braunschweigische

Regierung beim Reichskanzler förmlich die Aufhebung der früheren Bundesratsbeschlüsse. Am 27. Oktober nahm der Bundesrat den preußischen Antrag, Prinz Ernst August zum braunschweigischen Thron zuzulassen, einstimmig an. Daraufhin erließ Herzog Ernst August (IV.) unter dem 1. November 1913 sein Besitzergreifungspatent, in dem er noch einmal seine Verpflichtungen als deutscher Fürst bekräftigte. Am 3. November zog er mit seiner Gemahlin in seine Residenzstadt Braunschweig ein. Die Bevölkerung bereitete dem Paar »einen begeisterten und wohl organisiert untertänigen Empfang«[206]. Ernst August war auf sein Amt nicht vorbereitet. Er galt in Regierungsfragen als »völlig unbedarft«[207]. Zu einem großen Teil verdankte er die Thronbesteigung seiner Ehe mit der Kaisertochter Victoria Luise. Preußischerseits wurden in den folgenden Jahren Versuche unternommen, Ernst August auch formell zu einem Verzicht auf Hannover zu bewegen.

Der Ausbruch des Ersten Weltkrieges und sein Verlauf hatten für die herzogliche Familie weit weniger einschneidende Auswirkungen als für die meisten ihrer Untertanen; der Tagesablauf erfuhr keine tiefgreifenden Änderungen. Die Regierungstätigkeit des Herzogs und des Ministeriums wurde durch die Proklamierung des Kriegszustandes am 31. Juli 1914 eingeschränkt, weil die vollziehende Gewalt im Herzogtum Braunschweig auf den Kommandierenden General des X. Armeekorps in Hannover überging. Am 6. August setzte Ernst August Herzogin Victoria Luise als seine Stellvertreterin ein, die während seiner Abwesenheit an der Front die Regierungsgeschäfte zu führen hatte. Allerdings nahm Victoria Luise diese Funktion nur selten wahr, weil sich Ernst August, der formal als Generalmajor in preußischen Diensten stand, nur für kurze Zeit im Krieg befand. Zwar berichteten Zeitungen über seinen »Heldenmut«; Ernst August verbrachte lediglich die ersten Kriegsmonate als Meldeoffizier in der Etappe in Belgien und Frankreich. Im zweiten Kriegsjahr nahm er nur noch sporadisch für ein bis zwei Wochen am Kriegsgeschehen teil. Er besuchte in Begleitung der Herzogin Truppenteile in Belgien. Im Frühjahr 1916 unternahm er einen weiteren Besuch auf dem westlichen Kriegsschauplatz. Ansonsten fanden neben Jagdveranstaltungen weiterhin Privatreisen des Herzogspaares insbesondere nach Berlin, Potsdam, Schwerin und Gmunden statt. Im April 1917 beantragte das Staatsministerium beim Landtag außerordentliche Finanzmittel für die Erneuerung und Ausgestaltung der zum Hofstaat gehörenden Bauten. Dabei handelte es sich u. a. um 1 Mio. Mark für den Marstall und 200 000 Mark für das Blankenburger Schloss. Man glaubte, diese Sanierungsarbeiten dem Herzog auf eigene Kosten nicht zumuten zu können. Wenn auch unter Bedenken stimmte die Landtagsmehrheit Anfang 1918 für diese Ausgaben.[208]

Wie andere deutsche Fürstinnen übernahm auch Victoria Luise eine Reihe karitativer Aktivitäten. Dazu gehörten die Einrichtung eines Lazarettes in Räumen des Residenzschlosses, der Besuch verwundeter Soldaten und die Unterstützung humanitärer Organisationen und Veranstaltungen. Besondere Aufmerksamkeit widmete sie der Kleinkinderfürsorge; die »Victoria-Luise-Stiftung« bemühte sich um die Linderung der Not von Hinterbliebenen und Angehörigen der Kriegsteilnehmer. Aus ihrem persönlichen Vermögen, das sich jährlich auf 68 000 Mark ohne Zinseinkünfte und Vermögensübertragung belief, konnte die Herzogin 1917 für »Gnadengeschenke« etwa 3500 Mark ausgeben, während sie 12 000 Mark für ihre Garderobe aufwandte. 1915 hatte sie noch etwa 5000 Mark für Spenden und 24 500 Mark für ihre Garderobe verwandt.[209]

Die aussichtslose militärische Lage an der Front 1918 und die katastrophale Versorgungssituation veränderten das Leben der herzoglichen Familie nur bedingt. Der zunehmende Arbeitskräftemangel, der die Einstellung von Frauen mit sich brachte, und die sich verschlechternde Ernährungslage, die Rationalisierung und Zwangsbewirtschaftung zur Folge hatte, waren Gründe für die wachsende Missstimmung in der braunschweigischen Bevölkerung, die sich seit 1916 in Protesten und Streiks äußerte. Der Erlass des Kommandierenden Generals, nach dem alle Jugendlichen bis 18 Jahre einen Teil ihres Lohns als Sparguthaben festzulegen hatten, führte im Mai 1916 in

Braunschweig zu der ersten großen Streikbewegung im Reich. Die Drohung mit dem Generalstreik bewirkte die Rücknahme des Erlasses. Die Senkung der Brotration war nach dem »Kohlrübenwinter« 1916/17 der Auslöser für Streiks im Frühjahr 1917, die ihren Höhepunkt im August erreichten. Neben wirtschaftlichen wurden auch politische Forderungen gestellt, wie die Änderung des Landeswahlrechtes, die Aufhebung des Belagerungszustandes, die Befreiung der »politischen« Gefangenen und ein Friede ohne Annexionen und Kontributionen. Die Reaktion der staatlichen Seite waren Verhaftungen, die Einrichtung eines außerordentlichen Kriegsgerichtes und die Einziehung der wehrpflichtigen Streikenden zum Heeresdienst. Dies führte zur Erbitterung der Arbeiterschaft und förderte die Radikalisierung der braunschweigischen Arbeiterbewegung. Bereits seit 1915 hatten sich im Organ der Braunschweiger SPD, dem »Volksfreund«, die Auffassungen der Parteilinken um Hugo Haase und Karl Kautsky immer mehr Geltung verschafft. Die Braunschweiger SPD entwickelte sich zu einer Hochburg der Opposition innerhalb der Partei. 1917 gingen die Partei- und Gewerkschaftsführung sowie die Mehrheit der Mitglieder zur USPD über.

Als Reaktion auf die Unmutsäußerungen in der Bevölkerung, aber auch auf die Radikalisierung der Sozialdemokratie bereitete die Regierung in den letzten Kriegsmonaten ein Gesetz vor, das an die Stelle des Dreiklassenwahlrechtes das allgemeine, gleiche und geheime Wahlrecht setzte; allerdings sollte nur ein Teil der Abgeordneten mittels gleicher Wahl, der andere in berufsständischen Wahlen bestimmt werden. Dies hätte vor allem die Arbeiterschaft zum Nachteil der in der Landwirtschaft tätigen Bevölkerung und des Mittelstandes begünstigt, was Widerspruch im Bürgertum hervorrief. Der alte und der neue Mittelstand sahen sich wirtschaftlich, gesellschaftlich und politisch als Verlierer des Krieges. Das alte Regime war somit im Herbst 1918 bei breiten Bevölkerungsschichten diskreditiert.

Früher als in Berlin und den meisten Bundesstaaten brach in Braunschweig die Revolution aus, die hier unter dem Einfluss der Spartakusgruppe einen radikaleren Verlauf als sonst im Reich nahm. Am 3. November 1918 kam es zu ersten Protestkundgebungen in der Stadt Braunschweig. Diese wiederholten sich am 7. November, nachdem am Tag zuvor ein kleiner Trupp Matrosen von der Küste kommend in Braunschweig eingetroffen war. Die Menge, unter der sich viele Arbeiter der Großbetriebe, Jugendliche und Soldaten befanden, zog zum Gefängnis Rennelberg, befreite Gefangene, besetzte den Bahnhof, übernahm die Schlosswache und schließlich das Polizeipräsidium. Der 8. November wurde zum entscheidenden Tag. Spartakus und USPD riefen den Generalstreik aus; ein Arbeiter- und Soldatenrat wurde gewählt. Tausende Menschen zogen durch die Straßen in Richtung Schlossplatz. Am Nachmittag erschien im Schloss eine Delegation aus Arbeitern und Soldaten unter Führung von August Merges (1870– 1945), der eine führende Rolle in der früheren Streikbewegung gespielt und selbstbewusst auf die Revolution hingearbeitet hatte, und legte Ernst August die Abdankungsurkunde vor. Der Herzog, der von den Unruhen am Tag zuvor überrascht worden war, unterschrieb nach einer 20-minütigen Bedenkzeit und Beratung mit der Herzogin und seinem Ministerium. Er legte die Regierung in die Hände des Arbeiter- und Soldatenrates. Damit erklärte er als Erster der deutschen Fürsten seinen Rücktritt; er soll dies mit dem Ausdruck der Erleichterung getan haben. Ohne Anwendung physischer Gewalt waren seine Abdankung sowie der gesamte Umsturz vor sich gegangen. Das Herzogspaar verließ umgehend die Stadt und flüchtete mit seinen Kindern und dem ehemaligen Reichskanzler Max von Baden nach Karlsruhe. Danach kam die herzogliche Familie bei einer ehemaligen Kammerfrau Victoria Luises in Augsburg unter, bevor sie endgültig ins Exil nach Gmunden ging. Hier lebte sie seit 1919 in der Villa Weinberg, die aus einem Landhaus zum herzoglichen Wohnsitz umgebaut worden war.

Nachdem der Arbeiter- und Soldatenrat am 10. November die »Sozialistische Republik Braunschweig« unter Merges als Präsident ausgerufen hatte, war das ehemalige Herzogtum »das erste deutsche Land mit einer ausgesprochenen Räteregierung«[210]. Die militärische Niederlage, Friedenssehnsucht, Fehlentwicklungen in Staat und Gesellschaft sowie die Unfähigkeit, die vielfältigen kriegsbedingten sozialen und wirtschaftlichen Probleme zu bewältigen, hatten zum Zusammenbruch des alten Systems geführt, dessen Machthaber einen vollständigen Autoritätsverlust erlitten hatten und das, wie es schien, »einfach in sich zusammengebrochen«[211] war. Dennoch überrascht die widerstandslose Kapitulation des Fürsten, der mit seiner Unterschrift den Schlussstrich unter eine mehrhundertjährige Geschichte seiner Dynastie zog. Die Braunschweiger Räterepublik hatte bis zum Frühjahr 1919 Bestand, als sich nach dem Eingreifen der Reichsgewalt und der Verlängerung des Belagerungszustandes in Braunschweig die parlamentarische Regierungsform durchsetzen konnte.

Seit 1921 bemühte sich die herzogliche Familie auf dem Gerichtsweg um eine Bestätigung ihrer Besitzrechte am ehemaligen Kammergut, am Inventar der Schlösser und an den Sammlungen. 1925 billigte der braunschweigische Landtag mit knapper Mehrheit einen Vergleich, der dem Herzog u. a. das Große und Kleine Schloss Blankenburg am Harz zuwies. Ein erfolgreicher Prozess gegen den preußischen Staat vor dem Reichsgericht in Leipzig führte zur Herausgabe des Welfenfonds und zur Aufwertung des durch die Inflation verminderten Kapitals. Bereits zu dieser Zeit begannen die Welfen mit der Veräußerung von Kulturgut, die 1983 mit der Versteigerung des Evangeliars Heinrichs des Löwen einen Höhepunkt erreichte. Die Verwaltung des umfangreichen Grund- und Immobilienbesitzes in Niedersachsen veranlasste Herzog Ernst August 1933 zur Übersiedlung nach Blankenburg. Während des Dritten Reiches stand die herzogliche Familie in keinem engen Verhältnis zum Nationalsozialismus; es sind aber auch keine Kontakte zu Widerstandskreisen bekannt. 1945 floh die Familie unter Mitnahme eines großen Teils ihrer Kunstwerke und ihres Mobiliars vor den sowjetischen Truppen in die britische Zone, wo die Marienburg bei Nordstemmen und die Domäne Calenberg zum Lebensmittelpunkt wurden.

Herzogin Victoria Luise überlebte ihren Ehemann Ernst August, der am 30. Januar 1953 verstarb, um fast 30 Jahre; sie erfreute sich sowohl in Hannover als auch in Braunschweig einer gewissen Popularität. Ihre zahlreichen, z. T. autobiographischen Publikationen halten nicht immer einer kritischen historischen Überprüfung stand. Ihr Sohn und Chef des Hauses, Ernst August (1914–1987), blieb durch seine Mitgliedschaft in zahlreichen Institutionen seiner niedersächsischen Heimat verbunden. Das momentan amtierende Familienoberhaut Ernst August (*1954) lebt außerhalb Deutschlands und ist in zweiter Ehe mit Caroline von Monaco verheiratet.

Anmerkungen

1 Brosius, Niedersachsen (2006), S. 48.
2 Brosius, Niedersachsen (2006), S. 52.
3 Schnath, Geschichte Niedersachsen (1973), S. 20.
4 Ziegler (1995), S. 11.
5 Brosius, Niedersachsen (2006), S. 63.
6 Ziegler (1995), S. 13.
7 Bookmann (1998), S. 21.
8 Ziegler (1995), S. 12.
9 Krumwiede, Kirchengeschichte Niedersachsens I (1995), S. 114.
10 Schnath, Geschichte Niedersachsen (1973), S. 27.
11 Krumwiede, Kirchengeschichte Niedersachsens I (1995), S. 115.
12 Hamann, Hofgesellschaft (1989), S. 39.
13 Für Hoya war das die Untergrafschaft mit den Ämtern Hoya, Nienburg, Liebenau, Alt- und Neubruchhausen; der Rest ging an Wolfenbüttel und Calenberg bzw. Hessen.
14 Streich, Celle als Residenz (2000), S. 60.
15 Rosendahl (1927), S. 203.
16 Bookmann (1998), S. 18.
17 Schnath, Sachsenstamm (1976), S. 55.
18 Boockmann (1998), S. 14.
19 Leenders, Reformation (1979), S. 24.
20 Zitiert nach Brosius, Reformation (1979), S. 9.
21 Streich, Celle als Residenz (2000), S. 62.
22 Möller/Polster, Celle (2003), S. 130.
23 Streich, Celle als Residenz (2000), S. 66.
24 Streich, Celle als Residenz (2000), S. 68.
25 Rosendahl (1927), S. 258.
26 Brosius, Dorothea (1991), S. 34.
27 Ziegler (1995), S. 21 f.
28 Streetz (1998), S. 199.
29 Kalthoff, Geschichte (1982), S. 23.
30 Kunze, Leben (1993), S. 32.
31 Lilienthal (2007), S. 49.
32 Hamann/Ederberg, Calenberger Klöster (1977), S. 37.

33 Allgemeine Hannoversche Klosterfonds (1975), S. 18.
34 Albrink (1992), S. 148.
35 Kunze, Leben (1993), S. 100.
36 Albrink (1992), S. 144.
37 Streetz (1998), S. 211.
38 Albrink (1992), S. 146.
39 Albrink (1992), S. 146.
40 Albrink (1992), S. 146.
41 Streetz (1998), S. 209.
42 Albrink (1992), S. 154.
43 Römer, Wolfenbüttel (1984), S. 165.
44 Kraschewski, Wirtschaft (2001), S. 486.
45 Ziegler (1995), S. 11.
46 Heinemann, Geschichte II (1886), S. 332.
47 v. Boetticher, Niedersachsen im 16. Jahrhundert (1998), S. 83.
48 Heinrich Schmidt, Art. »Heinrich der Jüngere«, in: Neue deutsche Biographie, VIII, 1969, S. 351.
49 v. Boetticher, Niedersachsen im 16. Jahrhundert (1998), S. 83.
50 Brenneke, Klosterfonds I, 1 (1928), S. 199.
51 Ziegler (1995), S. 25, 27.
52 Heinrich Schmidt, Art. »Heinrich der Jüngere«, in: Neue deutsche Biographie, VIII, 1969, S. 352.
53 Ziegler (1995), S. 27.
54 Ziegler (1995), S. 27.
55 v. Boetticher, Niedersachsen im 16. Jahrhundert (1998), S 92.
56 Mager, zitiert nach Brüdermann, Zeitalter (2001), S. 463.
57 Borggrefe, Vredeman (2002), S. 22.
58 Grote, Schloss Wolfenbüttel (2005), S. 20.
59 Braunfels, Kunst I (1979), S. 331.
60 Krüger/Jung (1983), S. 67.
61 Graefe, Herzog Julius (1989), S. 16.
62 Lietzmann (1993), S. 30.
63 Luckhardt, Kunst (1998), S. 27.
64 Vgl. Witte (1990), S. 136 f.
65 Kampmann, 30-jähriger Krieg (2008).
66 Pröve, Landsknecht, (1997), S. 259.
67 Schnath, Geschichte Hannovers I (1938), S. 17.
68 Reimann, Goslarer Frieden (1979), S. 58.
69 Reimann, Goslarer Frieden (1979), S. 173.
70 Kaufhold, Bevölkerungs- und Sozialgeschichte (1998), S. 734.
71 Römer, Zeitalter (2001), S. 546.
72 Raabe, in: Raabe/Schinkel, Sammler (1979), S. 150.
73 Bircher, in: Raabe/Schinkel, Sammler (1979), S. 214.

74 Bircher, in: Raabe/Schinkel, Sammler (1979), S. 213.
75 Gerkens (1974), S. 13.
76 Römer, Anton Ulrich (1983), S. 252.
77 Schnath, Geschichte Hannovers III (1978), S. 396.
78 Fürst/Kelsch (1990), S. 44.
79 Gerkens (1974), S. 13.
80 Grote, Schloss Wolfenbüttel (2005), S. 35.
81 Schnath, Geschichte Hannovers III (1978), S. 365.
82 Gerkens (1974), S. 31.
83 Gerkens (1974), S. 31.
84 v. Osterhausen (1983), S. 121.
85 Fürst/Kelsch (1990), S. 45.
86 Grote, Architektur (2001), S. 675.
87 Jacob, (1983), S. 58.
88 Grote, Schloss Wolfenbüttel (2005), S. 221.
89 Gerkens (1974), S. 96, 100.
90 Fürst/Kelsch (1990), S. 48.
91 König, Landesgeschichte (1979), S. 81.
92 Frühsorge, in: Jarck, Lexikon (2006), S. 170.
93 Römer, Zeitalter (2001), S. 566.
94 Fürst/Kelsch (1990), S. 52.
95 Grote, Schloss Wolfenbüttel (2005), S. 46.
96 Albrecht, Zeitalter (2001), S. 605.
97 Biegel, Carl Wilhelm Ferdinand (1997), S. 434.
98 Albrecht, Zeitalter (2001), S. 580.
99 Albrecht, Zeitalter (2001), S. 596.
100 Albrecht, Zeitalter (2001), S. 598.
101 Biegel, 1794 (1994), S. 36.
102 Drüeke, in: Jarck/Scheel, Lexikon (1996), S. 343.
103 Biegel, 1794 (1994), S. 33.
104 Rohr, Sophie (1980), S. 18.
105 Heilemann (2005), S. 114.
106 Heilemann (2005), S. 115.
107 Heilemann (2005), S. 116.
108 Du Vinage (2000), S. 127.
109 Fischer, Herzog Georg Wilhelm (2005), S. 56 f.
110 Tardito-Amerio (1968), S. 67.
111 Sattler, Celle (1960), S. 196.
112 Cassel I (1930), S. 216.
113 Flick, Celler Hof (2005), S. 74.
114 Sattler, Celle (1960), S. 200.
115 Steinau (2006), S. 116.
116 Bertram, in: Möller/Polster, Celle (2003), S. 69.

117 Köcher, Geschichte I (1884), S. 352.
118 Antoine/v. Boetticher (2007), S. 21.
119 Schnath, Geschichte Hannovers I (1938), S. 23.
120 Schnath, Geschichte Hannovers I (1938), S. 33.
121 Stieglitz, in: Bei der Wieden, Handbuch (2004), S. 288.
122 Stieglitz, in: Bei der Wieden, Handbuch (2004), S. 288.
123 Schnath, Geschichte Hannovers I (1938), S. 41.
124 Schnath, Geschichte Hannovers I (1938), S. 41.
125 Schnath, Geschichte Hannovers I (1938), S. 126.
126 Möller, Sophie von der Pfalz (1991), S. 120.
127 Westermeyer (1991), S. 79.
128 v. d. Heuvel, Beamtenschaft (1984), S. 268.
129 Schnath, Geschichte Hannovers I (1938), S. 301.
130 Schnath, Geschichte Hannovers I (1938), S. 33.
131 Stieglitz, Teuerste Hut (2001), S. 72.
132 Stieglitz, Teuerste Hut (2001), S. 72.
133 Römer, Zeitalter (2001), S. 554.
134 Stieglitz, Teuerste Hut (2001), S. 82.
135 Schnath, Geschichte Hannovers II (1976), S. 382f.
136 Schnath, Geschichte Hannovers II (1976), S. 384.
137 Schnath, Geschichte Hannovers II (1976), S. 389.
138 Schnath, Geschichte Hannovers II (1976), S. 10f.
139 Boeck (2006), S. 72.
140 Reuther, Kunstgeschichte (1983), S. 726.
141 Boeck (2006), S. 77.
142 v. Alvensleben/Reuther, Herrenhausen (1966), S. 131.
143 v. Alvensleben/Reuther, Herrenhausen (1966), S. 130.
144 Schnath, Geschichte Hannovers III (1978), S. 523f.
145 Rovatkay (1990), S. 20.
146 Rovatkay (1990), S. 20.
147 Grandis (1966), S. 119.
148 Rovatkay (1990), S. 21f.
149 Schnath, Geschichte Hannovers II (1976), S. 92.
150 Rovatkay (1990), S. 24.
151 Rovatkay (1990), S. 28.
152 Vorkamp (1957), S. 121.
153 Vorkamp (1957), S. 185.
154 Vorkamp (1957), S. 151.
155 Schnath, Geschichte Hannovers III (1978), S. 20.
156 Barmeyer, Personalunion (2005), S. 72.
157 Kluxen (1968), S. 371.
158 Heilemann (2005), S. 127.
159 Weiß (2008), S. 113.

160 Adolf M. Birke, in: Staatslexikon VI, Freiburg u. a. 1992, S. 202.
161 Wende (1985), S. 202f.; Maurer (2007), S. 287.
162 Haan/Niedhart, Geschichte Englands II (1993), S. 217.
163 Haan/Niedhart, Geschichte Englands II (1993), S. 222.
164 Wende (1985), S. 193.
165 Kluxen (1968), S. 428.
166 Kluxen (1968), S. 428f.; Haan/Niedhart, Geschichte Englands II (1993), S. 208–210.
167 Barmeyer, Personalunion (2005), S. 84.
168 Bertram, Georg II. (2003), S. 82.
169 Weiß (2008), S. 123.
170 Weiß (2008), S. 116.
171 Röhrbein, in: Röhrbein/Rohr, Hannover im Glanz (1977), S. 20.
172 Grieser (1952), S. 166.
173 Römer, Niedersachsen (1998), S. 317.
174 Röhrbein, in: Röhrbein/Rohr, Hannover im Glanz (1977), S. 66.
175 Bertram, Königreich (2003), S. 23.
176 Press, Kurhannover (1986), S. 76.
177 Owzar (2002), S. 305.
178 Huber, Verfassungsgeschichte II (1988), S. 86.
179 Huber, Verfassungsgeschichte II (1988), S. 90.
180 Oberschelp, Geschichte 1803–1866 (1988), S. 121f.
181 Bertram, Königreich (2003), S. 54.
182 Roolfs (2005), S. 283.
183 Rosendahl (1927), S. 786.
184 Huber, Verfassungsgeschichte II (1988), S. 114.
185 Krüger (1992), S. 44–47.
186 Barmeyer, Hof (1989), S. 95.
187 Barmeyer, Hof (1989), S. 99.
188 Barmeyer, Hof (1989), S. 98.
189 Bertram, Königreich (2003), S. 69.
190 Huber, Verfassungsgeschichte II (1988), S. 538.
191 Bertram, Königreich (2003), S. 81.
192 Brosius, Blindheit (2003), S. 10.
193 Huber, Verfassungsgeschichte III (1970), S. 217.
194 Krüger (1992), S. 125.
195 Bertram, Königreich (2003), S. 101.
196 Bertram, Königreich (2003), S. 128.
197 Hamann, Politische Kräfte (1981), S. 15.
198 Steckhan (2008), S. 60.
199 Schildt, Restauration (2001), S. 752.
200 Huber, Verfassungsgeschichte II (1988), S. 48.
201 Pollmann, Herzogtum (2001), S. 822.

202 Zitiert nach Huber, Verfassungsgeschichte IV (1969), S. 430.
203 Zitiert nach Aschoff, Welfische Bewegung (1987), S. 296.
204 König, Landesgeschichte (1979), S. 96.
205 Former (1992), S. 97.
206 Otte (1992), S. 129.
207 Machtan, Abdankung (2008), S. 50.
208 Oberschelp, Stahl I (1993), S. 25 f.
209 Otte (1992), S. 140.
210 Huber, Verfassungsgeschichte V (1978), S. 1054.
211 Ludewig, Weltkrieg (2001), S. 934.

Literaturverzeichnis

Albrecht, Peter u.a.: Hermann Korb und seine Zeit 1656–1735. Barockes Bauen im Fürstentum Braunschweig-Wolfenbüttel, Braunschweig 2006.

Albrecht, Peter, Das Zeitalter des aufgeklärten Absolutismus (1735–1806), in: Horst-Rüdiger Jarck u. Gerhard Schildt (Hrsg.), Die Braunschweigische Landesgeschichte. Jahrtausendrückblick einer Region, Braunschweig 2001, S. 575–610.

Albrink, Veronica: »Große Pracht führen über Vermögen...«. Die Bauten und die Finanzen Erichs d.J. von Braunschweig-Calenberg (1546–1584), in: Neithard Bulst u.a. (Hrsg.), Der Weserraum zwischen 1500 und 1650. Gesellschaft, Wirtschaft und Kultur in der frühen Neuzeit, Marburg 1992, S. 143–173.

Alvensleben, Udo von u. Hans Reuther, Herrenhausen. Die Sommerresidenz der Welfen, Hannover 1966.

Antoine, Annette u. Annette von Boetticher, Leibniz-Zitate, Göttingen 2007.

Aschoff, Hans-Georg: Bennigsen, der hannoversche Adel und die welfische Bewegung, in: Der Nationalliberalismus in seiner Epoche. Rudolf von Bennigsen, hrsg. v. der Rudolf von Bennigsen-Stiftung, Baden-Baden 1981, S. 59–75.

Aschoff, Hans-Georg: Herzog Heinrich der Jüngere und Herzogin Elisabeth von Braunschweig-Lüneburg, in: Jahrbuch der Gesellschaft für niedersächsische Kirchengeschichte 82, 1984, S. 53–75.

Aschoff, Hans-Georg: Welfische Bewegung und politischer Katholizismus 1866–1918. Die Deutschhannoversche Partei und das Zentrum in der Provinz Hannover während des Kaiserreiches, Düsseldorf 1987.

Aschoff, Hans-Georg: Rechtsstaatlichkeit und Emanzipation. Das politische Wirken Ludwig Windthorsts, Sögel 1988.

Aschoff, Hans-Georg: Dynastische Interessen in westfälischen und niedersächsischen Bistümern während des 15. und 16. Jahrhunderts, in: Römische Quartalschrift für Christliche Altertumskunde und Kirchengeschichte 87, 1992, S. 236–251.

Aschoff, Hans-Georg u. Heinz-Jörg Heinrich (Hrsg.): Ludwig Windthorst. Briefe 1834–1880, Paderborn u. a. 1994.

Aschoff, Hans-Georg: Das Hochstift Hildesheim und der Westfälische Frieden, in: Die Diözese Hildesheim in Vergangenheit und Gegenwart 66, 1998, S. 229–269.

Aschoff, Hans-Georg: Der Wiener Kongreß und die norddeutschen Staaten, in: Niedersächsisches Jahrbuch für Landesgeschichte 71, 1999, S. 111–128.

Aschoff, Hans-Georg: Hannover, das Dreikönigsbündnis und die Erfurter Union, in: Gunther Mai (Hrsg.), Die Erfurter Union und das Erfurter Unionsparlament 1850, Köln u. a. 2000, S. 111–136.

Aschoff, Hans-Georg (Hrsg.): Ludwig Windthorst. Briefe 1881–1891. Um einen Nachtrag mit Briefen von 1834 bis 1880 ergänzt, Paderborn u. a. 2002.

Aschoff, Hans-Georg: Rückkehr nach Rom – Konversionen im Welfenhaus, in: Die Diözese Hildesheim in Vergangenheit und Gegenwart 70, 2002, S. 175–250.

Aschoff, Hans-Georg: Die Reunionsgespräche zwischen Katholiken und Protestanten in Niedersachsen im 17. Jahrhundert, in: Heide Barmeyer (Hrsg.), Hannover und die englische Thronfolge, Bielefeld 2005, S. 179–197.

Aschoff, Hans-Georg: Katholiken im Dienst der welfischen Höfe in Celle und Hannover zwischen 1665 und 1715, in: Markus A. Denzel u. a. (Hrsg.), Religiöse und konfessionelle Minderheiten als wirtschaftliche und geistige Eliten (16. bis frühes 20. Jahrhundert), St. Katharinen 2009, S. 85–118.

Barmeyer, Heide: Hof und Hofgesellschaft in Niedersachsen im 19. Jahrhundert, in: Niedersächsisches Jahrbuch für Landesgeschichte 61, 1989, S. 87–104.

Barmeyer, Heide (Hrsg.): Das Revolutionsjahr 1848/49 in Niedersachsen, Bielefeld 1999.

Barmeyer, Heide (Hrsg.): Hannover und die englische Thronfolge, Bielefeld 2005.

Barmeyer, Heide: Die Personalunion England-Hannover. Ihre Entstehung, Etablierung und Fortsetzung aus hannoverscher Sicht, in: Heide Barmeyer (Hrsg.), Hannover und die englische Thronfolge, Bielefeld 2005, S. 65–86.

Bertram, Mijndert: Das Königreich Hannover. Kleine Geschichte eines vergangenen deutschen Staates, Hannover 2003.
Bertram, Mijndert: Georg II. König und Kurfürst, Göttingen 2003.
Biegel, Gerd: 6. Februar 1794. Rückkehr von Herzog Carl Wilhelm Ferdinand aus Frankreich und die Geschichte von Braunschweigs Stiftung, Braunschweig 1994.
Biegel, Gerd: Herzog Carl Wilhelm Ferdinand – ein Fürstenleben im Braunschweig der Aufklärung, in: Christof Römer (Hrsg.), Braunschweig-Bevern. Ein Fürstenhaus als europäische Dynastie 1667–1884, Braunschweig 1997, S. 423–448.
Biegel, Gerd u. Angela Klein (Hrsg.): Carl Theodor Ottmer. 1800–1843. Braunschweigischer Hofbaumeister – Europäischer Architekt, Braunschweig 2000.
Biehringer, Frieda: Herzog Karl I. von Braunschweig, Wolfenbüttel 1920.
Biercamp, Kathleen u. Juliane Schmieglitz-Otten (Red.): Mächtig verlockend. Frauen der Welfen, Berlin [2010].
Birke, Adolf M. u. Kurt Kluxen (Hrsg.): England und Hannover. England and Hanover München u. a. 1986.
Black, Jeremy: The Hanoverians. The History of a Dynasty, London/New York 2004.
Boeck, Urs: Zwei höfische Festräume: Gartentheater und Galeriegebäude, in: Marianne von König (Hrsg.), Herrenhausen. Die Königlichen Gärten in Hannover, Göttingen 2006, S. 67–78.
Boetticher, Manfred von: Niedersachsen im 16. Jahrhundert, in: Christine van den Heuvel u. Manfred von Boetticher (Hrsg.), Geschichte Niedersachsens, Bd. 3,1, Hannover 1998, S. 21–116.
Boockmann, Hartmut: Herzog Ernst – ein deutscher Fürst im Zeitalter der Reformation, in: Hans-Jürgen Vogtherr (Hrsg.), Herzog Ernst der Bekenner und seine Zeit, Uelzen 1998, S. 13–23.
Borggrefe, Heiner: Hans Vredeman de Vries (1526–1609), in: Heiner Borggrefe u. a. (Hrsg.), Hans Vredeman de Vries und die Renaissance im Norden, München 2002, S. 15–38.
Böttcher, Dirk u. a.: Hannoversches Biographisches Lexikon, Hannover 2002.
Brauch, Albert: Die Verwaltung des Territoriums Calenberg-Göttingen während der Regentschaft der Herzogin Elisabeth (1540–1546), Hildesheim u. a. 1931.
Braunfels, Wolfgang: Die Kunst im Heiligen Römischen Reich Deutscher Nation, 6 Bde., München 1979/1989.

Brenneke, Adolf: Geschichte des Hannoverschen Klosterfonds, Bd. 1: Die Vorgeschichte bis (1584). Vor- und nachreformatorische Klosterherrschaft und die Geschichte der Kirchenreformation im Fürstentum Calenberg-Göttingen, 1. Halbbd.: Die vorreformatorische Klosterherrschaft und die Reformationsgeschichte bis zum Erlaß der Kirchenordnung, Hannover 1928; 2. Halbbd.: Die Reformationsgeschichte von der Visitation ab und das Klosterregiment Erichs des Jüngeren, Hannover 1929.

Brosius, Dieter u. a.: Reformation im Fürstentum Lüneburg. 450 Jahre Augsburger Bekenntnis, Celle 1979.

Brosius, Dieter: Georg V. von Hannover – der König des »monarchischen Prinzips«, in: Niedersächsisches Jahrbuch für Landesgeschichte 51, 1979, S. 253–291.

Brosius, Dieter: Herzogin Dorothea. Kopenhagen – Celle – Winsen (Luhe), Winsen 1991.

Brosius, Dieter: Niedersachsen. Das Land und seine Geschichte in Bildern, Texten und Dokumenten, Hamburg 2006.

Brüdermann, Stefan: Das Zeitalter der Glaubensspaltung, in: Horst-Rüdiger Jarck u. Gerhard Schildt (Hrsg.), Die Braunschweigische Landesgeschichte. Jahrtausendrückblick einer Region, Braunschweig 2001, S. 441–482.

Brüggemann, Fritz: Ein Herzog namens Franz. Das abenteuerliche Leben des Reichsfürsten Herzog Franz zu Braunschweig und Lüneburg, Herzog in Gifhorn. Ein Tatsachenbericht, Gifhorn 1973.

Bruning, Jens u. Ulrike Gleixner (Hrsg.): Das Athen der Welfen. Die Reformuniversität Helmstedt 1576–1810, Wolfenbüttel 2010.

Busch, Siegfried: Hannover, Wolfenbüttel und Celle. Stadtgründungen und Stadterweiterungen in drei welfischen Residenzen vom 16. bis zum 18. Jahrhundert, Hildesheim 1969.

Camerer, Luitgard u. a. (Hrsg.): Braunschweiger Stadtlexikon, 2 Bde., Braunschweig 1992/1996.

Cassel, Clemens: Geschichte der Stadt Celle mit besonderer Berücksichtigung des Geistes- und Kulturlebens der Bewohner, 2 Bde., Celle 1930/1934.

Dann, Uriel: Hannover und England 1740–1760. Diplomatie und Selbsterhaltung, Hildesheim 1986.

Dannenberg, Hans-Eckhard u. Heinz-Joachim Schulze (Hrsg.): Geschichte des Landes zwischen Elbe und Weser, 3 Bde., Stade 1995/2008.

Dorn, Reinhard: Peter Joseph Krahe. Leben und Werk, 3 Bde., Braunschweig/München/Berlin 1969/1997.

Finster, Reinhard u. Gerd van den Heuvel: Gottfried Wilhelm Leibniz, Reinbek 2005.

Fischer, Gernot: Herzog Georg Wilhelm als Bauherr 1648–1705, in: Celler Chronik 12, 2005, S. 35–64.

Flick, Andreas u. Sabine Maehnert (Red.): Celler Chronik 12. Beiträge zum 300. Todestag Herzog Georg Wilhelms von Braunschweig-Lüneburg (1624–1705), Celle 2005.

Flick, Andreas: »Der Celler Hof, so sagt man, ist ganz französisch«. Hugenotten am Hof und beim Militär Herzog Georg Wilhelms von Braunschweig-Lüneburg, in: Celler Chronik 12, 2005, S. 65–98.

Former, Peter: Die Hochzeit von Prinzessin Victoria Luise von Preußen mit Prinz Ernst August, Herzog zu Braunschweig und Lüneburg, in: Gerd Biegel (Hrsg.), Victoria Luise, Braunschweig 1992 S. 85–110.

Fürst, Reinmar u. Wolfgang Kelsch: Wolfenbüttel. Ein Fürstenhaus und seine Residenz. Fünfundzwanzig biographische Porträts, Wolfenbüttel [1990].

Gansäuer, Jürgen (Hrsg.): Landesgeschichte im Landtag, Hannover 2007.

Gerkens, Gerhard: Das fürstliche Lustschloss Salzdahlum und sein Erbauer Herzog Anton Ulrich von Braunschweig-Wolfenbüttel, Braunschweig 1974.

Graefe, Christa (Hrsg.): Staatsklugheit und Frömmigkeit. Herzog Julius zu Braunschweig-Lüneburg, ein norddeutscher Landesherr des 16. Jahrhunderts, Weinheim 1989.

Graefe, Christa: Herzog Julius zu Braunschweig-Lüneburg – ein norddeutscher protestantischer Landesherr des 16. Jahrhunderts, in: Christa Graefe (Hrsg.), Staatsklugheit und Frömmigkeit, Weinheim 1989, S. 13–23.

Grandis, Renato de: Musik in Hannover zur Leibniz-Zeit, in: Wilhelm Totok u. Carl Haase (Hrsg.), Leibniz. Sein Leben – sein Wirken – seine Welt, Hannover 1966, S. 117–127.

Grieser, Rudolf: Die Deutsche Kanzlei in London, ihre Entstehung und Anfänge. Eine behördengeschichtliche Studie, in: Blätter für deutsche Landesgeschichte 89, 1952, S. 153–168.

Grote, Hans-Henning: Johann Balthasar Lauterbach (1663–1694). Professor für Mathematik, Landbaumeister und Ingenieur am Wolfenbütteler Fürstenhof, Wolfenbüttel 1995.

Grote, Hans-Henning: Architektur, in: Horst-Rüdiger Jarck u. Gerhard Schildt (Hrsg.), Die Braunschweigische Landesgeschichte, Braunschweig 2001, S. 671–690.

Grote, Hans-Henning: Schloss Wolfenbüttel. Residenz der Herzöge zu Braunschweig und Lüneburg, Braunschweig 2005.

Haan, Heiner u. Gottfried Niedhart: Geschichte Englands vom 16. bis zum 18. Jahrhundert, München 1993.

Hamann, Manfred u. Erik Ederberg: Die Calenberger Klöster, Hannover 1977.

Hamann, Manfred: Politische Kräfte und Spannungen in der Provinz Hannover um 1800, in: Niedersächsisches Jahrbuch für Landesgeschichte 53, 1981, S. 1–39.

Hamann, Reinhard: Die Hofgesellschaft der Residenz Celle im Spiegel der Vogteiregister von 1433 bis 1496, in: Niedersächsisches Jahrbuch für Landesgeschichte 61, 1989, S. 39–59.

Hassell, William von: Geschichte des Königreichs Hannover, 2 Bde., Leipzig 1898/1901.

Hatton, Ragnhild: Georg I. Ein deutscher Kurfürst auf Englands Thron, Frankfurt/M. 1982.

Hauptmeyer, Carl-Hans: Calenberg. Geschichte und Gesellschaft einer niedersächsischen Landschaft, Hannover 1983.

Hauptmeyer, Carl-Hans: Geschichte Niedersachsens, München 2009.

Havemann, Wilhelm: Geschichte der Lande Braunschweig und Lüneburg, 3 Bde., Göttingen 1853/1857 (Nachdruck: Hannover 1974/1977).

Hegeler, Britta: Sophie von Hannover – ein Fürstinnenleben im Barock, in: Niedersächsisches Jahrbuch für Landesgeschichte 74, 2002, S. 147–188.

Heilemann, Stephanie: Das Leben und politische Wirken der Fürstin Sophie von Hannover (1630–1714), in: Heide Barmeyer (Hrsg.), Hannover und die englische Thronfolge, Bielefeld 2005, S. 113–139.

Heinekamp, Albert u. a.: Leibniz und Europa, Hannover 1994.

Heinemann, Otto von: Geschichte von Braunschweig und Hannover, 3 Bde., Gotha 1882/1892 (Nachdruck: Hannover 1974/1975).

Heinrich, Gerd: »Nova Ithaka«: Fürstliches Landleben und soziale Wirklichkeit im Herzogtum Dannenberg-Hitzacker zwischen 1605 und 1635, in: Harald Hartung u. a. (Hrsg.), Fruchtblätter. Freundesgabe für Alfred Kelletat, Berlin 1977, S. 257–283.

Heuvel, Christine van den: Beamtenschaft und Territorialstaat. Behördenentwicklung und Sozialstruktur der Beamtenschaft im Hochstift Osnabrück 1550–1800, Osnabrück 1984.

Hindersmann, Ulrike: Der ritterschaftliche Adel im Königreich Hannover 1814–1866, Hannover 2001.

Huber, Ernst Rudolf: Deutsche Verfassungsgeschichte seit 1789, 8 Bde., Köln u. a. 1957/1990.

Hucker, Bernd Ulrich u. a. (Hrsg.): Niedersächsische Geschichte, Göttingen 1997.

Jacob, Sabine: Schloß Salzdahlum, in: Rüdiger Klessmann (Red.): Herzog Anton Ulrich von Braunschweig, Braunschweig 1983, S. 49–69.

Jarck, Horst-Rüdiger u. Günter Scheel (Hrsg.): Braunschweigisches Biographisches Lexikon. 19. und 20. Jahrhundert, Hannover 1996.

Jarck, Horst-Rüdiger u. Gerhard Schildt (Hrsg.): Die Braunschweigische Landesgeschichte. Jahrtausendrückblick einer Region, Braunschweig 2001.

Jarck, Horst-Rüdiger (Hrsg.): Braunschweigisches Biographisches Lexikon. 8. bis 18. Jahrhundert, Braunschweig 2006.

Kalthoff, Edgar: Geschichte des südniedersächsischen Fürstentums Göttingen und des Landes Göttingen im Fürstentum Calenberg 1285–1584, Herzberg/Pöhlde 1982.

Kampmann, Christoph: Europa und das Reich im Dreißigjährigen Krieg. Geschichte eines europäischen Konflikts, Stuttgart 2008.

Kaufhold, Karl Heinrich: Städtische Bevölkerungs- und Sozialgeschichte in der frühen Neuzeit, in: Christine van den Heuvel u. Manfred von Boetticher (Hrsg.), Geschichte Niedersachsens, Bd. 3,1, Hannover 1998, S. 733–840.

Keindorf, Gudrun u. Thomas Moritz (Hrsg.): »Größer noch als Heinrich der Löwe«. König Georg V. von Hannover als Bauherr und Identitätsstifter, Duderstadt 2003.

Kiekenap, Bernhard: Herzog Wilhelm und das Fürstentum Oels, in: Braunschweigisches Jahrbuch 74, 1993, S. 85–123.

Kiekenap, Bernhard: Karl und Wilhelm. Die Söhne des Schwarzen Herzogs, 3 Bde., Braunschweig 2000/2004.

Kleinau, H.: Überblick über die Gebietsentwicklung des Landes Braunschweig, in: Braunschweigisches Jahrbuch 53, 1972, S. 1–48.

Klessmann, Rüdiger (Red.): Herzog Anton Ulrich von Braunschweig. Leben und Regieren mit der Kunst. Zum 350. Geburtstag am 4. Oktober 1983, Braunschweig 1983.

Klosterkammer Hannover (Hrsg.): Der Allgemeine Hannoversche Klosterfonds und die Klosterkammer Hannover, Hannover [1975].

Kluxen, Kurt: Geschichte Englands. Von den Anfängen bis zur Gegenwart, Stuttgart 1968.

Knoop, Mathilde: Kurfürstin Sophie von Hannover, Hildesheim 1969.

Köcher, Adolf: Geschichte von Hannover und Braunschweig 1648 bis 1714, 2 Bde., Leipzig 1884/1895 (Nachdruck: Osnabrück 1965/1966).

König, Joseph: Landesgeschichte (einschließlich Recht, Verfassung und Verwaltung), in: Richard Moderhack (Hrsg.), Braunschweigische Landesgeschichte im Überblick, Braunschweig 1979, S. 61–109.

König, Marieanne von (Hrsg.): Herrenhausen. Die Königlichen Gärten in Hannover, Göttingen 2006.

Königs, Philip: Die Dynastie aus Deutschland. Die hannoverschen Könige von England und ihre Heimat, Hannover 1998.

Kraschewski, Hans-Joachim: Wirtschaft und Gesellschaft vor dem Dreißigjährigen Krieg, in: Horst-Rüdiger Jarck u. Gerhard Schildt (Hrsg.), Die Braunschweigische Landesgeschichte, Braunschweig 2001, S. 483–512.

Krüger, Jürgen: Blindheit und Königtum. Die Blindheit des Königs Georg V. von Hannover als verfassungsrechtliches Problem, Frankfurt/M. 1992

Krüger, Kersten u. Evi Jung: Staatsbildung als Modernisierung. Braunschweig-Wolfenbüttel im 16. Jahrhundert. Landtag – Zentralverwaltung – Residenzstadt, in: Braunschweigisches Jahrbuch 64, 1983, S. 41–68.

Krumwiede, Hans-Walter: Kirchengeschichte Niedersachsens, 2 Bde., Göttingen 1995/1996.

Kühn, Helga-Maria: Eine »unverstorbene Witwe«. Sidonia, Herzogin zu Braunschweig-Lüneburg geborene Herzogin zu Sachsen 1518–1575, Hannover 2009.

Kunze, Wolfgang: Leben und Bauten Herzog Erichs II. von Braunschweig-Lüneburg, Hannover 1993.

Kwan, Elisabeth E. u. Anna E. Röhrig: Frauen vom Hof der Welfen, Göttingen 2006.

Kwan, Elisabeth E. u. Anna E. Röhrig: Vergessene Frauen der Welfen, Göttingen 2008.

Lampe, Joachim: Aristokratie, Hofadel und Staatspatriziat in Kurhannover. Die Lebenskreise der höheren Beamten an den kurhannoverschen Zentral- und Hofbehörden 1714–1760, 2 Bde., Göttingen 1963.

Laß, Heiko (Hrsg.): Hof und Medien im Spannungsfeld von dynastischer Tradition und politischer Innovation zwischen 1648 und 1714. Celle und die Residenzen im Heiligen Römischen Reich deutscher Nation, München u. a. 2008.

Leenders, Manfred: Die Reformation in Celle, in: Reformation im Fürstentum Lüneburg. 450 Jahre Augsburger Bekenntnis, Celle 1979, S. 17–27.

Lesemann, Silke u. Annette v. Stieglitz (Hrsg.): Stand und Repräsentation. Kultur- und Sozialgeschichte des hannoverschen Adels vom 17. bis zum 19. Jahrhundert, Bielefeld 2004.

Lietzmann, Hilda: Herzog Heinrich Julius zu Braunschweig und Lüneburg (1564–1613). Persönlichkeit und Wirken für Kaiser und Reich, Langenhagen 1993.

Lilienthal, Andrea: Die Fürstin und die Macht. Welfische Herzoginnen im 16. Jahrhundert: Elisabeth, Sidonia, Sophia, Hannover 2007.

Luckhardt, Jochen: Kunst am Wolfenbütteler Hof um 1600, in: Silke Gatenbröcker (Red.), Hofkunst der Spätrenaissance. Braunschweig-Wolfenbüttel und das kaiserliche Prag um 1600, Braunschweig 1998, S. 20–30.

Ludewig, Hans-Ulrich: Der Erste Weltkrieg und die Revolution (1914–1918/19), in: Horst-Rüdiger Jarck u. Gerhard Schildt (Hrsg.), Die Braunschweigische Landesgeschichte, Braunschweig 2001, S. 915–944.

Machtan, Lothar: Die Abdankung. Wie Deutschlands gekrönte Häupter aus der Geschichte fielen, Berlin 2008.

Märtl, Claudia u. a. (Hrsg.): Die Wirtschafts- und Sozialgeschichte des Braunschweigischen Landes vom Mittelalter bis zur Gegenwart, 3 Bde., Hildesheim u. a. 2008.

Matthes, Dieter: Die welfische Nebenlinie in Harburg. Untersuchung über Entstehung und Rechtsform einer fürstlichen Abfindung zu Beginn des 16. Jahrhunderts, Hamburg-Harburg 1962.

Maurer, Michael: Kleine Geschichte Englands, Stuttgart 2007.

Mediger, Walther: Mecklenburg, Rußland und England-Hannover 1706–1721. Ein Beitrag zur Geschichte des Nordischen Krieges, 2 Bde., Hildesheim 1967.
Meier, Ernst von: Hannoversche Verfassungs- und Verwaltungsgeschichte 1680–1866, 3 Bde., Bremen/Leipzig 1898/1899.
Meschkat-Peters, Sabine u. a. (Red.): Ehrgeiz, Luxus und Fortune. Hannovers Weg zu Englands Krone, Hannover 2001.
Mittler, Elmar (Hrsg.): »Eine Welt allein ist nicht genug«. Großbritannien, Hannover und Göttingen 1714–1837, Göttingen 2005.
Mlynek, Klaus u. Waldemar R. Röhrbein (Hrsg.): Geschichte der Stadt Hannover, 2 Bde., Hannover 1992/1994.
Mlynek, Klaus u. Waldemar R. Röhrbein (Hrsg.): Stadtlexikon Hannover, Hannover 2009.
Moderhack, Richard (Hrsg.): Braunschweigische Landesgeschichte im Überblick, Braunschweig 1979.
Mohrmann, Wolf-Dieter: Vater-Sohn-Konflikt und Staatsnotwendigkeit. Zur Auseinandersetzung zwischen den Herzögen Heinrich d. J. und Julius von Braunschweig-Wolfenbüttel, in: Braunschweigisches Jahrbuch für Landesgeschichte 76, 1995, S. 63–100.
Möller, Carl: Sophie von der Pfalz. »Madame d'Osnabruc« und Garantin der Erhöhung des Welfenhauses, in: Franz-Joachim Verspohl (Hrsg.), Das Osnabrücker Schloß, Bramsche 1991, S 117–130.
Möller, RWLE u. Bernd Polster (Hrsg.): Celle. Das Stadtbuch, Bonn 2003.
Müller, Siegfried: Leben in der Residenzstadt Hannover. Adel und Bürgertum im Zeitalter der Aufklärung, Hannover 1988.
Nies, Carl Philipp u. a.: Sieben gegen den König. Texte und Materialien zum Hannoverschen Verfassungskonflikt, Hannover 2007.
Oberschelp, Reinhard: Niedersachsen 1760–1820. Wirtschaft, Gesellschaft, Kultur im Land Hannover und Nachbargebieten, 2 Bde., Hildesheim 1982.
Oberschelp, Reinhard: Politische Geschichte Niedersachsens 1714–1803, Hildesheim 1983.
Oberschelp, Reinhard: Politische Geschichte Niedersachsens 1803–1866, Hildesheim 1988.
Oberschelp, Reinhard: Stahl und Steckrüben. Beiträge und Quellen zur Geschichte Niedersachsens im Ersten Weltkrieg (1914–1918), Hameln 1993.

Ohe, Hans Joachim von der: Die Zentral- und Hofverwaltung des Fürstentums Lüneburg (Celle) und ihre Beamten 1520–1648, Celle 1955.

Osterhausen, Fritz von, in: Rüdiger Klessmann (Red.), Herzog Anton Ulrich von Braunschweig, Braunschweig 1983, S. 121–129.

Otte, Wulf: Herzogin Victoria Luise – braunschweigische Landesmutter 1913–1918, in: Gerd Biegel (Hrsg.), Victoria Luise, Braunschweig 1992, S. 129–142.

Owzar, Armin: Wider den »patriarchalischen Schlendrian«. Napoleonische Verfassungspolitik in Westfalen, in: Gisela Weiß (Hrsg.), Zerbrochen sind die Fesseln des Schlendrians. Westfalens Aufbruch in die Moderne, Bönen 2002, S. 299–315.

Patze, Hans/Schubert, Ernst/van den Heuvel, Christine/von Boetticher, Manfred/Gerd Steinwascher (Hrsg.): Geschichte Niedersachsens, Bd. 1: Grundlagen und Frühes Mittelalter, Hildesheim 1977; Bd. 2,1: Politik, Verfassung, Wirtschaft vom 9. bis zum ausgehenden 15. Jahrhundert, Hannover 1997; Bd. 3,1: Politik, Wirtschaft und Gesellschaft von der Reformation bis zum Beginn des 19. Jahrhunderts, Hannover 1998; Bd. 3,2: Kirche und Kultur von der Reformation bis zum Beginn des 19. Jahrhunderts, Hildesheim 1983; Bd. 5: Von der Weimarer Republik bis zur Wiedervereinigung, Hannover 2010.

Philippi, Hans: Preußen und die braunschweigische Thronfolgefrage 1866–1913, Hildesheim 1966.

Philipps, Carolin: Zwischen Krone und Leidenschaft. Das Leben der Caroline Mathilde von Dänemark, Wien 2003.

Philipps, Carolin: Friederike von Preußen. Die leidenschaftliche Schwester der Königin Luise, München/Zürich 2007.

Pischke, Gudrun: Die Landesteilungen der Welfen im Mittelalter, Hildesheim 1987.

Pischke, Gudrun: Das Fürstentum Grubenhagen: Herzöge – Territorium – Kirche, in: Jahrbuch der Gesellschaft für niedersächsische Kirchengeschichte 98, 2000, S. 143–163.

Plath, Helmut u. a.: Das Leineschloss, Hannover 1956.

Pollmann, Klaus Erich: Das Herzogtum im Kaiserreich (1871–1914), in: Horst-Rüdiger Jarck u. Gerhard Schildt (Hrsg.), Die Braunschweigische Landesgeschichte, Braunschweig 2001, S. 821–854.

Press, Volker: Kurhannover im System des alten Reiches 1692–1803, in: Adolf M. Birke u. Kurt Kluxen (Hrsg.), England und Hannover. England and Hanover, München u. a. 1986, S. 53–79.

Pröve, Ralf: Vom Landsknecht zum Soldaten: Krieg und Militär 1500–1800, in: Bernd Ulrich Hucker (Hrsg.), Niedersächsische Geschichte, Göttingen 1997, S. 255–268.

Raabe, Paul u. Eckhard Schinkel (Hrsg.): Sammler, Fürst, Gelehrter. Herzog August zu Braunschweig-Lüneburg 1579–1666, Braunschweig 1979.

Reimann, Michael: Der Goslarer Frieden von 1642, Hildesheim 1979.

Reinicke, Wolf-Rüdiger: Landstände im Verfassungsstaat. Verfassungsgeschichte und gegenwärtige Rechtsstellung der Landschaften und Ritterschaften in Niedersachsen, Göttingen 1975.

Reller, Horst: Vorreformatorische und reformatorische Kirchenverfassung im Fürstentum Braunschweig-Wolfenbüttel, Göttingen 1959.

Reuther, Hans: Kunstgeschichte. Baukunst von der Renaissance bis zum Anfang des Klassizismus, in: Hans Patze (Hrsg.), Geschichte Niedersachsens, Bd. 3,2, Hildesheim 1983, S. 679–736.

Rexheuser, Rex (Hrsg.): Die Personalunionen von Sachsen-Polen 1697–1763 und Hannover-England 1714–1837. Ein Vergleich, Wiesbaden 2005.

Richter-Uhlig, Uta: Hof und Politik unter den Bedingungen der Personalunion zwischen Hannover und England, Hannover 1992.

Riotte, Torsten: Hannover in der britischen Politik (1792–1815). Dynastische Verbindung als Element außenpolitischer Entscheidungsprozesse, Münster 2005.

Riotte, Torsten: Großbritannien, Hannover und das Ende des Alten Reiches 1806, in: Niedersächsisches Jahrbuch für Landesgeschichte 79, 2007, S. 29–50.

Rohloff, Heide N. (Hrsg.): Großbritannien und Hannover. Die Zeit der Personalunion 1714–1837, Frankfurt/M. 1989.

Rohr, Alheidis v.: Sophie von Hannover (1630–1714), Hannover 1980.

Röhrbein, Waldemar u. Alheidis v. Rohr (Hrsg.): Hannover im Glanz und Schatten des britischen Weltreiches. Die Auswirkungen der Personalunion auf Hannover von 1714–1837, Hannover 1977.

Röhrbein, Waldemar: Wirtschaft und Wirtschaftspolitik in den hannoverschen Kurlanden zur Zeit des deutschen Frühmerkantilismus, in: Neues Archiv für Niedersachsen 11 (16), 1962, S. 40–63.

Römer, Christof: Anton Ulrich als Herrscher, in: Rüdiger Klessmann (Red.), Herzog Anton Ulrich von Braunschweig, Braunschweig 1983, S. 249–255.

Römer, Christof: Wolfenbüttel und Halberstadt unter Herzog Heinrich Julius im Rahmen der mitteleuropäischen Konstellationen 1566–1613, in: Dieter Brosius u. Martin Last (Hrsg.), Beiträge zur niedersächsischen Landesgeschichte. Zum 65. Geburtstag von Hans Patze, Hildesheim 1984, S. 165–180.

Römer, Christof (Hrsg.): Braunschweig-Bevern. Ein Fürstenhaus als europäische Dynastie 1667–1884, Braunschweig 1997.

Römer, Christof: Niedersachsen im 18. Jahrhundert (1714–1803), in: Christine van den Heuvel u. Manfred von Boetticher (Hrsg.), Geschichte Niedersachsens, Bd. 3,1, Hannover 1998, S. 221–346.

Römer, Christof: Das Zeitalter des Hochabsolutismus (1635–1735), in: Horst-Rüdiger Jarck u. Gerhard Schildt (Hrsg.), Die Braunschweigische Landesgeschichte, Braunschweig 2001, S. 535–574.

Roolfs, Cornelia: Der hannoversche Hof von 1814 bis 1866. Hofstaat und Hofgesellschaft, Hannover 2005.

Rosendahl, Erich: Geschichte Niedersachsens im Spiegel der Reichsgeschichte, Hannover 1927.

Rothert, Wilhelm (Hrsg.): Allgemeine hannoversche Biographie, 3 Bde., Hannover 1912/1916.

Rovatkay, Lajos: Eröffnungsoper für das Große Schloßtheater, in: Sabine Hammer (Hrsg.), Oper in Hannover. 300 Jahre Wandel im Musiktheater einer Stadt, Hannover 1990, S. 19–28.

Sattler, Rolf-Joachim: Celle und Herzog Georg Wilhelm. Das Thema »Italien – Deutschland« im Spiegel eines welfischen Hofes im Barockzeitalter, in: 1000 Jahre deutsch-italienische Beziehungen, Braunschweig 1960, S. 188–204.

Schildt, Gerhardt: Von der Restauration zur Reichsgründungszeit, in: Horst-Rüdiger Jarck u. Gerhard Schildt (Hrsg.), Die Braunschweigische Landesgeschichte, Braunschweig 2001, S. 751–786.

Schmieglitz-Otten, Juliane u. Norbert Steinau (Bearb.): Von Kopenhagen nach Celle. Das kurze Leben einer Königin. Caroline Mathilde 1751–1775, Celle 2001.

Schnath, Georg: Geschichte Hannovers im Zeitalter der neunten Kur und der englischen Sukzession 1674–1714, 5 Bde., Hildesheim/Leipzig 1938/1982.

Schnath, Georg u. a.: Geschichte des Landes Niedersachsen, Würzburg 1973.
Schneidmüller, Bernd: Die Welfen. Herrschaft und Erinnerung, Stuttgart 2000.
Schwarz, Gesine: Die Rittersitze des alten Landes Braunschweig, Göttingen 2008.
Simms, Brendan u. Torsten Riotte (Hrsg.): The Hanoverian Dimension in British History, 1714–1837, Cambridge/New York 2007.
Spies, Gerd (Hrsg.): Brunswiek 1031. Braunschweig 1981. Die Stadt Heinrichs des Löwen von den Anfängen bis zur Gegenwart, Braunschweig 1981.
Steckhan, Peter: Welfenbericht. 150 Jahre Familiengeschichte der Herzöge zu Braunschweig und Lüneburg dokumentiert in Photographie und Film, Göttingen 2008.
Steinau, Norbert (Red.): Jagd in der Lüneburger Heide. Beiträge zur Jagdgeschichte, Celle 2006.
Steinau, Norbert: »Ihre vornehmste Veränderung und Plaisir bestund in Jagten«. Die Hofjagd im Fürstentum Lüneburg im 17. und 18. Jahrhundert, in: Norbert Steinau (Red.), Jagd in der Lüneburger Heide, Celle 2006, S. 85–130.
Stern, Selma: Karl Wilhelm Ferdinand Herzog zu Braunschweig und Lüneburg, Hildesheim/Leipzig 1921.
Stieglitz, Annette v.: Landesherr und Stände zwischen Konfrontation und Kooperation. Die Innenpolitik Herzog Johann Friedrichs im Fürstentum Calenberg 1665–1679, Hannover 1994.
Stieglitz, Annette v.: Der teuerste Hut des Reiches. Hannovers Ringen um die Kurwürde, in: Sabine Meschkat-Peters u. a. (Red.), Ehrgeiz, Luxus und Fortune, Hannover 2001, S. 68–83.
Storch, Dietmar: Die Landstände des Fürstentums Calenberg-Göttingen 1680–1714, Hildesheim 1972.
Streetz, Michael: Das Fürstentum Calenberg-Göttingen (1495/1512–1584), in: Niedersächsisches Jahrbuch für Landesgeschichte 70, 1998, S. 191–235.
Streich, Brigitte (Hrsg.): Stadt – Land – Schloß. Celle als Residenz, Bielefeld 2000.
Streich, Brigitte: Celle als Residenz der Herzöge von Braunschweig-Lüneburg, in: Brigitte Streich (Hrsg.), Stadt – Land – Schloß. Celle als Residenz, Bielefeld 2000, S. 57–86.
Streich, Brigitte u. a.: Franz von Gifhorn. Auf den Spuren eines Reformationsfürsten, Gifhorn 2008.

Tardito-Amerio, Rosalba: Italienische Architekten, Stukkatoren und Bauhandwerker der Barockzeit in den welfischen Ländern und im Bistum Hildesheim, Göttingen 1968.
Täubrich, Rainer: Herzog Heinrich der Jüngere von Braunschweig-Wolfenbüttel (1489–1568). Leben und Politik bis zum Primogeniturvertrag von 1535, Langenhagen 1991.
Verspohl, Franz-Joachim (Hrsg.): Das Osnabrücker Schloß. Stadtresidenz, Villa, Verwaltungssitz, Bramsche 1991.
Vinage, Renate du: Ein vortreffliches Frauenzimmer. Das Schicksal von Eleonore Desmier d'Olbreuse (1639–1722), der letzten Herzogin von Braunschweig-Lüneburg-Celle, Berlin 2000.
Vorkamp, Gerhard: Das französische Hoftheater in Hannover (1668–1758), in: Niedersächsisches Jahrbuch für Landesgeschichte 29, 1957, S. 121–185.
Wagner, Norbert Berthold: Zur Regentschaft im Herzogtum Braunschweig (1884–1913), in: Niedersächsisches Jahrbuch für Landesgeschichte 72, 2000, S. 291–306.
Wagnitz, Friedrich: Herzog Friedrich Ulrich von Braunschweig-Wolfenbüttel. Ein glückloser Fürst in schwerer Zeit, in: Jahrbuch der Gesellschaft für niedersächsische Kirchengeschichte 87, 1989, S. 51–70.
Weiß, Ulrike: Dame, Herzog, Kurfürst, König. Das Haus der hannoverschen Welfen 1636–1866, Hannover 2008.
Wellenreuther, Hermann: Von der Interessenharmonie zur Dissoziation. Kurhannover und England in der Zeit der Personalunion, in: Niedersächsisches Jahrbuch für Landesgeschichte 67, 1995, S. 23–42.
Wende, Peter: Geschichte Englands, Stuttgart u. a. 1985.
Westermeyer, Ansgar: Das Osnabrücker Schloß. Planung und Bau im Zeitraum von 1668–1698, in: Franz-Joachim Verspohl (Hrsg.), Das Osnabrücker Schloß, Bramsche 1991, S. 55–96.
Wieden, Brage bei der (Hrsg.): Handbuch der niedersächsischen Landtags- und Ständegeschichte, Bd. 1: 1500–1806, Hannover 2004.
Willis, Geoffrey Malden: Ernst August, König von Hannover, Hannover 1961.
Wrede, Adolf: Ernst der Bekenner, Herzog von Braunschweig und Lüneburg, Halle 1888.
Ziegler, Walter: Braunschweig-Lüneburg, Hildesheim, in: Anton Schindling u. Walter Ziegler (Hrsg.), Die Territorien des Reichs im Zeitalter der Reformation und Konfessionalisierung. Land und

Konfession 1500–1650, Bd. 3: Der Nordwesten, Münster 1995, S. 8–43.

Zimmermann, Paul: Das Haus Braunschweig-Grubenhagen. Ein genealogisch-biographischer Versuch, Wolfenbüttel 1911.

Zimmermann, Paul: Ernst August, Herzog von Cumberland, Herzog zu Braunschweig und Lüneburg, Hannover 1929.

Stammtafel 1

MITTLERES HAUS LÜNEBURG

Heinrich d. Mittlere
(1468–1532)
Lüneburg 1486–1522
⚭ Margarethe v. Sachsen

LINIE HARBURG

Elisabeth
(1494–1572)
⚭ Karl v. Egmond
Hg v. Geldern

Otto I.
(1495–1549)
Lüneburg 1520/22–1527
Harburg 1527–1549
⚭ Meta v. Campe
(7 Kinder)

Ernst d. Bekenner
(1497–1546)
Lüneburg 1520/22–1546
⚭ Sophie v. Mecklenburg

Anna
(1502–1568)
⚭ Barnim IX.
v. Pommern

LINIE GIFHORN

Franz
(1508–1549)
Gifhorn 1539–1549
⚭ Klara v. Sachsen-Lauenburg

LINIE DANNENBERG

NEUES HAUS LÜNEBURG

Otto II.
(1528–1603)
Harberg 1549-1603
1. ⚭ Margarete v. Schwarzburg-Leutenberg *(4 Kinder)*
2. ⚭ Hedwig v. Ostfriesland *(12 Kinder)*

Franz Otto
(1530–1559)
Lüneburg 1555–1559
⚭ Elisabeth Magdalena v. Brandenburg

Heinrich
(1533–1598)
Lüneburg 1555–1569
Dannenberg 1569–1598
⚭ Ursula von Sachsen-Lauenburg

Wilhelm d. J.
(1535–1592)
Lüneburg 1559–1592
Diepholz 1585–1592
⚭ Dorothea v. Dänemark *(15 Kinder)*

NEUES HAUS LÜNEBURG

2.
Wilhelm
(1564–1642)
Harberg 1603–1642

2.
Christoph
(1570–1606)
reg. mit Wilhelm seit 1604
⚭ Elisabeth v. Braunschweig-Wolfenbüttel

2.
Otto III.
(1572–1641)
⚭ Hedwig v. Braunschweig-Wolfenbüttel

Julius Ernst
(1571–1636)
Dannenberg 1598–1636
⚭ Maria v. Ostfriesland

August d. J.
(1579–1666)
Wolfenbüttel 1635–1666
Dannenberg 1636–1666
Blankenburg 1642/51–1666
⬇
NEUES HAUS BRAUNSCHWEIG

Katharina
(1616 oder 1626–1665)
⚭ Adolf Friedrich v. Mecklenburg-Schwerin

Stammtafel 2

NEUES HAUS LÜNEBURG
(Herzöge, Kurfürsten von Hannover, Könige von Großbritannien und Hannover)

Wilhelm der Jüngere
(1535–1592)
⚭ Dorothea v. Dänemark

Ernst II.
(1564–1611)
Lüneburg
1592–1611

Christian d. Ä.
(1566–1633)
Adm. v. Minden
1599–1633
Lüneburg 1611–1633
Grubenhagen
1617–1633

August d. Ä.
(1568–1636)
Adm. v. Ratzberg
ab 1610
Lüneburg, Grubenhagen 1633–1636
Calenberg 1635/36

Friedrich
(1574–1648)
Lüneburg,
Grubenhagen
1636–1648

Magdalene
(/† 1618)*

Christian Ludwig
(1622–1665)
Calenberg 1641–1648
Lüneburg, Grubenhagen
1648–1665
⚭ Dorothea v.
Holstein-Glücksburg
(2. ⚭ Friedrich Wilhelm
Kurfürst v. Brandenburg)

Georg Wilhelm
(1624–1705)
Calenberg 1648–1665
Lüneburg 1665–1705
Dannenberg 1671–1705
Lauenburg 1689–1705
⚭ Eleonore Desmier
d'Olbreuse

Johann Friedrich
(1625–1679)
Calenberg, Grubenhagen 1665–16..
⚭ Benedikta
Henriette v. Pfalz-
Simmern

Sophie Dorothea
(1666–1726)
⚭ Georg I. Ludwig
(1660–1727)
➡ [siehe Georg I. Ludwig]

Anne Sophie
(1670–1672)

Charlotte Felicitas
(1671–1710)
⚭ Rinaldo III. d'Este

Henriette Marie
(1672/73)

Amalie Wilhelmine
(1673–1742)
⚭ Joseph I.
(1678–1711)
Röm.-Dt. Kaiser

Friedrich Ludwig
(1707–1751)
Prince of Wales
⚭ Augusta v.
Sachsen-Gotha

Anna
(1709–1759)
⚭ Wilhelm IV.
Fürst v. Nassau-
Dietz

Amelia Sophie
(1711–1768)

Augusta
(1737–1813)
⚭ Karl II.
Wilhelm Ferdinand
Hzg. v. Braunschweig-
Wolfenbüttel

Georg III.
(1738–1820)
Krf./Kg. v. Hannover
1760/1814–1820
Kg. v. Großbritannien
1760–1820
⚭ Charlotte v.
Mecklenburg-Strelitz
siehe nächste Seite

Eduard
(1739–1767)
⚭ Hzg. v. York

Stammtafeln 313

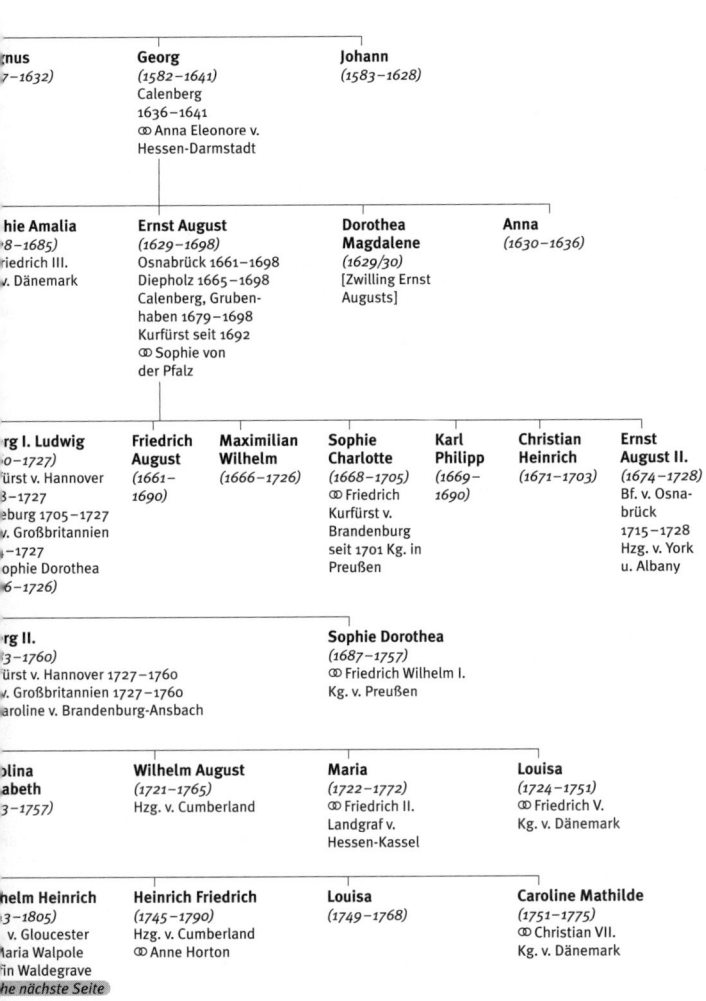

Stammtafel 2 Fortsetzung

Georg III.
(1738–1820)
Krf./Kg. v. Hannover
1760/1814–1820
Kg. v. Großbritannien
1760–1820
⚭ Charlotte v. Mecklenburg-Strelitz

Georg IV.
(1762–1830)
Regent 1811–1820
Kg. v. Hannover
1820–1830
Kg. v. Großbritannien
1820–1830
⚭ Karoline v. Braunschweig-Lüneburg

Friedrich
(1763–1827)
Hzg. v. York
Bf. v. Osnabrück
1764–1802
⚭ Friederike v. Preußen

Wilhelm IV.
(1765–1837)
Hzg. v. Clarence
Kg. v. Hannover
1830–1837
Kg. v. Großbritannien
1830–1837
⚭ Adelheid v. Sachsen-Meiningen

Charlotte Augusta
(1766–1828)
⚭ Kg. Friedrich I. v. Württemberg

Eduard
(1767–1820)
Hzg. v. Kent
⚭ Viktoria v. Sachsen-Coburg-Saalfeld
(1. ⚭ Karl ➡ *[zwei Ki..* Fürst v. Leiningen)

Charlotte
(1796–1817)
Prinzessin v. Wales
⚭ Prinz Leopold
(1790–1865)
Hzg. v. Sachsen-Coburg-Saalfeld

Viktoria
(1819–1901)
⚭ Albert v. Sachsen-Coburg

Marie Luise
(1879–1948)
⚭ Prinz Max v. Baden

Georg Wilh
(1880–1912

Stammtafeln

Wilhelm Heinrich
(1743–1805)
Hzg. v. Gloucester
⚭ Maria Walpole
Gräfin Waldegrave

Sophie Mathilda
(1773–1844)

Wilhelm Friedrich
(1776–1834)
Hzg. v. Gloucester
⚭ Marie (1776–1857)
[siehe Georg III.]

Augusta	Elisabeth	Ernst August	August Friedrich	Adolph Friedrich
(1768–1840)	(1770–1840) ⚭ Friedrich VI. v. Hessen- Homburg	(1771–1851) Hzg. v. Cumberland Kg. v. Hannover 1837–1851 ⚭ Friederike v. Mecklenburg-Strelitz	(1773–1843) Hzg. v. Sussex	(1774–1850) Hzg. v. Cambridge ⚭ Augusta v. Hessen-Kassel ⬇ [drei Kinder]

Maria	Sophia	Octavius	Alfred	Amalia
(1776–1857) ⚭ Wilhelm Friedrich (1776–1834) Hzg. v. Glou- cester	(1777 bis 1848)	(1779–1783)	(1780 bis 1782)	(1783 bis 1810)

Georg V.
(1819–1878)
Kg. v. Hannover
1851–1866
⚭ Marie v. Sachsen-Altenburg

Ernst August
(1845–1923)
Hzg. v. Cumberland
⚭ Thyra v. Dänemark

Alexandra	Olga	Christian	Ernst August
(1882–1963) ⚭ Ehzg. Franz IV. v. Mecklenburg- Schwerin	(1884–1958)	(1885–1901)	(1887–1953) Hzg. v. Braunschweig 1913–1918 ⚭ Victoria Luise v. Preußen

Stammtafel 3

**MITTLERES HAUS BRAUNSCHWEIG,
(WOLFENBÜTTEL, CALENBERG 1495–1634)**

Wilhelm d. J.
(um 1425–1503)
⚭ Anna v. Stolberg

Heinrich d. Ä.
(1463–1514)
Wolfenbüttel 1495–1514
⚭ Katharina v. Pommern

Christoph	Katharina	**Heinrich d. J.**	Elisabeth	Franz
(1487–1558)	*(1488–1563)*	*(1489–1568)*	*(*?)*	*(1492–1529)*
Bf. v. Verden	⚭ Hg. Magnus	Wolfenbüttel	Äbtissin v.	Bf. v. Minden
Ebf. v. Bremen	v. Sachsen-	1514–1568	Steterburg	1508–1529
1502/1511–	Lauenburg	1. ⚭ Marie v.	1532	
1588		Württemberg		
		2. ⚭ Sophie v.		
		Polen		

1.	1.	1.	1.	1.
Margarethe	**Katharina**	**Marie**	**Karl Viktor**	**Philipp Magr**
(1516/17–1580)	*(1518–1574)*	*(1521?–1539)*	*(1525–1553 ✕)*	*(1527–1553 ✕*
⚭ Hzg. Johann v.	⚭ Mgf. Johann	Äbtissin v.		
Schlesien	v. Brandenburg	Gandersheim		
		1531–1539		

Sophie Hedwig	**Heinrich Julius**	Marie	Elisabeth	Philipp
(1561–1631)	*(1566–1613)*	*(1566–1626)*	*(1567–1618)*	**Sigismund**
⚭ Hzg. Ernst	Adm. v. Halberstadt	⚭ Hzg. Franz II.	1. ⚭ Gf. Adolf XI(I.)	*(1568–1623)*
Ludwig v.	1566–1613	v. Sachsen-	v. Schaumburg	Bf. v. Verden
Pommern	Wolfenbüttel 1568–1589	Lauenburg	2. ⚭ Hzg. Christoph	1586–1623
	Calenberg 1584–1589		v. Braunschweig-	Gewählter Bf.
	Grubenhagen 1596–1613		Lüneburg	v. Osnabrück
	1. ⚭ Dorothea v. Sachsen		[NL Harburg]	1591–1623
	2. ⚭ Elisabeth v. Dänemark			

	2.	2.	2.	2.
Dorothea	**Friedrich Ulrich**	**Sophie**	**Elisabeth**	**Hedwig**
Hedwig	*(1591–1634)*	**Hedwig**	*(1593–1650)*	*(1595–1650)*
(1587–1609)	Wolfenbüttel, Calen-	*(*1592)*	1. ⚭ August v.	⚭ Hzg. Ulrich
⚭ Fst. Rudolf	berg 1613–1634	⚭ Gf. Ernst	Sachsen	v. Pommern
v. Anhalt	Grubenhagen 1613–1617	Kasimir v.	2. ⚭ Hzg. Johann	
	⚭ Anna Sophie	Nassau	Philipp v. Sachsen-	
	v. Brandenburg		Altenburg	
	ausgestorben			

Stammtafeln

Erich I. v. Calenberg
(1470–1540)
Calenberg-Göttingen 1495–1540
1. ⚭ Katharina v. Sachsen
2. ⚭ Elisabeth v. Brandenburg
1540–1546 Regentin

...org	**Wilhelm**	**Erich**	**Erich II.**	**Anna Maria**
...94–1566)	*(1496–1552)*	*(1500–1532)*	v. Calenberg	*(1532–1568)*
v. Minden	Deutscher Orden	Deutscher Orden	*(1528–1584)*	⚭ Albrecht d. Ä.
v. Verden	Landkomtur	Landkomtur	Calenberg-Göttingen	Markgf. v.
. v. Bremen	in Mirow	in Koblenz	1540–1584	Brandenburg
.4/1558/	1541–1552	1524–1532	1. ⚭ Sidonie v.	
.8–1566			Sachsen	
			2. ⚭ Dorothea v.	
			Lothringen	
			ausgestorben	

1.
Julius
(1528–1589)
Wolfenbüttel 1568–1589
Calenberg 1584–1589
⚭ Hedwig v. Brandenburg

1.
Klara
(1532–1595)
⚭ Hg. Philipp II. v. Grubenhagen

...rl	**Sabina Katharina**	**Dorothea Auguste**	**Julius August**	**Hedwig**
.73–1615)	*(1574–1590)*	*(1577–1625)*	*(1578–1617)*	*(1580–1657)*
.mpropst		Äbtissin v.	Propst an	⚭ Hzg. Otto III.
Straßburg		Gandersheim	St. Blasius	v. Braunschweig-
.1–1593		1611–1625	in Braun-	Lüneburg
			schweig	[NL Harburg]

2.	**2.**	**2.**	**2.**
...rothea	**Christian**	**Rudolf**	**Anna Auguste**
.96–1643)	*(1599–1626)*	*(1602–1616)*	*(1612–1673)*
Mgf. Christian	Adm. v. Halber-		⚭ Gf./Prinz Georg
.helm v.	stadt		Ludwig v. Nassau
.ndenburg	1616–1623		

Stammtafel 4

**BRAUNSCHWEIG-WOLFENBÜTTEL
(NEUES HAUS BRAUNSCHWEIG) 1635–1735**

August der Jüngere
(1579–1666)
Wolfenbüttel 1635–1666
1. ⚭ Klara Maria v. Pommern
2. ⚭ Dorothea v. Anhalt-Zerbst
3. ⚭ Sophia Elisabeth v. Mecklenburg-Güstrow

2.
Rudolf August
(1627–1704)
1666–1704
1. ⚭ Christiane Elisabeth v. Barby-Mühlingen
2. ⚭ Rosina Elisabeth Menthe

2.
Sibylla Ursula
(1629–1671)
⚭ Hzg. Christian v. Schleswig-Holstein-Sonderburg-Glücksburg

2.
Klara Augusta
(1632–1700)
⚭ Hzg. Friedrich v. Württemberg

2.
Anton Ulrich
(1633–1714)
Wolfenbüttel 1685 Mitregent/ 1704–1714
⚭ Elisabeth Juliana v. Holstein-Norburg

3.
Ferdinand Albrecht I.
(1636–1687)
⚭ Christine v. Hessen-Eschwege
NEBENLINIE BEVERN seit 1667

3.
Maria Elisabeth
(1638–1687)
⚭ Hzg. Adolf Wilhelm v. Sachsen-Eisenach

1.
Dorothea
(1653–1722)
⚭ Hzg. Johann Adolf v. Holstein-Plön

1.
Christine Sophie
(1654–1695)
Äbtissin v. Gandersheim 1678–1681
⚭ Hzg. August Wilhelm v. Braunschweig-Wolfenbüttel

August Friedrich
(1657–1676 ✕)
kaiserlicher Oberst

Elisabeth Eleonore
(1658–1729)
1. ⚭ Hzg. Johann Georg v. Mecklenburg-Schwerin
2. ⚭ Hzg. Bernhard v. Sachsen-Meiningen

Anna Sophie
(1659–1742)
⚭ Mgf. Karl Gustav v. Baden-Durlach

August Wilhelm
(1662–1731)
Wolfenbüttel 1714–1731
1. ⚭ Christine Sophie v. Braunschweig-Wolfenbüttel
2. ⚭ Sophie Amalie v. Holstein-Gottorp
3. ⚭ Elisabeth v. Holstein-Norburg

Auguste Dorothea
(1666–1751)
⚭ Fürst Anton Günther v. Schwarzburg-Sondershausen

Henriette Christine
(1669–1753)
Äbtissin v. Gandersheim 1693–1712

Ludwig Rudolf
(1671–1735)
Blankenburg 1690–1735
Wolfenbüttel 1731–1735
⚭ Christine Luise v. Oettingen

Elisabeth Christine
(1691–1750)
⚭ Kaiser Karl VI. v. Österreich

Charlotte Christine Sophie
(1694–1715)
⚭ Alexej Petrowitsch Zarewitsch
[Sohn Zar Peters I.]

Antoinette Amalie
(1696–1762)
⚭ Hzg. Ferdinand Albrecht II. v. Braunschweig-Bevern

Sophie Eleonore
(1674–1711)
Kanonisse zu Gandersheim 1694

August Ferdinand
(1677–1704 ✕)
Bevern 1687–1704

Ferdinand Albrecht II.
(1680–1735)
Bevern 1704–1735
Wolfenbüttel 1735
⚭ Antoinette Amalie v. Braunschweig-Blankenburg

Ferdinand Christian
(1682–1706)

Ernst Ferdinand
(1682–1746)
⚭ Eleonore Charlotte v. Kurland
JÜNGERE LINIE BEVERN

Heinrich Ferdinand
(1684–1706 ✕)

Stammtafel 5

**BRAUNSCHWEIG-WOLFENBÜTTEL
(NEUES HAUS BRAUNSCHWEIG) 1735–1884**

Ferdinand Albrecht II.
(1680–1735)
Bevern 1704–1735
∞ Antoinette Amalie
v. Braunschweig-Blankenburg

Karl I.
(1713–1780)
Wolfenbüttel
1735–1780
∞ Philippine
Charlotte v.
Preußen

Anton Ulrich
(1714–1776)
1740 russ.
Generalissimus
∞ Elisabeth (Anna
Leopoldowna) v.
Mecklenburg
1740/41 Regentin
in Rußland

**Elisabeth
Christine**
(1715–1797)
∞ Kg. Friedrich II.
v. Preußen

Ludwig Ernst
(1718–1788)
1750–1784
Generalfeld-
marschall der
Generalstaaten

Ferdinand
(1721–1792)
preuß. General-
feldmarschall

Luise Amalie
(1722–1780)
∞ Prinz Au-
gust Wilhelm
v. Preußen

**Sophie
Antoinette**
(1724–1802)
∞ Hzg. Ernst
Friedrich v.
Sachsen-Co-
burg-Saalfeld

Albrecht
*(1725–
1745 ✗)*

**Christine
Charlotte Luise**
(1726–1766)
Dechantin v.
Quedlinburg

**Therese
Natalie**
(1728–1778)
Äbtissin v.
Gandersheim

Juliane Marie
(1729–1796)
∞ Kg. Friedrich V.
v. Dänemark

Friedrich Franz
(1732–1758 ✗)
preuß Major

**Wilhelm
Ferdinand**
(1735–1806 ✗)
Wolfenbüttel
1780–1806
∞ Augusta v.
Großbritannien

Sophie Karoline
(1737–1817)
∞ Mgf. Friedrich
v. Brandenburg-
Bayreuth

Anna Amalie
(1739–1807)
∞ Hzg. Ernst
August II.
Konstantin v.
Sachsen-Weimar-
Eisenach
Regentin 1758–1775

Friedrich August
(1740–1805)
∞ Friederike v.
Württemberg

**Albrecht
Heinrich**
(1742–1761)

Wilhelm Adolf
(1745–1770 ✗)

**Elisabeth
Christine Ulrike**
(1746–1840)
∞ (Kg.) Friedrich
Wilhelm II. v. Preußen
[gesch. 1769]

**Auguste
Dorothea**
(1749–1810)
Äbtissin v.
Gandersheim

**Maximilian
Julius Leopold**
(1752–1785)

Augusta
(1764–1788)
∞ (Kg.) Fried-
rich I. v. Würt-
temberg

**Karl Georg
August**
(1766–1806)
∞ Friederike Luise
Wilhelmine v.
Nassau-Oranien

**Karoline Amalie
Elisabeth**
(1768–1821)
∞ Georg IV. v.
Großbritannien
u. Irland u. Kg. v.
Hannover

**Georg
Wilhelm
Christian**
(1769–1811)

August
(1770–1820)

*verzichten 1806
auf die Thronfolge*

Friedrich Wilhelm
(1771–1815)
Braunschweig
1806–1815
∞ Marie v. Baden

Katharina
(1783–1835)
∞ Jérôme Bonaparte
Kg. v. Westfalen

Karl II.
(1804–1873)
1815 unter Vormundschaft
Braunschweig 1823–
1830/31 entthront

Wilhelm
(1806–1884)
1824 in Öls
Braunschweig
1830/31–1884
ausgestorben

Personenregister

Addington, Henry 199
Adelheid v. Sachsen-Meiningen, Kgn. von Großbritannien 205
Adolf Friedrich, Hz. v. Cambridge 222, 227, 231, 233–234, 245
Albrecht, Kf. v. Brandenburg 18
Albrecht, Hz. v. Braunschweig-Lüneburg-Grubenhagen 40
Albrecht, Prinz v. Preußen 279–280
Albrecht, Wilhelm Eduard 238
Albrecht Alcibiades, Mgf. v. Brandenburg-Kulmbach 33, 51–52
Alexander I., russ. Zar 223
Alexander III., russ. Zar 264
Alexandra von Braunschweig-Lüneburg, Großhzn. v. Mecklenburg-Schwerin 265, 281
Alexandra Karoline, Kgn. v. Großbritannien 264
Alexej, Großfürst 91
Andreae, Jakob 53
Anna, Kgn. v. Großbritannien 169–174, 193
Anna Elenore v. Hessen-Darmstadt, Hzn. v. Braunschweig-Lüneburg 66
Antoinette Amalie v. Braunschweig-Lüneburg 97
Anton Günter, Fst. von Schwarzburg 88
Anton Ulrich, Hz. v. Braunschweig-Wolfenbüttel 75–78, 80–88, 90–94, 96–97, 150–151, 153, 155–156
Argyll, John Campbell Hg. v. 181
Arighini, Giuseppe 126
August, Kf. v. Sachsen 38
August d. Ä., Hz. v. Braunschweig-Lüneburg 67–68, 70
August d. J., Hz. v. Braunschweig-Lüneburg-Wolfenbüttel 67–68, 70-71, 75–81, 96, 118
August Ferdinand, Hz. v. Braunschweig-Lüneburg-Bevern 96
August Friedrich, Hz. v. Sussex 233
August Wilhelm, Hz. v. Braunschweig-Wolfenbüttel 90, 92–95
August Wilhelm, Prinz v. Preußen 97
Augusta Karoline v. Braunschweig-Wolfenbüttel 110–111

Augusta v. Wales, Hzn. v.
  Braunschweig-Wolfenbüttel
  101, 110, 113
Auguste Dorothea v. Braunschweig-Wolfenbüttel, Fstn.
  v. Schwarzburg 88

Bauer, Anton Heinrich 163
Bedogni, Lorenzo 125, 162
Behr, Burghardt Christian v.
  219
Benedikta Henriette Philippine,
  Pfalzgfn., Hzn. v. Braun-
  schweig-Lüneburg 137
Bennigsen, Alexander Gf. v.
  247–248
Bennigsen, Rudolf v. 255
Berge, Georg Friedrich v. d.
  119
Bernstorff, Andreas Gottlieb
  Gf. v. 128, 130, 181, 211–
  213
Bernstorff, Bechthold Gf. v. 264
Bethmann Hollweg, Theobald
  v. 281–282
Bismarck, Otto Fst. v. 258,
  261–262, 276–279
Blücher, Gebhard v. 200
Bode, Wilhelm Julius 270
Bothmer, Hans Kaspar v. 181,
  212–213
Borries, Wilhelm Gf. v. 254–
  255
Bradstreet, John 60
Brühl, Heinrich Gf. v. 94
Bucco, Lucas de 127
Bülow, Bernhard v. 281
Bugenhagen, Johann 48
Burgoyne, John 195
Busch, Cornelius v. d. 76

Busch, Johannes 13
Bute, John Stuart Earl of 191

Cadart, Marinus 164
Calixt, Georg 55, 78, 92
Campe, Joachim Heinrich 112
Campen, Jacob van 88
Caroline Mathilde, Kgn. v.
  Dänemark 131
Caroline von Monaco 288
Carteret, John 187
Charbonnier, Ernst August 163
Charbonnier, Martin 163
Charlotte v. Mecklenburg-
  Strelitz, Kgn. v. Großbritan-
  nien 193, 234
Charlotte Augusta, Prinzessin
  v. Wales 202, 204
Charlotte Christine Sophie v.
  Braunschweig-Wolfenbüttel,
  russ. Kronprinzessin 91, 95
Charlotte Felicitas v. Braun-
  schweig-Lüneburg, Hzn. v.
  Este-Modena 137
Chemnitz, Martin 53
Chiaramella di Gandino,
  Francesco 57
Christian, Hz. v. Braunschweig-
  Lüneburg 27, 65–67
Christian II., Kg. v. Dänemark
  18
Christian IV., Kg. v. Dänemark
  66
Christian VII., Kg. von Däne-
  mark 131
Christian IX., Kg. von Däne-
  mark 264
Christian Heinrich, Hz. v.
  Braunschweig-Lüneburg
  151–152

Christian Ludwig, Hz. v.
  Braunschweig-Lüneburg 71,
  118–120, 126, 129, 133, 135,
  138–139
Christine Luise von Oettingen,
  Hzn. v. Braunschweig-Wolfenbüttel 95
Christine Sophie, Hzn. v.
  Braunschweig-Wolfenbüttel
  94
Christoph, Hz. v. Braunschweig-Lüneburg, Erzbf. v.
  Bremen 22, 44, 52
Clara Augusta v. Braunschweig-Wolfenbüttel, Hzn. v. Württemberg 77
Cöler, Chrysostomos 73
Colbert, Jean Baptiste 79
Conring, Hermann 55, 78
Contades, Louis-Georges-Erasme Marquis de 108
Conyngham, Elizabeth 204
Cornwallis, Lord Charles 196
Corvinus, Antonius 31, 33
Cramm, August Adolf v. 99
Culemann, Friedrich Wilhelm
  113

Dagmar von Dänemark, russ.
  Zarin 264
Dahlmann, Friedrich Christoph
  232, 238–239
Davoût, Louis Nicolas 117
Decken, Adolf Gf. v. d. 254
Dehn, Konrad Detlev v. 94
Desmier d'Olbreuse, Alexander
  II. 122
Desmier d'Olbreuse, Jacquette
  Poussard 122
Doria, Andrea 39

Dorothea v. Dänemark, Hzn. v.
  Braunschweig-Lüneburg 26
Dorothea v. Lothringen, Hzn.
  v. Braunschweig-Lüneburg
  35, 39–40
Dumouriez, Charles François
  115

Ebell, Georg 220
Ebert, Johann Arnold 104–105
Eduard VII., Kg. v. Großbritannien 264
Edzard, Gf. v. Ostfriesland 45
Eichhorn, Karl Friedrich 243
Eléonore Desmier d'Olbreuse,
  Hzn. v. Braunschweig-Lüneburg 122–124, 126, 130, 160
Elisabeth v. Brandenburg, Hzn.
  v. Braunschweig-Lüneburg
  14, 29-34, 49-50
Elisabeth v. Dänemark, Hzn. v.
  Braunschweig-Wolfenbüttel
  60
Elisabeth v. Dänemark, Kfn. v.
  Brandenburg 29
Elisabeth v. Waldeck, Hzn. v.
  Braunschweig-Lüneburg-Grubenhagen 40
Elisabeth Christine v. Braunschweig-Wolfenbüttel, Ksn.
  91, 95, 156
Elisabeth Christine v. Braunschweig-Wolfenbüttel,
  Kgn. v. Preußen 97
Elisabeth Christine Ulrike v.
  Braunschweig-Wolfenbüttel
  101
Elisabeth Juliane v. Holstein-Norburg, Hzn. v. Braunschweig-Wolfenbüttel 88–89

Elisabeth Sophie v. Holstein-Norburg, Hzn. v. Braunschweig-Wolfenbüttel 94
Elisabeth Stuart, Pfalzgfn. 120–121, 143
Emilie, Fstn. v. Tarent-Trémoille 122
Erich, Hz. v. Braunschweig-Lüneburg-Grubenhagen 40–41
Erich I., Hz. v. Braunschweig-Lüneburg 14, 17–19, 27–30, 32, 36–37, 41, 44
Erich II., Hz. v. Braunschweig-Lüneburg 29–40, 50
Ernst, Hz. v. Braunschweig-Lüneburg-Grubenhagen 41
Ernst der Bekenner, Hz. v. Braunschweig-Lüneburg 14, 19–24, 41, 125
Ernst II., Hz. v. Braunschweig-Lüneburg 27, 59, 62
Ernst August, Hz. v. Braunschweig-Lüneburg, Kf. 82–84, 120–124, 127–128, 130, 136–137, 139–151, 153–155, 158–161, 163–167, 210
Ernst August, Kg. v. Hannover 203, 227, 233–237, 239, 241–247, 250–251, 264
Ernst August, Kronprinz v. Hannover, Hz. v. Cumberland 252, 263–266, 276–282
Ernst August, Herzog v. Braunschweig 265–266, 280–283, 286–288
Ernst August (1914–1987), Prinz v. Hannover 288
Ernst August (*1954), Prinz v. Hannover 288

Erxleben, Karl 261
Eschenburg, Johann Joachim 105
Eugen, Prinz v. Savoyen 96
Ewald, Heinrich 238

Falkenhain, Ferdinand Friedrich v. 150
Farinel, Jean Baptiste 165
Ferdinand, Hz. v. Braunschweig-Lüneburg 100, 106–109, 191
Ferdinand von Bayern, Erzbf. v. Köln 69, 71
Ferdinand I., Ks. 51
Ferdinand II., Ks. 69
Ferdinand III., Ks. 69
Ferdinand Albrecht I., Hz. v. Braunschweig-Lüneburg-Bevern 77, 80, 96
Ferdinand Albrecht II., Hz. v. Braunschweig-Lüneburg-Bevern 96–98
Findorff, Jürgen Christian 219
Fitzherbert, Maria Anna 201–202
Fleischer, Karl Christoph Wilhelm 110
Fosse, Louis Remy de la 130, 164
Fox, Charles James 197, 201
Francke, Paul 54, 57–58
Franz, Hz. v. Braunschweig-Lüneburg-Wolfenbüttel 17–18, 44
Franz, Hz. v. Braunschweig-Lüneburg-Gifhorn 19–20
Franz I., Kg. v. Frankreich 16
Franz II., Ks. 114
Franz Joseph, Ks. 259
Franz I. Stephan, Ks. 260

Friederike, Kgn. v. Hannover 234, 245, 251
Friederike v. Hannover 252
Friedrich II., Ks. 9–10
Friedrich III., dt. Ks. 258, 279
Friedrich II., der Große, Kg. v. Preußen 97, 99–100, 108–109, 130, 187, 189–191, 211, 216–217
Friedrich (III.) I., Kf. v. Brandenburg, Kg. in Preußen 144, 148, 151
Friedrich VIII., Kg. v. Dänemark 264
Friedrich, Kf. v. Sachsen 19
Friedrich V., Kf. v. d. Pfalz 120
Friedrich, Hz. v. Braunschweig-Lüneburg 27, 68, 70, 118
Friedrich I., Kg. v. Württemberg 111
Friedrich, Hz. v. York 221, 233
Friedrich August, Erbprinz v. Braunschweig-Wolfenbüttel 83, 123–124
Friedrich August v. Braunschweig-Lüneburg 150–151
Friedrich Franz IV., Großhz. v. Mecklenburg-Schwerin 265, 281
Friedrich Ludwig, Prinz v. Preußen 234
Friedrich Ludwig, Fürst zu Hohenlohe-Ingelfingen 117
Friedrich Ludwig, Prinz von Wales 110, 185, 193, 213
Friedrich Ulrich, Hz. v. Braunschweig-Wolfenbüttel 60, 65–68
Friedrich Wilhelm, Hz. v. Braunschweig-Wolfenbüttel 110, 117, 225–226, 266–267
Friedrich Wilhelm I., Kg. v. Preußen 96–97, 167
Friedrich Wilhelm II., Kg. v. Preußen 97, 101, 114
Friedrich Wilhelm III., Kg. v. Preußen 116-117, 234
Friedrich Wilhelm IV., Kg. v. Preußen 234, 249

Gärtner, Karl Christian 104
Gatterer, Johann Christoph 215
Gauß, Carl Friedrich 105, 238
Georg, Hz. v. Braunschweig-Lüneburg-Wolfenbüttel, Erzbf. v. Bremen 44
Georg, Hz. v. Braunschweig-Lüneburg 27, 65–70, 72, 118, 120, 135, 138–139, 142, 149–150, 162
Georg, Hz. v. Sachsen 18
Georg, Prinz v. Dänemark 169
Georg I., Kf. v. Hannover, Kg. v. Großbritannien 124, 130, 137, 141, 149, 152–153, 156-159, 161, 165-168, 170, 172–174, 180–184, 186, 210, 212–213
Georg II., Kf. v. Hannover, Kg. v. Großbritannien 104, 108, 130, 157, 173, 184–188, 190–192, 213, 215
Georg III., Kg. v. Großbritannien und Hannover 101, 109–110, 131, 192–198, 201–203, 217–219, 222–223, 233, 235–236, 242
Georg IV., Kg. v. Großbritannien und Hannover 111, 201–205, 267–269

Georg V., Kg. v. Hannover 242–243, 245–246, 248, 250–257, 259–263, 276–278, 282
Georg Wilhelm, Hz. v. Braunschweig-Lüneburg 118–130, 138–140, 146, 154, 160–162, 167, 170
Georg Wilhelm v. Braunschweig-Lüneburg (1880–1912) 265
Georg Wilhelm Christian v. Braunschweig-Wolfenbüttel 110, 117
Gervinus, Georg Ottfried 238–239
Gesner, Johann Matthias 215
Giusti, Tommaso 133, 162–163
Goertz, Friedrich Wilhelm v. 212
Graefe, Ferdinand v. 242
Grana, Dossa 162–163
Grandis, Vincenzo de 164
Grey, Charles 205
Grimm, Jakob 238–239
Grimm, Wilhelm 238
Grote, Otto Gf. 138, 147–148, 154
Gustav Adolf, Kg. v. Schweden 67

Haase, Hugo 285
Händel, Georg Friedrich 166, 181, 188
Haller, Albrecht v. 215
Hartwieg, Adolf 280
Hattorf, Johann 167
Hattorf, Johann Philipp 212

Hedwig v. Brandenburg, Hzn. v. Braunschweig-Wolfenbüttel 53
Heinrich, Prinz v. Preußen 279
Heinrich, Hz. v. Braunschweig-Lüneburg-Dannenberg 24–26, 59–60
Heinrich IV., Hz. v. Braunschweig-Lüneburg-Grubenhagen 40
Heinrich d. Ä., Hz. v. Braunschweig-Lüneburg-Wolfenbüttel 27, 42–45, 56
Heinrich d. J., Hz. v. Braunschweig-Lüneburg-Wolfenbüttel 14, 17–19, 26, 29–31, 33–34, 37, 41, 43, 45–53, 56–59, 268
Heinrich d. M., Hz. v. Braunschweig-Lüneburg 15–19, 44
Heinrich der Löwe, Hz. v. Sachsen u. Bayern 9–10, 48, 287
Heinrich Julius, Hz. v. Braunschweig-Lüneburg-Wolfenbüttel 40, 42, 53–54, 57–63, 65
Henri Charles, Fürst v. Tarent-Trémoille 122
Heyne, Christian Gottlob 215
Hinüber, Jobst Anton v. 219
Holle, Eberhard v. 25
Holstenius, Lucas 134
Hugo, Ludolf 147, 150

Jakob I., Kg. v. England und Schottland 121, 168
Jakob II., Kg. v. England und Schottland 168, 170, 178–179, 181

Jakob (III.) Eduard Stuart 168–169, 181–182
Jérôme Bonaparte, Kg. v. Westfalen 224, 227
Jerusalem, Johann Friedrich Wilhelm 103–104
Joachim I., Kf. v. Brandenburg 29
Joachim II., Kf. v. Brandenburg 30, 53
Johann, Hz. v. Sachsen-Lauenburg, Bf. v. Hildesheim 17–18, 22
Johann Albrecht, Hz. v. Mecklenburg-Schwerin 280
Johann Friedrich, Hz. v. Braunschweig-Lüneburg 80, 82–83, 119–120, 127, 130, 132, 134–142, 146, 148, 161–164
Johann Friedrich, Markgf. v. Brandenburg-Ansbach 185
Johann Philipp, Rheingf. v. Salm 35
Johannes, Markgf. v. Küstrin 53
Joseph Bonaparte, Kg. v. Spanien 200
Joseph von Copertino 134
Joseph I., Ks. 91, 94, 137
Joseph II., Ks. 221
Julius, Hz. v. Braunschweig-Lüneburg-Wolfenbüttel 39–40, 43, 52–58
Julius Ernst, Hz. v. Braunschweig-Lüneburg-Dannenberg 67

Karl, Hz. v. Geldern 17-18
Karl, Hz. v. Lothringen 153
Karl I., Hz. v. Braunschweig-Wolfenbüttel 90, 97–101, 103–104, 106–107
Karl II., Hz. v. Braunschweig 267, 273
Karl II., Kf. v. d. Pfalz 152
Karl II., Kg. v. England u. Schottland 168
Karl III., Hz. v. Lothringen 40
Karl V., Ks. 16–19, 29, 32, 48–49
Karl VI., Ks. 91, 94
Karl VII., Ks. 187
Karl XII., Kg. v. Schweden 130
Karl Alexander, Hz. v. Lothringen 260
Karl Eduard Stuart 188
Karl Georg August v. Braunschweig-Wolfenbüttel 110, 117
Karl Philipp v. Braunschweig-Lüneburg 150
Karl Viktor v. Braunschweig-Lüneburg-Wolfenbüttel 49, 51
Karl Wilhelm Ferdinand, Hz. v. Braunschweig-Wolfenbüttel 99, 101, 105, 107, 109–117, 225
Karoline v. Brandenburg-Ansbach, Kgn. v. Großbritannien 185–187, 192, 214
Karoline Amalie v. Braunschweig-Wolfenbüttel, Prinzessin v. Wales 110-111, 202
Katharina Medici, franz. Kgn. 35
Katharina II., russ. Zarin 98, 111
Kaunitz, Wenzel Fürst v. 190
Kautsky, Karl 285

Kellermann, François Christophe 115
Kielmannsegg, Eduard Gf. v. 255
Kielmannsegg, Sophie Charlotte v. 164
Kircher, Athanasius 78
Klemens XI., Papst 165
Königsmarck, Philipp Christoph Graf v. 157–159
Korb, Hermann 87–89, 95, 98
Krabbe, Johannes 60
Krahe, Peter Joseph 113, 274
Kruse, Gottschalk 21–23
Kusser, Johann Sigismund 86

Lampadius, Jakob 73
Landsberg, Berthold v. 43
Langen, Franz Philipp v. 95
Langen, Johann Georg v. 95, 102
Langenbeck, Heinrich 73
Langwagen, Christian Gottlieb 99
Lasthausen, Bernhardin 47
Lauterbach, Johann Balthasar 85, 87–88
Laves, Georg Ludwig Friedrich 245, 251
Leibniz, Gottfried Wilhelm 136–137, 143, 152, 171–172
Leist, Justus Christoph 237
Leopold I., Ks. 91, 127–128, 149, 154
Leopold v. Sachsen-Coburg-Saalfeld, belg. Kg. 204
Leopold Wilhelm, Ehz. 70
Lessing, Gotthold Ephraim 105–106

Lichtenberg, Georg Christoph 215
Limbach, Johann Christoph 151
Ludwig I., Fürst v. Anhalt-Köthen 78
Ludwig V., Landgf. v. Hessen-Darmstadt 66
Ludwig XIV., Kg. v. Frankreich 79, 127, 144, 153, 165
Ludwig XVI., Kg. v. Frankreich 114–115
Ludwig XVIII., Kg. v. Frankreich 114
Ludwig Rudolf, Hz. v. Braunschweig-Wolfenbüttel 93–97
Lütcken, Eduard v. 254
Luise, Kgn. v. Preußen 234
Luise von Hessen-Kassel, Kgn. v. Dänemark 264
Lully, Jean Baptiste 165
Luther, Martin 13, 20–21, 30, 45

Macclesfield, Charles Gerard Earl of 171
Malortie, Ernst v. 244–245
Mar, John Erskine Earl of 181
Margarethe v. Sachsen, Hzn. v. Braunschweig-Lüneburg 19
Maria Beatrice d'Este 168
Maria Theresia, Ksn. 216
Marie, Kgn. v. Hannover 252, 259, 265
Marie Elisabeth v. Braunschweig-Wolfenbüttel, Hzn. v. Sachsen-Eisenach 77
Marie Luise v. Cumberland, Prinzessin v. Baden 265, 281
Marie Luise Viktoria v. Sachsen-Coburg-Saalfeld, Hzn. v. Kent 235

Marie de la Tour d'Auvergne, Hzn. v. Thouars 122
Mary v. Hannover 252, 265
Matthias, Ks. 60, 63
Mauro, Ortensio 165
Max, Prinz v. Baden 265, 281–282, 286
Maximilian I., Ks. 16
Maximilian II., Ks. 42
Maximilian Emanuel, Kf. v. Bayern 144
Maximilian Wilhelm, Hz. v. Braunschweig-Lüneburg 151–152
Meding, Oskar 252, 260
Melbourne, William Lamb Viscount 206
Merges, August 286
Metternich, Klemens Lothar Wenzel Fürst v. 268, 272
Miquel, Johannes 255
Möser, Justus 239
Montalban, Nicolò Gf. v. 158
Moritz, Kf. v. Sachsen 33, 38, 51
Moritz, Landgf. v. Hessen-Kassel 59
Moritz, Prinz v. Anhalt-Dessau 108
Mortier, Édouard 222
Münchhausen, Alexander v. 250
Münchhausen, Gerlach Adolf Frhr. v. 211, 213–217
Münchhausen, Hieronymus v. 95, 99
Münchhausen, v., Oberhofmarschall 117
Münster, Ernst Herbert Gf. zu 213, 223, 227–231, 267

Napoleon Bonaparte, franz. Ks. 116–117, 199–200, 223–225, 228–229, 267
Napoleon III., franz. Ks. 273
Narbonne-Lara, Louis Gf. de 113–114
Nash, John 202
Nelson, Horatio 199
Neuber, Friederike Caroline 95
North, Frederick Earl of Guilford 195–197

O'Connell, Daniel 203
Olga v. Cumberland 265
Oliva, Gian Paolo 134
Ompteda, Ludwig v. 231
Ondermark, Martin 23
Ottmer, Carl Theodor 274–275
Otto IV., Ks. 9
Otto I., Hz. v. Braunschweig-Lüneburg-Harburg 19–20
Otto II., Hz. v. Braunschweig-Lüneburg-Harburg 59
Otto III., Hz. v. Braunschweig-Lüneburg-Harburg 67–68
Otto das Kind, Hz. v. Braunschweig-Lüneburg 10
Otto, Albert v. 279, 281
Oxenstierna, Axel 69

Palladio, Andrea 88, 113
Pâtissier de Châteauneuf, Auguste Pierre 166
Peel, Robert 206
Pelham, Henry 190
Pelham-Holles, Thomas, Hg. v. Newcastle 190
Perinetti, Giacomo 162
Peter der Große, russ. Zar 91
Peter II., russ. Zar 91

Peter, Großhz. v. Oldenburg 277
Philipp Magnus v. Braunschweig-Lüneburg-Wolfenbüttel 51
Philipp, Landgf. v. Hessen 18, 30–31, 49–50
Philipp I., Hz. v. Braunschweig-Lüneburg-Grubenhagen 14, 40–41
Philipp II., Hz. v. Braunschweig-Lüneburg-Grubenhagen 42
Philipp II., Kg. v. Spanien 35, 39
Philipp V., Kg. v. Spanien 182
Philipp Sigismund v. Braunschweig-Lüneburg-Wolfenbüttel 145
Philippine Charlotte v. Preußen, Hzn. v. Braunschweig-Wolfenbüttel 97, 106
Pitt, William 191, 197
Pitt d. J., William 197–199
Platen, Clara Elisabeth v., geb. v. Meisenbug 144, 166
Platen, Franz Ernst Gf. v. 127, 144, 147–148, 211
Platen-Hallermund, Adolf Gf. v. 256, 260
Podewils, Heinrich v. 140
Poppo, Gf. v. Henneberg 32
Praetorius, Michael 60
Pütter, Johann Stephan 215

Querini, Giacomo 162

Rantzau, Christoph Gf. v. 134
Rhegius, Urbanus 23
Riedesel, Friedrich Adolf v. 107
Rinaldo III., Hz. v. Este-Modena 137
Robinson, Mary 201
Rockingham, Charles Watson-Wentworth Marquess of 196
Rode, Johann 44
Rosso, Pietro 163
Rudloff, Wilhelm August 218
Rudolf II., Ks. 60, 62
Rudolf August, Hz. v. Braunschweig-Wolfenbüttel 77, 80–81, 84, 87, 96
Rumschottel, Anna 29

Sackville, Thomas 60–61
Saint-André, Jacques d'Albon, Seigneur de 35
Sartorio, Antonio 164
Sartorio, Geronimo 161–162, 164
Saubert, Johannes 76
Schele, Eduard Frhr. v. 254
Schele, Georg v. 230, 236–237
Schill, Ferdinand v. 225
Schleinitz, Wilhelm Frhr. v 270, 275
Schlözer, August Ludwig v. 215
Schmidt-Phiseldeck, Wilhelm Justus 266–269
Schoch, Johann Leopold Ludwig 113
Schönborn, Johann Philipp Reichsfrhr. v. 74
Schottelius, Justus Georg 78
Schrader von Schliestedt, Bernhard 99–100, 106
Schütz, Heinrich 78
Schulenburg, Ehrengard Melusine v. d. 157, 181
Schulz, Friedrich 271

Sibylle Ursula v. Braunschweig-Wolfenbüttel, Hzn. v. Schleswig-Holstein 77
Sidonia v. Sachsen, Hzn. v. Braunschweig-Lüneburg 33, 38–39
Sigismund, Kg. v. Polen 53
Smith, Adam 215
Sömmering, Philipp 56
Solms-Braunfels, Friedrich v. 234
Sophia Elisabeth v. Mecklenburg-Güstrow, Hzn. v. Braunschweig-Wolfenbüttel 77
Sophie v. d. Pfalz, Kfn. 120–124, 143–145, 152, 157–158, 163, 166–168, 170–174
Sophie v. Polen, Hzn. v. Braunschweig-Lüneburg-Wolfenbüttel 53
Sophie Amalie v. Holstein-Gottorp, Hzn. v. Braunschweig-Wolfenbüttel 94
Sophie Charlotte, Kgn. in Preußen 144, 148, 151, 185
Sophie Dorothea v. Braunschweig-Lüneburg 82–83, 123–125, 130, 149, 157–159
Sophie Dorothea, Kgn. v. Preußen 167
Spalatin, Georg 20
Spittler, Ludwig Timotheus 215
Stanhope, James 182–183
Stechinelli, Francesco Maria Capellini, gen. Stechinelli 126–128
Steffani, Agostino 165–166
Stein, Karl Frhr. vom u. zum 217
Stensen, Niels 136–137
Struensee, Johann Friedrich 131
Stüve, Carl Bertram 231–232, 239–240, 247–248
Sturm, Leonhard 85, 87
Stuve, Johann Heinrich 112

Thaer, Albrecht 220
Thyra v. Dänemark, Hzn. v. Cumberland 264
Tilly, Johann Tserclaes, Reichsgf. v. 66
Tornielli, Giovanni Battista 125
Trapp, Ernst Christian 112
Trieps, August 280
Turner, William 202

Victoria Luise, Hzn. v. Braunschweig 281–284, 286, 288
Viktoria, Kgn. v. Großbritannien 192, 234–235, 263, 265
Vingboons, Phillip 88
Vos, Marten de 26
Vredeman de Vries, Hans 57

Wachter, Johann Peter 162, 164
Waldeck, Franz Gf. v. 52
Wallmoden-Gimborn, Ludwig Gf. v. 221
Walpole, Robert 179, 183, 186–187, 197
Wartenberg, Franz Wilhelm Reichsgf. v. 142, 145
Weber, Wilhelm 238
Wellington, Arthur Wellesley, Hz. v. 200, 203, 206, 223, 267
Wermuth, Karl Georg Ludwig 252

Wilhelm I., dt. Ks. 257–259, 279
Wilhelm II., dt. Ks. 280-281
Wilhelm III. v. Oranien, Kg. v. England 129, 168–172
Wilhelm IV., Kg. v. Großbritannien und Hannover 204–207, 231, 235, 237, 271–272
Wilhelm d. J., Hz. v. Braunschweig-Lüneburg 24-27
Wilhelm, Hz. v. Braunschweig-Lüneburg-Wolfenbüttel 18, 46
Wilhelm, Hz. v. Braunschweig-Lüneburg- Harburg 68
Wilhelm, Hz. v. Braunschweig 260, 267, 270-278, 280
Wilhelm v. Dänemark, als Georg I. Kg. v. Griechenland 264
Wilhelm, Herzog von Gloucester 170–171
Wilhelm August, Hz. v. Cumberland 100, 188, 190
Wilhelm X. Gonzaga, Hz. v. Mantua und Monferrato 39
Wilhelmine Amalie v. Braunschweig-Lüneburg, Ksn. 137
Windthorst, Ludwig 254, 261, 278
Wolfgang, Hz. v. Braunschweig-Lüneburg-Grubenhagen 41–42

Zachariä, Justus Friedrich Wilhelm 104
Zimmermann, Gustav 254
Zwicke, Johann Arnold Anton 103

Bernd Schneidmüller
Die Welfen
**Herrschaft und Erinnerung
(819 – 1252)**

2000. 378 Seiten, 14 Abb. Kart.
€ 17,90
ISBN 978-3-17-014999-1

Urban Taschenbücher, Band 465

Die Welfen gelten als die älteste Adelsfamilie Europas. Ihr Aktionsrahmen umfaßte weite Teile Europas. Herrschaftsrechte und Besitz reichten von Frankreich bis nach Bayern und Schwaben, von Burgund und Italien bis nach Niedersachsen und an die Ostseeküste. Als erste Adelsfamilie des Reichs erhielten die Welfen im 12. Jh. eine eigene Hausgeschichte. Dieses Erinnerungswissen verkündete den Ruhm der Familie und verarbeitete viele Brüche. Die berühmten Konflikte zwischen Herzog Heinrich dem Löwen und Kaiser Friedrich Barbarossa oder zwischen Kaiser Otto IV. und Kaiser Friedrich II. prägten nachdrücklich die Geschichte. Die daraus entstandenen Geschichtsbilder wirken vielfältig auf das moderne Mittelalterverständnis. Es entwickelte seine Vorstellungen von Treue und Verrat, Kaiserpolitik und Ostexpansion, Kultur und Konflikt, Repräsentation und Kunst in besonderer Weise aus welfischen Beispielen. Dieses Buch legt erstmals eine moderne Geschichte der mittelalterlichen Welfen vom 9. bis zum 13. Jahrhundert vor. Es faßt die reiche Forschung zusammen und setzt aus den Perspektiven europäischer Adelsgeschichte neue Akzente.

„Sehr schön bezieht der Verfasser den Leser in seine Einschätzung der Überlieferung als zweckgebundene Erinnerung ein […] Ein spannendes Buch für Studierende (nicht nur an den Unis) zu einem noch nicht behandelten Thema in anspruchsvoller Sprache."

Olaf Kaptein,
ekz-Informationsdienst

W. Kohlhammer GmbH · 70549 Stuttgart
Tel. 0711/7863 - 7280 · Fax 0711/7863 - 8430 · www.kohlhammer.de